在孤獨中誕生的天才

榮格自傳

回憶、夢境與思考

Memories, Dreams, Reflection

卡爾·榮格 ──著
周陽 ──譯

C.G. Jung

是我，讓你們免於沈淪

與其做好人，我寧願做一個完整的人

向外張望的人在做夢，向內審視的人才是清醒的

與佛洛伊德、阿德勒比肩而立的心理學大

「心理學界的哥倫布

融合心理學與神話傳說的「圓夢專家

分析心理學首創者，偉大的精神分析師和心理學

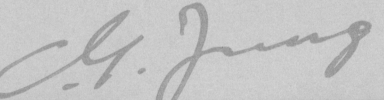

緒論

他站在遙遠的地方，
用望遠鏡觀察自己的靈魂，
眼前是亂七八糟的一團，
他卻說看到的是一個美麗的宇宙，
他為意識的海洋添了一朵美麗的浪花，
那是唯獨他一人知曉的宇宙。

——柯勒律治：《筆記本》

一九五六年夏天，我去阿斯科納參加埃蘭諾斯會議期間，遇見了出版商庫爾特・沃爾夫。他當時正在和蘇黎世的友人高談闊論。談話間他表露這樣的念頭：想讓紐約的萬神殿出版社出版一本卡爾・古斯塔夫・榮格的傳記。當時榮格的助手喬蘭德・雅各比博士也恰好在場，他提議由我來執筆完成。

說起來容易做起來難，因為榮格一向厭惡將私生活公諸於眾，這點我們心知肚明。事實也是如此，獲得榮格的首肯，花費了我們一番時間和功夫。但是，榮格是一個行動派，一旦答應，就會立刻做出相應的安排。他的正常工作已經安排得密不透風，而且這位八十餘歲的老人很容易疲勞，但他仍然每週騰出一整個下午的時間和我一起工作。

於是，在一八五七年我們開始了工作。最開始，我們預想這本書應該是「自傳」而非「傳記」。榮格口述，我執筆，這種合作模式決定了這本書的形式。我最初的工作只是向榮格源源不斷地提問題，榮格做答。剛開始的時候，他明顯有一些顧忌，但是很快他便從這種顧忌中走了出來，饒有興致地為我講述他自己、他的心路歷程、他的成長軌跡、他的各種各樣的夢、以及他截然不同的思想。

一九五七年年末，我們這種合作關係發成了改變，當然，改變者自然是榮格。而他之所以跨出這具有決定性的一步，是因為他察覺到了自己內心的動盪。敏銳的他已經開始察覺，他晚年的各種思想，竟然與童年那些早就應沉沒在內心最深處的形象密切相關。但榮格覺得自己無法讓這些形象清晰起來。一件事情可以證明：他告訴我，他的童年往事雖然有趣，但只是一個又一個的片段，甚至很多都是獨立成體的，不具有任何的連線性。榮格也認知到了這一點，所以有一天清晨，他說他想直接將自己童年的各種回憶寫下來。

榮格的決定雖然出乎我的意料之外，但是讓我欣喜若狂。對於已經八十餘歲的榮格而言，寫作是一份費力耗時的艱難的工作，他之所以去這麼做，只有一個原因：他感知到了內心，並將內心的召喚當成一種不能推脫的責任。換言之，這本「自傳」偏離了預期的軌道，從寫榮格的經歷，轉而開始講述榮格內心的故事。

當榮格要為自己的自傳「轉型」後不久，他曾經說過這樣的話：「我寫每一本書，都是命中註定要寫的。我在寫作過程中，會遇到各種難以預料的事情，我無法按照預期的計畫按部就班的完成我的寫作計畫。這本自傳也不例外，它的走向在不知不覺間已經發生了變化。最早的時候，我只想完成一本『自傳』，到現在，寫下我早年時的種種回憶對我來說已成了一種必要。如果有一天，我沒有去這樣做，我會感覺渾身不舒服。但是當我拿起筆繼續我的工作的時候，這種不舒服立刻煙消雲散，而且思維無比清晰。」我意識到，這是榮格要自己寫下自己童年的心路歷程，於是將這句話記錄在案。

從一九五八年四月開始，榮格寫下其自傳的前三章——「我生命開端的早年事件」。其中包括他的童年時代、中學時代和大學時代。從他出生一直到他一九〇〇年完成醫科專業。

然而，榮格對此書做的直接貢獻不僅於此。他還親手寫下了「後期思想」這一章節。那是一九五九年一月，他住在波林根的鄉下別墅中。那時，我們的書已經顯現雛形，所以榮格每天早上都能看一些選出來的章節。看完後，他將「論死後的生活」這一章退回。我惴惴不安，結果他對我說道：「這一章節的內容，觸及到了我內心的某種東西了。我心中已經有數，我一定要寫出來。」在這個章節中，我們能看到的是榮格最深切最深遠的各種想法，「後期思想」這一章無疑是這本書中最精彩的部分之一。

同樣是一九五九年的夏季，也是在波林根，榮格已經完成了在非洲腹地肯亞以及烏干達的旅行。這部分關於村社印第安人的部分，也被我從一份未完成也未發表的的有關原始人心理的手稿中截取出來放在了我們的書裡。在一些學術意味頗濃的章節中，我收入了一些榮格的著作和研究發現。比如說，為了寫好「西格蒙德・佛洛伊德」及「正視潛意識」這兩章，我將榮格於一九二五年所作的一次報告的一些章節收錄其中。當然，這些章節，與榮格的內心世界同樣息息相關。還以一九二五年榮格的報告為例，榮格在這次報告中首次談到了他內心世界。

在這部書中，還收錄了一些「語錄」。比如「精神病治療活動」這章中，我收錄了榮格在一九五六年與蘇黎世伯戈爾茲利精神病院的幾位年輕助理醫師之間的談話。這次談話的氣氛很輕鬆，因為榮格的孫子正在這家醫院擔任精神病醫生，兼之他們的談話是在榮格位於庫斯納希特的家中進行的，所以這既像是前輩和晚輩們在交流意見，又像是長者和青年人的一次談心。

此書的書稿完成甫初，榮格便通讀了此書。我們之間的配合隨著書稿的陸續完成也越來越顯融洽：他偶爾會做點修改或補充些新材料；我則利用我們談話的錄音來完善和補充他手寫的部分。在我們的相互配合中，不通順的地方被修改的流暢，簡略的地方得以擴充，重複的地方得以刪減，遺漏的地方得以填補。

這本書最大的特別是「隨和」，宛然我們就坐在讀者旁邊談話，這種感覺是由本書的寫作內容帶來的。書中各章，如同窗外快速掠過的燈光，只是稍縱即逝地照亮了榮格生活與工作中的一些外在性事件，而這些事件充其量只是算作榮格一生中的一些浮光掠影。作為補償，榮格將自己的精神世界也融入人生體驗中，寫進了書裡。我常常要求榮格就某些外在性事件提供一些特定的資料，但往往徒勞無功。因為榮格鐫刻在記憶中的外在性事件也都是與他的精神世界有關的，這些便足以佔據大量的篇幅。

比起上述這點，行文上的麻煩似乎微不足道。榮格曾經在一封信中提到過自己的大學好友曾在一九五七年對榮格提出要求——寫下他青年時代的回憶。榮格在給他的回信中，如是寫道：

「……您說得很對。當人老了，便常常會回顧自己的一生。三十多年前，我的學生們要我講述一下，我有關潛意識觀念是如何形成的，為了回覆這一請求，我便作了一次專題講座。而後幾年，我收到來自各地的源源不斷的建議，讓我寫一些自傳性質的東西。說實話，我看過的自傳不可謂不多，然而大多是自欺欺人，有的乾脆從頭至尾都是謊言。所以，我便不想冒這個險。」

最近，您要我提供一些自傳性材料，我在回答這些問題的時候發現，有一些客觀性的問題，如同藤蔓一樣，纏繞在我的心底。我需要弄清楚這些問題從何而來，便需要作更仔細的剖析。我權衡了一下，得出這樣的結論：我要將手中做的事情停下來，留下一段足夠長的時間來思考我人生開端的一些事情。我需要理順，需要分析，需要找到問題的源頭，這些問題十分棘手，為了解決它們，我便只好答應自己說，寫好的東西在我有生之年決不拿去發表。我對自己如是許諾，才得到了心靈的釋然和內心的平靜。事情逐漸明朗化，原來我腦海中一切宛然昨日的記憶，和那些在我內心中引起滔天巨浪的情感性體驗息息相關。於是我終於找到了能客觀敘述我的人生的方法，就當我確定這點的時候，您的信適時的來到我的身邊。

您的信，更加證明了一點。我寫自傳這件事是命中註定的。我發現，我人生中所有『外在性』方面，竟全都是偶然促成的。由此可見，只有『內在的』（精神、情緒等）對於人生才具有實質性及決定性價值。正因如此，有關『外在性』事件的記憶便會一點一點地淹沒在時間的長河裡，因為『外在性』的體驗根本不具有本質性。即使有『外在性』事件嵌入到我的記憶中，也是因為『外在性』事件和『內在性』偶爾巧合而已。我人生中絕大部分的『外在性』事件，已經從無法從記憶中覓得蹤跡了。於我看來，『外在性』事件之所以會消弭在我的記憶中，和我用全部精力與其纏鬥不休不無關係。可是一本常規的傳記中怎麼能缺少『外在性』事件呢？通常來說一個人遇見何人，發生何事，有趣的旅行，驚險的冒險，命運的糾纏，等等，這才是構成一本傳記的組成元素。可是於我來說，這種情況卻大相徑庭——除了有幾個例外之外，這些『外在性』事件竟然都如同幻像一樣模糊不清。我無法回憶出它們的全貌，也沒有去回憶的欲望，因為它們已經無法激起我的想像了。」

與之截然相反的是，我對『內心』經歷的回憶卻變得越來越生動和豐富多彩。這種對『外在性』的忽略和對『內在性』的重視，讓我頗感踟躕，以致無法下筆；至少在目前是這樣的。原因如是，故而不能滿足您的要求，我為我的無能為力深感抱歉……」

榮格這種個人式的矛盾由此可見一斑。儘管他認為寫自傳是「命中註定」，加之自己也想「投身進去」，但是最終卻以拒絕結尾，這種矛盾甚至一直持續到他去世從未消失過。對於自傳的未來讀者，榮格本能地持有一種懷疑態度。在他眼中，自傳並不是科學工作，甚至這本自傳壓根不是自己的書，所以當他提到這本書的時候，總是用「阿尼拉・傑菲的工程」來代替。他認為，他只是協助我完成工作，做了一點「微不足道」的小幫助。

在寫榮格自傳時，我發現了這樣的情況：只要提及榮格所見的名人、政要、甚至親戚朋友的時候，榮格的話就很少。他說：「我曾經與我同時代的很多名人交談過，這些名人往往都是科學界以及政界的泰斗，我也曾和探險家、藝術家、作家、王公貴戚和金融鉅子們交談過。但說句心裡話，這樣的會面僅有幾次是有意義的。更多的時候，我們就好像在公海中相遇的兩艘船隻，彼此揚旗致意就可以了。而後我們各行其是，再也沒有任何交集。還有些時候，這些人是有事要請教我，而那些事是我無權洩露的。所以我便記不起他們了，不管這些人在別人心中如何顯赫，於我不過是匆匆過客。而那些能留在我記憶中的，雖然清晰，但是我依然無法去詳細談論。因為這些記憶不但屬於我，同時也屬於別人，我無權為公眾一把推開那永遠鎖著的一道道門。」

有失必有得，「外在性」的缺失恰恰為榮格詳細論述他「內在性」（思想、體驗、感悟等）提供了條件，而榮格的「內在性」也填補了「外在性」的不足。正如他本人所說，「內在性」是傳記中不能缺少的重要組成要素。但就榮格對宗教的看法而言，也能看出這的確很重要；當然，這本自傳中也包含榮格對於宗教的獨特理解。

榮格本人對於宗教性問題有很多關於自己的看法，這些問題大多是從各種管道傳遞到榮格處，而後積累而成的。其中便有他童年時的各種幻覺，這些幻覺讓榮格不得不面對宗教的現實性，他將這種幻覺永遠保留在自己的記憶中，榮格的特點是，凡事只要涉及精神以及精神表現，他都要去刨根問底、追本溯源。這在他的科學研究中十分典型。此外，還要指出一點，榮格的宗教問題和他的善心存在著重要的聯繫。作為一名精神病醫生，榮格深知病人的宗教信仰會在治療中發揮重大的作用。在治療過程中，榮格還觀察到精神本身便是宗教內容的發源地——能自動自發地生成一些有關宗教內容的形象。

榮格的很多觀念和傳統基督教內容並不相融，對於有關上帝的觀念，榮格更是「大不敬」——他可不認為上帝是仁慈的。這讓榮格成為基督徒們「不歡迎的人」。這些對榮格懷有成見的「基督徒」們從他的著作到指責他的個人，這讓榮格感到很痛心，甚至在這本書裡，還能看到他對一位總是對他的著作橫加指責的審查者的深深失望之情。還有人諷刺榮格，沒有瞭解宗教的觀念便大放厥詞，而榮格也不止一次嚴肅地說：「要是在中世紀，他們會把我當作異教徒而處以火刑！」然而，一直等到榮格過世之後，才有越來越多的神學家們肯定了榮格的學說，並讚歎榮格是本世紀宗教史上最傑出的人物。

榮格是基督徒，他明確地告訴世人他忠於基督教。在他的很多著作中，都涉及到探討基督教和精神官能症學之間的關係。榮格甚至還力圖在心理學與基督教之間建立某種必要的聯繫。但是榮格建立聯繫的方法是在不斷的反思中以求進步，可是基督教不需要反思，他們更喜歡盲目的信仰——一切的一切都應該是理所當然的。這與榮格的想法便形成了巨大的矛盾，榮格的痛苦和掙扎我們從他的信中可見一二：「我的思想，宛然九行星繞日一樣，圍繞著上帝旋轉。我無法抗拒上帝對我的吸引，一旦我抗拒這種吸引，我就會感覺我十惡不赦。」

榮格著作等身，在他諸多的著作中，唯有本書詳細論述了榮格對上帝認識、體驗。當他寫到他年輕時反對教會的事情時，他說：「在那個時候，我便已經明確地認知到，上帝是我最直接的體驗。」而在榮格其他著作中，涉及到上帝只是隻言片語，如果無法避免要談及上帝，榮格會用「人類精神裡的上帝形象」這個術語進行代替。

為何榮格明明是虔誠的基督徒卻拒談上帝？這難道不是矛盾的嗎？其實不然。因為我們要分兩種情況來看待榮格所說的話：第一種情況，榮格所說的話是源自內心的，是主觀的；第二種情況，榮格所說的話是科學研究式的客觀語言。

在第一種情況裡，他呈現的狀態是他的個人身份，也就是「本我」。經歷、感觸、感情、直覺等等都能引發思想上的風暴；在第二種情況和第一種情況大相徑庭，這時，他是純粹的科學家。他所說的每一句話，都有例證和論據的支撐。榮格具有多重身份，他不僅是一位卓有成績的科學家，還是一位經驗主義至上者。也就是說，榮格認為只有與自己有相同經驗或者相似體驗的人，才能全盤接受自己所說的一切。當榮格在這本書裡談及他的宗教體驗時，他是假定他的讀者是願意深入到他的觀點裡去的。

在寫作自傳的過程中，榮格始終懷有積極而肯定的態度。但很長時間以來，榮格對其自傳的出版前景卻表示懷疑。這當然是很可以理解的，他之所以懼怕公眾的反應，和他直率地坦露自己的宗教體驗和觀點是分不開的。榮格曾寫過一篇《答約伯書》，引發了很多爭議。大量的敵對意見讓榮格不堪其苦，這種痛苦至今讓他記憶猶新。畢竟自己的行為被一般世人所不容，這種感覺是一般人都難以承受的。「我之所以想終生守護這些材料，並不願意將他們公之於世，原因在於，如果它們受到抨擊，我就會受到巨大的傷害。這種傷害，是我的其他書受到抨擊所帶來的傷害所不能比擬的。我不知道如何避免批評的箭矢不再射到我身上，我甚至想離這個世界遠遠的，好讓我的心理有足夠的準備，以經受得住敵對的反應。我只不過是說了些人們並不懂得的事情，卻陷入到不瞭解甚至是孤立的境地。對於我來說，這實實在在是種折磨。我的心靈，面對這種折磨，痛苦不堪。《答約伯書》遇到了如此這般的不理解，我擔心我的『回憶錄』會遭遇到比《答約伯書》更不幸的命運。要知道，這本『自傳』猶如年輪，鐫刻了我的一生，而我的回憶是我用科學研究中所獲得的知識堆砌而成的，換言之，我的『回憶』和我的科學研究根本就是一回事，所以，這本書對那些不懂得或不理解我的科學觀點的人們提出了很高要求。從某種意義上說，我將我的一切都融入到這本書中，其中包括我生存於世的狀態，我科學研究的方式，我的科學研究結晶等等。這本書，是「我」這個整體中不可分割的一部分……」

隨著本書逐漸顯現雛形，榮格也逐漸發生了變化。一章一章回憶錄的寫就，讓他距離「真我」越來越遠。甚至，到了最後，他回顧和打量著自己，就像打量著一個陌生人，做到了最大的客觀。當然，也因為如此，他終於能夠如隔岸觀火那樣地來觀察自己及他的生活與工作的意義了。榮格曾經說：「如果你問我，我這一生價值何在，那我只能把現在的自己拿來與過去的自己進行量度，然後我就一定會說，對，它是有某種意義的。但如果是拿今天的觀念去量度，它卻什麼意義也沒有。」隨著對這本書地深入閱讀，讀者自然會看到，榮格所說的話，體現出強烈的人格性的歷史延續性。

其實這一章應該被稱為「著述」更為妥當，因為在這一章中，簡單概述了榮格最重要的著作的產生過程。它看上去似乎顯得有點雜亂，這也實在是沒有辦法的事情，因為著作等身的榮格所有著作加起來差不多有二十卷之多呢！此外，榮格也不願意提供一份有關他理論觀點的概括單——談話中如此，寫作中亦如是。倘若你請他這樣做時，他便會以他那標誌性的十分嚴厲的方式答道：「對於這件事，超出我的能力範圍之外。我看不到發表一份我的論文概要有何意義，這種概要篇幅短小，導致我很難詳細討論問題。如果要發表一份這樣的概要，我就必須略去我所掌握的一切證據。同時，我還得依靠一種分門別類性的說明，這樣一來，人們對於我的研究結果會更加困惑。我的研究的確和動物反芻有相像之處——因為這包含著把已經咀嚼了一遍的東西再反芻一次的機會……」

如果你將這一章內容看成無所不包的，恐怕會讓你失望；而如果你能將這一章看成是回顧性的提綱，則會收穫更多。

——安妮拉・賈菲

注：安妮拉・賈菲（法語：Aniéla Jaffé）原為榮格的同事，之後擔任榮格的私人祕書，參與本書部分內容記錄和編輯。

自序

在我的一生中，潛意識始終自由自在地發揮著自己的作用，它掌控著我的外部表現，人格也積極發展起來，要求脫離意識形態變成一個獨立的整體來與我一起體驗人生。如果你讓我用科學的語言來回顧自己的成長過程，我是無能為力的，因為我的成長並非是一個科學問題。

更何況，如果想要精確地表現生活，神話比科學更精準，也更人性化。神話是我們內在的想像力，它用不可名狀的想像來描摹我們具體的樣子，甚至還能描繪出人類從永恆的角度看是什麼樣子。然而，科學卻無法表述這一切。科學所能運用的工具，只剩下古板的、普通的平均性概念，在五花八門的個人生活面前，科學望塵莫及。

歲月在我的年輪上畫了八十三道印記，我需要承擔起講述我個人神話的責任了。當然，我也不過是「講講故事」，故事的「真假」已經無足輕重，重要的是，我所講的是否是專屬於我一人的神話。

看起來，自傳難寫的很，因為它沒有什麼可參照的、現成的標準來對自己進行評判。儘管我知道自己跟別人是不一樣的，但我並不清楚我到底是一個什麼樣的人。這想必也是很多作自傳者的困擾，因為他們無法從與其他生物（比如猴子、牛、樹木）的比較中，得到關於自己的中肯的評論。我是一個人，可是人又是怎麼回事呢？若是將人等同於猴子、牛、樹木的話，那麼人的活動範圍便縮小得跟猴子、牛、樹木一樣了。幸而我們還有神話，神話讓人擁有了無數的可能性。在這無數的可能中，我們是如何形成關於自己的確定看法的呢？

面對我們的精神過程，我們常常感到無能為力。所以，不管是面對我們自己亦或是我們的生命，我們的終極性判斷常常顯得淺薄和蒼白。如果我們能判斷我們自身，那麼我們真可以說得上無所不知——如果你說你能判斷自身，那麼你的身上便打上了自以為是的烙印。在我們的內心深處，對於我們本人，我們的生活乃至生命，我們總是會產生各種困惑。在一個人生命的長流中，如果我們碰巧碰觸到了某塊礁石，還沒有等我們描摹出礁石的形狀，洪流已然將它帶走。面對生命，我們就像是河流上飄蕩的小舟，不知道自己來自何方，更不知道自己將去向何處，唯一能有的，大概就是生活本身所給予的模棱兩可的暗示。

人生是一種莫大的奇蹟，它在稍縱即逝的過程中發展出了無數的可能。這個事實在很早以前，我還是醫科大學的學生的時候便給我留下了深刻的印象——就像是我逃過了早夭這一關。

在我的意識中，生命的本質類似以根莖維持生命的植物。真正的生命藏在根莖的內部，是看不見摸不著的。我們所看見的，只是露出地面的那一部分，短暫的只能維持一個夏秋。於是我們感慨生命如同夏花一般美麗短暫，但是生命和文明，卻藏在根莖中，永無休止的生長著。生命之花消逝了，然而生命的傳承卻依然存在。

我一生中經歷的事情眾多，但是最值得講述的一件，是我從那個永遠不會被毀滅的世界，進入了這個變化莫測的世界中來。這就是我堅持要談我的內心體驗的原因所在，這其中有我的夢、我的幻覺，它們是我科學研究中不可或缺的重要元素。它們如同滾燙的岩漿，以各種形狀賦予了我的科學研究。

相較於我內心事件的變化，旅行、我所認識的人、我所處的環境等回憶都顯得黯然失色。我們時代的任何一個故事，都有很多人參與其中，如果你想知道有關他們的事情，可以去讀有關他們的文字或是聽他們親自講述。而我對於外在性時間的記憶已經模糊，甚至已經開始蹤影全無，唯一牢牢鐫刻在我的腦海中的，便是「另一種現實」——我與潛意識的鬥智鬥勇。我與潛意識的較量，如同一座豐富的寶藏，在它面前，任何記憶都喪失了光彩。

我的記憶，如同一幅長長的卷軸，只有一開始就寫入其中的名字，還能保有鮮活的色彩。

我的內心體驗猶如一枚烙印，烙在了我遇到的每一件外在性的事情上。我很早便有了這方面的覺悟：對於生活中看似複雜的各種問題，如果內心給不出答案，那麼表面再複雜的問題其實都無關輕重。外在性的問題永遠無法代替內心的體驗。

而我一生中的外在性時事件也同樣貧乏，因為我覺得他們是空洞的、不具體的，所以，對於它們總覺得無話可說。我只能以內心發生的是為依據來概括我自己，這才是我獨一無二的一生，也是我的自傳裡應該有的內容。

目錄

CONTENTS

第一章

童年歲月

一八七五年，我隨父母從康斯坦茲湖邊的凱斯威爾，移居到萊茵瀑布邊上的洛封城堡，那時的我才六個月大。

我開始記事的時候才兩三歲，現在我已經八十三歲了。記憶的長河要回溯到八十年前，就只剩下了模糊的輪廓。住宅、花園、洗衣房、教堂、城堡、瀑布以及叫做沃思的小城堡和教堂司事的農場，都像是散落的珍珠項鍊。珠子還在滾動，我卻找不到將它們串起的繩子了。

我生活中最早的記憶，是一個明亮溫暖的夏日。天空湛藍如碧，金色的陽光從蔥翠的樹葉中傾瀉下來，剛剛睡醒的我躺在打開車罩的兒童車中，被眼前的神奇多彩的世界吸引了。在小小的我的眼中，眼前的美景光輝燦爛，美好舒適。

我能記得另外一個情景是，餐廳裡，我蹲在一把高高的椅子上，用湯匙舀牛奶喝，那牛奶中還泡著碎麵包塊，整個餐廳充斥著牛奶的香味，很好聞，也很特別。那是我第一次知道聞到味道是什麼感覺，不過，這份記憶也已經遙遠地如同爸爸書櫥中的上個世紀的羊皮卷了。

我的童年記憶中還有一片拼圖是有關一個美好的夏日傍晚的。姨媽對我說：「我們去看一樣好東西。」我們從家中出來，走在去達申的大路上，看沐浴在夕陽中的阿爾卑斯山。姨媽說：「山全紅了！」這是我第一次知道自己看見了阿爾卑斯山。這種感覺在第二天被加深了。第二天，村子裡的孩子都要去郊遊，爬蘇黎世附近的干特里峰，因為年齡的緣故，我無緣此行。從那個時候起，干特里峰和蘇黎世就成了我夢幻中不可企及的一塊土地。

過了一些時候，母親帶著我去圖爾高訪友。也是這一次，一個念頭在我的腦海中扎了根——我一定要一輩子生活在湖邊，沒有水，人活不下去。帶給我如此大震撼的是康斯坦茲湖邊的一座城堡，湖水在一個小孩子的眼中，如同大海一樣無邊無垠。廣闊的水面，挑染了西天的雲霞，瑰麗而壯觀。陽光在水面上閃爍，粼粼金光，如同童話中的聖境。水下的沙子被浪花沖成魚鱗的形狀，渡船激起的浪一直沖到岸邊……這一切都讓我深深著迷。

現在回想起來，還有一件事能清晰地浮現在我的腦海中：亂哄哄的場面中，圍聚來的眾人臉上都表情激動，那是因為漁民發現了一個死人。女僕急匆匆地跑過來問我的父親：「有一個死人被瀑布沖下來了，他們要將屍首抬到洗衣房去，這可以嗎？」父親爽快地答應了：「好吧，按你們想的辦吧。」我迫不及待的想去看看那個死去的人，但是母親嚴厲地制止了。但是我並不甘心，我看屍體的決心空前堅定。於是我耐心地等待所有人離開，然後悄悄地溜進了花園，來到洗衣房。可是門鎖著，不過我並沒有死心，而是繞著洗衣房轉了一圈又一圈，直到發現洗衣房的後面有一個排水槽，這才分散了我的注意力。水流從水槽汩汩而出，一直通到斜坡下面。不到四歲的我，覺得這一切簡直有趣極了。

我兒時最愛的一首歌開頭是這樣唱的：「靜謐之夜，人人安眠……」至今，我對這首歌的旋律依然記憶猶新。那時發燒的我哭鬧不休，父親便不斷哼唱著自己學生時代的老歌哄我入眠。每當我回憶到這一幕，總能想像到靜悄悄的夜晚中，父親唱歌哄我入眠的情景。

一八七八年，我得了濕疹。當然，這是後來母親告訴我的。儘管我當時不過是個幼童，但憑藉著自身的敏感，我意識到父母的婚姻出現了某種問題。甚至，我認為，我之所以會生病跟父母婚姻出現問題不無關係。為了逃避婚姻出現的問題，母親和我短暫分離了一段時間——她獨自一人在巴塞爾的醫院中待了幾個月。儘管母親走後仍然有姨媽照顧我，可是離開母親的痛苦無從補償。更別提姨媽從未結過婚，又比我的母親年長二十餘歲，所以我無法在姨媽那裡感受母愛。

這種痛苦根植到我的內心之中，導致我在相當長的一段時間裡，都認為「女人」是不可信任的，相較而言，「父親」則比較可靠，但他們又缺乏控制力。我帶著這樣的印記開始了我的人生之路，不斷的經歷不斷的體驗，早期的印象也開始有所改變：男人雖然值得信任，但是他們往往將事情搞得一塌糊塗，讓人失望；女人雖然讓人懷疑，但是她們做事穩妥，不會讓人失望。

在母親離開這段時間內，女僕成為照料我的主力軍。現在回想起來，我還能記起她的面容——黑色的頭髮，橄欖色的面孔，跟母親截然不同。便是這樣的一個女人，將我抱起來，讓我的頭枕在她的肩上。從我的位置，能看見她的髮型輪廓、喉嚨、甚至耳朵。這些印記牢牢地銘刻在我的記憶裡。她的一切在我看來都是奇特的，好像她不是我們家的成員，而是專屬於我一個人的。她好像代表了一些那時的我還不能理解的神祕事物。而記憶中的女僕，最終成為了我潛意識異性人格化的代表。她給予人的感覺，既生疏卻又似曾相識，並最終成為我內心女性本質的象徵。

我的記憶中還有另外一個清晰的形象，那是一位年輕漂亮的女孩。她在我父母分居的時候，走入了我的世界。現在回想起來，她的模樣還宛如就在眼前：湛藍色的眼睛流光溢彩，金色的秀髮宛然麥浪。那是個秋天，天色湛藍如碧，陽光恣肆的傾下，穿透婆娑的枝葉，瀉下一地光斑。黃色的樹葉宛然精靈，飄落在地。如此美景下，她陪著我玩耍。我們在沃思城堡附近散步，沿著萊茵河，徜徉在金色的楓樹和栗樹下。再度見到她的時候，我已然二十一歲，那個時候，一向仰慕我父親的她已經成為我的繼母。

最早的夢的記憶

上面所說的都是顯露於外的記憶，下面我所說的，是另一些力量更大、影響更深的印象。其中一部分我只能記住大概了，比如有一次我摔下了樓梯，還有一次碰到了火爐腿的角上，當時血流如注，我感到非常疼痛。醫生給我縫合傷口的情形，我現在還記得。這次意外給我留下永恆的印記——我的頭上留下了一塊明顯的疤痕，直到我成為醫學院的學生時，這塊傷疤依然存在。還有一次，我和母親一起去諾伊豪森過萊茵瀑布橋時，我差點兒掉下去，一條腿已經滑出了欄杆，如果不是女僕及時抓住了我，我恐怕已經葬身瀑布之中。當我成為一名心理學的醫生時，我明白了這些事的代表意義：自殺的衝動貫徹人類潛意識的始末，換言之，是人對生活在這個世界中的一種無力的對抗。

在那段時間裡，每當夜晚來臨，恐懼就如同潮水一樣將我牢牢禁錮。在黑暗中，我經常聽到有什麼東西在來回走動。萊茵瀑布沉悶的咆哮聲如同一頭被激怒的野獸的嘶吼，讓深陷恐懼的我久久不能入眠。

我甚至覺得周圍沒有安全地帶：不斷的有人溺水而亡，面目全非的屍體從岩石上被沖下來；陰森的墓地裡，教堂司事不斷地挖坑，一堆堆棕色的土就像是一個個墳墓；男人們身穿長而黑的禮服，高聳的帽子看上去莊重而嚴肅，閃閃發光的黑色靴子映襯著人的悲傷，人們都肅穆著面孔，往土坑中抬進一個黑色的木盒子。作為牧師的父親，聲音洪亮，但是內容應該很悲傷。因為不斷有女人在哭泣。小小的我並不明白發生了什麼事，只是聽說，有人被埋在地上的這個坑裡，這些人先前都跟我們生活在一起，後來被召喚去了上帝那裡。

早在這之前，母親就教會了我做祈禱，我很高興做祈禱。因為它能消除我對暗夜的恐懼之感：

舒展雙翼，慈祥我主，
幼子如雛，納您羽翼。
魔鬼來襲，氣勢洶洶，
得您佑護，註定無功。
請我天使，如是吟唱。

我所知道的耶穌，如同城堡裡的維根斯坦先生一樣是富有、威嚴、莊重、善良、仁慈的人。他尤其關注夜裡的小孩。可是讓我困惑的是，耶穌為什麼如鳥般長出翅膀呢？而且他為什麼要把雛般的小孩吞吃入腹呢？從祈禱詞中看，耶穌似乎並不情願吞吃小孩，好像小孩跟苦藥一樣難以入口。不過後來我就釋然了，因為我聽說魔鬼對小孩的味道情有獨鍾，魔鬼喜歡吞吃小孩。為了不讓小孩被魔鬼發現，上帝才忍著難吃的感覺，勉為其難地將他們吞吃入肚。每當我在黑暗中恐懼地瑟瑟發抖時，我就如此想，心裡就覺得很安寧。但是隨後的事情顛覆了我的認知，因為耶穌並不挑食，還要吃別的人。吃的方式非常恐怖——將他們埋在地上的坑裡。

這種聯想如同多米諾骨牌一樣引發了連鎖反應，我開始對上帝產生了巨大的懷疑。在我的腦海中，上帝不再是那隻讓人安適舒服的大鳥，而和葬禮上那些陰鬱的黑衣人相差無幾。

這些思索帶給我的是人生第一次精神創傷。在一個炎熱的夏天，我像平常一樣，坐在屋前的大路上玩沙子。我們的房子座落在道路旁，這條道路蜿蜿蜒蜒，直通山崗上的一片密林中，也就是說，只要坐在房子邊就能看到前面相當長的一段路。我一邊玩著一邊不經意地抬起頭，發現一個人正慢慢地向我走來。他身著黑色長袍，頭戴寬帽檐的特大號帽子，這套服飾像是女人穿的。我開始害怕，可是這個人已經走到了我的面前。我清楚地看出，這是一個男人，一個從頭到腳裹著黑色長袍的男人。我恐懼得不能自已，全身都在戰慄，這時我的腦海只有一個念頭：「這是一個耶穌會會士。」我是從父親的談話中知道「耶穌會會士」這個詞的。在不久前，父親與他的一位同事進行了一次似乎並不愉快的談話，而父親談論到「耶穌會會士」這個詞的時候語氣惱怒而恐懼，彷彿耶穌會士們進行了某種妨礙到他的陰險活動。因此我猜想，那些「耶穌會會士」可能是一些特別危險的人，但事實上，我並不知道耶穌會士究竟如何十惡不赦。我甚至不知道他們具體的樣子，但我對祈禱詞中的「耶穌」二字，卻是熟悉的。

在我幼小的心靈中，這個從山上下來的人必定是個喬裝打扮的壞人，肯定有不良的念頭，否則一個男人為什麼要穿上女人的衣裳？想到這裡，我急忙跑到屋裡去，衝到我認為最安全的地方——閣樓。我不知道我在那裡躲了多久，感覺好像過了一個世紀。當我壯著膽子下樓，宛如受了驚的雛雞一樣小心翼翼地向外探望時，那個人已經蹤影全無。在隨後的幾天裡，恐懼一直籠罩著我的心田。我甚至不敢走出屋子，似乎那蔥蘢的樹林中隨時可能出現危險。過了很久，我才知道，那黑衣人其實只不過是個與人無害的天主教神父。

大概也就是在這個時候，也就是我三四歲的時候——也可能還要小一些，我記得不是特別清楚了。我有了最早的關於夢的記憶，這個夢一直盤旋在我的心頭，久久不散。

我們的住宅宛然水中的孤島，獨自矗立在洛封城堡附近。在教堂司事農場的後面有一大片草地。而夢中的我，就在這片草地上徜徉。然後我的注意力被一個洞穴吸引住了。這個黑黝黝的洞穴被石頭砌成長方形，是我以前從未見到的。我好奇地走過去，小心翼翼的從外向裡窺伺，卻看見一排排石階蜿蜒向下，深不可測。我猶豫了半刻，儘管膽戰心驚，卻還是走了下去。洞穴並非深不可測，走出不遠，即見洞底。圓形的拱門氣派地挺立在那裡，上面還有一塊綠色帷幕。那帷幕質地很精良，似乎是用上好的錦緞加工而成。好奇心撩撥著我，讓我心裡癢癢的，此時，我的腦海中只有一個念頭：帷幕後邊是什麼？在這種好奇心的驅使下，我掀開了它。暗淡的光線下，一間房子躍入我的視線之內。這間房子裝飾得很華麗：長約三十英尺長的長方形屋子上有拱形的屋頂，而且全部是由精雕細琢的石頭砌成。地板是用大理石鋪就，光可鑑人。在大理石地板的最中間，鋪著一條紅地毯，從門口一直通到一個低低的平臺。平臺上放置著耀眼的寶座，寶座以金銀雕就，周遭鑲嵌著各色寶石。這樣豪華的家具，只有童話中國王的寶座才能與之媲美。寶座上立著我不認識的東西，大概有十二至十五英尺高，一英尺半到二英尺厚，高高大大，乍一看，宛如一棵樹木直衝屋頂。我定睛一看，這並非樹木，而是皮肉組成的圓圓的像人頭那樣的東西。上面沒有皮毛，也沒有五官，但是頂端卻分明有隻眼睛，死死地盯著屋頂。

儘管沒有窗戶，但是房間內明晃晃的亮成一團。頭頂處那一片燦爛的輝光，讓房間內絢爛奪目。害怕的感覺如同潮水將我攫住，我感到寶座上的東西雖然沒有動作，但是只要它願意，隨時可能像蟲子一樣向我爬來。這時，母親的聲音從飄渺的天際中傳來：「看看它吧，那就是吃人的怪物！」母親的喊聲，讓我陷入恐懼的深淵中。等我驚醒後，已經一身冷汗，即便已經醒來，仍然瑟瑟發抖。此後的很多晚上，我恐懼地無法入眠，生怕再度經歷這樣的夢境。

這個夢纏繞在我整個童年，直到很久以後，我才意識到，兒時的我夢見的那個東西其實是男性的生殖器。

現在我要進行「解夢」：草地喻示墳墓，而草地上的洞穴是墳墓下的神廟。綠色的帷幕依然是草地，在這裡象徵著大地的神祕。至於紅色的地毯和圓形拱頂，到現在我都解釋不了。作為一個三歲的孩子，從來沒有人領我去姆諾，去參觀沙夫豪森的圓形城堡。「直挺挺得」矗立在寶座上的是生殖器。就像是我從記憶中找尋不到紅色地毯和圓形拱頂的線索一樣，我也找不到我是依據什麼想像出生殖器的。從解剖學的角度出發，我想像中的生殖器完全與現實中的生殖器的樣子契合——把小便排出口解釋為一隻眼睛，上面發著光，這和希臘原文中「生殖器」的詞源相一致（希臘原文的意思是「發光」、「明亮」）。

夢中的生殖器作為一個隱祕的「神」根植在我的腦海之中，這種情況一直持續到我的青年時代，並與耶穌之間建立了奇妙的聯繫，以至於只要有人過分強調地說到耶穌，它就出現在我腦海中。耶穌對於我而言，越來越虛無縹緲。我從來沒有敞開內心去接受它，更不用提會感到親切了。每當別人提到耶穌，我想到的都是它在地下的那個對等物。我被這個可怕的啟示困擾著，可是它是如何找到我的呢？畢竟我沒有去找它啊？難道是那個偽裝的耶穌會會士在我的基督教教義上投下了陰影？我不知道它從何而來，但是這並不妨礙我對耶穌的理解。耶穌在我眼中，和死神相近似，似乎他只在暗夜降臨的時候才會發揮應有的作用。我本以為他能驅散暗夜的恐懼，現在看來也未盡然。因為他自己就是一具被釘在十字架上，怪模怪樣又血淋淋的屍體。人們談起他的時候，他總被慈愛和善良等字眼包裹著，然而他真的慈愛善良嗎？我心裡暗暗表示懷疑。當然，我的懷疑並非空穴來風，而是有一定的依據。主要原因是，那些說「親愛的耶穌」最起勁的人，比如身為牧師的我的父親和八個叔叔，都穿著黑色的禮服和發亮的黑靴，他們和出席葬禮上的人物穿著一模一樣。也正是因為如此，多年以來，我對我的父親和八個叔叔總是心懷恐懼之情。至於偶然見到的天主教神父就更是如此！黑衣人，總是和我腦海中曾經惹惱過父親的耶穌會會士的形象重疊在一起。甚至在我行堅信禮的時候，我都沒有辦法對基督採取人們所謂的正確態度。儘管我在內心不斷地告誡我自己，但是無論如何我也揮散不去對基督隱隱的不信任感。

也許每個孩子的心中都有一份對「黑衣人」的恐懼，但我的恐懼卻有不同之處，因為我將「黑衣人」與耶穌對等起來，而且這種認識深刻的根植在我的心中。我的大腦自動為那個詭譎的夢提供了解釋：「那是吃人的怪物」。但是吃人的怪物卻在洞穴中的金色寶座上。那時候的我，想像極度匱乏。誰有資格坐在寶座上呢？當然是國王，還有上帝和耶穌。他們頭戴金冠，金光閃閃，遠居藍天，身處寶殿。自然會坐在更高的寶座上。而「耶穌會會士」的出現，加重了我的聯想：看吧，「耶穌會會士」的形象多麼可怕：他們戴著過分寬大的帽子，穿著不倫不類的女人的衣飾，恐怖而且詭異。而這麼恐怖和詭異的形象竟然和上帝和耶穌聯繫在一起，也就難怪我會害怕了。這種害怕根深蒂固，以至於我在玩耍的時候都不會忘記朝山坡張望，以免這樣的危險再度走進。而且在夢裡，我發現寶座上的東西跟我預想的截然不同。此物絕非來自人間，也非陰間之物。我認為這個目不轉睛盯著土地上的東西，必然以人肉為食。我帶著這樣的疑惑成長著，直到五十年後才揭開了事情的真相。那是一篇研究彌撒象徵的宗教論文，其中一段文字讓我在電光石火間頓悟。這段文字論述的內容是，人之初都有吃人肉的習性。這個時候我才恍然大悟，兒時的兩次經歷絕非幼稚，反而過分複雜。誰的意識創造了我潛意識中的形象？誰在我的耳邊喋喋不休？究竟是一種什麼樣的超級智力在起作用？不過，我不能指望從世人那裡得到回答。因為大家總是樂於將複雜問題簡單化，將

「黑衣人」和「吃人的怪物」等同於「巧合」，以便驅散孩子純真心田上的那片烏雲。唉，這些正常的人啊，他們善良、他們聰慧、他們實際，只是這些人總讓我想起泥坑中的泥鰍，他們在污水中自得其樂，根本不會想到第二天水便會乾涸，他們會無處棲身。

可是我故事的溪流的源頭又在哪裡？可曾有人在我耳邊講述我完全不懂的問題？又是誰將天和地都塞進我的腦海裡，進而構築讓我一生都熱情洋溢的基石？

兒時的夢恍如鑰匙，打開了我通往大地的祕門，深埋於地下的一切，都向我敞開。我深陷其中不能自拔，直到很多年後方才脫身。而直到今天我才領悟，我之所以會如此，是為了把最大的光芒引入黑暗之中，也是我步入黑暗領域的開端。我的理智生活從此開端，我的潛意識開始起步。

六歲時的記憶片斷

一八七九年，我家搬家了。這次搬到了巴塞爾附近的小惠寧根。對於這件事，我完全沒印象，但是我能記得一八八三年克拉卡托火山爆發的事情。那個晚上，父親將我抱到家中朝西的門廊中。他指著黃昏的西天讓我看，我抬眼望去，只見那裡有一片耀眼的綠光，奪目璀璨。還有一件事讓我記憶深刻，那就是父親帶我去看東邊地平線上的一顆大彗星。

當地後來還發了一次水災。流過許多村鎮的維瑟河不再如往昔般溫柔，而是露出了猙獰面目。它張牙舞爪地摧毀了大壩，摧毀了橋梁，還毀了別人的生命。有十四人喪生於這場水災之中，屍體被渾濁的洪水沖進了萊茵河，直到河水褪去，插進泥沙中的屍體來露了出來。當我聽說這件事的時候，便不管不顧地跑去看。結果真的被我看到一具男屍，他的身子一半埋在沙子中，一半露在外面，手臂在外面，搭在眼睛上。我斷定他是從教堂出來的，因為他身著黑衣禮服。我不光喜歡看死人，還喜歡看宰豬的情景，這兩件事對我有很大的吸引力，而這把母親嚇得不輕，因為無論是死人還是殺豬，都讓她覺得恐怖不已。

小惠寧根，是我與藝術有關的記憶開始的地方。當時我們居住在一棟建於十八世紀的牧師住宅裡，裡面有間小屋，雖然窄仄陰暗，但陳設的傢俱品質考究，牆上還懸掛著很多陳舊的畫。至今，那些畫還存在於我的記憶中。其中有一幅是大衛和歌利亞的義大利作品。當然，這幅畫是仿製品，原作註定離不開羅浮宮，至於這幅贗品從何而來，我也無從得知。另外，這件屋子裡還有一幅取景於十八世紀早期的巴塞爾的風景畫，這幅老畫至今還懸掛在我兒子的屋子中。我經常溜進這間昏暗陳舊、與其它房間隔絕的屋子，久久地坐在那些畫前，因它們的美而出神。對於當時的我來說，這是我能唯一理解的代表美的東西。

當我還是一個六歲的小鬼頭的時候，一個姨媽帶我去巴塞爾的博物館，那裡面有很多用稻草填充的動物。我幾乎認真地看了每一件展品，因此在博物館花費了太多的時間，直到下午四點，博物館關門的鈴聲響了，我還在展臺前流連忘返。姨媽喋喋不休地抱怨，可是我就是不想走。這個時候展廳的大門已經落鎖，我們不得不走另外的出口。就在我走到古代畫廊的展廳時，我再也無法移動我的腳步——一幅那麼美的畫像，簡直讓人神魂顛倒。那是我最早看見裸體，還有僅身著幾片葉子的人像。可是我最初與美以及藝術的交往被我姨媽給打斷了，她將我拖走，並不斷地叫嚷著：「討厭的小鬼，把你的眼睛閉上。討厭的小鬼，把你的眼睛閉上。」她宛然被冒犯了一樣怒氣衝衝，好像我們不是從博物館出來，而是從妓院出來。

依然是在六歲的時候，我得以外出，因為父母要帶我到阿爾勒謝姆去旅行。對於母親當時的形象我至今記憶猶新，那次母親穿了一件和以往不同的衣服，黑色的質地老土陳舊，上面印著綠色的月牙。在我眼中，這件衣服粗鄙不堪。似乎母親沒有穿這件衣服之前，是一位年輕漂亮的女郎；穿上這件衣服，就變得衰老、肥胖。

當我們來到教堂的時候，母親告訴我說：「這是一座天主教堂。」我的心裡很複雜，既有想一睹為快的好奇，還有遠遠避開的懼怕。在這種複雜心理的作用下，我從母親的身邊開溜，摸到教堂門口去偷窺。裡面很光亮，因為是復活節的緣故，所以祭壇上裝飾一新，上面插著那種巨大的蠟燭。我正看得入神，沒有想到腳下一滑，絆倒在地，下巴撞在一塊鐵鑄凸起物上。這個東西很尖銳，我立刻血流不止開始尖叫。父親趕緊抱起我，可是我的心情卻很有意思：一方面，我很羞愧，因為我的行為讓整個教堂的人都開始注意我；另一方面，我覺得自己做了一件違禁的事情。但是很快，我便找到了遷怒的對象：耶穌或者是綠色的帷幕亦或是吃人的怪物。正是因為我來到了和耶穌會會士有關的天主教堂，我才會絆倒還疼得叫喊出聲。

第一次去天主教堂的經歷讓我對其產生了陰影，這導致了我對天主教堂的排斥。似乎只要進入到天主教堂之中，我便會摔倒流血。這種思想越演越烈，甚至摔倒和流血已經變成了天主教堂的代名詞。但是矛盾的是，另一方面我對天主教堂又情有獨鍾，天主教堂的氛圍對於我很有吸引力。但是天主神父一旦靠近我，我又惶惶不安。這種感覺很讓人壓抑和恐怖，直到三十歲的時候，我去維也納聖斯蒂芬大教堂時，才克服這種感覺。

過了六歲，我便到了上學的年齡。父親開始正式給我講授拉丁文課程，並將我送到了學校。我不怕上學甚至覺得很輕鬆，因為早在上學之前，我便開始閱讀，所以在學校裡成績一直名列前茅。記得有一次我遇到了一本讀不懂的兒童讀物，這本兒童讀物中有很多插圖，主要是講外國的宗教，比如說印度教、有婆羅門教、毗濕奴、濕婆等。我拿著書去請教我的母親，母親為我講述了這些外國宗教，這讓我感到無窮無盡的快樂。當然對於這時的回憶，我有些模糊了。後來是母親告訴我，我當時如同著魔了一樣翻看這本插畫書。其實我看這些插圖的時候，內心浮起的是一種說不出來的感受，彷彿這些插畫和我自己臆想的「原始的啟示」之間有千絲萬縷的關係。但是這些語焉不詳的祕密，我也理順不清其中的關係，直覺告訴我，這些祕密「不足為外人道」。母親證實了我的直覺，因為我發現，當母親說起「異教徒」時，總是用一種鄙夷的口氣。我明白，如果我向她坦白我的「啟示」，她肯定會大發雷霆，甚至會因此責備我。既然明白這一點，我當然不會自討沒趣。

這種行為於我今天看來並不是幼稚的，這和早年的我的性格有關係。那個時候的我敏感得如同一株含羞草，一有風吹草動內心便會掀起巨大的波瀾，同時，那個時候的我，是孤獨的。妹妹在我九歲以後出生，她佔據了父母的注意力，我只能一個人按照我自己的方式玩耍。因為歲月的緣故，我已經記不清我玩的究竟是什麼了，但是我能清楚地記得，我玩的專心致志，而且自得其樂，並不願意別人來打擾，就好像別人看見我玩耍後，會信口雌黃。我記起我玩得是什麼遊戲的時候，已經七八歲了。那個時候，我喜歡用磚建築起防禦塔，而後用地震的方式毀滅它。在整個七八歲的時間，我心醉神迷地畫戰役、狙殺、保衛、毀滅等有關戰役的圖畫。我在我的筆記本上肆意塗鴉，興致勃勃地為這些圖畫找出各種離奇的解釋。也正是因為如此，我樂意上學，因為上學的時候，我似乎找到了夥伴。

我、小人和他的黑石頭

在學校，我亦有所斬獲。不過在談學校的事情之前，我必須先要談一談我在夜裡的發現。當夜幕籠罩天地的時候，似乎發生了很多奇怪的事情，這些事情不可理解，詭譎可疑。當時父母分居，我睡在父親的房間裡，這個時候我聽見，有難聽的聲音從母親的房間內傳來。這樣的情況發生了很多次，母親在我心中的形象也開始變得古怪、神祕起來。直到有一天，我看見一個似是而非的影子從她房門中走出，那是怎樣的一個樣子啊？脖子和頭是分開的，頭甚至還在脖子上面浮動，看起來，就像脖子上面長出了一個小小的月亮。這個時候，陡然又出現一個頭，頭又離開了脖子。這種情況發生了好幾次，以至於憂心忡忡的我把這種感覺帶到了夢裡，我夢見的東西總是忽大忽小。比如說我能看見一個球從遠方直奔我而來，越滾越大，最後變成一了個駭人的、讓人窒息的東西。還有一次，我夢見了很多鳥棲息在電線上，電線變得越來越粗，直到我被嚇醒。

雖然我對教堂的感覺不好，但是耶誕節的時候例外。當聖誕頌歌〈上帝創造了這一天〉的聲音迴蕩在教堂裡的時候，我就格外的快活。晚上的聖誕樹讓人高興不已，整個人的心情都變得大好。不過只有耶誕節能調動我的情緒，對於別的節日，我一直冷漠處之。即便是除夕，儘管除夕很像耶誕節，但畢竟不是耶誕節。基督降臨節也是一個比較有特色的節日，但是還是不能跟耶誕節相提並論。耶誕節是和夜緊密相關的，所有形容暴風雪、房間的黑暗和細碎的聲音，古怪的事情的詞語都能用在它身上。

現在來說說我在鄉村時的同學。我發現他們讓我產生了某種變化，和他們在一起的時候，我和在家中時截然不同。我和他們一起嬉戲玩耍，也苦心積慮地搞一些惡作劇。而這些，我從來不會在家中做。當然，我心知肚明，這些小把戲即便是我一個人也能想出來。我認為我自身的變化和我的同學們密切相關，他們將我身體內潛在的我引導了出來。在這個廣闊的世界裡，雖然沒有父母，但是卻包含了別人。這個世界對我產生了影響，這些影響就算不是明確清晰的，也是隱隱約約的。我越來越能感受到這個世界的美，白天裡那金色的陽光如同碎金一樣散落在綠色的樹葉之上。但是即便如此，我還是能感受到影子世界的無法逃避。在影子世界中，充斥著讓人無法明瞭的恐懼，害得我提心吊膽。雖然每天晚上的祈禱能給我一種形式上的保護，但是這種祈禱卻又成為白天的終結和夜晚的開端。我覺得自己一分為二，對此，我感到難以言喻的恐怖，我內心再也找不到一個安全的避風港。

七歲到九歲的光景，我對火開始痴迷。那個時候，我家花園中有一堵石頭砌成的斑駁的老牆，因為年久失修的緣故，石頭之間的縫隙漸漸的變成了一個洞，我便經常在這個洞中生火，並發動別的夥伴幫我找尋引火柴，努力讓火不熄滅。這堆火只歸我一個人所有，我拒絕別的孩子染指這火，他們可以去別的石洞裡面點火，唯獨這堆不能。我覺得，只有我的火是聖潔的，甚至我覺得我的火上面有一圈聖潔的光輝。

這堵牆的前面是一道斜坡，有一塊凸起的石頭立在這斜坡上，我將這塊石頭據為己有。我認為它屬於我一個人，當我自己一個人的時候，我便爬到石頭上面去，讓意識飛。通常會想的是：「我在石上，石在我下。」但是石頭也可以這樣想：「我在斜坡上，我在他下面。」當我這樣想的時候，便會為一些問題所困擾。「我」究竟是誰？是坐在石頭上的「我」，還是坐在斜坡的「我」呢？我當然回答不了這樣的問題，這個時候，我便會從石頭上站起來。這個問題一直無解，但是每當思考這個問題的時候，我總會出現一種奇怪的感覺——這塊石頭與我有關係。也正是因為如此，我對這塊石頭可謂情有獨鍾，經常在上面一坐就是好幾個小時，而後再被這個老問題逗得昏頭轉向。

三十年後的我，有了家庭，當了父親，有了事業，有了房子，還有一顆包含計畫和思想的頭顱。但是我還是會變成那個曾經點燃一堆閃爍著神祕色彩的火，並坐在石頭上思索：我究竟是誰，石頭是我，還是我是石頭的孩子，每到這個時候，我還能想起我在蘇黎世的生活，那段歲月已經有了歲月的刻痕，陌生得如同隔年的掛曆。而那些如同來自遙遠的空間和時間的消息，依然讓我感到戰慄。我的童年是永恆的，我沉湎其中。但是這個永恆的童年已經從我的世界中剝離，我的世界不斷的向前，以期適應這個世界的運行速度，避免失去對未來的控制。

這個時刻是我童年永恆的色彩，即便是我成年後，這色彩也沒有一絲一毫的剝落。這色彩的意義被十歲時的我揭示出來。我感覺自己一分為二，且對世界充滿了各種不確定感。也正是因為如此，我做了一件連我自己都無法理解的行為。那個時候我還是小學生，有一個小學生都用的塗著黃漆的鉛筆盒。當然，鉛筆盒中裝的也是小學生司空見慣的文具——小鎖、尺。但是我卻賦予了我的鉛筆盒另外的意義：我在尺上刻了一個小人，這個小人大約二英寸高，身著禮服，頭戴高帽，足蹬黑靴。我將小人塗成黑色，而後將他從尺上鋸下來，再放進鉛筆盒裡。為了讓這個小人的居住環境好一點，我在鉛筆盒中為他量身定做了一張小床，甚至還用羊毛為他做了一件體面的大衣。做完這些，我覺得還少了點什麼，便又到萊茵河河畔找到一塊長方形的光滑黑石，並塗上水彩，把它分成上下兩半，將這塊石頭帶回家中，放到鉛筆盒中，這才覺得大功告成。我覺得這塊石頭屬於這個小人，至於為什麼，我也不明白。當然，我做的這一切都是在隱祕中偷偷進行的，為了不讓別人發現我的「小祕密」，我為我的它找到了最為穩妥的藏身之所——房頂那個禁止別人上去（樓梯老舊，有斷裂的危險）的閣樓。並將我的「祕密」安放在一根大樑上，我心中得意地想：誰也別想看到我的祕密。對於我選擇的這個地點，我感到十分的放心，甚至有一種快慰和滿足。每當我有什麼不順心的事情時，比如父親對我大發雷霆時的惶恐，還有母親的病情讓我惶惶不安，不管我做錯什麼事，亦或是感情受到了傷害，只要我想到我的鉛筆盒，想到那個被小心翼翼的包裹著的小人，以及那塊漂亮得不可思議的黑石頭，我都會產生一種難言的快慰，內心的矛盾和苦惱都會一掃而空。每隔幾個星期，我都會繞開別人的視線，溜上閣樓。我靈活地爬上大樑，打開我的鉛筆盒，對我的小人以及石頭訴說相思之情。不過遺憾的是，我忘記我都對小人訴說了什麼，我只知道每次我還要在盒子中放一些我在學校裡寫的紙卷，上面寫著只有我才能看得懂的語言。久而久之，這些小紙卷變成了小人的圖書館，現在我想，那些給小人一個人的「信件」中，必然包含著讓我開心的事情。

潛意識裡「生命的呼吸」

我並不在意這些行為背後隱含的意義，也根本沒有想過去探索所謂的意義。我只知道，這樣做讓我很有安全感，因為我佔有一些別人不知道而又無法獲得的東西。這就是祕密，而且是一種需要永遠忠誠的祕密，因為我覺得它掌控著我生命的安全。至於為什麼我會這麼想，我從來沒有想到過這個問題，反正事情就是這樣了。

心中藏有祕密這件事，就像是一把刻刀，無形之中在我性格的塑造過程中劃下了一筆。我對自己的祕密諱莫如深：有關於生殖器的夢我對任何人都守口如瓶，耶穌會會士的事情也成為我私密花園的只有我獨享的花朵。有關小人和它的石頭，是這些祕密花朵的芳香，是我力圖將我的祕密進行外延的首次嘗試。首次嘗試自然是幼稚的，但是這並不影響我探求它的意義。在我不明白祕密所代表的象徵意義的時候，我想從大自然中獲得線索。在這種情況下，我對自然、植物、石頭的熱情空前高漲。在此期間，我自覺有了某種關於基督教的意識。可當我接受灌輸給我的教義的時候，人們總是對我說：「大概是這樣，有一些事物並不能完全的理解。」正是因為如此，我繼續「上下求索」，我常常探頭探腦的找尋著，希望解讀一些神祕的行為，比如「地下的那個東西是什麼意思」這些神祕的事情。

雕刻小木人事件代表著我童年的終結，也將我的童年推向了一個高潮，而後我便將它拋諸腦後。這件事在我腦海中埋藏了十幾年，直到我三十五歲才被再次想起。即便是這樣，這段兒時的記憶依然清晰質樸，似乎從來沒有被掩藏過。彼時我正在撰寫我的《性本能的變化和象徵》，因此緣故，我研讀了大量的書籍，其中便包括有關「靈魂石」和「神石」的書籍。靈魂石的出土地點在阿爾樂謝姆附近，而神石來自澳大利亞。在研讀有關這方面的知識的時候，我發現「神石」或者說「靈魂石」和我心中的「靈魂石」的形象完全重疊在一起。一直以來，我的心中也存在著這樣的一塊「靈魂石」，它是長方形的，質地精良，顏色微黑，而且用截然不同的顏色塗成上下兩半。不過我的「靈魂石」的形象也有所改良——我加入了鉛筆盒以及小人的形象。小人宛然神祇，身著古代天神才會穿的大氅，正如埃斯克勒彼阿斯碑上的泰萊斯福魯斯在給他讀一個羊皮紙的卷軸。當時，我努力探尋這個小人的來歷，查閱過父親圖書室的所有書籍，但是一無所獲。當然，我也沒有詢問父親，故而父親對此一無所知。

當我用回憶將這一切串聯在一起的時候，我第一次得出了這樣的理解：即便沒有任何傳承，古代的心理因素也會進入到個人的心靈中。

一九二〇年時，我來到了英國。雖然兒時的記憶已經消散，但我還是雕刻出了與兒時記憶中小人相仿的人像。最開始的時候，我雕刻了兩尊木頭雕像，而後又用石頭雕刻了較大的複製品，這尊石像最終被我安放在奎斯納赫特我的花園裡。在我雕刻的過程中，潛意識適時地跳了出來，為這尊雕像提供了名字——奧特瑪點陣圖。意為「生命的脈動」。我認為，潛意識如是告訴我是有緣由的。它將我幼時的夢境做了一個延續，是那棵讓我懼怕的樹的樹枝。看來，我夢境的樹便是「生命的脈動」。而幼年讓我魂牽夢繞的小人，最終成為我意識中的神祇。長方形的「神石」是神祇的供奉。現在回顧我做的事，似乎近似於非洲居民的祭祀儀式——正像非洲居民的祭祀儀式一樣，我在行動，但是並不明白自己在做什麼，直到現在才恍然大悟。

第二章

中學時代

十一歲那年對我別具意義。那一年，我被送進了巴塞爾的大學預科。我揮揮手，告別鄉村的夥伴，帶著懵懂和憧憬，進入了「燈紅酒綠」的大城市。大城市很快讓我大開眼界，這裡有很多有權勢的大人物。他們的華宅寬敞明亮，他們的馬車豪華舒適，他們中的每個人都操一口流利的德語和法語，而他們的優雅從容也傳遞給了他們的子弟。當那些衣著華貴、風度翩翩的世家子弟，在我面前高談闊論如何在阿爾卑斯山度假的時候，我就會被嫉妒和驚恐所籠罩。天啊，這些人竟然是我的同學。他們登上過蘇黎世附近那閃閃發光的雪峰，甚至還去過大海，感受過大海的波濤洶湧；後者更讓我羨慕和嫉妒。直到這個時候我才意識到我的父親是多麼的窮。他只是一個山村窮牧師，穿補過的鞋，襪子若是濕了絕對沒有換洗的，他從家中來看我，需要坐六個小時的馬車。而我是山村窮牧師的兒子，當我意識到這點的時候，我開始懂得了父母的辛苦。但是有趣的事情發生了：儘管我對父母充滿了同情和孺慕，但是這種感情更傾向於父親。但矛盾的是每次父母發生爭執的時候，我卻站在母親這一邊。這種必須明確表示支持哪一方的情形對我性格的形成是不利的。為了成功地從他們的衝突中跳出來，我不得不充當一個超級仲裁人的角色，無可奈何地判斷父母的是非，這使我產生了某種妄自尊大的情緒；我的自信本來就不穩定，現在更不穩定了，忽而膨脹，忽而收斂。

我九歲時的一個夜晚，當我正像往日一樣爬上床時，父親進來了。他既激動又高興地說：「你現在是哥哥了，就在今晚，你有了一個妹妹。」我很吃驚，因為我沒有意識到我母親即將為我生出一個妹妹。儘管她看上去總是躺著的時候多，可是對於母親的臥床，我根本沒有當回事，甚至我認為，臥床不起是軟弱的表現，而且這種軟弱是不可原諒的。當我父親領著我去母親處看妹妹時，我大失所望。那個小東西渾身通紅，皺巴巴如同猴子，甚至背上還有一根根清晰分明的紅毛。她的眼緊緊地閉著，好像是瞎了的小狗。我很困惑：「新生兒就是這個樣子？」我天真地問父母，妹妹從何而來。他們含含糊糊的回答嬰兒是鸛鳥送來的。好吧，就算這個說法我勉強能接受，不過小狗和小貓的幼崽們又怎麼樣呢？在那一窩幼崽生完之前，鸛鳥得來回飛多少趟呢？母牛又怎麼樣呢？我無法想像鸛鳥能設法用嘴叼著一整頭牛犢。而且我有證據證明並非是鸛鳥叼來牛犢，因為農夫說過小牛犢是母牛生的。事情已經很明顯了，妹妹是送子鸛送來的是個謊言。是我身上的眾多謊言中的一個，我敢保證，母親絕對做了我不該知道的事情。

妹妹的降生對於我而言太過突然，當然我的意思並不是說我沒做好做哥哥的準備，而是她的出現讓我產生一種很微妙的不信任感。為了證實我的不信任是確實的，我開始近乎敏銳的觀察。後來母親近乎古怪的反應證實了我的猜疑：似乎妹妹的降生的確有遺憾之處，雖然這種古怪有可能對我十二歲時的經歷發揮了強化作用，但當時，的確讓我大傷腦筋。

母親有個習慣很是討厭：每當我外出的時候，她總是追在我身後喊出種種告誡事項：「不要忘了代爸爸媽媽問好！」「鼻涕流出來了！」「你的小手乾淨嗎？」……對於我而言，即將要出席的場合都要穿著最體面的衣服，皮鞋也要擦得光亮，而母親總是在公開場合提醒我那些丟人的話，這簡直就是一種恥辱。

那個時候的我，已經開始懂得了自尊和虛榮。每次外出的時候，我都竭力呈現出無可挑剔的形象，但是這種我努力營造的完美，都被我母親的提醒輕易打破，讓我的真實面目暴露在光天化日之下，這讓我覺得十分不高興。對於幼小的我而言，外出事關重大。在去做客的路上我沾沾自喜，覺得自己高人一等，甚至覺得自己是一個貴族。所有這一切感覺，都是穿著節假日才能穿的衣著給我的錯覺，可是，這種錯覺就像是霧，在我看到要做客那家的房子時，頓時霧消雲散。那戶人家的豪華和富貴，就像是巨石一樣，讓我覺得沮喪和渺小。甚至，我覺得自己如果變成一隻鼴鼠，鑽到地裡面去，會更讓我舒適。在我按門鈴的時候，這種沮喪和渺小的感覺到了極致，這時候的我，聽著門鈴聲就像聽見了喪鐘。我畏首畏尾的進到屋中，這個時候腦海中全然是母親的提醒：「你的鞋子上沾滿了灰塵；你的手上全是髒汙；你的手帕哪裡去了？你的脖子為什麼黑黑的？」如果情況不太糟，出於逆反心理，我必然不會將父母的問候帶到，或者舉動帶有不必要的害羞和固執。如果情況變得太糟時，頂樓上的祕寶就會安撫我的心靈，讓我想到，我不是我自己，而是另外一個人，這個人擁有不可侵犯的祕密，還有一塊魔法黑石，甚至還有一個穿大氅戴高帽的小人。如是一想，我很快就會平靜下來。

耶穌與穿黑長袍的耶穌會會士有沒有關係？那些身著大氅、頭戴高帽的人們在墳墓邊吟唱的內容耶穌能否聽見？草地上墳墓般的洞穴是什麼？男性生殖器的地下神殿究竟是什麼？甚至我鉛筆盒裡的小人和耶穌有沒有必要的關聯？這一切之間的關聯，童年的我是否曾經探尋過，已經成為一個永久的謎案。但是，當時的我並沒有，哪怕是朦朧地認知到：我內心的「靈魂之石」和我本人的石頭之間存在一種千絲萬縷的聯繫。

現在，我已經八十三歲。但是我早期記憶中的結已經成為一個死結，至今無解。彷彿那早期的回憶就像是一棵在廣袤大地上孤零零的馬鈴薯種子，也像是潛意識列車上的一個小站——孤獨、神祕、不可碰觸。雖然我對上帝的態度始終不明確，但奇怪的是，從十一歲開始，我對上帝越來越感興趣。甚至，我發現我開始喜歡向上帝禱告，這讓我的「矛盾」得到片刻的釋放。因為在我祈禱的時候，矛盾會短暫消失——上帝就是上帝，不管你信任與否，祂不變不移。而且祂的形象也絕非畫上的耶穌所能代替，更不能粗暴武斷的等同於穿著黑袍子的人。因為「戒律」明確地說：「任何雕像不能代替你，任何事情不能等同你。」祂固然近似於一個非常有權有勢的老人，但是人們不能輕慢祂。而且耶穌並非「神祕」或者不可碰觸的，有關耶穌的悟性都是頂樓的祕密給予我的。

令我厭煩的學校課程

學校佔用的時間太多了，這讓我感到厭煩，我更樂意將時間花費在畫畫或者玩耍上。天知道，我對描繪戰爭場面和玩火是多麼的著迷。更何況，與枯燥得如同乾草一樣的神學科相比，代數更是一門讓人恐懼的學科。但是老師卻說：「代數是一門完全自然的學科，是一門天經地義的學科。」可是對於我而言，「數字」卻是抽象的。它不是看得見摸得著的，沒有鮮花芳香和嬌嫩，也沒有動物的可愛與躁動，甚至都沒有化石冰冷的觸感。代數不是被想像出來的事物，而是由計算產生出來的量。更讓我一頭霧水的是，這些量又由字母代表著，字母又由舌頭發音而成，我們能「聽」到代數。我發現我陷入到一個問題中無法解脫：「數字是什麼？」對此，無人能解答。我的同學們駕馭數學如魚得水，我的老師倒是誨人不倦，他們不厭其煩地向我說明，這種將可理解的量化為聲音的奇特運算的目的何在。經過老師的教導，我終於明白，代數的終極目的在於建立一種約分體系。很多量被置於這個約分體系中後，可以變得簡潔和明瞭。明白是明白了，但是我依然不感興趣。甚至，我認為這是「狗屁不通」。聲音和數字根本是兩碼事，否則人們也可以用蘋果樹來表示a，用盒子表示b，用個問號表示x。a、b、c、x、y、z並不具體，它們像蘋果樹一樣，並不能向我解釋出數字的實質。但最讓我一頭霧水的還是定理：如果a＝b而b＝c，那麼a＝c，雖然根據定義a是蘋果樹，b的意思是盒子，這根本是完全不同的兩件事。既然不同，a因而也就不能與b相等，更不用說與c相等了。蘋果樹就是蘋果樹，盒子就是盒子，若是說a＝a、b＝b等等，我就會容易理解的多。雖然我認為這a＝b是蹩腳的謊言，但是與平行線定理相比，就不算什麼了。老師說：平行線無窮大的時候會相遇，對此我甚至感到很憤怒。這簡直是將我們當成白痴一樣愚弄，最起碼愚弄我們需要一些比較高明的騙術。而且，這種定理跟我有什麼關係呢？儘管這些定理反覆無常、自相矛盾。這種感覺一直持續到我的晚年，至今我仍然接受不了a＝b、太陽＝月亮或狗＝貓這一定理，甚至我暗暗慶幸，數學沒有將我欺騙得很深，倘若我八十歲的時候才意識到自己受騙的話，那多麼的滑稽。這也成為我人生中一個巨大的問題：我可以正常的運算，但是我始終不明白數學，尤其不理解為什麼我對數學始終持懷疑態度。

方程式簡直就像是抽象的字元一樣難以理解，只有用特殊的數值替代字母並經過實際計算來驗證運算時，我才能一知半解。我是怎麼對付數學課的學習呢？當然不是抄寫對我而言如同天書一樣的數學公式，更不是死記硬背黑板上那些面目可憎的特殊字母組合，而是用特殊的數值代替字母並透過實際計算來驗證運算。但是這種「投機取巧」的好辦法，卻被老師宣告以後再也不能用了，因為老師上課的時候總是喜歡用公式。他習慣性地在黑板上潦草地寫上幾個字母，這些字母似乎憑空蹦出來的，我不知道他從哪裡來的這些字母，不知他為何寫——但是有一點我無比明確，這些字母是他認可的唯一的結論。我為我的不理解而難過，這使我不敢問任何問題。

對我而言，數學課簡直是恐怖的惡魔和痛苦的折磨，這種恐怖和折磨，來自於我對數學的無法把握。儘管我的視覺記憶力能讓我獲取比較高的數學分數，正因為如此，我更擔憂有一天會一敗塗地。這種恐懼不斷地加深，我絕望地發現，對於數學乃至這個世界，我都無力控制和改變。這種恐懼演變成為對周圍世界的渺小感，這種渺小感逐漸演化成為對世界的厭惡和絕望。這種厭惡和絕望，毀了我對學校的所有好感。此外，對於繪畫課我十分的熱愛，但矛盾的是，給予我很多自由空間的繪畫，也成為我新的失敗之處：儘管在繪畫上，我可以稱為有天賦，但因為我的繪畫天賦只能在我繪畫那些我想像出來的東西上表現出來，但現實中的繪畫課，卻需要我重複臨摹瞎著眼睛的希臘神話複製品，而當臨摹不好的時候，老師便理所應當地認為我需要鍛鍊，於是把一隻山羊頭的畫放在我的面前讓我照著畫，進而提高我的繪畫水準。顯然，這個作業我完全失敗，這就是我的繪畫課的結束。

我的失敗無處不在，它們寄居在數學和繪畫中，也寄居在我的體操課程裡。我對別人告訴我如何做動作深惡痛絕，更何況做這種體操看起來就像是在耍雜技的猴子，沒意義而且醜陋！而且，由於幼年事故的原因，懦弱始終根植在我的心靈深處。這種懦弱，讓我覺得這個世界沒有安全感。儘管在我的眼中，世界美麗而夢幻，但是它也處處隱藏著目不能視的各種危險，而體操恰恰會加重這種危險。這種懦弱我很晚才克服掉，我也一直在探索這種懦弱從何而來。難道因為母親拋棄過我幾個月？當我的神經性昏厥開始發作時，為了我的「病情」著想，醫生不允許我練體操，這令我十分滿意。我內心竊喜終於擺脫了體操這個討厭的東西——換而言之，我又多了一項「失敗」。當然，「偷」來的時間，我並沒有全然用於玩耍，而是用於自由思考——思考我已經產生的絕望情感，還有進行閱讀。此時我對閱讀有深刻的渴望，我如飢似渴的閱讀每一片落在我手中的印刷品。

我遇見了我自己

一八八七年初夏的一天，一件事情改變了我的命運。那時是初夏，十二點的時候，上午的課已經結束，如往常一樣，我站在大教堂廣場，等著一位跟我同路回家的同學。這個時候，有個男孩猛然地推了我一把，猝不及防的我跌倒在地。他的衝勁太大了，以至於我的頭部重重撞擊到路旁的石頭。在我即將昏厥的那一刻，一個念頭清晰地突顯：你可以再也不用上學了。然後我放心的昏倒了，當然，還有對襲擊者進行報復的隱性念頭包含在內。而後我感覺到有人將我抱起來了，送到附近一戶住著兩位上了年紀的老處女家中。

從那個時候起，我的昏厥症開始加深。若是我不得不返回學校，亦或父母催逼我的功課時，我的昏厥症都會適時發作。感謝昏厥症，它讓我六個月不用去上學。不上學的日子對於我而言就像是郊遊，我獲取了最寶貴的東西——自由。我可以隨心所欲地去任何我想去的地方，也可以無拘無束地做任何我想做的事情。我經常去林中水邊遊蕩或者去畫畫。我畫的內容大多是殘忍而血腥的戰爭，或者荒誕不經的漫畫。直至今日，那些畫中的圖案還經常出現在我的夢中。狂暴的戰爭，遭到焚燒的古堡，呲牙咧嘴的面具……這些畫面盤旋、扭曲，還有一些逐漸變成不久之後就死去了的熟人面孔。在這裡，需要指出一點：我一直有一種朦朧的認知：我在逃避本我。因為我開始埋首神祕的世界，一個完全從正常世界剝離的世界。這個世界有蒼天的樹木、清澈的池塘、神祕的沼澤、畸形的石頭、可愛的動物甚至還有父親的圖書室，這個世界這麼美，讓我離世界越來越遠。不過這些並不能讓我快樂，儘管我自由地揮灑光陰，自在地閱讀玩耍。

我完全不知道為什麼會變成這樣，我努力想痊癒，因為我同情父母的憂慮。父母對我的情況十分擔憂，他們為我找來很多醫生，可面對我的「病」，醫生們抓耳撓腮，束手無策，最後，家人本著「死馬當做活馬醫」的念頭，打發我去溫特圖爾的親戚家度假。我很開心，「病情」也有所好轉。這個城市有個火車站，對於兒時的我而言，簡直可以媲美一個巨大的樂園。但是好景不長，當我回到家中的時候，本來已經好轉的「病情」又恢復成原樣。甚至有個「高明」的醫生認為我得了癲癇，但我知道癲癇有病發作是怎麼回事，於是在心中暗暗嘲笑庸醫：他簡直是在胡說八道。面對「病入膏肓」的我，父母憂慮漸重。那一天，我躲在花園的灌木叢中，忽然聽到了父親和自己朋友的談話。本來我應該走開，但是好奇心又讓我繼續「偷聽」。父親的朋友說：「嗨，朋友，你兒子的病情有好轉嗎？」父親用一種憂慮而又沉重的語氣回答：「簡直糟糕透了，甚至醫生都不確定他得的是什麼病。有的醫生認為他是癲癇，正在按癲癇的法子治療。如果治療不好的話，那就太可怕了。我現在已經一無所有，若是我兒子不能自食其力的話，他的下場會很悲慘……」

我如遭到雷劈一般，這是與現實的衝突。「哎呀，我必須用功了！」我突然想道。

從這個時期開始，我完成了蛻變，變成了一個嚴肅的孩子。我來到父親的書房，取出我的拉丁文法書，努力地集中精神開始用力背誦。但是，沒過幾分鐘，昏厥又開始來困擾我，以至於我差點從椅子上跌落下去，直到幾分鐘後，我才恢復正常。我不斷地對自己說：「堅持住，不要昏倒。」之後繼續用功。第二次的昏厥晚來了五分鐘，我依然用老辦法，告訴我自己：「如果現在你不用功的話，你就完了。」在一次又一次的告誡下，我堅持的時間越來越長。第三次的昏厥一個小時後才來，我還是在堅持。我隱隱覺得，我打敗了它，我覺得我的狀況比以前幾個月都好，事實也證明了我的想法。從此之後，昏厥症再也沒有困擾過我，從那天開始，我每天都能順利地學習拉丁文法和其他教科書。當我幾個星期後返回學校時，昏厥症已經徹底痊癒了。在學校中，一些困擾我的東西都迎刃而解，也是在這個時候，我明白了什麼是精神官能症。

我像文物學家對待出土文物一樣小心翼翼，總算是還原了事情的真相——不光彩的局面是我自己促成的。甚至，毫不誇張的說，整個事件是我的一個陰謀，在整個事件中，我扮演了惡魔的角色。當我理順了這一切的時候，我就不再會生那個把我推倒的同學的氣。我為自己感到可恥和羞愧，我暗暗告誡自己，以後不能再做同樣的事，也是從這一刻起，我再也不能忍受父母對我的擔憂，或者用一種同情的口吻對我講話。因為當他們這樣跟我說話的時候，我就覺得他們洞悉了我這個「祕密」。

這種類似「精神官能症」的感覺成為我「不能說的祕密」。在我的心中，這個「不能說的祕密」是見不得人的，甚至是失敗者獨有的。不過「不能說的祕密」是把雙刃劍，它在讓我陷入痛苦的同時，也誘發了我非比尋常的偏執和勤奮。這些偏執和勤奮，讓我受益終生，也成為我一生勤奮的開始。我最初的勤奮，絕非是為了做樣子，而是為了成為社會的棟樑之才。為了成為我想像中的和失敗者相對的棟樑之才，我真真正正地做到了：三更起，五更眠——每天都要五點鐘起床學習，甚至有的時候從凌晨三點一直學到七點，而後再上學。

面對孤獨，人人談之色變，我卻情有獨鍾；面對寂寞，人人敬而遠之，我卻情根深種。這種同眾人「迥異」的喜好，讓我進一步接近自然。在我幼小的心中，大自然處處都是奇蹟。這些奇蹟讓我著迷。似乎每一塊石頭都充滿靈性，每一株植物都能歌唱，每一件東西都那樣的奇妙。當我和自然無限接近的時候，我感覺我也是自然的一部分，與人類世界格格不入。

大約在同一個時候，我還有一段重要的經歷：那時我正像平常一樣，從我的居所克萊恩－亨寧金出發，歡天喜地地走在前往巴塞爾上學的路上。我沒有感到今天與往日有一點區別，正在這時一種突如其來的強烈感覺攫住了我。那種感覺宛然是從山窮水盡轉變到柳暗花明，我似乎明白了一直困擾我的問題：我是誰？我把一直將「我」掩蓋住的牆甩在了後面，因為那堵牆上沒有任何「我」的字樣。我看到了我自己，這與以往的我自己是截然不同的。以往的我，活在別人的意志中；而現在的我，完全被我自己的意識所支配著。在我看來，這個經歷極其重要新穎：我獲得了對我自己的支配權。說來奇怪，在此期間以及我的昏厥神經官能症發作的那幾個月裡，頂樓上有關珍寶的記憶成為過眼雲煙。如果在這個時候，我將這種感覺與「珍寶」在我身上激起的價值感作對比，就會發現它們相當類似的。遺憾的是，我並沒有將兩者聯繫在一起，而且我對鉛筆盒的熱愛和偏執，已經成為我回想不起的「過去」了。

就在這時候，我家的一位朋友邀請我們前往他在盧塞恩湖邊一棟度假用的房子做客。讓我欣喜若狂的是，房子不僅座落在湖畔，而且還有一艘划艇。主人允許我們（我和他兒子）使用這條船，但他用嚴厲的口吻告誡我們絕對不能魯莽冒失。可是，天知道威德令船（一種平底船）有多難駕駛！按照正確的划船方法，應該坐著划，可是我們怎麼知道如何駕駛這個鬼東西呢？於是我便像駕駛家中那條方頭平底船一樣，站在船的尾部，用一隻槳划進湖水中，並試圖划出花樣來。對於我們划船這件事，房主人本來就憂心忡忡，結果又看到我出格的動作，頓時就覺得太過分了。於是他想讓我們回來，對著我們大聲吹口哨，等我們上岸後，更是用一大堆責罵迎接我們。他的斥責讓我啞口無言，因為我所做的恰恰是他不讓我們做的，儘管我不樂意，但是也得承認他的教訓完全有道理。與此同時，一股莫名其妙的怒氣湧上我的頭頂——這個肥胖、無知的鄉下佬怎麼敢侮辱我？從年紀而言，我是一位老人；從社會地位而言，我是一位體面的、有高貴職位的、尊貴的人。我應該是被尊重敬畏的對象。當我的怒火即將脫口而出的時候，我又開始踟躕，好像哪裡出了問題，似乎他們並不知道我如此重要。我冷靜下來的時候，沮喪的看到了現實——我不過是一個十二歲的小學生，而他，是一位父親，還是擁有二棟房子和若干匹駿馬的、有錢有勢的人。

在這個時候，我被我自己的念頭所困惑。一個人的身軀，怎麼能裝下兩個截然不同的靈魂。一個靈魂就是道地的小學生，會因不會代數而苦惱，覺得自己是飄搖大海中的一葉扁舟，自己都掌握不了自己的人生；另外一個卻截然不同。他來自十八世紀，是一個響噹噹的人物。他的影響力，簡直可以與製造商相媲美。當然，他的形象也是典型的十八世紀的人物——他的頭上戴著白色的假髮，穿著扣形裝飾鞋。如此體面的人，座駕自然也不同凡響：必然是一輛帶有凹面後輪的輕便旅行馬車。

這種念頭並非無中生有，我的奇特體驗為這種念頭的萌生提供了最佳生長環境。那時，我們還住在克萊恩—亨寧金，有一天，一輛真正的綠色馬車駛過我的家，那是一輛真正的古董車，宛如直接從十八世紀開來。我頓時手舞足蹈：「看啊，那是我所處時代的車！天啊，它來自我的時代！」我將它認出了，我甚至可以確定它和我的座駕是同一型號。但是我並不開心，取而代之的是一種讓我不悅的情感。這種情感近似於厭惡或者是噁心，好像是我被欺騙了似的——有人偷走我過去的歲月，我的懷舊、我的承認，似乎都被印證了。但是被印證的卻是虛無縹緲的，我根本捉不住它。它卻不停在我耳邊雀躍：「是的，就是這個樣子！是的，就是這個樣子！」

我還有重回十八世紀的感覺。那時，我在我姨媽家中，看見一件舊赤土陶製雕塑。雕塑由兩個彩色人物構成，色彩雖然剝落，但依然栩栩如生。其中一位是十八世紀末巴塞爾市卓有聲名的老斯塔克伯格醫生，另外一個人物是他的病人。這個病人一副就診的模樣——雙目緊閉，舌頭伸出。這座雕塑的來歷是有典故的：相傳十八世紀的一天，老斯塔克伯格正悠閒地散步，當他散步至萊茵橋時，這位病人不知道從哪走到了他的面前。用讓人生厭的口氣喋喋不休抱怨醫生的醫術。被別人打擾並冒犯的醫生十分不悅，便對這位討人嫌的婦人說：「你一定是哪裡不舒服，讓我為你診治一番吧。現在，閉上你的眼睛，伸出你的舌頭。」婦人依言而行後，斯塔克伯格立即偷偷開溜。婦人不明就裡，還是保持著「醫囑」的狀態。她滑稽的模樣，惹得眾人狂笑不止。當我注視著小雕像的時候，竟然發現，老醫生穿著的扣形裝飾鞋，與我想像中一模一樣。彷彿我以前也穿過這樣的一雙鞋一樣。我甚至可以確定，那一定是我的鞋。這種肯定從何而來？我也不清楚。同樣奇怪的行為還有，我經常將一八八六年寫成一七八六年，甚至每當出現這種情況時，就會有一種懷舊的情緒會將我席捲。

在船上做的惡作劇以及受了懲罰之後，我開始用思維將並不相連的印象穿成一串，並試圖將它們組合成一副首尾呼應的畫卷：在這幅畫卷的影響下，我認為自己被一分為二，兩個自己截然不同：一個生活在這個時代，這個人做錯了事情，就要接受與他身份——小學生相適應的懲罰；一個生活在迥異的時代——那個我應該生於一七九五年因而生活在十九世紀。可是矛盾之處在於，另外一個我本在我誕生之前便駕鶴西去，怎麼會又跟我保持同一呢？這讓我覺得困惑，這些想法如同枷鎖一樣將我禁錮。換言之，所謂的另外一個我，純粹是胡說八道。這些千頭萬緒的思索，大多從朦朧的模糊感覺和夢幻繁衍而來，這個時候的我，或許還不知道有關我與歌德之間的關係。我只不過總是從父母和親戚處聽到有關祖父的故事。我應該補充一句，有一種令人討厭的傳言，說我祖父是歌德的私生子。

我和我思想的拉鋸戰

同年的一個夏日，天光正好，陽光明媚。午後，我走出學校，來到大教堂廣場。天空湛藍璀璨，陽光恣肆的傾斜而下，灑在大教堂房頂，落在新鋪的瓷磚上迸發著光彩，斑斑點點，金光閃閃。如是美景讓我如痴如醉，我想：「世界如此美麗、寧靜、祥和，而這一切都是上帝給予我們的。上帝坐在上方，在遙遠的藍天上的一個金色寶座上……」我的思想，又要偏離預想的軌道，奔向那深不可測的黑洞之中，這讓我又開始憂鬱。這種感覺讓我麻木了，唯一能做的便是不斷的告誡自己：「不能再想下去了！有一種我不願意想、不願意靠近的東西，在以一種不可抗拒的力量包圍我。當我被這種力量控制的時候，我就會犯下最為恐怖的罪孽。是什麼呢？應該是比謀殺更深重的罪孽。我會反對聖靈，這種罪愆是不可饒恕的。誰犯了這種罪誰就要遭天譴，永生永世在地獄中遭受痛苦煎熬。作為獨子，父親母親一向奉我若掌上明珠。一旦我要遭受永生永世的痛苦，他們必然會感同身受，痛不欲生。即便是為了我的父母，我也不能這樣做，我千萬不能再去胡思亂想了。」

一然而，說來容易做時難。從學校到家，有一段很長的路。我一邊走，一邊盡力思考各種各樣有趣的事情。但是不管我想什麼，意識總會兜兜轉轉，轉回到我喜歡的大教堂和坐在寶座上的上帝方面。當我意識到這點的時候，我自己受到了巨大的震動，彷彿受到了猛烈的電擊。我勒令自己的意識調轉方向，我甚至自言自語：「把它忘掉吧，想點別的吧。」我在拚命的和我的意識作抗爭，所以，當我回到家中時，已經十分疲憊。母親將我的疲態盡收眼底，便關切的詢問：「可是出了問題？學校中有什麼事情沒有？」我實話實說：「學校中一切都很順利。」我覺得，我要是將我的胡思亂想和盤托出的話，對我而言，雖然有些微的好處，但是我就無法幹這些我做不到的事情了。冥冥之中，我已經意識到，我的思想很危險，簡直是一頭栽進了地獄。我不想讓我可憐的母親為我擔憂，於是我放棄祖露了此事的念頭，並設法地將自己的形跡掩蓋起來。

當天晚上，我失眠了。那個我還不知道如何引導的思想，如同奔騰的潮水一樣向四面八方湧出。我拚命的想將「洪水」關在我的腦海中，雖然祖露心事會讓我獲得輕鬆，但是這種誘惑和父母的感覺相比，簡直不堪一提。因為我想：如果我告訴了他們我想什麼，他們肯定會傷心的。對於一個孩子而言，這是一種多大的折磨啊。

到了第三天晚上，這種折磨變本加厲了。簡直讓我無法忍受，在床上翻來覆去的我無計可施，輾轉良久方能入睡，而後便又驚醒。我的腦海中，充斥著上帝和教堂，差點一直想下去。我感到，我的反抗如同風中的燭光，越來越微弱了。我渾身都是冷汗，便索性坐起來，希望自己能清醒一點。我的腦海中盤旋著一個念頭：「這事真新鮮啊，我得嚴肅對待。」我想把這件事弄個水落石出，可是又一個念頭出現在我的腦海中，我為什麼要去想那些我一無所知的事情呢。從我的角度而言，這絕非是我願意去想的，那是千真萬確的。是誰讓我去想我一無所知，卻必須要想的事情呢？誰強迫我這麼做的？是誰讓我飽受折磨？我應該想的是萬能的主，是萬能的主創造了這個世界，生存在這個世界上的我應該對他感恩戴德。可是，我為什麼會在這個光景想各種惡毒的事情呢？這些念頭有多惡毒，我甚至都沒有個概念，但是我卻清晰地意識到，我不能也不該向這個想法靠近。因為我一旦向它靠近一點點，都會思考它。而它會像噩夢一樣困擾著我，我很迷惑，這件事究竟從何而來。我雖然沒有去做這件事，但是這件事卻真真切切地在我身邊發生了。無論如何，我來到這個世界是上帝的旨意，是上帝按照我父母的樣子將我創造而出的，但是我現在的樣子是父母所期望的嗎？我純潔而善良的父母必然不會這樣胡思亂想，因為想法是多麼的惡毒啊！

我明白，我的想法荒唐可笑。我祖父母的樣子便在這個時候出現在我的腦海中。當然，我從來沒有見過他們，只是從畫像裡瞭解他們，但是他們的形象在我心中始終是和藹可親、嚴肅認真的。當我祖父母出現在我的腦海中，我心中歸咎於父母的想法立刻蕩然無存。我覺得這個辦法行之有效，便在腦海中將所有我知道的長輩通通想了一遍。甚至想到了亞當和夏娃。這個想法具有決定性：亞當和夏娃是最早的人類，無父無母的他們由上帝直接創造而成。他們的樣子是上帝的旨意，無法選擇也無從逃避，只能長成上帝預想的樣子。因此，他們無從知道何以各不相同。我所知道的上帝，從來都是完美的。自然，祂所創造的亞當和夏娃也是完美的。可是由完美的上帝創造的亞當和夏娃，為什麼去做上帝不希望他們去做的事情呢？他們原本是能不去做這件事的，但是受到了蛇的誘惑。可是蛇是上帝在創造他們之前就已經先創造出來了啊？蛇的存在難道只是為了讓亞當和夏娃犯罪的嗎？既然上帝無所不知，祂必然知道蛇會誘使亞當和夏娃犯罪。換而言之，祂創造出了蛇，便是要人的始祖不斷地觸犯原罪，那麼，人不斷觸犯原罪，原來是上帝的旨意啊！

當我這麼想的時候，心中立刻感到快慰。要知道：是上帝本人將我放在這種境地中的。開始的時候，我並不知道是上帝有意對我進行磨練，而當我這麼想的時候，我便不會去想那些因為祈禱而獲得啟示的事情了。不過上帝太差勁了，祂根本不管我的想法就將我仍在這樣一個進退維谷的境地中並且不管不問，我必須得清晰的弄清楚祂的意圖是什麼，並找到一個應對的方法。可是每當想到這裡的時候，又一個問題蹦了出來。

上帝要我做錯事！

「上帝意欲何為？這個問題深深地困擾著我，我必須要馬上弄清楚上帝的真實意圖。」當然嘍，我自是知道，從通常的道德角度出發，我應該規避這樣的想法，這似乎是理所當然的，我也是這樣做的，可是我已經無法繼續壓抑我的想法了——我已經將自己束縛到無法忍受的地步，我夜不能寐，輾轉反側，日漸憔悴，如果我不弄明白上帝的意圖的話，恐怕無法善罷甘休。因為我已經明確一點，上帝是所有問題的根源。但是讓人驚訝的是，我從來沒有想過這個問題是否和魔鬼有什麼關係。在那個時候，魔鬼在我的心中，只是微不足道的，他發揮的作用微乎其微。因為我覺得，與上帝的力量相比，魔鬼的力量太過渺小。其實這不足為奇，自從我從意識的迷霧中找尋到自我開始，上帝的完整性、超然性始終在我的想像中佔據統治地位。從此之後，我的心中不再存在別的疑問，僅剩上帝本人對我進行安排。我將這次的困惑當成一種考驗，通過這種考驗的唯一方法便是找尋到對上帝的正確理解。而且我知道，最終我還是被迫讓步，但是我真的不希望發生自己不明不白的事情，尤其是我將永生的靈魂拯救都押在這件事情上了。

上帝眼睜睜地看著我在犯罪的邊緣徘徊，眼看就要墜入萬劫不復的深淵，但是祂並不打算出手相助。儘管祂全知全能，救贖我於祂來說是一件太過簡單的事情，但祂就是不願意這麼做。祂想做什麼？是不是打算利用我做違背我道德判斷的事情來考驗我是否忠誠呢？這件事對我而言，意義重大，我正在全身心地與這件事做抗爭，因為對於我而言，下地獄是件很可怕的事情。可是上帝的真實意圖是什麼呢？他是不是想考驗一下我的意志力如何呢？當信念和理性遭遇到死亡和幽靈時，孰勝孰敗呢？這也許就是上帝的意圖。其實這只是我自己的想法，很有可能這種想法是無稽之談。我是不大相信自己的推斷的，所以我不得不理順我的想法。

可是，我再一次理順了我的思維，得到的結論仍是相同的。「顯而顯見，上帝需要我鼓起勇氣的帆船。」我想到：「如果我能順利的通過他的考驗，那麼上帝會將福氣賜給我。」

這樣想的時候，我渾身激盪著勇氣，彷彿地獄之火在我眼前燃起，我也能等閒視之。當我如是想的時候，大教堂又出現在了我的眼前。蔚藍如碧的天空上，上帝端坐在金光閃閃的寶座上，遠離世俗。然而正在這時，寶座下面有一塊巨大的糞塊掉了下來，落到了閃閃發光的屋頂上，並將大教堂砸得稀巴爛。

當我想到這裡的時候，頓覺如釋重負，巨大的快樂將我席捲。預料中的天譴沒有來到，來的反而是巨大的天恩，這種巨大的落差，讓我快樂得不能言喻。我感覺很幸福，進而對上帝產生了巨大的感激心理，我哭了。許多以前不明白的事情，現在豁然開朗。我想這些都是我父親所不明白的，他應該不明白上帝的意志，而他之所以不明白，是因為他的信念太過根深蒂固，那些信念與上帝的意志是相悖的，所以他體驗不到那可以根治一切並通俗易懂的上帝意志。我的父親將《聖經》的「十誡」做他的行動指南；他信仰上帝，但只是以《聖經》所指示的方式和他的先人所教導他的方式來信仰。可是他並不知道：上帝脫離《聖經》和教堂而存在。而且祂全知全能，是活生生的上帝。祂的感染力無處不在，能讓人被動的放棄自己的觀點和信念，以便毫無保留地履行上帝的意志。祂對自己的「臣民」進行種種考驗，這種考驗可以是各種各樣的。不管祂採取什麼手段對別人進行考驗，都不怕造成邪惡的後果，因為祂全知全能。倘若一個人能通過了上帝的考驗，他便明瞭：自己走在正義道德的康莊大道上。

我毫不懷疑，之所以亞當和夏娃會做上帝不願他們去做的事情，就是為了弄清楚亞當和夏娃是否對祂完全的服從。就像是上帝對亞當和夏娃做的那樣，上帝讓我做這件事情——因為宗教原因而不得不加以拒絕的事，正是因為我的恭順服從，才使我獲得了天恩。這種感覺，讓我徹底明白了何謂上帝的恩惠。我也明白了，一個人必須將身心都呈現於上帝的祭壇上，徹底地執行上帝的意志，而其他的事情都是可以忽視的。如果，你不將身心都奉獻給上帝，那麼無論你做什麼都是愚蠢和無意義的。當我意識到這點的時候，我開始承擔起我個人應該承擔的責任。可是我還存在一個困惑：

為什麼上帝將自己的教堂毀掉呢？我隱隱約約地感覺到一個祕密——只要上帝願意，他可以變成可怕的東西。這種想法讓我一生生活在陰霾之中，變得鬱鬱寡歡。

這個體驗讓我很自卑，我覺得自己蠢笨如豬，簡直是個魔鬼。可是隨後我翻閱了《聖經・新約》，當我讀到法利賽人和收稅官這一段，以及上帝沒有放棄墮落的人做其選民這一段時，又感受到了滿足和愉悅。這些段落的描寫讓我永生不忘：存在不公正念頭的管家卻被人稱讚，心有猶豫的彼得，最終獲得傳教的重任。

我的自卑感與日俱增，我覺得上帝的天恩於我太過渺茫。似乎我從來沒有自信過，我一直認為自己在墮落的深淵徘徊，與別人相比較而言，大為不如。即便我的母親說：「你是一個乖孩子。」其實我連乖孩子指的是什麼具體意思都不知道，這讓我感覺很奇妙。

經歷了上帝和大教堂的事件後，我終於讓我那虛無縹緲的祕密落在了實處——感覺就像是天上落金幣，恰好落在了我的口袋一樣。可是這種獨特的體驗同時也讓我覺得可恥，因為我認為自己被一種邪惡、不良的東西牢牢的束縛住了。這讓我感覺到，我既是上帝的子民，也是被上帝拋棄於天恩之外的人；既是被詛咒束縛的人，還與上帝的祝福同在。我很想知道，別人是否和我一樣有這種體驗，但當我細心觀察別人的時候，卻沒有發現這種情形。

我對我的體驗、我的祕密守口如瓶。我從來沒有跟任何人提到過我夢見的地下廟宇，也沒有提到過那恐怖的男性生殖器，以及我所雕刻的小木人，直到我五十六歲的時候，我才跟我的妻子透漏過一些，甚至對我的朋友都諱莫如深。其餘時候，我從來沒有公開提到我的體驗。因為我從小便知道，所有的這些事情都是禁忌。

這難以理解的祕密貫穿了我整個青春期，也正是因為如此，我承受了常人難以忍受的孤獨感。我極力抵制與別人分享這個祕密的誘惑，這便造成我跟世界相融的模式：我一如既往的孤獨，因為我懂得別人不懂的事情，還會將別人不懂甚至也不想懂的事情加以暗示。

在我母親的親戚中，有六個牧師；而我父親這方不遑多讓——不僅兩個叔父是牧師，甚至我父親本人也是牧師。正是在這種環境中，我有機會聽到很多有關宗教、神學的談話、討論以及佈道演說。每次我聽著他們的高談闊論，內心便浮起這樣的感覺：「這簡直是太好了，終於有人能為我『解惑』了。你們知道嗎？我的祕密也是天恩，上帝為了讓我體會他所謂的恩惠，正在威逼我去做我不喜歡的事情。」可是他們說來說去，總是不得要領，甚至完全言不及義。這讓我不得不想：「其實他們也不懂。」於是我便在內心祈求：「看在老天的份上，一定得有個人懂點啊，真理一定藏在某個地方。」於是我便在父親的圖書室內翻箱倒櫃的查找，一旦涉及上帝、三位一體、靈魂的書，我便迫不及待地開始閱讀。儘管我幾乎是在飢不擇食地閱讀，但是所獲甚微。我甚至還去《路德派聖經》中查找我想要的答案，但不幸的是，裡面那個以堅忍耐勞而聞名的約伯，似乎正在板著面孔訓導別人，我對這種描述方式倒了胃口，對這本書也沒了興趣，不過還好，我在這本書的第九章〈詩篇〉的第三十個小節中，找到了一絲慰藉，裡面說：「以雪水濯己身……您卻將我投入泥淖。」

後來，母親告訴我，那個時候的我整日沒精打采。我不相信她的話，恰恰相反，那個時候的我內心平靜如水而且祥和安寧。因為我整天為這件事冥思苦想，每當我想到自己是石頭的時候，我便能從我所有這樣那樣的懷疑中抽出身來，似乎一切矛盾和衝突都消弭於無形。我會如是想：「石頭是確定的，千百年一成不變，沒有和別人溝通的必要。」

我的第一人格和第二人格

在那個時候，不管我父親說了我什麼，我都持懷疑態度。在父親佈道的時候，我總是結合自己的體驗理解所謂上帝的恩惠。當我這樣做的時候，父親所講的一切在我看來就變得那樣的迂腐和空乏，彷彿父親講的不是上帝的恩惠，而是道聽塗說卻沒有親自證實的故事一樣。我很想幫父親規避這點，但是我卻無從下手。首先，我的年紀太小了，無法插手父親的事務；其次，我害怕啟動「第二人格」的能力；最後，我害羞，無法告訴父親我的體驗。

即便我長到十八歲，父親與我經常就信仰的問題展開討論，最後也往往不歡而散。因為我總是含蓄地暗示父親有關天恩的奇蹟，我希望父親能夠懂得這一點，從而減輕自己的罪孽。如果父親能領會到上帝的意志並執行，那是再好不過的事情了。可是這些討論卻刺激了父親，因為他總會說：「胡說八道。」並且對我的行為嗤之以鼻：「你總是去想，一個人不應該那麼去想，只去信仰便可以了。」我心中不以為然，我會想：「才不是呢，若想懂得，必須去體驗。」但是我口中卻如是答應：「那麼請把這種信仰給我。」這時的父親便會聳聳肩，無可奈何地離開。

我開始拓展我的交際圈，很多出身淳樸、個性靦腆的孩子成了我的朋友。我的學習成績也名列前茅，甚至會名列全班榜首。但是這讓我感到不愉快，因為我發現幾個成績不如我的同學開始嫉妒我，並試圖追上我。我很討厭類似的競爭，就連別人玩競爭類的遊戲我都敬而遠之。為了規避這種競爭，我的成績開始保持全班第二，我發現這更能讓人保持心情愉快。我的老師中有幾位很信任我，這種特殊的信賴至今仍讓我銘記於心。尤其是一位教拉丁文的大學老師，每次回想起他的時候我都會心懷感激。這位老師十分聰明，因為我六歲便學習拉丁文的緣故，對拉丁文的學習舉重若輕，老師察覺到了這一點，所以他經常不讓我坐在班中聽課，而是讓我去大學圖書館去替他借書。對於這個任務，我非常樂意去做。我經常高高興興地去圖書館讀書，並在回去的路上盡可能地把時間拖長。

但這只是少數的老師，大多數的老師認為我狡黠愚笨。在學校中，一旦有什麼事情出現紕漏，我是第一個懷疑對象。要是有同學聚眾鬥毆，我也被認為是始作俑者。但是實際上，我只參加過一次打架事件。也正是那個時候，我才看清別人對我懷有根深蒂固的敵意。那一次，我的七個同學埋伏起來等著我，並對我發動突然襲擊。萬幸的是：那個時候我長得又高又壯，脾氣也不好。我輕而易舉地抓起其中一個男孩的手臂，將他當成兵器，甩得團團轉，他的兩條腿成了我攻擊用的最好武器，其他幾個同學全部被打倒在地。事後老師是怎麼處理的，我已經記不得了，但是我能模模糊糊地記得我遭受了不公正的懲罰。這件事情發生後，我便形單影隻了，沒有人理睬我，但是也沒有人欺負我。

招致敵人、遭受不公正待遇，這些都出於我意料之外。但是讓我困惑的是，雖然我因為那些對自己的指責而大發雷霆，但我又對這些指責卻無法否認。我對自己的認識太少了，這導致我會有很多具體的而且潛而不發的過失。對此，我懷有沉重的負罪感。也正是因為如此，我對別人的指責十分敏感，因為這些指責或多或少都說出了真相，也戳中了我的痛處。儘管對方的指控純屬「莫須有」，但是我卻能依稀感覺到：這種事情我遲早會去做。我甚至列了一張表格，上面陳列著我搜腸刮肚想到的種種託詞，以便等到我真的做了被指責的事情時，有備無患。若是對方的指責言之有物，我便會如釋重負，因為這個時候，我便真的知道我錯在了哪裡。

我心中的不安越來越大，為了減少這種感覺，我嘗試營造外在的穩重感。換而言之，我不想用意識強制約束我的缺陷，而是憑藉缺陷本身克服。也能理解成：我一方面知道自己罪無可赦，一方面卻堅信自己清白無辜。這個時候的我已經明確自己是個雙重性格的人。其中的一個人，是我父母的兒子，這個人正在上學讀書，雖然並不聰慧，天資有限，但是認真勤勉，學習刻苦；另外一個人，是一位老人，秉性多疑，從不輕信他人，超脫凡世，更為親近自然、地球、月亮、天氣等一切除了人世間以外的所有事物。這個另外的人，最喜歡的是「夜晚」、睡夢等最接近「上帝」能直接作用其身的事情。這裡，我之所以將上帝用引號引起來。是因為我覺得大自然如我，都是上帝創造並借此表現自己意志的事物。我對這點的認知無比執拗，誰也說服不了我——「上帝的形象」被局限在人的形象裡了，可是實際上，無論山川河湖，亦或者花草樹木，還是飛禽走獸，都體現了上帝的本質。難道不是嗎？人類只會穿花俏的衣服，心底粗鄙，愛慕虛榮，假話連篇，自私自利，面目可憎。人類的這些特色，對於「我一」，也就是一八九〇年的一個普通學生而言，太過熟悉。他的世界並非世界的全部，在他的世界之外，還有一個神祕王國的存在。王國狀若神殿，每個進入神殿的人都被他改造過，並在神殿中看到了整個宇宙的奧義。每個進入神殿的人，都在裡面流連忘返、樂不思蜀。當然，在這裡，還存在著另外一個人。他知道上帝雖然超脫凡人，但是具有人格。在這裡，上帝與每個人結合成一體，宛如我們心靈與上帝的眼結合在了一起，一同俯瞰大地。

我在這裡所說的每字每句，都是我那時從任何方面都沒意識到的東西。雖然我還沒有意識到它，但是它以摧枯拉朽之勢，讓我強烈地受到它的存在。也就是在這個時候，我知道我當之無愧為我，只要我孑然一身，便會輕而易舉地進入到這種狀態之中。我所追求的即第二種人格的安寧和孤獨。

第一種人格和第二種人格相互作用貫穿了我的一生，但是這種「相互作用」同醫學角度而言的「精神分裂」卻大相徑庭。在我的一生中，第二人格佔據了過多的席位，我總是無時無刻想著為內心深處的第二人格挪出地方。一般人和我相反，他們的第二人格往往形同虛設，絲毫沒有作用。因為即便第二人格是一個典型的任務，卻很少有人能洞察到這一點。因為大多數的人意識達不到這個廣度和深度，理解能力也有限，所以他們不知道他也是他們那樣的人。

我的命運完全取決於我自己

漸漸的，教堂變成了我的夢魘。因為在那裡，有人肆無忌憚（而我認為是無恥）地進行有關上帝乃至祂的恩旨或者行為的演講；在那裡，會眾被勸誡某些感情和祕密都是合理的。我知道：所謂祕密是內心深處真切的悸動，是不能洩露的內心祕密。可是很顯然，沒有人會知曉這種祕密的真諦，就算是牧師也一樣。反過來說，沒人敢於在公眾面前洩漏上帝的神祕性，或者沒人敢於用陳腐和多愁善感的話去褻瀆這些無法言傳的感情。而且，用這種方式，我敢保證，是無法接近上帝的。我從我自己的經驗裡知道，上帝的恩賜只給那些一心一意執行上帝意志的人。

我是從佈道壇上知道這一點的，即啟示能讓上帝的意志變得通俗明瞭。但是矛盾的是，在變得清晰明瞭的同時也變得模糊和不可知。它讓我意識到：宗教的條文將上帝的意志取而代之，雖然說起來有些「驚世駭俗」，但這是唯一能解釋得通為什麼人們不去理解上帝的意志的。我的懷疑一日更甚一日，也正是因為如此，我父親乃至我叔父口中所說的佈道詞，便讓我不忍卒聽。而我周圍的人呢？卻認為這些話是天經地義的，甚至這些教義中那些含糊的東西也是理所應當的。他們腦筋都不動一下地囫圇吞下所有的說法，根本不去理會這樣的說法是否自相矛盾。比如，上帝禁止人類的犯罪，但是人類還是在不斷犯罪。比如，上帝預見人類的歷史，但是卻又說上帝創造了人類。我並沒有每天都去探索上帝的意志，除非有特別的理由。而在我的時間分配中，是第一人格佔據了「大多數」。

但是奇怪的是，不管我思考得多麼深入，魔鬼總是沒有出現在我思考的範疇中。不過，在我看來，魔鬼充其量不過是一隻狗，而且還是一隻被壯漢用鐵鍊拴住的看門狗。我始終秉承著這一觀點：只有上帝對這個世界有責任，而且我知道上帝不僅力量驚人，而且還很恐怖。

當我父親用磁性的聲音虔誠地佈道時，他在讚頌「仁慈」的上帝，言辭懇切地表示上帝愛人，人人自當以愛回報上帝。每到這個時候，我的懷疑和恐懼便會空前加深：父親真的懂得自己在說什麼嗎？

我開始懷疑他是不是會向以撒的父親學習，將我殺死作為給上帝的祭禮，或者向不公正的法庭判處耶穌一樣將我釘在十字架上？不過我知道我的父親是不會這樣做的，因為他與上帝的意志相差甚遠。上帝真正的意志蘊含在《聖經》之中，是相當駭人的。事情慢慢突顯出真相，所謂的人們應該信仰上帝服從上帝而非他物的話，只不過是人們隨便說說的，因為他們根本不知道上帝的意志是什麼。如果我們意識到上帝的意志何在，便會對上帝生出無窮盡的恐懼出來，這種單純的恐懼便能讓人們對上帝百依百順。因為上帝的可怕之處在於，他會隨心所欲地將自己的意志甚至是可怕的意志強加給孤立無援的弱小人類，就像是他已經將他的意志強加在了我身上一樣。這些表面上洞悉「神諭」的人可否洞悉上帝對我的所作所為？關於這個問題，我通讀《聖經・新約》，希望能找尋到類似的事情，遺憾的是我一無所獲；而《聖經・舊約》，特別是《約伯書》，在這方面本可能使我大開眼界，但可惜那時候我對之卻不夠熟悉。當時的我正忙於接受堅信禮，而堅信禮中卻沒有任何有關這方面的教導。堅信禮的主要內容是教導我們要敬畏上帝，但是這種觀念被很多人嘲諷為「老土」的行為，認為這種觀念很不合時宜，是「猶太人」的行為，敬畏上帝，有什麼必要呢？因為很久以前，敬畏就被上帝的愛和仁慈所取代，這才是基督福音啊？

年幼時的體驗其象徵性以及各種形象的狂暴讓我沮喪不已。我時常捫心自問：「是誰說出這樣的話語呢？是誰這樣恬不知恥在神龕中展示赤裸裸的陽具呢？是誰讓我知道上帝用狂暴的行為摧毀教堂呢？」最後，我找到了「託詞」：「這是否是魔鬼的詭計呢？這種行為必然是上帝或者魔鬼所為。」我不斷地進行心理暗示，最終確定，讓這種思想和形象出現在我腦海的，絕非是我自己的行為。

這些生活中的體驗累積到一定程度時，讓我恍然大悟：我必須對我的生命負責任，因為我的命運方向完全由我自己左右。只有我自己，才能找到問題的答案所在；只有我自己，能找到打開我心門的鑰匙。但是是誰將這個問題強加在我頭上的呢？這個問題，誰也幫助不了我。所以我必須從隱藏在我內心最深處的「自我」那裡找尋答案。因為我知道，現在在上帝面前的只有我一個人，並且知道上帝就這個可怕的問題單單只問了我。

命中註定的感覺從我幼時便伴我左右，這讓我覺得命運給予我的，不管是好還是不好，我都要全盤接受。這讓我內心安寧無比，雖然我知道我無法用世俗來證明它，但是它卻已經證明了自己。我沒有肯定它，它卻肯定了我，這種信念，在我的心中根深蒂固。我被上帝選中去做我本不情願做的事情，上帝便給予了我我行我素的權力和力量。我常常有這種感覺：在一些至關重要的事情上，我超脫眾人之外，與上帝單獨在一起。我屬於好幾個世紀，而做出回答的上帝從我誕生之初便存於我的意識中，即便我死亡，上帝依然存在。與「另一個人」的談話對我來說，是一種獨特的體驗——這種感覺就像是一面是刀槍劍戟、槍砲轟鳴，一面是風和日麗興高采烈。

當然，這些體驗為我一人所獨有，我不可能和其他人分享這些。我不知道可以和誰交流這些事情，除了我母親。我發現我母親與我有相像之處，因為我們思考的思路是大同小異的。但是我很快就注意到：在交談中，母親往往說不過我，這個時候她對我的態度簡直能用敬畏來形容。這可不是什麼好事！所以我只能將我的思想深埋心底。整體來說，我很喜歡這樣做，我樂意有一個自己的祕密世界。更何況平日裡，我便喜歡一個人遊戲，或者是獨自做白日夢，或是獨自在森林中徜徉。

對我來說，母親溫和得如同一團火苗。她的樣貌和藹可親，個子高大，身材結實，她對人仁慈慷慨，對孩子溫和寬容，而且還做得一手美味的菜肴。每當她開始說話的時候，我都能感覺到泉水叮咚響。甚至她還有一種罕見的文藝天賦，遺憾的是這種天賦被埋沒在肥碩、寬厚的老婦人體內，沒有被充分挖掘出來。但是我母親似乎也是一個「雙面人」，一方面她好客而且富有幽默感，保有一個傳統婦人所應有的全部美德；但是另外一方面，她又能在無意之中，流露出截然不同的個性——這種個性出人意料的鏗鏘有力。她顯現的是一個心懷城府、嚴肅認真，而且富有權威的形象。我確信我的母親也擁有兩種人格：第一種是善良不壞惡意，一種是神祕莫測。神祕莫測的性格偶爾會閃現，每次出現都讓人意外，也讓人害怕。而且，母親通常會選擇自言自語，她這樣做似乎是無意，偏偏她的每字每句都能直接戳中我的要害，這讓我吃驚之餘還有些恐慌，然後會選擇一語不發。

大約是在我六歲的時候，這種情形顯露端倪。那時候我們與一位富人比鄰而居，他有三個孩子，一男兩女，最大的同我年紀相仿。在我看來，他們那種城市人的打扮實在古怪可笑。特別是在星期天的時候，他們往往塗脂抹粉，穿著光可鑑人的皮鞋，衣服上點綴潔白的褶皺，帶著雪白的手套。與我相比，他們的確很「體面」，那個時候我穿著皺巴巴的褲子，甚至鞋子上面還破了幾個洞，雙手總是髒兮兮的。也正是因為這樣，他們亟不可待地表示對我的厭惡和隔離。甚至母親經常拿這些孩子教育我：「你看這些孩子，不僅漂亮還有教養；再看看你，簡直是個小傻瓜。」這樣的訓誡讓我覺得很屈辱，惱羞成怒的我決定教訓教訓那個男孩子，我決定痛打他一頓。事實上，我也這麼做了，他媽媽氣壞了，來到我家大吵大鬧。我的母親不知所措，聲淚俱下地教訓了我一番，時間延續了很久，母親也一直很激動，這是我從來沒有見過的。但是我絲毫不覺得是我錯了，反而很開心，我覺得我用我自己的方式補救了村子中的不和諧。但是對於母親的激動，我懷有很深的負疚感，於是便悄然退到家中那架古舊的鋼琴後自己玩耍自己的「玩具」——磚頭瓦塊。房間恢復寂靜後，母親一如往常坐在窗前打毛線。這個時候，我聽見了她的自言自語，顯然母親是在想剛才發生的事情，不過此時母親的態度已經大相徑庭了：「一個人怎麼能生這麼多的狗崽子？」我立刻意識到母親是在抨擊那幾個惺惺作態的人。她最喜歡的兄弟是個獵人，他養了好些狗，並且總是口不離養狗啊、雜種狗、純種狗及狗崽子之類的話。我意識到母親認為這幾個小孩是讓人作嘔的劣種狗。但是我並沒有洋洋自得，因為我知道在我這個年紀，倘若說出：「您和我想的一樣。」這樣的話，母親必然憤慨的反駁：「這孩子真討厭，你怎麼會跟母親想的一樣呢？」從這件事情中，我得到了一個結論：我有過類似的體驗，只是因為時間的緣故我已經想不起了而已。

「隱形的」第三隻眼

我之所以會講述這個故事，是因為又出了一件事，恰好能證明母親的兩重性。那個時候正好是我對宗教產生懷疑的時候。那天，我們一家環桌而坐，話題說到某些讚美詩曲調單調乏味，也提出了修訂讚美詩的可能性。這個時候母親喃喃自語：「我愛您，你是我的至愛；我詛咒你，你是我的至福。」就像是母親平常出現的兩種人格一樣，我證實了這一點，覺得很高興。

我母親擁有兩種人格，而且這兩種人格截然不同。白天，她是一位溫柔可親的母親；晚上，她神祕不可思議。這可能是我童年經常做那些不可思議的夢的緣故。她像是一位預言者，又像是出沒詭譎的女祭司。她是那樣的懷古，同時又如真理一樣理性無情。在這種時刻，她就是我叫做「自然精神」的代表。

這種喜歡古代的天性，在我身上也能找到。這種天性與我的天賦——將人和萬物按其天性區別對待，緊緊地捆綁在一起，但是這種經歷並不全然是愉快的。所以我也樂於「妥協」——讓人欺騙我。但是實際上，我是知道到底是怎麼一回事的。我就像是一隻狗，儘管對方能欺騙我，但是我總能找到被藏得嚴嚴實實的東西。這種「洞察力」是與生俱來的本能，是建立在「神祕的共用」的基礎上的。這種感知行為甚至不需要你親自去參與，自然有一雙「隱形的」第三隻眼在背後偷偷觀看。

當時，在我身上發生了很多離奇的事情。那次，在我妻子的朋友的婚禮上，我對婚禮的主角的家庭一無所知。喜宴中觥籌交錯，我與一位美髯紳士攀談起來。恰好有人為我們介紹，我得知對方是一位律師，便興致盎然地和他談論起犯罪心理學來。為了回答他的一個專業問題，我不得不詳盡的描述一個虛構的、或者乾脆我並不認識之人的生活故事。我努力的豐富細節，力圖讓這個故事翔實可信。但是正在我講故事的時候，這位紳士的臉色卻變了，接著整個桌子的氣氛變得凝滯。我知道說錯話了，便止住不言。幸好飯後水果及時送到，適時地緩解了我的尷尬。等到吃完後，我匆忙離開現場走到飯店的休息室中。當我坐在角落中點燃雪茄的時候，我將剛才發生的事情理順一遍，這個時候一位目睹了一切的客人表示：「你怎麼能犯這種錯誤？你太不慎重了！」我大惑不解：「不慎重？」「對啊，你講的故事太失禮了。」「但那個故事是我杜撰出來的啊？」

一種可怕的情緒攫住了我，我講的故事恰好是我對面之人的故事，準確得連細節都絲毫不差。但是讓我再次回想這個故事，大腦中卻一片空白。在《自我啟示》裡，佐克描述了相類似的一件事：在一個小旅店中，他內心中的那雙眼睛看到了一位素不相識的年輕人偷竊的全過程。

我生活中常常會發生這樣的事情：一件我一無所知的事情突然會出現在我的腦海中。這件事是一個絕對權威的聲音，跟周圍的情境完全吻合。我母親似乎跟我有一樣的情形，母親在說話的時候，會忽然就這樣，但是母親沒有意識到這一點。

我母親深信我是一個智力超群的孩子，於是她經常用對大人說話的口吻和我說話，甚至將我當成她的好友，將一些她所遇到的麻煩事對我和盤托出，這些事情甚至她對父親都守口如瓶。大約我十一歲的那年，她跟我說了一件有關父親的事情，這讓我很吃驚。顯然，我無法正確對待這件事，我覺得我有必要問詢一下我父親朋友的意見。這個人選，我圈定了一位別人口中很有影響力的人。

有天下午，我沒有跟我母親說便進了城去造訪這位先生，可是女僕告訴我，這位先生恰好不在家，我在失望和沮喪中，踏上了歸程。這位先生不在家，簡直是上帝給予我的恩惠。因為不久後母親的描述，讓我顛覆了這種認知。同樣的一件事，但是這次母親的描述卻截然不同，這件事對於母親早就過去了，可是卻留給我很深的印象，我對自己說：「你這個大傻瓜，差點導致災難。你怎麼能相信這件事呢？」從那個時候起，對母親的話我不再全盤信任，而是一分為二。這件事導致我對母親的不信任，也是因為如此，母親便不是我展示祕密的合適聽眾。有的時候，母親描述一件事情描述得十分真實，真實得彷彿在我身邊發生，可是不久，母親的第二人格便顯現了。

如果母親能一成不變的話，我本來便有一個妙不可言的交談者。對於我父親，情形卻很不同。我本來很願意跟我的父親探討一下我宗教方面的困擾的，可是我卻沒有這樣做，因為我覺得這樣做是自討沒趣。因為我覺得他會因為自己的敬業而不得不做出回答。我的懷疑不久之後得到了證實。那個時候，我的父親天天對我進行有關堅信禮的教育，這讓我很厭煩。有一天，我隨手翻檢教義，希望能找到感性的描述我主耶穌的文字，卻翻看到了有關三位一體的那一段。「三位一體」讓我很感興趣，三位一體，既是三位性，還是一體性，那麼到底是三還是一呢？我被這個內在矛盾性的問題迷住了，我迫切等待著父親給我解答。可是好不容易進行到那一章的時候，父親卻說：「對於三位一體，我們不如跳過去，因為我對此也一無所知。」我很敬佩父親的誠實，但是卻感到無法言喻的失望。於是便自言自語：「已經看到了問題，但是卻不對這個一無所知的問題進行思考，那麼我的祕密只能深埋我的心中？」

我試著找人探討這個問題，我選擇的對象是我認為比較善於開動腦筋的同學，但最終無功而返，這些同學並沒有預期的反應。這導致我與他們漸行漸遠。

上帝隔絕了我和信仰

我很厭煩，但是我卻竭力讓自己相信並逃避對此進行深度思考，因為我覺得我父親更喜歡我的這種態度，同時我也準備好了去領聖餐，我覺得領聖餐是一種對耶穌的紀念活動。雖然耶穌離開我們的時間太長了，他是在一八六〇年前去世的，可是這並不影響他具有暗示性的話語流傳。他說：「盡情享用我的身體。」他的意思是，當我們領取的聖餐麵包。實際上是他的肉。同理，我們飲的杯中酒，是他的血。我理解這種說法：我們透過吃麵包飲酒的形式，和耶穌結合成一體。這在我看來，是十分荒謬的一件事。我斷定，這種行為之背後必然隱藏著巨大的祕密。我樂於參與進這種神祕之中，因此我對領聖餐期待不已。

一切依例而行，我的教父人選塵埃落定，是教會委員會中的一位委員。我的教父是一位安靜安詳的老人，他的社會身份是一位車輪製造匠。在他沒有成為我教父之前，我便經常鑽到他工作的車輪鋪裡，看著他擺弄車床和手斧，現在，他變成了我的教父。這天的他因為穿了大衣、戴了呢帽的緣故，顯得分外肅穆。我的父親還是老打扮——教士的袍子。他站在祭壇後面，開始朗誦《公禱文》中的祈禱詞。當他用抑揚頓挫的聲音說話時，我明白這只是規定的一部分，因為父親的祈禱詞中，對耶穌死去一千八百六十年的事情不聞不問。但是在其他紀念性的宗教儀式中，耶穌逝世之日卻被著重點名。我的注意力關注到了祭壇上，上面擺放著幾個大碟子，碟子上擺著一片片的麵包。我能看出來這麵包出自我們附近麵包師的手筆，味道我也能想像得出——淡薄無味。至於酒，我確信是從酒店買來的，已經從錫壺中傾倒一只大號的白錫杯中。父親率先吃了一片麵包，喝了一口酒，所有的人全都正襟危立，表情肅穆。但是這一切對我而言，沒有任何意義。我在焦急地等待著，希望這幾位老人身上出現一些非比尋常的事情，然而這裡的整個氣氛與其他的儀式比如洗禮、葬禮並無二致，只使我留下一個按照規矩辦的感覺，我的父親也只是關注這件按照規章辦的儀式有沒有從頭到尾的執行。我看不出來有什麼值得傷心或者快樂的地方。不管是從紀念的角度說，還是從慶祝的角度而言，這次聖餐都沒有什麼可取之處，它甚至比不了世俗的宴會。

不知不覺輪到我了，我把麵包吃下去，還飲了一口葡萄酒。麵包和葡萄酒的味道都印證了我的想像，麵包寡淡無味，葡萄酒酸澀不已。接下來是例行的祈禱，儀式結束後，人們便魚貫而出離開教堂。他們的神色很平靜，既不消沉沮喪，也不興高采烈，只是例行公事。

我和父親一起步行回家，此時的我頭戴黑色新呢帽，身著黑色長禮服。這件黑色長禮服類似夾克，不同的是，它在臀部的位置上開了兩個開衩，開衩之間是一個精巧的口袋，口袋中有一條手絹。我的穿著讓我覺得我已經是個成年人了，而且還是一個男人味十足的成年人。當我穿上這件禮服的時候，我覺得自己的社會地位已經提高了，而且融入了男人的社交圈。所以，我穿著新衣服到處晃蕩。與此同時，我卻若有所失。

以後幾天中，我逐漸發現了問題的端倪，那便是我已經站在宗教點撥的最高峰。我心知肚明，上帝不會用驚天動地的事情給我啟示的，比如說熊熊的大火或者塵世中乍現的光明。為了證實這一點，我希望會發生什麼事，具體是什麼事情我卻說不清楚，結果什麼事情也沒有發生。於是這次莊嚴的儀式卻絲毫看不見上帝的痕跡，至少對我而言是這樣。當然了，上帝是必須被談到的，可是談到的上帝只不過僅僅停留在口頭上罷了。從其他人的表情上看，他們似乎不怎麼絕望，反而是興高采烈地在感激著上帝的恩賜。可是我無法感受到上帝的本質，我審視我的內心，發現我並沒有與上帝「心電感應」、「水乳交融」等跡象。可是我又是想和誰建立「心電感應」的感覺呢？是耶穌嗎？可是耶穌不過是去世一千八百六十年的古人。我為什麼要與他建立「心電感應」？人們用「上帝之子」來形容耶穌，說明耶穌不過是如希臘神話中英雄樣的「半神」，我是一個普通人，怎麼能和他建立「心電感應」呢？可是這便是基督教的教義所在，但是基督教的教義跟我所體驗到的上帝卻沒有一點聯繫。另外，很明顯的是，上帝和耶穌的確有關係，因為他一向教導教徒：「上帝吾父，賜眾以福。」這時的耶穌必然感受到了上帝的慈愛；當他在客西馬尼被釘子釘在十字架上時，也曾感到過絕望，那時，他一定也看到了上帝的可怕。這些我是理解的，但是我不理解的是，為什麼要用乾巴巴的麵包和酸得發澀的葡萄酒，來進行這種可惡的紀念性禮拜呢？這種禮拜目的何在？後來我開始意識到，這種體驗糟糕透了。除了虛無，它什麼都不能證實，這簡直是太失敗了。我心知肚明，這種儀式從此開始遠離我。因為我覺得：「倘若沒有上帝，教堂死氣沉沉，這裡沒有生命，只有死亡。這顯然不是宗教的真諦。」

我開始可憐我的父親，這種憐憫十分的強烈。電光石火之間，我便明白了他的職業造就他生活在一個巨大的悲劇中。因為他奮鬥的終極會無可避免的死亡，當我意識到這一點的時候，我發現我和我父親之間存在不可逾越的鴻溝，而鴻溝上根本無法架設橋梁，因為這條鴻溝太過巨大。我的父親是那樣慈愛，他給予我做想做的事情的自由，從不強迫我去做什麼。我愛我的父親，所以我不能將我的父親推入絕望和褻瀆耶穌的深淵之中。要救贖我的父親，需要浩蕩的天恩，可是施與天恩的只有上帝，我是無權這樣做的。如果讓我的父親墜入絕望的深淵，那顯然是不人道的，如果上帝這麼做了，那麼上帝必然是不人道的。可這恰恰是上帝的偉大之處，無論什麼事物都妨礙不到祂的腳步。因為祂如同一枚硬幣，正面是仁慈，背面是可怕——兩者卻奇妙的統合在一起。而每一個人想要救贖自己，都要竭力避開上帝可怕的一面，但是這種竭盡全力的躲避，往往會適得其反，加速了他們滑向誘惑和墮落的深淵。耶穌肯定意識到了這一點，所以祂便教導祂的信徒們：「讓我主引導我們，避開誘惑！」

於我看來，我遭遇了有生以來最為嚴重的一次失敗。以前我認為，教會和人類世界是緊密契合的一個整體。並且，我朝思暮想構成的我與這個世界的宗教觀徹底解體了，這種感覺被徹底粉碎了，我將無法如同別人一樣去感受信仰的歡樂。這個時候我覺得自己再度陷入到一種無法言語的事情之中，這再次成為了我的祕密，註定找不到別人分享。這是很可怕的，這是最糟糕的，我認為這是魔鬼用卑劣的手段和可笑的方法對我的愚弄。

我開始思考：我們該用什麼態度面對上帝呢？關於上帝和大教堂的想法並非我一個人的「專利」，我三歲時做的那個夢啟示我：這一切早就存在了。只不過一個比我意志更強大的意志在我面前揭示了二者之間的聯繫。難道自然是始作俑者？但是自然也不過是造物主的產物而已。難道是魔鬼的卑鄙伎倆？可是魔鬼也是上帝創造而出的啊。只有上帝才是偉大的——他甚至能熄滅地獄之火，還施與天恩。

聖餐儀式又失敗了，這對我產生了怎樣的影響？能將錯誤都歸咎到我頭上嗎？我本來極為認真地做好了準備，也虔誠地希望自己能獲取天恩，可是什麼都沒有發生。在這場我精心準備的盛宴中，上帝缺席了。由於上帝的緣故，我突然發現我與教會之間產生了隔閡，甚至與我父親乃至他的信仰產生了隔閡。似乎基督教是他們的，而我只是一個局外人。這種認識讓我覺得傷心欲絕，讓我在步入大學之前的生活滿是陰霾。

我對上帝的諸種疑惑

雖然父親的圖書室收藏有限，但是這並不妨礙我對它的興趣。這個圖書室在我的記憶中留下了濃墨重彩的一筆，因為在這裡我搜尋到了很多有關上帝的知識的圖書。搜尋伊始，我只找到了一些「常規類」的圖書——講述傳統觀念。可是這並不是我的目的所在，我希望能找到由思想獨立的作家寫作的書。最後，我終於如願以償，找到了彼得曼的《基督教教義》一書。我找到的是一八六九年出版的版本，彼得曼顯然是一位獨立思考的作家，他的文章內充滿了個人的觀點。這本書讓我受益匪淺，我明白了宗教是「精神信仰的一種，但是這種行為建立在人與上帝的關係的基礎之上。」

然後對於彼得曼的這種說法我並不認可。我有我的理解，宗教是上帝作用於人身上的某種力量，是上帝單方面的行為，我只能被動地等待上帝的施與。在這場「力量的角逐」中，上帝是強者而我是弱者。我的「宗教觀」將人和上帝的行為割裂了。因為哪個人類能和上帝並駕齊驅呢？正是因為如此，我決定要更好地瞭解上帝，並和他建立某種良性的關係。在比德曼的書中，在「上帝的性質」中我又有所斬獲。我發現，上帝可以表現自己具有「人格，如同人類的『自我』：這種人格存在於整個宇宙，是一種空前絕後超脫萬物的『自我』」。

就我對《聖經》的瞭解程度，我認為這個定義是恰如其分的。擁有一種人格的上帝，是全宇宙「自我」所在，上帝的這種「自我」之於宇宙，就像是我自己的心靈之於我的肉體。但是，我發現我的想法有些說不通。因為人格能和個性劃等號，可是個性卻是顯性的、可以言傳的東西，甚至可以說「個性」是一種「特性」。但是對於上帝而言，他代表的是一切，怎麼會具有「特性」呢？而且如果上帝真的具有這種「特性」的話，那麼上帝就只能停留在主觀世界中，成為優先的「自我」。另外，上帝的「特性」究竟為何？這是問題的關鍵所在，除非有人能洞悉這個問題的答案，否則他與上帝之間還是脫節的。

以我的自我為中心，並不斷的外延，進而推斷上帝，這種方式使我的內心產生了一種極其強烈的抵觸感。我心知肚明，這種方式過於狂妄，簡直是赤裸裸的褻瀆。因為我對自己的「自我」心知肚明，我的「自我」即便是我也難以把握。首先，它是兩個對立的個體，它們是矛盾的兩個方面，卻統合在我的人格之中，變成第一人格和第二人格。另外，不管是第一人格還是第二人格，我的自我都是不完全的。不管是哪一種人格，都會出現欺騙、錯誤、情緒、感情、衝動、犯罪等各種傾向。當出現這種傾向的時候，往往我很難控制我的「自我」。換而言之：我的人格淺薄幼稚、虛榮空虛、自私自利、貪得無厭、索求無度、敏感矯情、懶惰、無責任心等。檢視我自己的人格，我發現我的人格中缺少那種讓我汲汲以求的才華和美德，而我的「自我」也和我們所想的上帝的性質截然不同。

我積極投入到去找尋上帝的的特徵這件工作中去，並發現上帝的特徵都被明確地列了出來，其行為方式讓我有「熟悉感」。比如說，在其一百七十二條的時候曾經有這樣的記載。「上帝超越凡俗，我們可見（一）否定，上帝不為凡人所見，等等。（二）肯定，上帝居於天堂之中，等等。」當我看到這些字眼的時候，頭腦中下意識的出現了「褻瀆」上帝的種種想像，這對於我而言是太過糟糕的感受，簡直是一種災難，我認定這是是上帝直接強加到我的意志之中，或是透過魔鬼將這種意識塞進我的腦海中的。

第一百八十三條如是說：「凡塵的道德世界看不見上帝的影子，上帝的超越世俗相對於道德世界來說，因為他鐵面無私，公正無私」。可是上帝的「公正無私」迴然於我所認知的「公正無私」，因為上帝不僅有「明辨是非」的能力，而且還能有「神聖不可侵犯的神聖存在感」。這讓我大失所望，因為在我的預想中，這一段會談到上帝的許多陰暗面：比如他喜歡報復，還能給人帶來災難，全知全能的上帝創造出有不能理解的言行，全知全能的上帝對造物的缺陷心知肚明，但是卻以將人類引入歧途為樂，或是看著他們在考驗中掙扎彷徨為樂。上帝的個性究竟是什麼呢？這種行為人類該給他一個怎樣的界定呢？這個問題困擾了我，讓我不能打破砂鍋問到底。我又讀到，儘管上帝全知全能，但是除卻自身以外卻一無所求，但是他為了讓自己「滿意」，還是創造了這個世界。並且，用自己的仁慈去充實和豐盈自然界；用自己的愛和仁慈去完善道德世界。

對於「滿意」這個詞，我玩味再三。「上帝為了讓自己滿意」，但是是對什麼滿意呢？或者是對誰滿意。從字面上看，上帝肯定是對這個世界滿意。因為這個世界良好的體現了上帝的意志，世界給我的印象和上帝重疊在了一起：一方面十分的美好，一方面十分的恐怖。就說我居住的小村莊吧，雖然人口很少，一年之中鮮少發生大事，但是它也足夠恐怖。正是因為這個小村莊很少發生大事，所以對於「衰老、死亡、疾病」，村民們體驗的就比別的地方格外深刻。

儘管我還沒有成年，但是我已經感知了生命的渺小和苦難。我經常看到人和牲畜的生命消亡，也從教堂和學校中聽取了這個世界的腐敗和苦難。上帝必然是對這個世界不滿意的，他只能對天堂滿意。但是天堂中卻有條有著毒牙並且引人犯罪的毒蛇，那麼上帝還對天堂滿意嗎？我反反覆覆閱讀彼得曼的作品，但是讓我失望的是：他並沒有就此討論過多，取而代之的是喋喋不休地宗教式的嘮叨，我想他並沒有察覺到他說的話繁複拖沓、沒有意義。而我卻從他的作品中看到了很多不為人知的細節。我覺得上帝生活在一個對立統合的世界，在這個世界中，所有的造物都相生相剋，就像是有了生便有了死那樣自然。上帝眼看著他所創造的人和飛禽走獸在痛苦中掙扎煎熬，感受到了殘酷的滿意感。

對於星座我也有我自己的認識：我認為人們所談的星座只不過是抽象的圖形而已，他們並沒有親眼看到他們口中津津樂道的星座。星座只不過是上帝透過讓人駭然的力量所制服的一團混亂，什麼協調，什麼星空，全部是虛無的、沒有意義的。

對於所謂的上帝的仁慈在自然界無處不在的說法，我不懷疑但是也不理解。我認為這只不過是諸多歌頌上帝的觀點中的一個而已，像別的說法那樣，我只有完全無條件信服這一條，而沒有辦法去懷疑。如果我用理性的思維去思考一下的話，那麼我的思緒就會變成脫韁的野馬。比如說：上帝既然是世界上最慈祥、最善良的所在，但是為什麼他還要將這個世界創造得千瘡百孔呢？難道在創造這個世界的時候，上帝受到了魔鬼的影響？可是從某種意義上講，魔鬼也是上帝的孩子啊。不完美的世界和魔鬼到底有什麼必要的聯繫？這讓我困惑了很久，我不得不再度打開彼得曼論基督教教義的那本書，繼續從中尋找答案，結果讓我失望，因為我一無所獲。

這種感覺對於我而言糟糕透了，我甚至感覺到了信仰的幻滅。因為這本該是一本嚴肅的宗教巨著，裡面卻充斥著自以為是的廢話以及想當然的胡話。我認定這本書是一個愚蠢拙劣的騙局，它的最終目的不過是將真理隱藏起來而已。對此，我除了失望便是憤怒。自然，對父親的憐憫也加重了，我甚至認為我的父親成為邪教的犧牲品。

這些哲學家們到底怎麼了？

我的失望中還隱約夾雜著希望，我覺得世界上一定存在某些人，他們肯定在孜孜不倦地思考，追求真理。拒絕自欺欺人，並對這世界上有些讓人失望的看法持懷疑態度。就在這個時候，我看到了希望的曙光。有一天，我母親，換而言之是我母親的第二人格，忽然突兀地對我說：「如果這些日子你有空閒的話，大可以讀一讀歌德的書，《浮士德》很美妙。」恰好我的家中正好有《浮士德》，我便將它找出來，開始閱讀。這本書宛如靈丹妙藥，瞬間治癒了我的靈魂。我想終於有個人認真嚴肅地對待魔鬼，甚至還與魔鬼訂立了契約。這裡的魔鬼擁有和上帝旗鼓相當的力量，而這個人的意圖是讓這個世界更加完美。只不過按照我的理解，浮士德難免過於輕率，他和魔鬼訂立契約的行為過於輕率了。作為一個想讓世界變得更加完美的人，他應該聰慧無雙而且是道德楷模才對。這樣的一個人，怎麼能輕易拿自己的靈魂開玩笑？從這點上說，即便是浮士德的靈魂墜入地獄，我也覺得沒有什麼突兀之處。他要為自己的輕率付出代價！從人物構造上看，浮士德是個空談的「專家」，正是因為這樣，整部《浮士德》側重於魔鬼身上。我並不喜歡《浮士德》的末尾，魔鬼被天使愚弄了。這個魔鬼並不愚蠢，從某種角度而言，他甚至很了不起。這樣的一個魔鬼，被傻傻的小天使給無情地愚弄了，我覺得很不合邏輯。我認為浮士德是個騙子，雖然他許諾將自己的靈魂送給魔鬼，但是他並沒有兌現自己的諾言。甚至還有可能，將這種騙局延續到來世。從這個角度而言，我是願意浮士德去體驗一下煉獄之火的熾熱。就我看來，魔鬼的形象更為飽滿。我隱隱約約覺得，魔鬼與某種世界的本源存在千絲萬縷的關係。《浮士德》的末尾，魔鬼和上帝的雙重指引，讓我記憶猶新。對我而言，那是一種神祕的體驗，它最大限度地接近了我的意識世界。

我的懷疑，終於被《浮士德》證實了。世界上的確存在這樣的人，他們對邪惡知之甚深，並且擁有無上的法力，當人們遭遇黑暗和苦難的時候，這種法力便會發揮巨大的威力。從此之後，我的心中，歌德化身為一個偉大的預言家。可是我又有點不能原諒他，因為他透過小伎倆，輕而易舉地將魔鬼打發了。這太富有神學色彩，太過輕率了，也太過不負責任。歌德竟然墮落到用這種手段，將邪惡粉飾得弱小甚至無害。

在閱讀《浮士德》的時候，我對人物的設定有了更加清晰的認知。浮士德本身是一個哲學家，儘管這樣說有些牽強。雖然他厭惡哲學，但是卻陰差陽錯的在接受真理方面採用了正確的態度。可是，對於彼時的我而言，哲學還是一片大塊的空白。我沒有接受過任何有關哲學方面的知識，正是因為如此，我萌生了新的想法。或許，有冥思苦想的哲學家可能回答得了我的疑問。

父親的圖書館中有關哲學家的著作實在太過匱乏。想必是哲學家思索得過於深邃，而成為需要被「特別注意」的對象。我只好反反覆覆地翻看克魯格的《哲學科學通用詞典》，這本一八三二年的再版書，讓我如痴如醉。有關上帝的詞條，被我反反覆覆地翻看。但是對於上帝的解釋，我並不滿意。在這本書中，上帝這個單詞的詞源，是「善」，或是「最高的存在」，以及「完美」。在這本書中論述到，上帝的存在甚至是上帝的觀念乃至行為，都是無法證明的。但是在人的方面，卻存在著「神蹟」。所以推斷出，在人的身上肯定存在某些潛在的存在。並且表示，我們的「智力」早已經昇華到某種高度了，甚至在出現「上帝」的意識前，已經悄然存在了。

這種解釋讓我目瞪口呆，所謂的哲學家對上帝的瞭解也不過是「一知半解」，他們的表述甚至還漏洞百出、自相矛盾。這還不如神學家呢，神學家肯定了上帝的存在。那麼哲學家是不是出現某種錯誤的認知呢？不過這本書的編纂者克魯格，從他的論斷中我們可以得知：他是信奉上帝的。所以他自己斷言，上帝是千真萬確的確鑿存在。他似乎認為，上帝存活於人的意念之間。可是要想人的意識生發出上帝的形象，需要人的意識發展到一定的高度。可是就我所知，在叢林中赤身裸體茹毛飲血的野蠻人腦海中也非空空如也，也是存在著各種各樣的念頭的。但是野蠻人與哲人似乎不能相提並論，那麼野蠻人的腦海中也會生出上帝的形象來嗎？就我而言，我的腦海中就從來沒主動產生過有關上帝的任何觀念。對於哲學家所說上帝是不能證明的這一點，我倒是有所體會。打個比方說，一隻衣蛾雖然吃的是奧地利產的羊毛，牠要怎麼能夠向別的蛾證明奧地利是存在的呢？上帝的存在是千真萬確的，不管我們去不去證明，我們都改變不了這一點。除了上帝的存在，幾乎沒有別的事情讓我心悅誠服。上帝是存在的這個觀點，絕對不是我的意識生發出來的，更不是我思考的結果，對於耶穌的一切，我經常性地加以懷疑，但是對於上帝，我卻從來沒有過這樣的想法。儘管對於上帝的論述遠沒有耶穌的多，即便我對上帝的認知只有一知半解，但是我卻從來沒有懷疑過上帝的存在。所以哲學家所說的上帝是個觀念，絕對是胡說八道。上帝怎麼會是一種觀念呢？甚至被哲學家們扭曲成為一種假設。其實上帝是千真萬確存在的，而且這種存在很好理解，就好像一塊磚頭掉在你頭上，你會感覺疼痛一樣天經地義。

忽然之間，我醍醐灌頂。上帝，是人最為直接和篤定的存在，最起碼對我是這樣。就我而言，我從來沒有在意識中褻瀆教堂的存在，但是這樣的念頭卻千真萬確地存在我的意識之中，那便是上帝強加給我的，讓我不得不用最惡毒的念頭來思考它。這是上帝給予我的考驗，正是因為我通過了考驗，我便有了獲取天恩卻無從表達的感覺。而整個過程，是我無法影響的。結合我自身的體驗，我得出了這樣的結論：哲學家們是一群糊塗蛋，因為他們將上帝當做一種假設的存在，並對這個荒謬的想法進行各種論證。讓我更為不滿意的還有一點，是這些哲學家們對上帝的可怕行為選擇了忽視。在我看來，上帝的這些可怕行為恰好是問題的最關鍵和核心所在，哲學家們卻選擇了忽視，在這點上他們不如神學家，至少神學家們還認為這個問題是十分的棘手難解。我覺得哲學家們對於這個問題聞所未聞，這讓我失望透頂。

不過，還有一個題目讓我興味盎然。那便是對魔鬼的解釋。書上如是寫：「魔鬼，誕生之初，並非邪惡的產物。」這樣一來，簡直是自相矛盾。我的面前出現了一個二元論的問題，假設魔鬼被上帝創造伊始是一個善良的生物，也許因為自視過高所以墮落了。我很高興看到了這一點，假定世界有原罪的話，那麼這種原罪必然是自視過高的「驕傲」。除了魔鬼，還有其他造物，他們的邪惡卻是無法解釋和無法說明。這讓我重新開始思索，哲學家也許並不是不懂事情的真相，只不過他願意像神學家一樣緘口不言，有關魔鬼的起源，是同樣不可探究的。

命運和我開的玩笑

我在這裡所敘述的一切，都是我思想和觀念變化發展運轉的軌跡。我如是思考了好幾年，時斷時續。但是有一點從未改變，那就是這些思想和觀念都發生在我的第二人格中，是我私密的意識花園，從來不為外人道。為了進行這方面的研究探索，在我父親沒有許可的情況下，將他的圖書室變成了我的資料室。有的時候，我的第一人格在大剌剌地閱讀戈斯塔克的小說，或者是被翻譯成了德語的英國經典小說。當然，我所閱讀的小說大多是德國的經典作品，在學校中我們也加以閱讀和學習。但是學校中的老師，往往對這些通俗易懂的作品，做一些畫蛇添足的解說。不過，這並沒有讓我對其失去興趣。我喜歡閱讀，因此我閱讀的範圍很廣，我經常在書海中漫無目的地遨遊。不管是戲劇還是詩歌，不管是歷史還是小說，甚至是科學著作，我都讀得津津有味，將我從第二人格的束縛中解放出來。此時，我的第二人格經常出入不能遏制的沮喪和悲觀之中，因為我第二人格的思考之路太多坎坷。要嘛無功而返，要嘛我對思考出來的東西感到不滿意。別的人似乎比我興趣廣泛，也比我正常，這就註定了我找不到人和我進行這方面交流，所以我很孤獨。我想要將我的想法傾訴出來，但是與人交談的時候，我卻找不到如何將這個問題帶入談話中的切入點。相反地，我經常感覺別人對我，或者對我的這種想法，呈現敬而遠之的態度。他們不信任我，或是對我的想法產生了某種程度的懼怕。於是我不得不將我的想法吞到肚中，沒人與我交流讓我感到很沮喪。我不知道該如何是好，我想從學校的教科書中尋找答案，但卻再一次沮喪地發現，學校的教科書中對此也是隻字不提。難道只有我一個人擁有這樣的想法？在我的想法中，光明和黑暗，是不能懷疑的存在。儘管這兩方面讓我壓抑，但是卻是不能懷疑的存在。

我覺得我成了孤家寡人，甚至變成了一個特殊的存在——我的想法對別人造成了威脅。這樣的想法讓我沮喪不已，似乎我成了一座荒島，被所有人孤立。這讓我尤為不快，因為這造成了我屢次被不公正的對待。此外，我學習上遇到的麻煩，讓我更加不舒服。是這樣的，我的德文課成績平平。我覺得那些德語的語法和作文，不僅矯揉造作，而且淺薄愚蠢。這種學習態度的輕慢，體現在了我的成績中——我的學習成績在中等滑來滑去。不過這對我有極大的好處，讓我從「萬眾矚目」，到「泯然於眾」。我喜歡默默無聞，也正是因為如此，所以我喜歡淳樸的同學。他們的不太聰明，讓他們發現不了我的與眾不同之處。但是矛盾的是，我對他們的愚蠢頗感不快。這個時候，我的身上已經產生了一種與眾不同的氣質，雖然我對此毫無察覺，但是老師和同學已經意識到了，並對我加以排斥。

我的老師和同學，用一種先入為主的看法對我進行評判。在諸多先入為主的看法中，有一件事對我造成了傷害。那是一次作文課，老師為我們設置了一個顯然引發了我興趣的作文題目。我很少會對作文題目產生如是濃厚的興趣，於是我便卯足了勁頭好好寫，並對自己最後完成的作品很滿意。我覺得這是一篇十分優秀的作文，最少能得九十分左右，當然，我並不希望我的作文得滿分，這會讓我太招搖的。

我們的作文老師喜歡在課堂上點評作文，他點評的第一個人，是我們班學習成績最好的一個男生。這是很自然的事情，包括我在內的全班同學都習以為常。老師一個接一個地進行點評，我等了又等，卻遲遲沒有等到我的名字。我開始不安：天啊，不可能，難道我精心寫成的作文還不如這幾個可憐蟲？難道我的作文是這樣的不堪入目嗎？這可不是什麼好事，這意味著我將在尷尬中再度被孤立。

事情峰迴路轉，老師結束了所有文章的點評後，終於說到了我。他說：「現在，還剩下本次作文中最好的一篇，是榮格寫的。這是一篇能得滿分的作文，遺憾的是，是榮格抄襲而成。現在你坦白吧，這是你從什麼地方抄襲來的呢？」

我的心中頓時五味雜陳——有被冤枉的羞憤，被侮辱的震驚，還有隱隱約約的害怕。我立刻起身，大聲辯駁：「那是我自己寫的，不是我抄來的。」但是老師對我的辯白充耳不聞，他大聲對我嚷嚷：「你在撒謊，這樣的作文怎麼可能是你寫的呢？我絕對不相信，現在你告訴大家，這篇作文你是從哪裡抄來的？」

儘管我賭咒發誓這篇作文出自我手，可是老師堅持己見，並威脅我說：「如果你不承認的話，倘若被我知道你抄的作文出處，你就要被開除學籍。」老師摔門而去，同學們用一種複雜得難以言說的目光看著我，彷彿在說：「原來是這樣一回事。」我想辯白，但是卻又無從說起。

這個時候的我，既無助又絕望。我覺得我身上被貼上了騙子的標籤，原本我可以成功地混跡於普通人之中，但是經歷了這件事後，便完全的不可能了。作文老師當眾侮辱我，讓我沮喪羞憤，卻又無能為力。儘管我發誓一定要讓老師付出代價，但是我卻始終沒有找到讓他付出代價的機會。而且當務之急在於：我要如何證明這篇文章千真萬確是我寫的呢？

接連幾天，我的腦海中被這件事完全佔據著。我將這件事反反覆覆地想了很多遍，最後得出了一個結論：面對命運，我完全處於被動位置，對於它惡意的玩笑，我無能為力，甚至任由它在我的身上打上了說謊者和騙子的烙印。

在這之前，我對老師們的不以為然便顯露痕跡。因為每次我的父親問及我在學校的表現時，老師們總會不以為意地表示：「他才智一般，但是難得用功。」這讓我很不滿，因為我意識到，在老師的心目中，我不僅淺薄，而且無知。但是我對老師的不滿，從來沒有這樣強烈過，因為他們認為我是說謊者，這等於在道德上將我處以極刑。

悲傷和憤怒的火焰，在我的胸膛中熊熊燃燒著。這些天發生的事情讓我悲憤莫名，卻又無以言說。但是這件事發生之後，我在瞬間冷靜下來。我的心，忽然之間從熱情到冷卻，如同一間隔音的門，將吵吵嚷嚷的紛亂全部關在了外面。我捫心白問：「難道我要和一個白痴的老師一般見識嗎？既然你知道他是一個白痴，他怎麼會知道你的本性如何呢？換而言之，對於你，他瞭解的比你要少得多。但是從某種角度而言，你跟老師是一路貨色，因為你根本不信賴你以及他人。正是因為如此，所以你才願意和那些天真愚笨的人混跡在一起。人之所以會激動，大多是因為對事物的不可認知。」

在這些極端但是冷靜的觀念引導下，我的腦海中再度浮現出類似的想法，當我不願意去思考一些事情的時候，它便神奇地出現了。這個時候，我還看不出第一人格與第二人格之間的區別，雖然我認為第二人格為我一個人所有，但是我隱隱約約能感受到，除了我自己還有別的什麼，藏在我獨有的世界最深處。我的這個世界彷彿只是一個花園，而這個花園座落在一個廣袤的世界中，這個世界觸動了我。或者說：是一個死去很久的靈魂蟄伏在我的世界中，這個人雖已死去，但卻不受時間限制地永遠存在著，一直存在到很遙遠的將來。這類人的結局往往籠罩著一圈指導精神的光環。

事實上，那個時候我的思維不足以成熟到用這種方式表達自己。我也並非想把自己的意識都寄託在那些子虛烏有的事情之上。我只是借助我所有的感覺，盡可能地讓我心中那個朦朧的世界顯現出它自己的輪廓。

在「上帝的世界」中棲息

「作文抄襲事件」發生了幾個月後，我獲得了一個新綽號——「亞拉伯罕老爹」。對我的第一人格而言，這個綽號是十分得滑稽可笑。但是對於我的第二人格而言，這個綽號陰差陽錯地直中要害。因為這個綽號產生的背景，讓我十分痛苦。

隨著我在城市生活得越久，城市的形象在我的腦海中越發的清晰和完整。有一個念頭逐漸的突顯出，那便是所有真實存在的東西，都與我自小生長的環境截然不同。我所心心念念的是個截然不同的世界：那裡風和日麗，彩雲飄飛。河流逶迤，林木葳蕤。但是這個地方，沒有出現在任何一版的地圖中，而是「上帝的世界」。全部由上帝安排而成，充滿了各種神蹟和上帝的旨意。

但是人們往往沒有認知到這一點，甚至動物都喪失了感知的本能。母牛悲傷的雙眼中卻沒有任何感情要傳遞，馬一副逆來順受的神情卻沒有任何神采，狗雖然忠心耿耿但顯然是愚忠，貓在糧倉狩獵但是卻不知道自己真正在做的是什麼……動物已經喪失了感知的本能，牠們處於無知無覺得狀態。人與動物相比，情況不遑多讓。他們同樣無知無覺，當他們看、聽、想的時候，並非是為了思索人們為何在統合的宇宙中和諧共處，也不會去想正在上帝的世界中翱翔，更不會去想生和死是宇宙的永恆，他們就像是動物一樣，聚群而居，勾心鬥角。

雖然我們與動物十分的相像，但是對於這點，我們並沒有明確的認知。其實，動物的靈魂遠比我們純淨，甚至我們和動物在一起的時候，人類身上的動物本能將會被充分地發掘出來。我們都曾感受過欣喜和悲傷、愛恨情仇、飢寒交迫、爾虞我詐等等，這沒有什麼可奇怪的，這些原本就是生命的本質特徵。不同之處在於，我們與動物對於生命特徵的表現手法大相徑庭。人們憑藉其得天獨厚的知識優勢，表述得更加科學和準確。雖然我對科學很崇敬，但是我認為，科學會讓人們與上帝的距離越來越遠，而動物卻因不懂科學而永遠不會墮落。動物對於上帝，永遠不會變心，並且值得信賴，所以，我喜歡動物。

對我而言，昆蟲和動物之間沒有劃上等號，昆蟲不是動物。因為昆蟲是可以觀察並可以搜集到的實體物，在昆蟲到脊柱動物的金字塔上，處於最低端。

「上帝的世界」往往以植物王國作為直觀的表現形式，植物世界甚至便是上帝與人類溝通的主要方式之一。這就好像好像有人在小心翼翼地偷窺上帝，但是萬能的造物主卻對此一無所知，仍然自得其樂地製造有趣的玩具和琳琅滿目的裝飾品。而且，從嚴格意義上講，無論是人亦或者是動物，都本應該是上帝的一部分，所不同的是，現在這「曾經的一部分」獨立出來了。這也是人或動物和植物的區別，獨立出來的人和動物可以隨心所欲的選擇住處，而植物卻不管生長地的條件如何都要原地不動。植物中體現出的遠不止美感，還往往滲透出上帝的觀念，而植物的本身卻很少好惡。在植物中，最為神祕的是樹木，它簡直體現了所有人不可能理解的生命真諦。也正是因為這個原因，我認為伐木作業現場最能激起人的敬畏。

隨著我對哥德式大教堂的熟悉，這種觀念逐漸得以強化。但是在教堂裡，我感覺世界上的一切：宇宙的浩渺、世事的虛無、人格的執著，塵世的紛亂，林林總總都被包容進一顆石頭裡。包容一切的石頭本身深不可測，但是它卻毫不意外地體現出了我所渴慕的那種精神。我隱隱約約感覺到我與石頭之間有一切必要聯繫，這種聯繫應該是活物、死物都共有的神性。

正如我所陳述的那樣，彼時的我能力有限，無法具體而有系統地闡述我的感受以及我的直覺。因為無論是感受還是直覺，都是用我第二人格的形式出現。換而言之，我本身一直處於被動地位，儘管自我向來主動而且感知能力超強。我發現我的自我和一個年齡逾千歲的老人結合在了一起。即便我不去思考，也能感受和體驗到這位老人的存在，並能感覺到他強大的影響力。這位老人一出現，我的第一人格便隱匿起來。我自身，自然是沒有能力與第一人格一起改變這種狀況。可是這位老人，最終也被時間和記憶抹去印記，導致我現在回憶起來，他就像是一個遙遠而不清晰的夢境。

等到我十六至十九歲之間的時候，我的第二人格開始隱匿，第一人格開始突顯。困擾我意識的那團迷霧終於散去，我的意識情況又恢復成一片明朗。這個時候，我將大部分時間投入到學校和城市生活中去，從中獲得的知識將我第二人格所熱衷的、直覺的世界給壓制住了。這個時候，我的學習開始系統化，我已經開始探索起各種我擬定的課題。

與此同時，我閱讀了一本哲學史簡論，這本書讓我對世界觀有個大致的輪廓。在閱讀的過程中，我漸漸開始覺得滿意，因為我發現歷史上有很多人物和我的想法不謀而合。不管是畢達哥拉斯還是赫拉克利特，亦或是恩培多克勒、柏拉圖，他們的思想是那麼迷人，將我深深的迷住了。儘管這些思想還有一點小小的瑕疵，因為這些思想多多少少都有一點蘇格拉底式的囉嗦，但是瑕不掩瑜，他們的哲學思想美麗且有生機，宛如晨曦中的那顆啟明星一樣，只是有點遙遠。

直到看了美斯特・埃克哈特的著作，這種距離感才得以消弭，當然，這並不意味著我讀懂了這些書。但是經院哲學家們讓我覺得冰冷，且高不可攀。聖・湯瑪斯那種亞里斯多德式的唯理智論在我眼中，宛如一片無人區，冰冷，沒有生機。我對此的評價是：「邏輯是這群哲學家的戲法，他們用這種戲法來呈現某種神祕的東西。但是這些東西他們也是一知半解，甚至都沒有權力去瞭解。他們竭力證明的無非是某種已經存在的信仰，但其實，信仰無需證明，因為信仰本身便是體驗層面的事情。」在我眼中，他們像是一群「無知」的人，他們顯然聽說過世界上有大象的存在，但是卻沒有親眼看見過，卻一本正經地進行證明：「按照邏輯，這樣的動物以這種形態存在過。」但是實際上呢，他們連大象長什麼樣都不知道，真是可笑啊。

十八世紀的批判性哲學對我而言，太過乏味。而十九世紀的哲學家也是乏善可陳。唯一可以稱道的不過是黑格爾，可是黑格爾的作品顯然太過晦澀，還裹挾了黑格爾本人盛氣凌人的性格。我對黑格爾有本能的不信任感，在我的眼中，他如同被囚禁在高樓大廈中某一房間中的囚犯，明明所見有限，卻還在誇誇其談。也正是因為如此，所以我對他乃至他的作品，都敬而遠之。

叔本華點燃的心靈火花

不過，我終於獲得了最大的發現，那就是叔本華。在我有限的認知中，叔本華是第一個提出這個世界本身便是悲苦的觀點之人。這種觸目驚心的痛苦就環繞在我們周圍，叔本華還表示，無論是混亂還是情欲甚至是邪惡，都被人們努力地迴避著甚至將這些納入到可理解、可包容中去。我欣喜若狂，終於有一個人敢於承認，宇宙萬物並非是「性本善」。在叔本華的書中，以往我習慣看到的事物全然沒有了痕跡。比如說造物主是全能全愛的，宇宙是和諧協調的。反而，他以近乎莽撞的率直指出，人類歷史是悲傷的樂章，大自然的法則近乎殘酷。這些都是一種原始的缺陷，這些都將問題凝成一個——創造世界的意志是隨心所欲的。這個觀點在我早期生活中便被證實，在我生活的早期，我看見過一點一點腐爛的魚，很多野獸因為冬天的寒冷而凍僵，很多小鳥因為無處覓食而餓死。儘管表面上花團錦簇，其實內在裡有很多的「骯髒」。比如說，在鮮花覆蓋之下，綠草包覆之上。我看見一群螞蟻將一條蚯蚓折磨得奄奄一息，並撕成一片片。但是我所打交道的人，都諄諄告誡我：「人性本善。」可是我知道得太多了，換而言之，我正在將我和一般的動物區別開來。

對於叔本華抨擊世界是黑暗的論述，我是舉雙手贊成的。但是，叔本華提出如何解決世界的陰暗面卻讓我覺得不贊同。對於叔本華反覆強調的「意志」一詞，我敢斷言這指的是造物主上帝。那麼叔本華所說的「創造世界的意志是隨心所欲」便等同於說上帝是盲目的。結合我本身的經驗，我知道，上帝斷然不會與叔本華生氣，並追求他大不敬的責任。事實上，上帝還鼓勵他哩，上帝鼓勵他追求和發掘世界的陰暗面和人性中的邪惡性。正是因為如此，我對叔本華的這方面的看法持完全贊同的態度，這簡直就是一個真理。但是叔本華的另外一種理論卻讓我不敢苟同，因為他說當人理性思考的時候，那麼這種盲目的意志便可以得到矯正。意志既然是一種意志，怎麼會讓人看得到、說得清呢？退一萬步講，意志真的能毫髮畢現，但是人類如何用用理性去說服它、去矯正它呢？要知道，即便是理性，也不過是人類意識的一種，是靈魂的一個組成部分。打個比方說，理性不是一整面鏡子，而是鏡子的一個角落。小孩拿著這片鏡子去反射太陽光，卻希望用這片鏡子去晃花太陽的眼睛，這是多麼的不可思議啊。但是叔本華卻對這個理由深信不疑。

正是出於對叔本華理論的懷疑，促使我更深入的研究他和他的著作。另外，為了全面的認識他，我不得不從他的人際關係入手，開始閱讀有關康德的著作。康德的《純粹理性批判》讓我開始沉思起來，等到我想明白的時候，一切都豁然開朗。原來叔本華的哲學體系並不完美，存在著根本性的缺陷。他犯了一個致命的錯誤，即把一個不完善的形而上學的主張人格化了。甚至，他還將一種沒有任何主觀意識的本體，賦予了各種特性的過錯。我之所以能認知到這一點，是從康德的哲學觀出發的，是他的哲學觀讓我意識到了這一點。如果康德說的是真的，那麼我從康德處所獲得的東西遠比從叔本華處獲得的東西來得多、來得大，來得更深遠。

從我十七歲開始上醫學院開始，在很長一段時間內，我的哲學觀都在不斷豐富和發展。此間，我對世界、對人生的態度發生了翻天覆地的變化。以前，我是一個膽小羞怯的男孩，對整個世界都不信任，就像是一隻隨時可能躲起來的小白兔，但是現在的情況卻大不相同。我求知若渴，並且知道該用什麼手段去追尋自己想要的知識。同時，我也不再少言寡語，而是喜歡與別人交流。隨著我人際關係的好轉，我結交了很多好朋友。我發現，貧困對於人而言，並非是產生痛苦的根源。那些衣著華美的孩子，並不一定比衣衫破舊的孩子獲取更多的幸福。幸福，並不是靠口袋中有多少錢進行衡量的。當我想通這點後，整個人豁然開朗。也是因為如此，我開始大膽表現自己的觀點，可是事與願違，我並沒有收穫理解，反而招致更多的敵意。甚至有同學惡意地說我是吹牛大王，甚至是騙子。當我表述我的觀點時，經常被惡意尖銳的批評，我很震驚，更主要的是狼狽。那些我認為是夢魘的東西死而復生了，只不過是這次換了一個比較溫和的面孔。這一次，依然和作文有關。我很認真地寫出了作文，並煞費苦心地加以潤色。果不其然，老師對它很看重。老師說：「這是一篇文采飛揚的作文」。但是老師的話鋒一轉，說：「但是能看出來，榮格在這篇作文中並沒有花費太多的功夫，文筆滯晦。遠不如某某的作文，某某雖然文采欠缺，但是他寫作文是用心的寫而不是憑藉小聰明。只有誠實，而且認真，才能最終走向成功。」

這次的批評顯然比上次的溫和多了，畢竟老師真是批評我的作文中沒有用心，而不是指責我去剽竊，可是即便是比上次溫和，並不意味我會接受。我再次跟我的老師進行辯駁，可是老師卻用亞里斯多德的《詩學》對我進行駁斥。他說：「《詩學》認為，詩歌中優秀的篇章大多將作者的苦心巧妙的掩藏，但是你的作文卻讓我感受不到。所以我斷定你的作文是一揮而就，沒有動腦。」其實，我倒是覺得我的作文在別的方面獨樹一幟，不過老師顯然故意忽略了這一點。

雖然這件事讓我不快，但是我還能忍受。讓我不能忍受的是，我和同學之間的關係又開始劍拔弩張起來。我認為被同學孤立是一件讓人不能忍受的事情，大概是同學看出了這一點，便用孤立我來威脅我。我絞盡腦汁地思考，我在什麼方面得罪了我的同學，後來事情才水落石出：別人認為我不懂裝懂地對一些事物品頭論足。比如說，我假裝懂得一些叔本華和康德。當我知道事情的真相時，我又有了新的頓悟。在生活中，所有受到爭議的問題實際上都和生活無關，而是與我的第二人格有異曲同工的地方，那便是：它是隱晦的、祕密的，即便你瞭解了，也要裝作一無所知。

意識到這一點後，我開始小心謹慎地收斂自己的言行。不管是在同學家，還是在成人間，對於那些深奧難懂的事情，我都隻字不提。因為我已經知道，不管我交談的對象是誰，都難以逃脫不被理解的命運。而我「騙子」的名號，卻很有可能被落實。這種事情一再發生，處於逃避心理，我又去了「上帝的世界」。這也成為我內心中最痛苦的一件事，你可以想見，一個滿腹心事的人卻找不到人傾訴。我的苦惱遠非如此，因為我還要設法的防止自己的人格分裂成兩個世界。

「上帝的世界」，很多人看見這個詞的時候，會出現傷感的情緒。好像「上帝的世界」與死亡、分別密不可分。可是對我而言，「上帝的世界」是一個溫暖的所在，這裡充滿了各種超人的事物：絢爛的光線美輪美奐，黑暗濃得像是一塊上好的巧克力，無窮無盡的時間如固體般湧來湧去，世界的神祕古怪紛紛呈現……

在科學與宗教之間搖擺

隨著我年紀越來越大，一個問題被不可避免的問及。那便是：「你要成為一個什麼樣的人？」我的父親和母親越來越頻繁地問我這個問題，但是我對我的未來根本沒有任何規劃。我就像是站在十字路口的人，並不知道何去何從。這條路通往的是科學，建立在事實上面的科學；那條路通往的是宗教。對此，我難以取捨。科學就像是一個巨大的寶庫，動物學、古生物學，就是寶庫中耀眼的寶石。人文學科就像是銀河，希臘、羅馬、埃及甚至史前的考古都是銀河中的星星在熠熠生輝。這個時候的我，太過青稚，根本沒有意識到之所以我會在十字路口上左右為難，是以為我的內心為二：我喜歡科學，是因為它有著具體的事實和廣泛的歷史性背景；我熱愛宗教，是因為在宗教裡我可以大膽探索精神性問題。在科學中，我可以忽略意義；在宗教中，我可以忽略經驗主義。科學和宗教，滿足了我的所有人格。

我站在天平的兩端，不知道該怎麼取捨。但是有人將我往宗教的方向推去，那是我母親的弟弟，也是巴塞爾聖・阿爾班教堂的牧師。他之所以認為我適合宗教，大概是因為有一次他和自己那幾個神學院學生探討問題的時候，我專心致志旁聽的樣子被他注意到了。其實我之所以會專心致志，只不過是想證實一下，世界上有沒有這樣的神學學者，他們和大學中那些讓人頭疼的知識有聯繫，或者他們的知識與父親相比較而言，哪個更多一些。事實上，對於他們的談話，我並不在意。因為他們關心的只有類似我體驗的那種體驗，或者局限於《聖經》中那些耳熟能詳的故事。每次提到《聖經》我都興趣索然，在我看來，那裡面充滿了各種自圓其說的牽強故事。

星期四的時候，我要去大學預科的高中部上課。正是因為如此，我得去這位舅舅家吃飯，對此我很感激。因為飯菜著實不賴，而且我還獲得了與成年人進行理智談話的機會。這對於我而言，是種全新的奇妙體驗。在我家中，我不用指望和任何人進行學問性的問題討論。如果我想我父親進行比較嚴肅的談話，那麼結果便是碰釘子。碰了幾次釘子我才發現，父親是害怕思考的，因為他內心中充滿了各種疑問，如果放任思考的話，後果不堪設想。我的父親是沒有辦法接受自己思考的結果的，更不用提「透過抗爭贏取自己想要的」，所以他選擇用盲目的信仰來逃避一切的疑惑。

舅舅和表兄們心平氣和地談論歷代教皇的教規與教義，及現代神學研究家們的各種觀點。我發現他們站在一個奇妙的世界秩序中，有著自身的一套品評的標準。在這個世界中，德國哲學家尼采「大不敬」的言論從來沒被提起過，而瑞士文化藝術史學家伯克哈特只是被褒義的口吻一語帶過，並且嘲謔他是一個思想過了頭的思想家。透過他們對這些人的評述，我慢慢發現：他們在討論問題的時候，立場堅定、觀點鮮明，只不過，他們堅定的立場本身便有一定的傾斜性。我想，在我舅舅的眼中，神學和我是八竿子打不著的，所以我不敢將我的問題攤開在他的面前，我敢肯定這會為我招致災難。但是為了不讓舅舅失望，我的第一人格適時的出現了。我的第一人格受到了科學唯物主義的浸染，並且受康德的《純粹理性批判》所影響。但是縱觀我的周圍，《純粹理性批判》卻很少被人提及。我的神學家舅舅要是提及康德，必然是用康德的原理來讓反對性觀點退卻，而不是將康德的觀點應用到自己的觀點中來。

於是，去舅舅家吃飯成了一種煎熬。一方面，由於我慣性的缺乏安全感，我覺得星期四的會餐很不吉利，我的意識與這個精神舒適的世界格格不入；一方面，我對於星期四的會餐又十分的渴望。因為在這裡，我如同海綿一樣吸收理智和激勵的甘泉。我在這兩種感覺中掙扎、徘徊，我便對自己說：「你這個騙子，竟然欺騙對你懷有好意的人。這些人生活在一個現實的社會中，他們不諳貧困，宗教對於他們而言，不過是個普通的職業。他們全然沒有意識到，上帝完全有能力將他們從他所營造的精神世界拖出。可是這也不是他們的過錯哦！我無法向他們解釋這一點，只好自己獨自背負這個包袱踽踽前行。」可是，即便到了現在，我還是一無所獲。

隨著這一道德衝突的緊張程度增加，第二人格對我來說便變得越來越令人懷疑和令人討厭了。對於這點，我知之甚清，甚至都懶於為第二人格進行掩飾。雖然我很想將我的第二人格消滅掉，但是我嘗試了很多方法都沒有獲得成功。第二人格和我如影隨形，我去學校、和朋友交談、學習科學，這些手段我都用過，但是第二人格只會短暫消失一段時間。當我獨自一人的時候，第二人格再度出現，隨它一起回來的還有上帝的世界的雄壯瑰麗，以及叔本華和康德的各種想法和意識。甚至我所學習的科學，也成為上帝世界中的重要組成部分，為上帝的世界這幅巨大的畫布上添加絢麗得讓人昏眩的色彩。這個時候的第一人格便悄然隱匿。這是我在十九世紀最後十年期間的一個小小的插曲，但是當我結束了在意識世界徜徉的時候，我便又碰觸到了冰冷的現實。我的第一人格膽怯地提醒我：我生活在此時此地，必然要選擇一個職業，這是非常必要的。

我的父親對我的狀況憂心忡忡，針對我何去何從，父親與我進行了幾次很嚴肅的交談。他說：誠然，我有選擇我未來的權利，但是他以一位父親和一位朋友的身份給予我建議，建議我別選擇神學。他的原話是這樣的：「我親愛的兒子，你可以選擇成為任何樣子的人，但是儘量不要成為神學家，好嗎？」儘管真的沒有成為神學家的意思，但是聽了父親的話後，我開始有意識地疏遠教堂，甚至盡可能地避免去參加聖餐儀式。對此，父親自然是樂見其成，不會責怪我。這個時候我和父親之間甚至達成了一種不必明說的默契，那便是，我可以隨心所欲的去說什麼或者去做什麼，父親絕對不會責怪我。我不去教堂了，但是我很想念教堂的合唱樂團和風琴。這其實並不矛盾，因為風琴和合唱樂團跟「宗教界」八竿子打不著，當然，我是哪個「界」都不「界」的。儘管「宗教界」人士可能在德行方面缺乏必要的建樹，但是得承認，他們是正派的人，而且他們感情充沛且流露自然，對於上帝儘管盲目但是足夠的虔誠。

雖然我可以斬釘截鐵地告訴任何人，我絕對不想成為神學家。但真實狀況是，我依然處於十字路口，並不知道該選擇人文學科和自然科學哪一條路。從吸引力的角度而言，這兩者都是我的「摯愛」，我受他們的吸引不分伯仲。這個時候，我忽然發現，其實我的第二人格在這件事情上是沒有發言權的。當我的性格被第二人格主宰的時候，它給予我什麼感覺呢？我的意識可以高屋建瓴地俯瞰世界上的一切事物，但是我的身體卻如同地球上一塊笨重的石頭，不能移動分毫。這個時候的第一人格便被完全束之高閣，顯然，它並不滿意遭受如此待遇，它也想謀求對我意識的控制權。可是，第一人格卻在我的未來選擇上搖擺不定。我能明顯感覺，他舉棋不定。對此我也無計可施，只能靜待我的第一人格能早點做決斷。在他沒有做決斷之前，我對前方依然一片茫然。別人問我，想要成為一個什麼樣的人？我會說：「我想成為一個語言學家。」但是私底下，我還是想去埃及，成為一名考古學家。而在假期的時候，我還要繼續學習和語言學八竿子打不著的自然科學，以及隸屬人文學科範疇的哲學。平常的時候是這樣，而假期的時候尤甚。我長大了，再也無法像是過去那樣，動輒跑去跟母親抱怨：「我煩死了，我不知道該做點什麼」。現在的假期對我而言，是一段最美妙的時光，我可以無拘無束，自由自在。至少在暑假期間，父親絕對不會管束我，因為在這個時段，他往往會去薩克森度假。

我的第一次意識旅程

在我十四歲的時候，我也曾經去過外地。彼時的我，正在被疾病困擾，所以不得不和昂特列布希的醫生預約，對我的健康狀況加以診斷。當時，我住在一位天主教父的家中，這對於我而言，是一種新鮮刺激的體驗——在我十四年的人生中，第一次單獨置身陌生的成年人之間。神父很忙，我看見他的機會很少。倒是總是能看見他頗為嚴肅的管家，但是他也沒有做任何威脅到我的事情。我的醫生是一位普通的鄉村醫生，他開設的與其說是療養院，倒不如說是旅社。因為這裡面的人身份各種各樣，有農夫、官員、商人。在這些人中，不乏有教養的人。甚至，有一位是化學家，還獲得了我想頂禮膜拜的博士學位。雖然我的父親也取得了博士學位，但是他取得的是哲學博士，而他更富建樹的是語言。顯然跟化學博士截然不同，我很雀躍，我認定化學博士可能是知曉我石頭祕密的人。雖然化學家是博士，但是一點沒有博士的倨傲，他很和氣地教給我打槌球。出於羞澀和膽怯，或者是不善言辭，又或者是無知，反正我什麼也沒有問過他。我只是尊重、敬佩他，在我眼中，化學家洞悉大自然的一切祕密。他與我同桌而食，亦與我閒話家常，這個時候我就會覺得自己已經步入到一個成年人的更莊重領域中來了。後來發生的事情讓我的感覺得到了證實。寄宿者被安排了一次郊遊，在這個過程中，我們參觀了一個造酒廠，主人請我們品嘗美酒。

我發現，小小杯子中所盛的美酒很神奇，只需要一杯，便讓人覺得飄飄欲仙，忘乎所以。什麼「內部」和「外部」，「自我」和「本我」，「第一人格」和「第二人格」，「謹慎」和「膽怯」，甚至是天和地、宇宙和銀河，全部的都被我拋諸腦後。我只覺得天旋地轉，甚至天和地，合為一體，這個時候的我快樂無比地醉倒在地。喝醉的感覺是什麼樣呢？我認為是一種極樂的感覺，腦海中有無數的念頭在此起彼伏，如同海浪一般一波又一波地向我席捲而來。我很難再保持平衡，於是不得不盯著或者貼著一切的實體事物，結果卻看到街道如同航道一樣起伏，樹木和房屋在縱情搖擺。「這種感受真是太妙了。」我只不過多喝了一點點，本應該是其樂無窮的體驗卻因為我的喝醉摻上了一些痛苦的色彩。但是不管怎麼說，這是一種十分奇妙和美好的感受，只不過因為我個人的緣故，將這份感受破壞了而已。

療養結束後，父親接我回家。順路到盧塞恩旅行，在這次旅行中，我第一次坐上了輪船。我以前從來沒有見過輪船，這個大傢伙太令人著迷了。所以我目不轉睛地看著蒸汽發動機，感覺十分的奇妙。我還沒有看夠，別人就告訴我說維茲諾到了。雄偉的大山環抱著這個小小的村莊，有一條鐵路一直鋪設到高高的山頂。我們來到了火車站，那裡面停靠著可能是世界上最古怪的火車頭。鍋爐是豎著的，甚至傾斜出一個詭異的角度。父親告訴我，這是里基。並遞給我一張車票，並告訴我說：「你可以獨自坐車，一直坐到山頂。我等著你，因為兩個人都坐的話，那麼太貴了。坐車的時候注意安全，千萬別摔下來。」

我欣喜若狂，簡直找不到什麼話來形容我的高興。高高的山嶺高聳入雲，遠勝於我見過的任何一座山，甚至可以和我記憶中那火紅的山峰能相媲美。這個時候，我已經覺得自己是個成年人了。當然，我的設備也是成人式的——一根拄杖和一頂英國騎士帽，這簡直是一個世界級旅行家的裝備。現在，我就要登上這座高不可攀的山峰了，我簡直分不清究竟是這山峰雄偉還是我自身偉大了。那輛奇妙的火車，呼哧呼哧地噴著氣，伴隨著晃動和哢嚓哢嚓的響聲，我終於到達了山頂。我站在空氣相對稀薄的山頂，登高遠眺，眼前的情景如同一個嶄新的世界。我手舞足蹈，這不就是我朝思暮想的「我的世界」嗎？「我的世界」真實的出現在了我們的面前，這裡沒有老師，沒有學校，沒有任何讓人困惑的問題，在「我的世界」中任何人都能不被要求的存在。因為周圍都是懸崖峭壁，陡峭無比，我沿著小路小心翼翼的行走。因為周圍的地勢高聳，讓人心不得不肅穆起來。我覺得，人們之所以登臨這個世界時就變得恭謙有禮，是因為這是「上帝的世界」。「上帝的世界」在這裡變成了一個「實實在在」的存在，是我的父親讓我第一次領略到「上帝的世界」，這是我父親給予我最珍貴、最美好的禮物。

這種情景在我心中留下了鮮明的印象，正是因為這個印象如此深刻，導致我在「上帝的世界」中發生的事留給我的印象卻被沖淡了。但是這次的旅行中，第一人格佔據了主要位置，給我留下了鮮明無比的印象。我清晰地看見了我自己——在一個富麗堂皇宮殿一般的大飯店草坪上，頭戴時髦的帽子，手拿貴重手杖的我；或是坐在一張名貴木製桌子面前喝咖啡，頭上是遮擋陽光的遮陽棚；或是在用餐的我，拿著塗滿了金黃色奶油和果醬的新月形麵包，慢條斯理地吃著喝著。等待吃飽喝足之後，漫步至輪船上，這條船帶我翻山越嶺，那些山必然是鎮日被冰雪覆蓋，折射出耀眼的銀光。

這種想像在我腦海中經常浮現，每次我因為工作過度想要找個地方休息的時候，這個形象便適時地出現了。可是這個壯麗的情景只出現在我想像之中，卻沒有讓我在現實中遇到過一次。

這次旅程是我意識的旅程。過了大概一兩年之後，我再度做了這樣的旅行。那個時候我去薩克森探望我這正在度假的父親，父親告訴我，他與這裡的天主教神父相見恨晚，結為朋友。我不禁暗暗地佩服自己父親的勇氣了，他簡直是「膽大包天」。也正是因為如此，我得以參觀佛盧愛麗的隱居修行之所和克勞斯修士的聖物。在這個時候，據說克勞斯已經修行到一定程度，飛上天際去了。但是我很疑惑，教徒們是怎麼知道克勞斯已經升天了？難道是克勞斯親自告訴他們的？我對克勞斯的印象十分的深，因為我覺得他做了不可能完成的事情。就像是一個人，將自己的身心都獻給上帝，而且還理解了上帝的所有神諭，這簡直是一件太過浩大的工程。想到這裡，我不禁冷戰連連，因為我的疑惑越來越多了。比如克勞斯的妻子和孩子，怎麼知道自己能讓聖人作為自己的丈夫和父親呢？我的父親很愛我，這是不是說這是父親的缺陷呢？誰能跟聖人一起生活呢？我想克勞斯也明白這一點，所以他只能去做一個離群索居的隱士。不過隱士似乎沒有怎麼脫離家庭生活，所以他的修行之所跟他的家距離很近。這個主意倒是不錯，家人們住一起，我住在另一個地方。在我的「小天地」中，也有我喜歡的書籍，甚至有我所熟悉的寫字檯。壁爐中生著明亮的火，餓了的時候，我可以烤栗子；渴了的時候，我便用三腳架煮美味的湯喝。想要做隱士，我無需去教堂，甚至還有獨屬自己的小教堂。

我從隱士修行之處向山上走去，這個時候我的思緒沉浸在我剛才的思緒之中。我信馬由韁地想要從山的左邊下山，這時一個漂亮女孩的身影映入我的眼簾。從她的裝束看，這是一個當地女孩，臉龐如同野花一樣漂亮，藍色的眼睛宛如天空上的明星。她的年紀與我相仿，除了表姐妹，我從來沒有和陌生女孩打交道的經歷。但是這個女孩很大方，她用悅耳的聲音跟我打了個招呼，便自然而然地跟我一起下山。我很窘迫，只好沒話找話說。當然啦，介紹的都是我自己的一些情況，比如我是來這裡度假的，我現在在巴塞爾讀書，馬上就要考試了，日後要進大學去讀書。女孩一語不發，但是面孔上浮現出了羨慕和害羞的神情。

我正在說的時候，一個念頭忽然閃現——我遇見這個女孩是命中預定的事情。換而言之，她便是應該在這個時刻出現的。我在這裡遇見她絕非偶然，她不應該是一個普通的農家女孩。或者她也是一個天主教徒，亦或是我父親的朋友恰好是她的父親。她對我一無所知，那麼我能不能將那些讓我產生共鳴的叔本華意志說給她聽呢？儘管她顯得不邪惡，儘管她的父親未見得是一位鬼鬼祟祟的天主教神父，可是我的父親是新教的神職人員，我要是貿然跟她說，會不會冒犯她？那麼我們要選擇一個怎樣的話題呢？哲學？魔鬼？浮士德？歌德？顯然這些話題都不合時宜。這個女孩隸屬這片天真無邪的土地，而我卻已經跌入塵世，沾染世俗了。我過早的體驗了造物的殘酷和壯美，而這些對於沒有被塵世污染的她而言，是不是過於殘酷了呢？我們之間矗立著一堵無法穿越的厚牆，這讓我們永遠不能有任何關係。

這讓的想法讓我沒來由的傷心，我不得不將我傾訴的欲望壓在心底。而是找尋一些不會引起麻煩的話題。比如今天的天氣真晴朗、路旁好風光，她要去何方之類的安全話題。

從表面上看，這次邂逅不僅普通而且偶然，簡直沒有任何獨特之處。但是在我內心之中，這件事久久縈繞不去。這次的相遇，就像是路邊的路標一樣，永遠鐫刻在我記憶之中。那個時候，我的意識還很青澀幼稚，還認為生活是各自為政的。我卻沒有想到，命運的轉輪，在不經意間從克勞斯修士那裡轉到了這位漂亮女孩身上。

城堡塔樓上的祕密

這個時期的我被一分為二。我的腦海中，充斥著各種矛盾的想法。第一，叔本華的思想和基督教無法統一；第二，第一人格和第二人格在不斷抗爭，搶奪對我意識的最終控制權。在諸多的矛盾與抗爭的過程中，竟然產生了我的第一個幻想。這個幻想不是一下子出現的，而是循序漸進出現的。我甚至還能記得這個幻想所產生的根源。

那是西風呼號的一天，大風呼呼作響，萊茵河水甚至翻湧起了浪花，朵朵浪花和西風上下呼和。我上學的路上沿著河邊，將這些情景盡收眼底。這個時候，從北面駛來一艘帆船，順風鼓著帆，正飛馳而行。這條帆船為我的想像插上了翅膀，我的思緒漫天飛舞。倘若萊茵河不是一條河，而是一個大湖，那麼巴塞爾就變成了港口。居住在萊茵河畔的人，會如同居住在大海邊一樣的愜意。自然，我的學校，甚至我上學的路都會消失不見，我便能以一種更為隨心所欲的心態去安排我的生活。

湖中自然不是光禿禿的，必然有一座秀美的小山，或者嶙峋的怪石。大陸和湖，並非是一分為二的，肯定有地峽將兩者勾連在一起。當然，運河是必不可少的，運河上面架設著高大雄偉的大橋。順著大橋的兩側能通往一道大門，這個大門建立在一個高高的斜坡之上。當你進入到這道大門之中，你將看到一個美麗的中世紀國度。在最高的山頂，矗立著一座守衛森嚴的城堡，城堡中有高高的瞭望塔和一個防禦樓。這便是我的家，當然，我的家並非窮奢極侈，而是古樸簡單。但是在我的家中，有一個巨大的圖書館，世界上任何圖書你都能在這裡找到。在我家中，有收集來的各種武器。城堡的防禦樓上，設置著幾架大砲。當然，還有一個由五十多人成立的巡邏隊，他們保衛著我家的安全。在這座中世紀城市中，大概只有幾百個居民。為了維護居民的秩序，由市長和元老組成了市議會治理。而我呢，是治安法官，也是糾紛的制裁人以及法律的顧問。我素來是深居簡出的，只有在開庭等重大事件發生的時候才露面。在島嶼通往陸地的地峽處，有一個小小的港口。港口上停靠著我的一隻雙桅快船，船上裝備有幾門小砲。

有關這個城堡的佈局，以及防禦塔上的祕密，都為我一個人所有，這個想法，如同電擊一樣震撼我的心靈。在防禦塔內，從雉堞到有拱頂的地下室是一根直上直下的銅柱，也可以看成一根如同人手臂粗的電纜。這根銅柱或者電纜，又分成了很多細小的枝節。銅柱如同樹冠一樣，放射到天空中去。這些細小的枝節暴露在天空中，從天空中吸收各種養分和其他奇奇怪怪的東西。這些東西被吸收到電纜中，透過電纜傳送到地下室之中。地下室有我的實驗室，我利用它們吸收來的神祕物質來製造金子。至於我是如何提煉，我人為將其忽視。實驗室中有一種不成文的禁忌，那便是：「人不要對這些加以深究。」比如說，不能問我在空氣中提取的是什麼，也不能問我怎樣用這些提煉黃金。就像是歌德在提到母親們所說的那樣：「她們的名字不能提及，即便是提起，也能讓勇士喪失勇氣。」

我認為：縱然人有百手，手有百口，卻不能將「精神」表述明白。但是在我的認知中，「精神」和純淨無雜質的空氣相差無幾。那些「觸角」將所吸收的神祕物質，源源不斷經過銅柱輸入到地下室，然後變成了光彩引人的金塊。「精神」由虛無變成有型的了。這簡直是一種法術，雖然沒有念咒也沒有符咒，但是卻是一種不折不扣的法術，甚至是大自然可敬又恐怖的祕密。這種祕密我是如何知道，我其實並不明瞭。正因為我的不明瞭，所以我將其掩飾起來，讓市議會的元老和市長也不知道。

早先的時候，我上學放學的路程可以用「漫長」來形容，因為它太枯燥了。自從我開始想像後，這段路變得十分的簡短，以前那種膩煩的感覺幾乎是一去不復返了。因為我一走出學校的大門，便步入了我的城堡。每天，城堡內的社會結構都在發生翻天覆地的變化：每天市議會都在舉行各種促進城市發展的會議；法院正在忙於懲惡揚善；防禦設施正在用大砲對入侵者進行反擊；我的雙桅快船早已經清理得乾乾淨淨，準備揚帆起航。就這樣，我幾乎是立刻走到了家門口。如此迅疾，就好像我是坐馬車回來的一樣。我沉浸在其中不能自拔，並樂此不疲了整整好幾個月。直到我開始厭倦這種愚蠢和可笑的遊戲，我不再對這種白日夢熱衷，取而代之的是另外的愛好——製造要塞。我每天都要用小石子、泥土和石灰漿來和城堡和砲臺的模型。我研究法國傑出軍事工程師伏班的防禦計畫，研究他的防禦思想和防禦計畫，由此我很快就熟悉了各種各樣的防衛技術。不光是伏班的防禦計畫，還研究現代的各種的防衛技術。我甚至建造了胡寧根要塞（當時的胡寧根要塞還完好無損），在這段時間，我對於自然科學的知識明顯開始增多起來，當然，這都是以犧牲我的第二人格為代價的。

但是，我對現實生活仍然一知半解。我一直有一個盲點，認為對現實生活的思考純粹是浪費時間。我認為每個人都可以天馬行空地進行想像，但是未見得都能在現實生活中學有所長。為了開拓我的視野，我的父母為了訂閱了一份科學期刊。這份期刊讓我入了迷，以至於我每天都要前往朱拉山脈尋找各式各樣的化石，以及礦物標本、植物標本和人的頭骨。化石大多是象類的骨頭，在萊茵蘭平原的沙礫坑中找到的；人的頭骨來自胡寧根附近的一個一八一一年下葬的群葬墓。

這個時期，我對植物也很著迷。但是這種著迷，卻遠非科學意義的上的探索。我之所以被植物強烈的吸引，源於一種奇妙的感情。那便是我對植物的悲憫——我認為植物應該根植土地之中開花結果，而非被拔出來晾曬致死。而且我認為，植物本身是有生命的，儘管它們只有在開花和結果的時候才有意義——一種祕密的意義，因為植物被造物主賦予了祂的思想，祂的意志。正是因為如此，所以我們對待植物的態度，不是輕慢褻瀆而是尊重敬仰，甚至要以哲理式的好奇來對植物進行思考。生物學家對生物的表述是非常有趣的，但是沒有由表及裡。可是真正的意義是什麼，我也無從得知。我也被這些問題困擾著，比如說植物如何體現神的意志的？我無法給出答案，儘管如此，我卻知道，植物與世無爭自由自在，是應該給予尊重和敬意的，而非破壞。跟植物形成鮮明對比的是昆蟲，昆蟲必然是植物的一個變種，牠可以看成一個變異了的花或者果實。但是牠卻對植物造成了傷害，牠們時而搧動花瓣模樣的翅膀四處亂飛，忙於啃食大量的植物。時而用腿和長足四處亂爬，吸取植物最精華的營養。也正是因為如此，所以昆蟲被大量的捕殺。這是對於牠們無法無天行為的懲罰，比如六月間，人們將毛毛蟲和甲殼蟲當成天敵一樣進行消滅。我的悲憫雖然號稱悲憫的是所有的動物，但是其實不然，只是限制在那些熱血動物。冷血動物比如青蛙和蛤蟆，斷然不在我悲鳴的名單上的，因為牠們的醜陋和骯髒，與某些人有相像的地方。

第三章

大學時代

雖然我對科學的興趣日漸濃烈，但是我卻沒有「喜新厭舊」，不時地會繼續研究哲學。我究竟應該何去何從、選擇什麼職業作為我安身立命之本，這件事越來越多地被提起。我一方面為馬上要結束中學時代、開始大學時代而興奮，一方面為該選擇什麼學科而煩惱。我應該選擇自然科學，從而掌握一些實際的知識。但是我不是心心念念著歷史和哲學嗎？我不是盼望著成為一名考古學家，而後去埃及和巴比倫發掘更多的古文明？可是我的經濟條件有限，若是離開巴塞爾，我去別的地方上大學，那麼經濟條件也不允許。如果在巴塞爾上大學的話，考古學和哲學的學科根本沒有開設。我在各種觀點之間搖擺不定，只能將決定的時間盡可能的往後拖。對於這種情況父親比我更為著急，他說：「這孩子對自己設想的一切感興趣，但是他絕對不知道自己想要的是什麼。」我不得不承認父親說的對，事實上我也正是這樣。隨著大學入學考試的時間開始接近，我的同學們紛紛開始決定報考何種專業。但是他們卻對我的打算一無所知，因為即便是我，也說不準自己究竟是選擇人文科學還是自然科學。

之所以會這樣搖擺不定，不是沒有原因的，就在幾個星期前，我的第一人格和第二人格還進行了非常激烈的競爭——爭奪對我意識的控制權。於是我便做了兩個夢。

第一個夢：我正沿著萊茵河河畔的樹林漫步，忽然看見一個小山丘上有一個墳堆，這讓我很興奮。我便動手開始發掘，不久之後竟然真的有所斬獲，我挖到了史前動物的一些遺骨。從這個夢境我知道，我有必要去揭開大自然的神祕面紗，真正地瞭解我們所生活的世界，並瞭解我們周圍的一切事物。

第二個夢：夢中的我處於一片密林之中，樹林之中溪水潺潺。在光線最為陰暗的地方，我看到了一個圓形的池塘，池塘周圍林木葳蕤，水中有奇怪的浮游生物。這種生物我從來沒有見過，渾身圓鼓鼓的，柔和的銀白色光芒將牠全身籠罩。視力可及處，能看到牠渾身由很多細小的細胞組成，也可以這樣說，牠就像是巨型的深海放射目動物，渾身都由觸手類的器官組成。目測牠的身高有三英尺，安寧祥和甚至威嚴地躺在池塘之中。落在我眼中，這簡直是一個巨大的「神蹟」，深深地吸引我去一探究竟。

等我醒來，這夢境給我的衝擊依然很強烈。也是這兩個夢推動我往科學的方向而去，同時讓我所有的猶豫都煙消雲散。

我開始豁然開朗，我生活在每個人都必須養活自己的時代和世界。想要賺取讓自己得以生存的生活消費，每個人都必須去扮演一定的社會角色。我敢說，我所有同學都有類似的感覺，但是他們並不就這個感覺進行深入思考，他們的茫然，給我留下了深刻的印象。與同學們進行對照，我看到了自己的奇怪。我為什麼不能像我同學們那樣下定決心並確定一個方向呢？比如德語老師天天稱道的那位「好學生」，在德語老師的心中，這位「好學生」簡直就是我的楷模，他早早的確定了想成為一個「神學家」。我恍然大悟，我必須定下心來，好好的將這件事想通透。我開始衡量各種職業的「性價比」：倘若我研究動物學的話，那麼我的前途便是成為一位中學老師，或是去動物園與動物們朝夕相處。雖然我很喜歡動物園並排斥做老師的粉筆生涯，但是這種所謂的「前途」是沒有前途的。

在進退維谷的情況下，我靈機一動，為什麼我不選擇醫學呢。選擇醫學，是我以前從來沒有考慮過的事情。大抵是因為有很多人在我耳畔說我曾祖父曾經從醫，所以我對從醫很排斥。因為我的座右銘是：「做第一個自己，絕對不做第二個別人」，但是現在我一改初衷，我告訴自己說：「醫學可能是我通往科學的橋梁。」當我步入醫學的大門時，可能我便能獲取做任何事情的自由。另外，醫學這一學科包羅萬象，我若是想從事某個行業的話，也很容易。我終於選擇了醫學，但是還有一個問題需要去處理，那便是我如何從醫呢？生活費沒有著落，我也沒有錢，所以我沒有辦法去國外念書，所以我無法去從事某種專業的科學訓練。在這種情況下，我只能變成「一瓶子不滿，半瓶子晃蕩」的情況。而那我呢，又擁有一種奇怪的個性。這種個性讓那些自詡說話算數的老師們，和我不願意深入思考的同學們對我敬而遠之，所以註定我的關注和我的發展缺乏了必要的追隨者和支持者。所以，當我最終敲定醫學作為我發展方向的時候，我的內心悵然若失。總覺得學醫沒有遠大的前程，與社會生活的練習也並非多麼的緊密。不管怎麼說，我終於做出了一個決定。這個決定已經無法扭轉，並能搪塞那些問詢我打算的人，我總算可以如釋重負地大大鬆一口氣了。

第二人格是永恆的存在

然後，讓人尷尬甚至痛苦的問題纏住了我。我去哪裡弄到我的學費以及生活費呢？因為我的父親只能籌集一部分錢，所以他代替我向巴塞爾申請生活津貼費，居然被批准了。我覺得十分的難堪，這一舉動無疑是將我家庭的貧困狀況暴露在光天化日之下。而且我對所謂的上流社會、上層人士存在著根深蒂固的偏見。我認為：這些人都對我有著不可轉移的偏見。他們顯然不會對我有任何的「照顧」，顯而易見，我沾了我父親的光。因為我父親聲名在外，他不僅仁慈而且胸懷坦蕩。我呢，必然跟我父親的形象大相徑庭。

別人眼中的第一人格的我，為人內向不合群，是沒有任何天分甚至有些愚笨的孩子，雖然「命比紙薄」但卻「心比天高」。而我的本質呢，卻擁有不甘於被拘束的天性，而且我的天性還不固定。時而如同一個孩子般天真熱情，時而又如同幼童般易於失望，可以用兩種人作為我本質的代名詞——隱士和蒙昧主義者。我的第二人格看待我的第一人格，是飽含著不屑的；第二人格認為第一人格的所作所為，是一種困難且吃力不討好的道德任務，甚至是一門透過某種方式獲取學分的課程。在第二人格的眼中，這種課程具體是什麼呢？它懶惰成性、易於放棄、擅長沮喪，具有不切實際的沒有絲毫價值的想法，對事物有著不恰當的熱情，愛輕信，對於所謂的「友誼」十分的看重。

同時見識短淺，容易傲慢，時常有偏見，還有在數學學科上的愚蠢，對別人缺乏瞭解，缺乏相應的哲學觀念，第一人格甚至既不是一個虔誠的基督徒，也不是別的什麼人。這便是第二人格對第一人格的全部看法。

第二人格本身是沒有任何確定的性格的，或者說，第二人格本身是永恆的存在。這種意識，超脫於人生命的存在。人出生，第二意識便出現；人活著，第二意識如影隨形；人死了，第二意識變成一種生活的幻覺，還存在於人類社會生活之中。雖然第二意識是永恆的，但是第二意識註定是「第二」，他無法利用第一意識厚重的媒介來表現自己。但是第二意識時時刻刻想取代第一意識，所以當第二人格處於支配地位的時候，那麼第一人格往往和第二人格出現某種交叉點。當然，在第一人格的「眼中」，第二人格顯然是一個完全黑暗的所在。第二人格覺得：第二人格的想像，就像是打向棉花的千鈞重拳，軟綿綿的找不到著力點，更沒有任何的回應。不過在第二人格的身上，積極向上的光明面佔據了主要位置。那個感覺如同王宮中那些光彩奪目的宮殿一樣，每一間宮殿都面向太陽，金色的陽光灑向了宮殿之中，光明和美麗。和第一人格不同，第一人格本身是不連貫、斷斷續續的，而第二人格本身是連續的，所以第一人格和第二人格形成了鮮明的對照。第一人格本身和現實缺乏必要的接觸，而第二人格同現實是息息相關的。同時，第二人格與《浮士德》中所描述的中世紀情形相契合，是過去那段歲月的延展。我敢肯定，歌德也繼承了第二人格的「遺產」，從《浮士德》中可以看出，歌德承認第二人格是一種真實。這對於我而言，是一種莫大的安慰。我現在發現，《浮士德》對我的影響遠勝過《福音書》（《約翰福音》是《聖經・新約》中的「四福音書」之一，其餘三者為《馬太福音》、《馬可福音》、《路加福音》），因為我從《浮士德》中找到了莫大的情感共鳴。而《福音書》中給予我的卻是隔閡和古怪，在《福音書》中所說的救世主，讓我覺得他行為古怪。《浮士德》中所表現出得第二人格，是活生生的。我想，浮士德這個人物的設定，便是歌德，乃至那個時代第二人格的代表。這種頓悟讓我的心靈得到了慰藉，同時讓我從此找到了歸屬感。當我看到了《浮士德》，我明白了，在這個社會中，我不是孤身一人，我的思想也不古怪，我也不是註定被嘲笑的對象，我有一位具有權威感的教父，他的認知跟我相同，他便是歌德本人。

也正是在這個時候，我做了一個奇怪的夢。這個夢無法真正的界定，雖然它是一個噩夢，但是卻從某種角度而言鼓舞了我。我現在來描述這個夢：夢中一片黑暗，我不知道我身處何處，更不知道我要前行何方。黑夜漫漫，我找尋不到絲毫的光明。大風呼號，我迎著風艱難的挪動。漫天的大霧逐漸席捲我的周圍，在黑暗的霧中，我將兩隻手併攏，用此來保護一盞微弱的小燈。那燈火忽明忽暗，只有淺淺的光暈，似乎隨時都會熄滅。忽然，我發現身後有一個碩大的黑影，正在亦步亦趨地跟隨我。我很害怕，但是卻清醒地意識到，雖然有各種各樣的危險，但是保護住這盞燈，卻是問題的關鍵。只有這盞燈安然無恙，我才能化險為夷。儘管這盞燈微弱無比，但是這盞燈卻是我唯一的指望。當我清醒後，我立刻意識到，那個碩大無朋的黑影是布羅墾峰的鬼魂。我明確了一點，那盞微弱的小燈便是我的意識，我所擁有的唯一財富，也是我人生中最大的財富。

這個夢的密碼很快被我破譯了，那個步履維艱的提燈者便是我的第一人格，而那個神祕無比的黑影便是我的第二人格。我的任務是保護這盞燈，而不去看第二人格那永不消失的生命力。第二人格的世界顯然與第一人格的世界截然不同。第二人格的世界為不同的光芒所照耀，那裡是一個獨特的王國，禁止人們隨便的涉足。但是在第一人格的角色裡，我必須扮演好這個角色。在這個角色中，我不得不去學習，不得不去賺錢，不得不承擔命運賦予我的各種責任，不得不受到各種錯誤的拖累，不得不隨波逐流地犯些糊塗的錯誤，不得不忍辱負重，不得不經歷各種失敗等等。在夢中，我向著前方艱難的行進，而第二人格想將我推回到一個無窮黑暗的世界裡，在這個無窮黑暗的世界中，每個人的存在都沒有表面的意義。究竟是什麼將我推回那個黑暗的漩渦呢？自然是時間。只有時間才能到擁有如此巨大的力量。時間的洪流緊緊追逐著我的腳步，並發出巨大的吸引力，貪婪地將任何生命體吸到自己的身體中。只有不斷的前進，排除自己遇到的任何困難，才能擺脫時間的洪流。而可怕的過去，永遠不會消弭，若是誰不能給予自己命運一個正確的答案，時間的洪流便將其攫在自己的手掌心裡。

我的世界觀再一次發生翻天覆地的變化：一個念頭明確的浮現在了我的腦海之中，那便是我的道路已經被預設好了，筆直地通向一個外部的世界。而這個世界，究竟是怎麼樣的呢？這個世界明顯是立體的，而且不是無限延展的，是有限的，且是黑暗的。在我看來，亞當必然體會到過與我一樣的困擾，伊甸園對於他而言便是一個有限且黑暗的世界。所以亞當以一種義無反顧的心情離開了伊甸園，他的心情必然是輕鬆愉悅的，脫離了伊甸園的他，即便是每天都要在滿是荊棘和石頭的土地上耕種，心情也是愉悅的。

預知未來發展的童年經驗

當我自問：「這樣的夢究竟是從哪裡來的？」之前，理所當然地認為夢是上帝給予我的啟示，而現在的我卻對此不得不開始懷疑。一般來說，人的意識就像是種子，經歷了時間的雨露，才能發芽，最終破土而出，用夢的表現形式來告知，這便是正常的夢的發生程序。真正的問題在於，為什麼我會做這樣的夢呢？我的夢的種子是什麼時候種進我意識中的呢？我可沒有故意去做什麼事情來加速這種事情的出現，肯定是某種意識在出現，並在我的意識中發揮了重大的作用。這種意識在我的意識中佔據了絕對的優勢，在它的光芒映射下，我內心王國中開始出現了一個巨大的黑影。換而言之，這種想法絕非我自己意識的產物。也正是如此，我開始明白了以前發生過但是我同樣不解的食物。每次我間接提到或是含糊暗示「內心王國」的事物時，人們的臉上浮現一種不可思議的表情，隨即變得開始疏遠，並投向我以冰冷而疏遠的眼神。

現在形式已經非常明朗了，我有必要將第二人格丟到一邊去。但矛盾的是，我不能自欺欺人的說第二人格不存在啊，這等同於我親手扼死了我的第二人格。另外我還喪失探索我夢的起源的線索。因為在我心中，一個念頭不可動搖——夢的起源與第二人格密切相關。而且我也敢肯定，我的第二人格顯然具有更為高明的意識。但是與此同時，我與第一人格的聯繫日益緊密，這種情況又向我傳遞了一個消息：我的這種思考和想法本身便屬於第二人格的一部分。當我感覺到這個觀念的時候，我開始覺得我與第二人格的聯繫並非我想像中的那麼緊密。我甚至認為，第二人格本身便是能與黑暗進行某種對抗且能利於不敗之地的精靈，反正在我做這個夢之前我對這個精靈一無所知。即便是現在，我仍然不能具體而清晰地描摹出這個精靈，但是我卻毫不懷疑我認識這個精靈。

不管怎樣，我與第二人格之間產生了某種「隔閡」。「我」的天平，更加傾斜於第一人格，同時讓我和我的第二人格漸行漸遠，我和第一人格卻融合成了一體，甚至第二人格變成了一種脫離我的意識獨立存在的人格。我並不把這件事與任何一種肯定的個性的想法聯繫起來，但是這種肯定的個性其意志簡直就是幽靈所有的。由於我是在鄉下長大的，在鄉下這種神怪的事物或多或少的得到了人們的相信，所以這件事在我看來並沒有過多的大驚小怪。精靈的存在由來已久，而且在時間上具有延展性，和空間上的實踐性。雖然我對空間的存在還沒有形成任何概念，但是這並不妨礙我用空間性來對精靈下定義。在我第一人格存在的背景裡，空間性是第一人格組成的重要元素，雖然空間性沒有明確的限定我的第一人格，但是卻存在於我的第一人格。

對於小孩子而言，大人說的話所產生的影響，絕對比不上在陌生的環境中或是對不瞭解的事物產生的反應。小孩子令自己的潛意識適應這種環境和事物，這便讓小孩子的身上產生各種有關的補償。以我而言，我幼小的心中所產生的「宗教」概念便是一種自發形成的意識。當然，由於我所生長的環境，也可以將這種自發性的反應等同於我父母的環境，以及對精神所作出的反應。我父親經歷了很長的一段時間，他對宗教產生了一種本能的懷疑。這種懷疑，隨著他對這個世界認識的加重，以及對宗教知識的瞭解，讓他的這種懷疑逐漸的加重。我父親陷入到深深的矛盾之中，一邊懷疑，一邊對抗這種懷疑。這種矛盾的狀態讓父親處於一種坐立難安的狀態，這種狀態又從我的父親那傳遞到我身上，這也沒有什麼可奇怪的了。

不過，我對於父親的矛盾一無所知。我認為這些影響是我母親影響我的。並不是說，我母親對於耶穌上帝的態度有多虔誠，而是我總覺得我母親如同一棵樹，牢牢扎根於肥沃而豐饒的土地之上。我總得我母親是大自然的一部分，她以某種方式同動物、樹木、山脈、草地、流水聯繫起來了。但是這種聯繫，和我母親表象上虔誠的信仰的基督教並對這種信仰加以維護做法，形成了鮮明的對比。母親的這種態度，和我的第二人格巧妙的達成一致。這讓我覺得很安心，讓我覺得自己很踏實。宛然腳踏實地的站在黑且厚重的土地上，我從來不覺得自己的想法是「異教徒」，因為我母親的第二人格和我自己的第二人格幾乎不謀而合。這種感覺同父親的矛盾，其實產生了一定的衝突。但是這種衝突又被我的第二人格所產生奇異的觀念補償性了。

回想起來，我童年時候發生林林總總的事情，不僅已經預示了我未來的事件，還讓我適應了父親宗教觀的崩潰，甚至還為我適應這個被破壞的世界並找尋新的發現掃清了道路。其實人們今天所看到的新發現並非是一蹴而就的形成的，而是在我們發現之前就已經循序漸進的發生著。儘管我們人類擁有自己的生活，可是我們人類是什麼呢？是在以世紀做單位的歲月中，一種集體精神的代表者、犧牲者、促進者。我們大概是認為，我們行走在人生的道路上是憑藉著本能行事。但是在大多數的情形下，我們只不過是命運舞臺上的配角。儘管我們對這種真相一無所知，但是我們的生活卻不自主的受到命運的牽引。而命運是潛移默化地對我們發揮作用的，甚至讓我們無法察覺到，不過其影響卻是巨大的。因此，我們的生命被分成若干個部分，不同的部分分屬不同的時間。這不同的部分，只能被我一個人所驅使，我將其命名成第二人格。第二人格，絕非是一個人打發時間的「玩物」。有關第二人格的相關概念，已經被西方的宗教所證實。這種宗教明確指出：人們將自己的意識傾入到自己內在的鑄造上——「無須去外面尋找人的本性，真理如同珍珠，埋在人類這個貝殼之中。」

神學在父親和我之間築起鴻溝

在一八九二—一八九四年之間，我常常與我父親進行特別熱烈的討論。父親回憶起了自己的大學時光，那時的他是一位語言學家，曾經去哥廷根學習過東方語言，並以阿拉伯版的《所羅門之歌》寫了自己的學術論文。但是當他結束了最後一次考試後，父親作為一位「語言學家」的日子便一去不復返了。因為作為一個普通的鄉下牧師，父親所有的語言方面才華全部被埋沒了。正是因為懷才不遇，所以父親每天都生活在一種感傷的理想主義中。也正因為如此，父親經常陷入到對大學生活中的追憶去，似乎是為了祭奠自己的大學生活，他還保留了用長柄菸斗抽菸的習慣。儘管他做了很多的好事，多不勝數的好事，但是結果卻事與願違。而且父親的婚姻生活也不盡如人意，父親母親都似乎過著很虔誠的生活，但是兩人卻經常為了細枝末節的瑣事爭吵。這些困難似乎是人之常情，但是卻逐漸的讓父親的信仰飛灰湮滅。

那個時候，父親的煩躁和痛苦與日俱增。母親似乎察覺到了這一點，盡可能避開做一些會刺激到他的事情，同時母親也拒絕和父親產生爭吵。我覺得這是個好辦法，但是父親的情況讓我很憂心，所以在父親大發雷霆的時候，我會盡可能地順從他。但是當父親的情緒冷卻下來的時候，我會嘗試與父親溝通，進而探求他內心的真正想法。很顯然，父親正在被什麼深深地困擾著，出於直覺，我認為父親情緒起伏和他的信仰不無關係。父親的言談中流露出了種種的細節都告訴我，父親已經對宗教產生了懷疑，而這種懷疑讓父親痛苦無比。在我看來，父親必然體驗到了一些讓他悸動的東西。於是我設法地和父親進行深入的交談，從而「套話」。但是我的發現卻讓我大失所望，原來，對父親而言，那些讓他悸動的體驗不是多了反而少了。因為不管我問父親什麼問題，父親給予我的回答都是千篇一律的——大同小異、重複千萬遍、完全符合神學標準的回答。有的時候，連回答也懶得回答，直接丟給我一個聳肩的無奈表情。這讓我很矛盾，我不明白為什麼父親不在吵架的時候抓住機會跟情況妥協。我也明白，我那些尖銳的、批判的問題讓我父親很傷心，但是我並不想見好就收，我太過迫切地想讓父親體驗一下上帝給予的獨有體驗。當父親體驗過這一切的時候，就會明白所有都是那樣的奇妙。我對於認識論的認知還很淺薄，但是我卻知道對於某種東西的認知是不需要證明的，因為在我看來，很多東西的存在就像是夕陽的靜美和暗夜的陰森一樣那麼自然而然。我絞盡腦汁想向父親傳遞這個認知，希望能幫助他承受信仰破滅的痛苦。在家中，父親是喜歡跟人爭吵的，但是他為什麼不去和自己的信仰甚至是造物主進行爭吵呢？要知道：只有造物主才能對這個世界的陰暗和苦難負責啊。如果父親能和造物主進行爭吵的話，那麼上帝必然會用自己的方式讓父親體驗一下上帝的意志。就像是上帝將自己的意志傳遞給我一樣，儘管我沒有向上帝請求，可是上帝還是透過做夢讓我明瞭我自己的命運。

我不知道為什麼上帝想讓我知道這一切，甚至，上帝還讓我窺視到了他的真實面目。這顯然是一個重大的祕密，我可不敢跟我的父親揭示這一點。其實如果我的父親能夠理解與上帝直接交流的經驗，我倒是可以告訴他這一點。但是我每次跟父親交談的時候，從來不敢觸及到這麼深刻的問題。我直覺的感到，倘若討論這個問題，那麼這個問題必然會變成導火線，引發一系列新的問題。所以每次我與我父親進行交流的時候，往往是採取一種非心理學的理智方法對我們的問題進行處理。這個方法讓我很煩惱：方法如同一塊鮮豔的紅布，而我是一頭憤怒的牛犢，這種方法只會讓我更加煩惱。至於我為什麼對這個問題如此抵觸，我自己也無法理解。

這些「無意義」的討論，讓我以及父親都十分的惱火，我們不約而同的放棄這些討論，各自背負各自的苦惱。神學如同一塊看不見、摸不到的玻璃，已經在我和我父親之間形成了固有的隔閡。儘管我沒有孤獨，但是卻覺得自己很失敗。我隱隱約約地覺得，我的父親正在被他的命運推向預設的軌道中。我的父親很孤獨，他的周圍沒有一個「知己」，至少我知道，他的熟人中是沒有一個能跟他分享他的心路歷程的。有一次，我聽見了他在祈禱，他表示自己要忠於自己的信仰。當我聽到父親如是祈禱的時候，我的心靈既受到了震動還感受到了一種莫名的氣氛。情況已經明擺著了，父親如同一朵小小的浪花，被神學乃至教會的漩渦牢牢吸引住，完全不能自拔。而神學和教會思想如同「污泥」一樣，將我父親和上帝之間的聯結阻塞住了，但是神學和教會思想又毫不猶豫地拋棄了我的父親。我現在已經全然明白我最早體驗的預示了。一方面，上帝才不理會所謂的神學和建立在神學上的教會呢；另一方面，上帝以其固有的悲憫原諒了神學的所作所為，就像是他原諒其他別的什麼東西一樣。神學所表述的資訊是，人應該為這個世界的罪惡和墮落負責任，可是這是多麼荒唐的一件事。這未免太過誇大人的行為了，人算是什麼呢，就像是小狗一樣既聾又啞還瞎。他們和造物主創造的其他事物並沒有太大的區別，他們也不過只擁有一點點微弱的光芒。而這種光芒，如同颶風中的燭光，根本不足以照亮人們摸索前進的黑暗道路。而且，我敢打包票，我所認識的神學家，沒有一個曾經親眼看見過那所謂的「照亮黑暗的光明」，如果他們真的親眼目睹了「照亮黑暗的光明」，他們就斷然不會再從事什麼「神學」或者「宗教」了。所以我認定這種宗教是有所欠缺的，但是人們為什麼卻還要虔誠的相信他們呢？宗教既然和「照亮黑暗的光明」沒有關係，那麼就不能不抱任何希望的相信他們。我父親以前倒是這樣做了，但是他卻碰了壁，並且碰得鮮血淋漓，泣涕橫流。神學本身是被證明的人們必須相信的東西，但是我比任何時候都確定，神學缺乏某種批判和體驗。

我的父親深深地陷入到這種矛盾之中，這種矛盾類似於精神病醫生的發現：在人腦海中本應該存在精神的地方，卻只有物質。而原本應該存在於此的精神，卻是一片虛無。我的父親正被這種矛盾撕扯著、左右著。我可憐的父親在這種感覺作祟下要求我發誓，如果我學醫的話，千萬不要成為一個物質主義者。為什麼他讓我發下這樣的誓言，因為我父親認為物質主義者沒有信仰，他們所信仰的一切便是他們的定義，如同神學主義者信仰他們的「信仰」一樣。在我看來，我可憐的父親簡直是「離了狼嘴，又跳進虎窩」。我並不認為我父親的信仰是什麼好東西，事實上我覺得我父親的信仰愚弄了他，不僅愚弄了他，還愚弄了很多有教養、嚴肅的人。信仰的罪過在於，它將經驗完全摒棄了。神學家們怎麼能知道上帝允許什麼存在，又不允許什麼存在呢？就像是精神病醫生，他怎麼知道人的心靈的特性呢。我父親害怕我成為物質主義者，但是物質主義者又會造成怎樣的危害呢？父親倒是有信仰，但是他卻陷入長期的痛苦之中不能自拔。顯然，有人對我的父親說了一些「聯想」相關的建議，所以我開始看見我的父親開始拿著伯恩海姆和西格蒙德・佛洛伊德有關聯想的書——《聯想及其治療作用》，這可是件新鮮事。因為我父親從來不看任何除了小說和遊記類型以外的書。可遺憾的是，閱讀精神病有關的書籍，卻不能讓我父親的精神變得愉悅起來，甚至，父親的沮喪和悲觀的情緒還在與日俱增。父親開始覺得自己有各種各樣的病症，有的時候，他說自己的腸胃有問題；有的時候，他覺得自己的腹部有結石。但是這種情況太過頻繁了，我們開始變得不以為意。這種情緒影響到了父親的醫生，他也開始對父親的病症感到疑惑起來。這件事發生在一八九五年左右，讓我現在仍記憶猶新。

一八九五年春，我已經是巴塞爾大學的一名大學生了。在我人生中讓我厭棄的階段——我的中學時代終於一去不復返了。當我步入大學後，「科學」和「自由」的金色大門向我緩緩展開。在這裡，我可以聽到有關自然的真理，學會了解剖，以及生理方面的知識，還能在這裡學習各種治療疾病的知識。我甚至還參加了父親當年所屬的一個能佩戴彩色徽章的兄弟會。這對於我父親而言，是一種很好的體驗。甚至在我大一的時候，父親還特意趕來參加了兄弟會的一次活動。這次活動的地點是馬克格拉芬縣所屬下的一個釀葡萄酒的村莊。父親在那裡發表了一篇激情洋溢的演說，這篇演說充斥著迸發的激情以及天馬行空的想像。我在這個時候無比明晰地認知到，父親對於生活的期望，對於生活的追求，在他大學畢業時，便全部結束了。

一首大學校歌如同雷電一樣打動了我的心靈：

昔日意氣風發已不在
今日垂頭喪氣勉向前
我們不情願地回到現實的國土
啊呀呀，我的老天
我們的國土發生了翻天覆地的巨變

這些話讓我的心一陣陣的絞痛，我的父親，在大學一年級的時候，肯定如同我一樣，激情洋溢，熱情萬丈。這個時候，世界向他打開了大門，知識的寶庫也向他敞開。可是，這一切如同海市蜃樓一樣稍縱即逝，父親在大學時代飲盡了甜蜜，剩下的時光中便只剩下了苦楚和追憶。我不明白，究竟是什麼導致了父親變成了這樣。我所找尋的答案實在太多了，可是我覺得每個答案似乎都不能對號入座。在那次葡萄酒會後，父親發表那篇熱情洋溢的演說，讓他重新回到了自己的記憶中，似乎他就是這樣一直生活著的。那之後，我父親的健康情況每況愈下，直到一八九五年秋末，我父親的病情開始惡化，一八九六年年初便去世了。

因為父親生病了，我上完課後便回了家。我很焦急地問我母親，「父親的情況怎麼樣？」母親很憂傷的樣子，她說：「他，還是老樣子，身體很虛弱。」父親低聲問我的母親我在說什麼，母親同樣低聲地轉述我的話，然後對我使了一個眼色，告訴我父親他已經處於神志不清的狀態了。母親轉述父親的話：「你父親想知道你有沒有通過國家級考試。」這個緊要關頭我知道我必須得撒謊，「通過了，考得還不錯呢。」父親如釋重負的歎了一口氣，接著便閉上了眼睛。隨後，我又進屋中看父親，母親這個時候去別的房間收拾什麼。這個時候的父親似乎很痛苦，他的喉嚨之中發出咯咯的聲音，一種奇怪的感覺攫住了我，我甚至是有點入迷地看著眼前的情景，這也是我第一次看見有人死在我的面前：父親的呼吸驟然停止，我等待父親的呼吸能再度恢復，可是這個情景一直沒出現。我飛奔到另外一間房間去告訴我的母親，她卻坐在窗戶下面打毛線。我驚惶地說：「他已經不行了啊！」母親跟著我來到父親的房間，發現父親已經過世了，她如同唱歌一樣地說道：「這一切就這樣過去了啊。」

隨後的日子裡，我陷入到親人離世的痛苦和憂傷中去。此間，並沒有太多的記憶鐫刻在我的腦海中。唯一記憶猶新的是，母親用這她的第二人格與我交談，或是對周圍的空氣交談：「為了您，他死去了。」這句話的意思好像是說，「『您』和我父親的性格格格不入甚至水火不容，父親的性格已經制約了『您』的發展。」說實在的，這句話跟我母親的第二性格是頗為吻合的。

「為了您」這三個字如同蛇一樣咬了我一口，咬得我內心生疼。我已經開始明白，那一段美好的時光已經永遠的逝去了，這讓我痛苦不堪。同時，我已經開始察覺到，我是一個真正的男子漢了。我父親去世了，在家庭中，我取代了他的地位。比如說，我已經搬進我父親的房間中；比如說，我每星期都要將家用親手交給我不會理財和計畫開銷的母親。

我的父親離開了我六個星期之後，他的存在變成了我的夢境。我夢見父親忽然之間出現在我面前，說自己已經度假結束了，他的身體已經恢復了健康，現在正在回家的路上。我開始忐忑不安，因為我搬到了父親的房間中，我深恐父親會因此討厭我，誰讓我想像得他去世了呢，這足以讓我問心有愧。兩天後，我又做了相同的夢。夢中再度重複了前日的情景，夢中我的父親再度恢復了健康，並準備回家。我再度自責，不該假想父親過世。等到我清醒後，我便不斷地自我追問：「父親一次又一次的出現在我的夢境之中，而他的樣子又栩栩如生，這到底是什麼意思呢？」這種體驗過於清晰，讓我第一次認真思考死後的生活。

父親去世了，我們的生活開始變得拮据。我母親的一些親戚認為，我不該繼續讀書而該去當地銀行做個小職員，賺取點錢來貼補家用；我母親最小的弟弟提議給予我母親幫助，來貼補母親的生活；我父親的弟弟也就是我的叔父同意資助我的生活以及學業——到我讀完大學的時候，我已經欠了我叔父三千法郎。但是這距離我的學費還是有些距離的，所以我還要靠做助教，以及幫姑媽賣古董賺取學費——姑媽將自己收集的一部分古董賣掉，我幫助她尋找買主，並以高於市場價的價錢將這些古董賣掉，並從中抽取很可觀的差價。

人都是在貧窮的時候知道珍惜和儉省。我對這時候的一件小事還記得：有人送我一件禮物，竟然是一盒雪茄。這讓我很欣喜，要知道這時候的雪茄簡直是珍貴的禮物。這一盒雪茄我整整抽了一整年，因為我只有在星期天的時候才抽一根，所以格外節省。

體驗，才是宗教最重要的事

我的大學時光足夠美妙，因為整個大學時代都充滿了各種智力活動。不僅如此，我還在大學時代結識了很多好朋友。在兄弟會的會議裡，我曾經就神學和心理學方面進行過講演，這些講演並沒有為我招致非議，反而讓我收穫了別人的讚揚。我們圍繞著各種問題集思廣益，並非局限在醫學的範圍內，我們對哲學和文學的興趣也很濃厚，有的時候我們會對哲學問題進行討論，比如談論康德和叔本華的觀念，甚至還會對古羅馬政治家和作家西塞羅的文筆和文風展開討論。

在大學期間，我得到一次發散思維的機會，讓我的宗教觀更加完善。我有幸和一位主教進行交談，他是我父親所在地區的主教，也是一名神學家。這個人以胃口好而出名，另外讓他聲名卓著的便是他的博學。和這位主教的一席話，讓我有「與君一席話，勝讀十年書」之感。從他那裡，我更加瞭解教會乃至神父的本質，對教規的歷史也有了比較全面而深刻的認知。甚至他還給我講了一些有關「新教」的事。這個時候，正是里敕爾的神學觀念大行其道的時候，他認為基督教如同那行駛的火車，而聖子耶穌的到來為這輛火車提供了永恆的動力，讓這輛火車轟隆隆地開過一個又一個世紀。這種比喻讓我明白里敕爾認為神學的歷史是循環的，這種論斷讓我莫名的氣憤。包括我兄弟會的那些「同好們」，他們雖然想法新銳，頭腦靈活，但是對於基督給予歷史的影響卻是驚人的一致，這同樣讓我氣憤。我覺得這樣看來不僅愚蠢，而且呆板木訥。「耶穌是上帝的代言人，並來到人間執行上帝的意志」，這樣的觀點在我看來滑天下之大稽。我認為耶穌的本人觀點應該是這樣的：我死了，我的靈魂永生。我的靈魂會變成聖靈，永遠駐守人間。

在我看來，聖靈才是上帝的化身呢。因為聖靈跟上帝一樣深不可測，變化萬千。聖靈具有上帝耶和華的一切行為特徵——崇高莊嚴、神祕莫測、讓人懷疑。對於耶和華，天真的我將其等同於上帝在基督教中的外顯形象。當然，這也是我在結束堅信禮的時候所接受的教導之一。這個時候的我對魔鬼一無所知，否則我也會就為什麼魔鬼與基督教相生相隨的問題進行思索。我主耶穌對於我而言，是一個活生生的人。他是聖靈選中作為代言人的人，他也有喜怒哀樂，甚至也會犯錯誤。當然，我的這種觀點跟傳統的神學觀念是格格不入的，所以註定了我的想法無人能理解，也無人能體會。這讓我很失望，並在失望之下開始自暴自棄，對神學方面的某些知識開始麻木不仁起來。不過這卻從側面證實了我另外的一個看法：那便是想要真正的理解宗教，個人的體驗至關重要。

我的大學一年級所獲頗豐，科學將知識的大門對我緩緩打開，但我只是看見了浩瀚的書海，卻缺乏對書中知識必要的瞭解。要知道，人的頓悟是多麼奇特啊！但是幾乎沒有書籍對人的頓悟進行論證，而哲學書籍卻說：心靈衍生情景，心靈的火花沒有迸射，頓悟的熱火便不會燃燒，那麼知識的火焰便不會被點燃。我遍尋了很多書籍，發現對於心靈或者頓悟，絕少有人提及。人們大多認為心靈是與生俱來的人類本能，若是提起，也是三言兩語泛泛而談。他們的觀點大多將心靈或者頓悟等同於人類的冥思苦想，似乎人類只要一冥思苦想就能大徹大悟似的，這也太容易了，我對此持懷疑態度。對於他們這種似是而非的解釋，我實在是無從理解。

到第二學期的時候，我對頓悟乃至心靈的理解又再上一層樓。這種理解對於我日後的生活和工作產生了重大的影響。起因是我在同學父親的藏書室中找到了一本小冊子，這本小冊子是七〇年代一位神學家所著，書中的內容主要是論述精神性現象。書中所陳述的內容讓我產生了共鳴，那大多是童年的時候我在家鄉所聽到過的內容。經過我本身的親身驗證，我對這本小冊子的懷疑蕩然無存。這些材料是千真萬確的存在過的，但是這些材料是否如物質一般是真實存在的呢？作者對於這個疑問的回答顯然不能讓我滿意。但是我可以確定一點，那便是：在各個時代，這些故事得以流傳肯定有其必然的原因。這個原因絕非大家擁有相似的宗教那麼淺顯，而是同人的心靈行為有重大的關係。但是就這個主題——心靈的客觀性而言，除了哲學家的「三言兩語」外，我實在找不到別的材料進行佐證。

唯靈論者的觀點處處透著詭譎，所以我對此持懷疑態度。可是偏偏對於研究心靈和頓悟來說，這些觀點又是我看見的首批記錄。很多人的名字隨著我研究的深入都給我留下了深刻的印象，我如飢似渴地閱讀有關這方面的所有書籍。自然而然的，我想就這個觀點與我的朋友們進行討論，但是他們的反應實在是太強烈了：有人對我的想法冷嘲熱諷，有人對我的想法嗤之以鼻，有人對我的想法急不可耐的奮起抗辯。他們的態度讓人玩味，他們何以斷定世界上沒有鬼魂呢？如果真的沒有鬼魂，那麼轉動桌子之類的事情又如何解釋呢？既然他們大義凜然地認為世界上不可能有鬼魂，卻為什麼採取了不說有、更不說無的守勢態度呢。這種急急忙忙的表態很有「此地無銀三百兩」的架勢。對於我自己而言，這是一件讓我心情愉快的事情。但是歸根結底，為什麼大家就認為不應該有鬼魂存在呢？為什麼大家這麼篤定事情是完全不可能的呢？對於我而言，這恰恰是有趣而且引人入勝的。這方面的認知為我的思維打開了一番新的天地，似乎從此之後我的世界的廣度和寬度都被拓展了。我的思維又開始進行苦苦的思索。鬼魂在夢境之中有什麼作用呢？這個時候康德的《一個看見鬼魂的人的夢》出版了，我甚至還發現了卡爾·杜普雷爾這個人，他的著作從哲學上和心理學上對這些觀點進行了評價。我還挖掘到了埃斯肯梅耶、巴薩旺、吉斯提奴斯、克爾納和格雷斯的著作，還讀了斯威登堡的七卷著作。

在我所認識的人的人格中，只有我母親的第二人格對我這方面的熱情抱有支持和同情的態度，而其他的人則只能讓我洩氣。在這之前，我所遇到的困擾只不過是傳統觀點構築的厚實之牆，可是現在，我所遇到的困擾簡直是銅牆鐵壁。人們對這種事物不僅存有偏見，而且還肯定這種事物不復存在，即便是我最親密的朋友對我的這種觀念都持不能理解的態度。對於他們而言，這是很糟糕的事情，堪比我專注於神學。當我處於這種情況的時候，我總感覺自己被邊緣化了。難道不是嗎？讓我興致盎然的，恰恰是別人避之不及的。

我在害怕什麼呢？我也找不到任何解釋。但是我仍然認為有這樣的事物存在，這種事物超越了時間、空間和因果關係，儘管這種事物是荒唐而驚世駭俗的。比如地震發生之前，動物能夠憑藉本能感受到災難即將來臨；比如人在過世的時候，真的會出現停止再走的鐘和跌碎了的鏡子，甚至還有人會做有關死亡的夢。而這些，在我童年的時候被認為是理所當然的，也是廣為人知的。但是到了現在，聽過這些事情的人卻只剩下我一個。我開始重新檢視我所面臨的世界。我所面對的是城市，這個城市跟我以往所熟悉的世界截然不同。我所熟悉的那個世界，是鄉村的世界，那裡有連綿不絕的山脈，茂密的樹林，涓涓的溪流。這個世界對於動物和「上帝的思想」的現實世界是一無所知的。鄉村的世界，是人獲取學識的寶庫。但是城市世界在人的精神這方面，顯然是受到了局限的。城市給予人的頓悟是十分有限的，它常常賦予人一種莫名其妙的優越感，所以讓人盛氣凌人——這種解釋更有說服力。不管如何，這種解釋讓我的自尊心得到了舒緩。但是這種想法讓我不舒服，甚至會產生自厭的情緒。我童年時代開始困擾我的自卑和憂鬱重新浮現，而這些負面情緒曾經是我不擇手段想要掙脫的。我不想被被這個世界排除，讓那種讓人不安且難看的聲譽重新被冠在我的頭上。

我害怕成為尼采第二

當我完成了入門課程後，我開始擔任解剖學的初級助教。隨後的學期裡，示範老師讓我負責教授組織學課，這讓我十分高興，因為這正合我意。因為從我本身而言，我對解剖學和進化論有著很濃厚的興趣，做助教還有一個便利：那便是我有機會去熟悉新生機論。

但是讓我著迷地遠非這些，而是廣義的形態學方面的觀點。形態學方面的論述，是與生理學截然相反的觀點。眾所周知：如果你想學好生理學，你就要學習活體解剖。但是我本人對於活體解剖我是相當反感的，因為活體解剖是要用動物做實驗的，而在我看來，動物與我有著很深刻的共同點，這種感覺我始終無法揮去。因此，只要在我能力範圍之內，我便避免去上解剖課。解剖課在我的眼中，是野蠻的代表、不開化的象徵。而且還是沒有必要的附庸。為什麼說它沒必要呢？很簡單，以我而言，我便能根據大家的描述，自行想像出完整的解剖過程來。我對動物的熱愛由來已久，而絕非是從叔本華的哲學中吸收了一點經驗，進而來妝點門面。我認為，我與動物之間是平等的，這種認知來自我的潛意識。當然，那時的我對自己的這種心理還一無所知，我只是知道我很討厭生理學課程而已，所以這個科目的課程我考得並不是很好，不過萬幸，最後總算是及格了。

隨後兩學期我忙得不亦樂乎，因為這個時候我們已經步入了有關臨床方面的學習。業餘時間少得可憐，讓我沒有時間進行學業以外的探索。只有在星期天，我才能偷得浮生半日閒，去研究研究哲學。比如我會看一些康德或者愛德華・馮・哈特曼（Eduard von Hartmann）的著作。甚至有一段時間，尼采的書籍也出現在我的書單上，只不過是我始終認為我還沒有做好閱讀尼采作品的準備。在那個時候，大家都在議論尼采，而且大多是貶斥的聲音。討論尼采作品的人，大多是進行哲學研究的集大成者。從這些「大方之家」對尼采的批評中我可以能感受到，他們對尼采充滿了敵意。在反對尼采的哲學家中，最出名的是雅各・布爾科哈特。他駁斥尼采的文章被很多人傳誦著，而那些「附驥尾」的人，雖然壓根也沒有讀過尼采的著作，但是他們更樂於傳播尼采有關的瑣事。比如說，尼采這個人生性傲慢，擅擺紳士的架子；尼采生性奢侈，他彈的鋼琴架子十分的華貴；尼采文章華而不實等等。這些有關尼采的傳言，讓整個巴塞爾市所有有身份的人對尼采敬而遠之。但是這些顯然都不是阻擋我閱讀尼采著作的原因，恰恰相反，這些都加深了我去閱讀尼采作品的欲望。只是我「近鄉情怯」，我唯恐我會變成尼采那樣，至少在我的「祕密」方面跟尼采產生了共鳴，他的內心肯定經歷了那跟我相仿的體驗和頓悟。不幸的是，尼采不像是我那樣守口如瓶，而是企圖向別人闡述自己的這種感覺，結果發現根本沒有人能理解他。所以，大家將他看成一個怪物，看成一個怪人，盡情嘲笑。無論怎樣，我都不想「淪落」成他這樣。尼采是我的「前車之鑑」，我可不想變成他那樣。儘管尼采擁有一定的社會地位，從表面上看來，他是一個名教授，不僅著作等身，而且名譽環身。但是我依然不想變成尼采那樣。我與尼采擁有一定的共同點：我們都是牧師的兒子，所不同的是，我來自鄉下一個普通的牧師家庭，我出生於瑞士，而且還是瑞士國境。但是尼采來自德國，在我的印象中，德國幅員遼闊，國土延展到了海邊。尼采還是語言天才，他可以講優雅的高地德語，還懂得拉丁文和希臘文，可能還懂法文、義大利文及西班牙文，而我只會說一口流利的且唯一的一種語言——瓦格斯—巴塞爾方言。尼采，擁有很多人都望塵莫及的東西，所以他是一個矛盾的人物——儘管被人詬病，但同時又被人奉為聖人。所以他並不在乎別人對他的非議，可是我卻不能。

儘管我內心顧慮重重，然而還是無法低過好奇心的驅使，我還是決定去閱讀他的著作。《不合時宜的思想》是我所閱讀尼采的第一本書，隨即，我又閱讀了尼采的另外一本書《查拉圖斯特拉如是說》，這本書中充斥著尼采對於這個世界的熱情，這極大地感染了我。尼采的著作，尤其是《查拉圖斯特拉如是說》對於我的影響，堪比歌德的《浮士德》對我的影響。在我看來《查拉圖斯特拉如是說》就是尼采的《浮士德》，在這本書中，體現了尼采的第二人格。我的第二人格呢，就像是尼采的《查拉圖斯特拉如是說》一樣。儘管這個比喻並非多麼的合適，太過自大了：我的第二人格就像是小鼴鼠隨意挖掘出的一個小土堆，而尼采的第二人格，就像是在陽光下閃耀銀輝的布朗山。但是我與尼采的第二人格有相似之處：從《查拉圖斯特拉如是說》中我們發現查拉圖斯特拉的人格是病態的，而我的第二人格恰好也是病態的。當我意識到這點後，我非常的驚恐，我拒絕承認這一點，每次想到這一點的時候我都會冒一頭冷汗。我本能地排斥這個觀點，但是越排斥這個念頭越往我的腦海中鑽。

尼采到了晚年才發現他的第二人格，但是我在童年的時候便發現了我的第二人格。尼采曾經輕率地將自己的第二人格昭示於人，比如說他曾經幼稚的與人談論，將無所謂有、無所謂無的東西命名為阿爾希頓。但是我發現，尼采這樣做為他招致了很多的麻煩。當他還是個年輕人的時候，便來巴塞爾擔任教授，那時的尼采前途遠大、見識廣博，對人對事頗有見地，但是他對人對事有一種病態的誤解——尼采對於這個人們對某些事情一無所知的世界，太過信任、太過倚重，所以他敢於將自己的第二人格釋放出來，並讓它亂跑。如果不是他對於這個世界這些世人太過輕信的話，他不會犯這個幼稚的錯誤，因為他是那樣的聰明，對於這個世界有著很深刻的認知。他被一種迫切的希望所推動著，那便是他要找到能夠分享自己的認識的人，他想找到那些能用新的價值觀評價世界的人。可是尼采失望了，他找不到這樣的人，他所能找到的是那些受到過教育的「偽君子」。最初尼采根本沒有意識到這一點，他沉浸在不可名狀的神祕世界裡，並希望那些因為愚鈍被上帝拋棄的人們讚美這種神祕，可是尼采忘記了對自己進行瞭解。於是落在別人眼中，尼采總是誇誇其談，比喻重複拖沓，歡樂情調華而不實，所以大家對尼采嗤之以鼻，認為尼采不過是將自己的靈魂賣給魔鬼，將不連貫的事實勉強串在一起來譁眾取寵。尼采宣稱自己在刀刃上舞蹈，但是這種絕美的舞姿卻沒有人能欣賞。他並沒有發現：落在世人眼中，他已經成為一個走火入魔的人，每個人對待他都像對待一個病人。所以尼采有「世人皆醉我獨醒」的孤獨，在我所有的熟人和朋友中，只有兩個人聲稱是尼采的追隨者，但是這兩個人都是同性戀者。一個人自殺而死，另外一個人自詡是一個被俗世誤解的天才，但是大家卻認為他是個廢物。更多的人對於尼采的態度是無動於衷，對於他的驚世之作《查拉圖斯特拉如是說》，都呈現一種驚人的冷漠態度。

《浮士德》是一枚鑰匙，為我打開了一道大門；《查拉圖斯特拉如是說》則是一把鎖，為我鎖上了一道門。這道門一直緊閉著，很長時間都沒有開啟。

我開始意識到，除非你跟人們談論他們知道的事情，否則註定無功而返。幼稚的、衝動的人並不明白，對於大多數的人而言，談論他們不懂得的事情是一種赤裸裸的侮辱。除非這些幼稚的人是赫赫有名的作家、記者乃至詩人的時候，大家才會原諒這種冒犯。一種新思想開始在我腦海中逐漸成型，也許這並非是新思想，而是舊思想中我所沒有發掘的一面：只有有事實依據，才能與人建立溝通。事實是實實在在存在的，絕對不會被人輕忽。我認知到，我所缺乏的恰恰是這些事實。在我的手中，任何事實都沒有。以往很多時候，我的意識經常放任經驗做主，這種感覺簡直糟糕透了，就好像我穿過了一個滿是鑽石的山谷，但卻無法說服別人相信我的經歷，甚至連我自己都懷疑起來，因為我手中所拿的樣本就是普通的岩石。我開始遷怒於哲學家們了，他們在傳輸經驗的時候過於喋喋不休，但是在表述事實的時候卻將嘴巴牢牢地閉住，在這方面，他們跟神學家們蒼白的原論簡直一模一樣。

我發現人之心靈的客觀事實

一八九八年，我覺得自己必須學有所長，開始正式考慮成為一名醫生。可是我很矛盾，不知道在外科和內科之間如何抉擇。我個人比較喜歡外科，因為我專門學過解剖，另外我對病理學還非常的有興趣。如果我有足夠的錢來支持的話，我肯定選擇外科，但是我沒錢，為了上學我早就是債臺高築，這種情況讓我很痛苦。我心知肚明，期末考試結束後，我便應該去賺錢養家了。我預想的職位應該是縣級醫院的助理醫師，相較於普通診所而言，縣級醫院助理醫師的升職加薪空間更大。另外，讓我糾結的一點是：診所的職位，常常和負責人的支持和個人交際能力密切相關。而這，恰好是我所欠缺的。我的人際關係並不好，因為這一點所造成的困擾，我已經嘗到了。我經常落落寡歡，只是因為沒有人理會我，因此，我並不指望能在診所謀求的職位，只好寄希望於在地方醫院找一個助理醫生的職位。申請這個職位取決於我是否努力工作，取決於我的努力和我的申請。

但是，人算不如天算。在暑假期間，卻發生了一件對我的選擇有著十分重大影響的事情。那天，我與往常一樣在房間裡溫習功課。隔壁的房間原本是我的臥室，現在房門正開著，母親正坐在裡面織毛衣。她離一張桌子只有一碼遠，這這張圓形的桌子是胡桃木質地的，至少有七十年的歷史了，因為它是我外祖母的嫁妝。房間內就剩下我跟我的母親，女傭在廚房裡面煮湯，而妹妹則去上學了。房間內靜謐安詳，忽地響起一聲類似手槍射擊的聲音。我被這聲音驚嚇到了，一躍而起，衝進發出爆炸聲的房間，想要一探究竟。那就是隔壁我母親所在的房間，因為母親結結巴巴地說：「發、發、發生什麼事情了，在我這裡。」而當我衝進去的時候，只見我母親坐在扶手椅中，毛線團已經從她的手中掉落在她的腳邊，她目瞪口呆地看著什麼，一動不動。順著她的目光看去，我看到了發生的一切：桌子竟然碎裂了，而且是從桌子的邊緣到中心產生了深深的裂縫，這件事讓我如遭雷噬，這是怎麼發生的呢？這張胡桃木的桌子雖然有些歷史，但是質地結實，而且胡桃木本身是非常堅硬的木材。如果說它在冷且乾燥的冬季或是在火爐邊碎裂，我一點也不詫異，但是它是在溫暖而濕潤的夏天碎裂的，這簡直是太不可思議了。我百思不得其解，一句話便脫口而出：「一定存在什麼古怪。」母親附和地點點頭，用她第二人格獨有的語氣說：「是啊，這一定是意味著什麼。」這句話讓我記憶猶新，但是我卻無言以對，正是因為如此，我竟然生起自己的氣來。

古怪的事情一而再、再而三的發生了。距此事發生兩個星期之後，我踏著傍晚的夕陽回到了家中。當我進入家中，立刻發現很不對勁，因為母親、妹妹乃至女僕都處於一種激動的狀態。我連忙問怎麼了，原來一個小時前，我家發生了一件大事：家中有一個質地優良的餐具櫃，歷史頗為悠久，大約從十九世紀初便買回來了。但是它忽然就倒在地上了，而在此之前沒有任何徵兆。母親和妹妹還有女傭一起動手，從上到下察看這個餐具櫃到底出現了什麼問題，結果一無所獲，這個餐具櫃甚至沒有一絲小小的縫隙。我親自動手檢查，依然沒有發現任何讓餐具櫃倒下的罪魁禍首。不過我還是有些發現：在餐具櫃的內壁裡，存放麵包籃的那層碗櫃裡，我找到了一條長麵包，以及一把切麵包的刀子。這把刀子的刀刃甚至都碎成了一片片，而刀把已經滾落在麵包籃的角落裡。奇怪的是，刀刃非常均勻地散佈在四方形麵包籃的三個角。我認識這把刀子，就在不久前喝下午茶時，這把刀子還能用。而自從上次喝完茶，就再也沒有人靠近過這個餐具櫃。

第二天，我帶著已經變成碎片的刀刃去鎮上有名的刀具商那裡，想問問這一切是怎麼發生的。他用放大鏡仔細觀察刀刃的斷裂口，而後搖頭給出一個比較權威的回答。他說：「這把刀子很正常，完全沒問題。碎裂成這樣，只有兩種可能：第一種，便是將刀刃插在抽屜的縫隙裡，然後依次拆掉一片；第二種，便是將刀刃從高處拋下，擲在石頭上。不過他說，這把刀用的鋼非常好，而好鋼是不會出現這種情況的。他說：「一定是有人在開你的玩笑。」因為這件事發生得過於詭異，所以我現在仍然保存著這些刀刃的碎片。

當時餐櫃倒下的時候，我母親和妹妹恰好在這個房間中，突如其來的響聲嚇了她們一大跳。母親的第二人格高深莫測地看著我，而我對此卻給不出一個有說服力的解釋。這件事讓我記憶猶新，但是我卻不知道它是如何發生的，甚至感覺莫名其妙：桌子莫名其妙的開裂、刀子莫名其妙的碎裂，這一切到底是怎麼發生的呢？難道說這是偶然發生的巧合，可是這樣的說法太過敷衍。偶然的發生是怎樣發生的呢？就像是出於機緣巧合，萊茵河的河水竟然倒流了，這簡直是匪夷所思嘛。

過了幾個星期，我聽親戚們說起他們正在熱衷研究桌子轉動的事情，而且已經進行了很長的一段時間。甚至他們還找到了一個降神的人——一個不足十六歲的年輕女孩。我的親戚們一直很熱心的想讓我見見這位降神者，他們紛紛表示這位降神者能輕而易舉地讓人進入到夢遊狀態，並能順利招來死去之人的靈魂。當他們這麼說的時候，我心中一動，自然而然的聯想到前兩件發生在我們家中的詭異事情，我認為，這位降神者肯定和這些事有關係。在這種念頭的驅動下，我開始出席他們的降神會。這種降神會每週六舉行一次，地點都在我親戚家中。最開始發生的事情讓我感到很驚奇，因為我感受到了牆和桌子發出奇怪的聲響。我承認降神者會讓桌子發出響聲，但是我對她是如何和桌子交流起了疑心，因為如果降神者一動不動的話，那麼牆和桌子所發出的聲響便消失了。我覺得，如果對降神者施法的條件加以限制的話，那麼降神者施法所引發的效果便大打折扣。後來，我將我的觀察結果都寫進了我的博士論文中。我參加了將近兩年這種降神會，最初的新鮮感喪失後，我感覺到十分厭煩，甚至覺得這位所謂的降神者，不過是妄圖使用一些小伎倆讓人產生某種幻想而已。但是現在想起我卻有些後悔，因為參加降神會能讓我明白第二人格是如何形成的，並且我可以直觀地看到第二人格是如何控制一個小孩的意識。降神者是那種早熟的孩子，在她二十四歲那年，我見過她最後一次，並親眼見識到了她的獨立人格，她成熟的獨立人格給我留下不可磨滅的印象。不幸的是，她二十六歲便去世了，死因為肺結核病。她過世後，我偶然之間遇到了她的家人，便問詢起她生命最後時光的狀況。她的家人說：在她彌留的最後幾個月中，那些卓爾不群的個性一點一點地消失，到了最後，她簡直就像是一個兩三歲的孩子，便是在這種情況下，她溘然長逝。

無論怎樣，這對於我而言都是至關重要的一種體驗。這件事讓我早期的哲學觀念一掃而空，取而代之的是心理學上的觀點。對於人的心靈，我開始有一些頓悟。但是這些頓悟只可意會，不能言傳。我只能在我心中對我的頓悟不斷潤色，但卻找不到一個傾聽我頓悟的聽眾。因此，我只好將這個問題當做懸而未決的問題處理——束之高閣。直到兩年後，這些問題才重見天日——我有關這方面的專題論文才問世，這篇論文的標題是〈論所謂的神祕現象與人的心理以及病理〉。

而在醫務所那裡，弗列德里希・馮・穆勒取代了老伊瑪曼的位置。在穆勒身上，我發現了很多優點。他才華卓絕，經常理智地把握問題的精髓並提出疑問，每次當他提出問題的時候，這些問題其實已經解決了一半。他似乎頗為賞識我，我認為他是看出我身上有種與眾不同的素質。也許正是因為如此，在我實習將近結束的時候，他對我說：「作為我的助手，你應該跟我去慕尼黑，因為我已經接受了慕尼黑的任職。」

如果沒有發生下面這件事，也許我便會接受他的建議和邀請，變成一位內科醫生。但是發生這件事情後，我的決心徹底改變了方向。

精神醫學才是我唯一的目標

要想講清楚這件事，需要從頭說起。雖然精神病學和臨床醫學一直存在於我的課程表裡，但是我對這兩門課程實在是提不起興趣。第一，講授精神病課程的老師只會照本宣科，絲毫不會讓人「啟發思維，因此我不感興趣。第二，我父親臨過世之前在精神病醫院的種種體驗，給我留下了難以磨滅的回憶，所以我對精神病學有本能的排斥。我對精神病學沒有一點好感，在學校中有關這方面的專題講座和臨床示範給我留下的印象很少，我甚至都回想不起來我在醫院看到有關精神病的病例。每當別人提起有關精神病學方面的內容時，我便會感覺噁心和厭煩。所以在回家準備考試的時候，我有意無意地將精神病學的教科書放在了最後。精神病學的書對我而言，就是雞肋，我並不指望能從中獲得什麼。當我拿起卡拉夫特・艾賓所編著的《精神病學教科書》的時候，我內心還嗤之以鼻，我想：「好啊，現在我要看看，一個精神病學家為了自己到底會胡謅一些什麼吧！」

我開始「不懷好意」地讀序言，我想看看精神病學家們是如何用科學的語言概述自己的科目，他們怎樣證明精神病是存在的。從我所持有的居高臨下態度，讀者們一定會知道：當時的精神病學家在醫療界的地位是不太高的，甚至是被人所歧視的。這種情況的發生在所難免，因為當時沒有一個人願意將精神病學看成一個整體，遑論將人的各種病理變化囊括到精神病學中去。精神病學家和患者們被隔離在精神病醫院之中，與世隔絕。落在常人眼中，精神病醫院就像是以前的痲瘋病醫院，遠離城郊，幾乎沒有人願意往那裡看上一眼。其它科目的醫生對於精神病學知之甚少，自然，他們也不願意深入瞭解這個科目。這造成了他們對於精神病的瞭解並不比門外漢們多多少。而大多數人認為，精神病是永遠不會被治癒的病症，這種根深蒂固的偏見也影響了到人們對精神病專家的看法。以至於精神病醫生在那個時候被認為是怪胎，對於這點，不久之後我便有了親身體驗。

打開序言，映入我眼簾的是：「可能是因為這個科目發展得並不完全的緣故，精神官能症學相關的教科書便被打上了清晰的主觀印記。」我一目十行地瀏覽，很快就發現了這樣的一段話：「精神病患者所患的病症是人格之病。」當我看到這句話的時候，如遭雷擊。我的心開始狂跳起來，我不得不站起身來長長地吁一口氣，紓解一下我的緊張情緒。就在這電光石火的一瞬間，我的腦海中已經得到了清晰的啟示：精神病學才是我未來選擇的唯一目標。從這句話我便意識到，只有學習精神病學，我才能將我興趣的兩條洪流匯聚在一起，並將這兩條洪流匯聚成一道強有力的水柱，為我的將來沖出一道康莊的河床。在我眼中，精神病學為我進行實驗提供了廣闊的天地，而這種廣闊的天地恰恰是我所夢寐以求的。在此之前，我一直尋覓著這樣天地的所在，但是一直求而不得，而在這裡，我終於找到了它，這片天地讓大自然和精神的碰撞產生了現實的火花。

當卡拉夫特・艾賓在自己的精神病學著作中，說到了「人格」以及「主觀」的時候，就像是在我乾燥的思維之柴上投了一把大火。其實我也心知肚明，他所提到的「人格」和「主觀」摻雜了他本人固有的偏見，他不過是對於這些「人格」乃至「主觀」做一下主觀性的總結概述而已。即便是這樣，我在醫院中並沒有聽別的老師講述過這些。可以這樣評價克拉夫特・艾賓的書對我產生的影響：這就像是一道光，指引了我即將前進的方向。除了跟隨這耀眼光芒的指引，我別無選擇。

我終於做出了決定，但這並不意味每個人都要接受我的決定。當我告訴我內科老師這個決定的時候，他如受到了驚嚇。面部表情充斥著驚詫和失望。這些表情告訴我：我再度成為一個不受歡迎的人，似乎老師要打從心眼裡開始疏遠我。這種表情撕裂了我內心已經結痂的傷口，讓這個傷口重新變得鮮血淋漓，痛不堪言。不過即便是我自己，也說不明白我到底是怎麼了。為什麼我會放著康莊大道路不走，而走哪些崎嶇的小路呢？不用說我的朋友了，我自己都想不通。也難怪我的哪些朋友認為我是個傻瓜了，畢竟不是每個人都有勇氣放棄謀取醫學內科這樣前途遠大的職業，而喜歡精神病學的胡說八道的。在我的朋友看來，這簡直是明珠暗投。

老師和朋友的態度都告訴我，我再次孤身一人踏入了一條死巷，無人相伴亦無人理解。可是依然沒有任何事物能左右我的決心，我一意孤行地認定自己的決定是正確而有道理的，並且堅信，我之所以會做出這樣的決定是命中註定的。做出這個決定後，我覺得我的第一人格和第二人格開始齊心協力的發揮作用，他們就像是截然不同的河流，在一處匯聚，產生了巨大的能量。作為一個「雙重性格合二為一的人」，我開始自信滿滿，覺得自己就像乘坐著一帆風順的帆船，擁有魔力的海浪會讓我順風順水。也正是因為這樣，我順利通過了期末考試，而且還取得了第一名的優異成績。我在通往奇蹟之路上一帆風順，甚至在幾個科目考試上，都猜到了他們會問我什麼問題。可是，顯然我已被勝利沖昏了頭腦，開始飄飄然了。所以我在最拿手的科目上跌了大大的一跤：原本的病理解剖學對於我而言，簡直是小菜一碟，可是在進行考試的時候，我卻犯了不應該犯的錯誤。在顯微鏡上的承物玻璃片上，我看到的只是含有上皮細胞的碎屑，但是我卻沒有發現躲在玻璃片一角的黴菌。大風大浪我都平安的度過了，卻在陰溝裡翻了船。也正是因為這一點，最高分與我失之交臂。

考試的最終結果出爐了，我和另外一個平素裡獨來獨往的傢伙所取得的分數一模一樣。我並不瞭解這個人的個性，甚至我有時會覺得這個人的性格十分平庸。平常除了無法避免的「客套話」，我幾乎不跟他做任何方面的深入交流。另外，我發現，不管是什麼事情，他都會報之高深莫測的微微一笑。這種微笑的神情，總會讓我想到古希臘島嶼上的神像——高人一等，沒有絲毫的人間煙火氣。但是和他這種高人一等不相協調的是他的行為，似乎不管是在什麼場合，他都會顯得手忙腳亂。他的行為完全和他的神情脫節了，這是不是一種「愚蠢」呢？我沒有任何證據證明他的愚蠢，但是有一點我可以肯定，他野心勃勃，甚至是個偏執狂。不過對於實務以外的事情，他通常興趣缺缺。幾年之後，這位同學便罹患了精神分裂症。我之所以會提到我的同學，是想用我的同學來做一個例子來論證我某些觀點。就像是在我的第一本書中，對精神分裂症也稱早發性痴呆，曾經闡述過的某些觀點：病人人格及其傾向與這種人格之病是相對應的。我素來認為，精神病學的廣義意義在於，病人的「心靈」在與醫生的心靈在進行對話，當然，這種對話建立在一種前提上，那便是我們先假設醫生的心靈是正常的。而病人的「心靈」肯同醫生的心靈進行對話，本身便是一種讓步和妥協，因為醫生和病人一樣，都擁有相同的主觀意識。我的觀點是，幻想和妄想，人人有份，絕非精神病人所獨有。

期末考試結束後的晚上，我給自己放了一個假，放任自己去肆意享受一下。我給自己買了一張戲票，去戲院看戲一直是這幾年中我可望而不可即的享受。在過去的幾年中，我的經濟情況不能允許我做如此鋪張浪費的行為，但是現在已經是期末了，更何況我幫助姑媽賣古董所賺取的差價到現在還有結餘。所以我不僅有能力去看一場歌劇，甚至我還去慕尼黑和斯圖加特旅遊了一番。

比才（Bizet）的音樂攫住了我的心靈。那動人悅耳的音樂響起時，我便如同在一望無際的大海上的波濤上隨波逐流。當真稱得上是「繞梁三日」，到我第二天乘坐的火車越過邊境時，《卡門》優美的旋律依然久久縈繞在我的耳際。而在慕尼黑，我再度領略了真正的古典藝術。古典藝術與比才的音樂完美的融合在了一起，讓我如痴如醉，欲罷不能。這時候的我所感受到的氣氛是什麼樣的呢？春天百花綻放、萬物復甦，或者是新婚時候的歡天喜地。我無法用語言精準表述出來我的感覺。但是外部環境卻和我領會的氛圍截然相反，因為現在正是七月份，從一九○○年十二月一日十九日，連天陰雨。

人生便是這樣的奇妙，你不知道哪一句再見會變成再也不見。在斯圖加特的時候，我拜訪了我的姑媽弗勞・雷瑪・榮格，她跟我有千絲萬縷的關係。對我而言，她的丈夫是一個精神病學家；對我的父親而言，她是他的姐妹；對我的祖父而言，她是我祖父與佛吉尼亞・德・拉索爾的第一次婚姻所生的女兒。她是個讓人著迷的老太太，她有一雙如同天上星星般燦爛的藍眼睛，她的性格活潑的如同春天汩汩流動的溪流，在我看來，她彷彿生活在一個充滿不可名狀的幻想世界中。在這個世界裡，記憶中的任何事物都是鮮活的——她宛如生活在一個消亡的過往中，這一次的拜訪，是我和我童年的告別。

蘇黎世的新生涯

一九〇〇年十二月十日，對我而言是一個特殊的日子，這天我在蘇黎世的柏格爾茲利精神病院謀得了助理醫生的職位。來到蘇黎世工作讓我很高興，因為在巴塞爾的生活，讓我覺得厭煩和無聊。另外，巴塞爾的人在我眼中也是見識短淺的。他們總是覺得只有巴塞爾是文明之都，而別的城鎮卻是頑劣不開化的，在他們眼中，伯斯河的北岸，簡直是野蠻人的國土。

我離開巴塞爾的舉動讓我的朋友們迷惑不解，他們斷定我很快便會回到巴塞爾。但是他們大錯特錯，對於巴塞爾而言，我是絕對不會回來了。雖然巴塞爾擁有濃郁的知識氣氛，但是傳統的習慣卻讓我無福消受。因為在巴塞爾，不管是什麼時候，當別人提到我的時候，都會說我是保爾・榮格牧師的兒子和卡爾・古斯塔夫・榮格教授的孫子。他們為我貼上知識份子的標籤，似乎這樣的我只能加入某個特定的圈子，可是我不想加入到任何特定的圈子中去。

當我來到蘇黎世後，我立刻感受到了巴塞爾和蘇黎世的區別。巴塞爾是一杯氣味清香的香茶，而蘇黎世是一杯醇香四溢的咖啡。巴塞爾和世界聯繫的橋梁是知識，而蘇黎世和世界聯繫的紐帶是商業。在蘇黎世這裡，氣氛是自由的，思想是自在的，而這種心靈上的自由自在恰恰是我所看重的。在這裡，即便你的出身並不是書香門第，也不會感受到絲毫的壓力。對於這一點，我非常的喜歡。但是，我依然懷念巴塞爾。當我想到巴塞爾，就會想到與巴霍芬和伯克哈特在街上漫步的那些日子，會想到大教堂後面的牧師會會堂，還會想到萊茵河上的那座古橋，我甚至還記得那座古橋是半木石結構的。

我離開巴塞爾對於我母親而言是個不小的打擊。我知道，母親正在遭受「生離別」的痛苦，作為她的兒子，我卻無法幫助緩解這種痛苦。我的母親很堅強，她自己承受了這種痛苦。這個時候我的母親與我的妹妹相依為命，我的妹妹容顏清秀但是多愁善感而且身體孱弱。不管從哪個角度來說，我跟我妹妹都是截然不同的人，似乎妹妹的性格就註定了她會終生不嫁，後來，這也變成了現實。雖然我的妹妹沉默寡言，但是無論是接人待物還是為人處世，我妹妹都擁有讓人尊敬的品格。讓人痛心的是，我妹妹最後死在了手術臺上。那個時候她不得不做一個小手術，而醫生保證說這種手術沒有風險，但恰恰是這種沒有風險的手術，帶走了我妹妹的生命。當我發現，我妹妹將自己的生前事都一一安排妥當，每一個細節她都考慮到了，我意識到這一點的時候，除了痛心還有崇敬。雖然表面上看，我很感性，我妹妹總是很冷靜，可是她同樣也有一顆玲瓏剔透的心。我可以想像得出：就像是我祖父他那唯一妹妹經歷過的那樣，她在養老院中怎樣打發她人生最後一段時光的。

就這樣，我在伯戈爾茲利精神病院的工作開始了，這個時候的生活要求我專心致志，精神高度集中以應對突發情況，頭腦清醒的對病人進行治療、認真負責的看待我的工作，等等。精神病醫院就像遠離世俗的修道院。當你踏入到這裡面的時候，你便不得不屈從那些大概可能有的，卻沒有一次被驗證過的東西。你不得不放棄塵世中你所有的一切，並屈從於那些平庸、平淡、平凡的東西。在這裡，一切超凡絕俗都變成了面目模糊。從此之後，我們有的只是華而不實的表面，卻沒有內在深邃的意義，以及連綿不斷的繼續。我們有的只是不斷縮水的知識，卻與相關的時間劃出了距離。我們有的是：日常事物中瑣碎的沙漠，以及看不到光明的前景，沒有了希望，沒有了未來。

接連六個月的時間，我如同苦行僧般在這如同修道院一樣的精神病醫院中，習慣這裡的生活。為了讓自己更加熟悉精神病患者的思想和心理，我再度將《精神病學概論》的每一卷都認真研讀。

這個時候的我想要搞清楚的只有一件事：人類的心靈在面對毀滅的情境時，會做出什麼樣的反應？在我看來，精神病學是一種這樣的存在：它顛覆了以前的那種論調——支配健康頭腦做出生物反應的意識。

讓我發生興趣的不光是精神病人，還有治療精神病人的醫生們，也就是我的同事。在接下來的幾年中，我暗中編制了我的一些瑞士同事在遺傳方面的統計數字。這些統計數字讓我受益匪淺。我這樣做的目的有二：不僅能讓自己增進知識，還能更理解精神病人的智力發展情況。

我全心全意地進行工作，閒暇時候便專心讀書。幾乎不用我刻意去做什麼，我和同事之間便開始產生了隔閡。他們並不知道：精神病學對我的意義，我急於參透隱藏在精神病學之中有關意識的真相。那個時候的我十分青澀，還沒有任何屬於自己的治療手段。但所謂正常的病理變異，卻讓我深深的著迷。因為在這個時候，我已經獲得了渴望已久的機會，更方便和深入地觀察人的心靈。

這便是我開始我的精神病學生涯的伊始。因為在這個時候，我已經從客觀的生活中總結出了主觀的經驗。我依然活在自己的主觀世界中，既不想用一種純粹客觀的超脫觀點來觀察自身，更沒有這種全然客觀的能力。我很樂意寫一本這樣的書，書中充滿了我對自己的修正痕跡，或者將自己描述成全知全能的人物。但這些都是一般自傳中人們所津津樂道的錯誤。因為，人本身只不過是一個事件，它只能發生，卻無法給自己做出任何判斷；判斷人的，始終是他人。

第四章

精神醫學之旅

在伯戈爾茲利精神病醫院工作的那幾年，我還是一無所知的「菜鳥」。但是這並不妨礙我對自己的工作充滿了研究的熱情和興趣。其中最讓我感興趣的是一個緊要的問題：「精神病人的內心到底是如何想的？」當時對於這個問題，我充滿了好奇，但是卻一無所知。我的同事也不遑多讓，他們壓根對這個問題就不感興趣。他們感興趣的是如何做出診斷，並設法用醫學術語描述病人的病狀。我經常看到，醫生帶著一打厚厚的資料——有關病人事無巨細的病例來見病人，並將病人簡單的分類，然後在診斷書上蓋上象徵蓋棺定論的橡皮圖章。沒有人去關心病人的人格，因為在當時很多醫生的認知中，病人的人格就是病人的個性，對於治療而言，是全然沒有意義的。

在這一點上，佛洛伊德變成了我的領路人。儘管他本人是不折不扣的精神病學專家，但卻將病理學引入到了精神病的治療當中。尤其是在癔病和對夢——人們的潛意識進行解讀的方面，佛洛伊德做了基礎性的研究。對我而言，他的觀點為我在治療個別病人時，調查和瞭解一些病人的潛意識給出了方向和手段。

至今，我依然能清晰地回憶起那個時候讓我十分感興趣的一個病例——一位年輕的婦人患有「憂鬱症」被醫院收容。醫生對她做了例行檢查，無非是詢問病史，以及對病人做一些常規檢查之類。診斷的結果是精神分裂症，利用當時的術語來說，這位婦人得了精神分裂症，也就是變成了痴呆。而結果呢？肯定不是樂觀的了。

最開始的時候，作為初學者的我自然不敢對診斷提出異議。因為提出異議往往意味著魯莽，或者是初生牛犢不知天高地厚。可是這個病例卻讓我覺得很奇怪。我認為：這個病例根本不是精神分裂，而是一種憂鬱症。恰好這位病人被分在了我所屬的部門中，我便決定實驗一下我自己的治療方法。

那個時候，我正忙於診斷性聯想研究。於是我便將我的聯想實驗應用到病人身上。我與她在一起，千方百計地讓她說出自己的夢境。根據她的夢境，我直接從她潛意識中獲取了資訊。這個資訊既不在病例中，也不在病史上，卻無疑是真相。

當這位婦女雲英未嫁之時，她結識了一位富有的工業家之子。因為富有，加之本身的條件，這位工業家之子是附近地區所有女孩的夢中情人。因為這個女人長相相當美麗，便自信能讓這位大眾情人變成自己的裙下之臣。可是這個人表面上對她很冷淡，這讓她心灰意冷，很快便擇人另嫁。

五年之後，有一位老友前來拜訪這個婦人。他們一起回憶往昔，在說到未嫁的那段歲月時，老朋友無意中說起：「還記得您那位某某先生（富有的工業家之子）嗎？在您結婚的時候，他遭受了失戀的痛楚。」就是這一句話，誘發了她的憂鬱症，幾週後導致了無法彌補的後果。這位女士所住的地方是衛生情況並不好的鄉下。這個地方的水源並不衛生，飲用水還好一點，用的是泉水，可是洗澡的水卻是河裡的髒水。那天，她為孩子們洗澡。先幫四歲的女兒洗澡，再來是二歲的兒子洗。

當她給女兒洗澡的時候，發現孩子正在吸吮一塊洗澡用的海綿，但是她卻沒有上前制止，甚至還從浴盆中舀了一杯髒水給自己的兒子喝。當然，她並沒有意識到自己做了什麼。換言之，她的所作所為全是靠著潛意識支配的。這便是憂鬱症在發揮影響了。

在很短的時間內，她的所作所為已經顯示出了後果。喝了髒水的小兒子，幸運地活了下來，但是她的女兒卻在傷寒病中死掉了。這時，她的憂鬱症已經到了相當嚴重的階段，她的家人不得不將她送入醫院。

經由這些聯想實驗中，一切真相大白。這位婦女所患的並不是精神分裂症，而是心理發生性擾動。而後者，也是誘發她憂鬱症的主要原因。其實這位婦女，是一個謀殺犯，是她親手殺害了自己的小女兒，而我掌握了她的祕密。

這個時候我的同行們都做了什麼呢？給這位可憐的婦女注射麻醉劑，讓她昏睡來克服她的失眠症；看守她，以其防止她自殺；給她做一些常規例行檢查，發現她的身體還算健康。除了這些，便沒有做其他的治療手段了。那麼應該在治療手段上採取哪些新的措施呢？我陷入到沉思之中。

我現在處於兩難之中：如果我將我所知道的一切跟她開誠佈公的話，會取得怎樣的效果？如果我將知道的一切三緘其口的話，那麼病人的病情該怎麼治療呢？良心在激勵我，職責在鼓勵我，但是世俗卻在嘗試勸說我。而我一切的問題，都必須自己去承擔。如果我嘗試讓我的同事幫我的忙，那麼同事們肯定會眾口一詞地勸說我放棄這個念頭。他們會說：「天啊，看在上帝的面子上，榮格你千萬不要用這件事去刺激她，這樣只會讓她的病情更加惡化而已。」可是我並不這麼認為，我覺得這樣做的效果可能是「以毒攻毒」。更何況心理學的治療手段根本沒有固定的方式，一個問題可以這樣回答，也可以那樣回答；一個病人可以這樣治療，也可以那樣治療，都取決於醫生是否將病人的潛意識考慮在內。我覺得我有必要冒這樣的風險，哪怕病人的病情會加重或是讓我承受懷疑和指責。

所以我還是決定要嘗試一下用我的方法對這個病人進行診治，橫豎這位病人已經被確定了無可救藥，再糟糕也不過就是一樣的結果。於是我便將我所聯想到的一切對這位病人和盤托出，讀者們可以想見這種做法的難度。認定一個人是殺人犯可非同小可，而且這個人還並不知道自己已經殺了人，她會感到痛苦萬分。但是這種治療方式顯然是具有一定成效的，因為兩週以後這位病人已經痊癒了，從此之後，這位病人再也沒有進過精神病醫院。

當我成功治療了這個病人之後，很多同事詢問我是如何治療的，我不得不守口如瓶。這是因為當我告訴他們一切真相的時候，他們會對這件事議論紛紛，當流言甚囂塵上的時候，可能會對我的病人造成有關訴訟方面的困擾。可能說訴訟是有些誇張了，因為沒有足夠的證據指認我的病人是一位謀殺犯。但是即便是這樣的言論，也足可以給我的病人帶來災難性的後果。因為命運施予她的懲罰已經足夠殘忍！對於一位母親而言，還有什麼比失去自己的孩子更加讓人痛心呢？！她的贖罪行為在她患上了憂鬱症並被監禁在醫院中的時候，便已經開始了。即便她痊癒出院，她身上有關這方面的壓力卻有增無減。從此以後，她會背負著這樣的負擔生活，並在生活中進行贖罪，在我看來，這更有意義。

有一種非常常見的情況出現在精神病的治療過程中——精神病人都存在一個不為人知的病源。這種病源，是在病人內心最深處的苔蘚，也是將病人的意識之船撞得七零八落的暗礁，只有對病人病情的來龍去脈進行調查和研究，這才是治療的開端。甚至可以說：這個源頭，才是醫生破解治療密碼的關鍵。作為一個精神病醫生，他的主要職責便是找到這個病源。在大多數的情況下，意識方面的內容也很重要，但並不是關鍵所在。想要找到這種關鍵所在，不妨嘗試一下聯想試驗的方法。除了這個辦法，從病人的夢境入手，或是以高度的同情心和耐心對待病人，也能取得一定的效果。在治療方面，不要將治療的手段局限在病人的症狀上，而是要從病人的整體出發，研究並明白病人的心理，為了弄明白病人的心理，我們必須提出各種觸及病人人格的問題。

第一次真正的治療體驗

一九〇五年的時候，我榮膺蘇黎世大學精神病學的講師。這一年對於我而言，是個豐收年，因為在這一年，我還成為精神病診所的高級醫師。我對這個職位很看重，在這個職位上足足做了四年有餘。直到一九〇九年，我才不得對這個職位說再見。因為這個時候我的職稱已經晉級成了教授，而診所的事情也越來越忙，我在私人時間內治療的病人越來越多，時間安排也越來越緊張，所以我才停止了這項工作。在課堂上，從最初到一九〇三年，我所講述的心理病理學，往往以佛洛伊德的理論位基礎。同時，我還講述佛洛伊德的精神分析的基礎課程以及蠻族人心理學。作為輔助，我還講述催眠術。

在講述催眠術期間，我通常喜歡在學生面前診治病人，這種示範性教學往往要求我對病人的病史進行詳細問詢。這其中有一個病例留給我深刻的印象：

有一天，一位虔誠的信徒來到我處就診。五十八歲的她，雖非垂垂老矣，卻是拄著拐棍來的。原來她的左腿已經癱瘓了十七年了，在女僕的幫助下才能前來就診。我先是讓她坐在舒服的沙發上，然後要求她講述一下這個夢的來龍去脈。她一開口便滔滔不絕講述起她可怕的病症，事無巨細地為我講述自己病的故事。她繼續不停地說下去，而且還講到了最令人驚異的各種夢，講到了代表著潛意識極為深刻體驗的各種夢。然而，直到幾年之後我才明白了這一點。當時，我認為她是處於一種極度興奮狀態，於是不得不打斷她，並告訴她說：「夫人，現在我們沒有時間詳談了，我現在就對您進行催眠，好嗎？」就在我剛剛說完，還沒有任何動作的時候，她已經酣然入睡了。我敢保證，我根本沒有對她進行催眠。但是她卻出乎我意料地沉沉睡去，從表面上看，我的催眠進展得十分順利，但是事實上我卻知道這次催眠中我根本就是局外人。當時的情況已經不允許我再說什麼了，因為現場還有二十多個學生目不轉睛地看著我的行動呢。

一個半小時後，她依然睡得酣甜。我試圖將她喚起，但是她顯然睡夢正酣，對於我的呼喚，沉睡的她置若罔聞。這樣的情況讓我很震驚，也讓我尷尬得面紅耳赤。因為我覺得，我可能無意之中闖入到了她精神的最深處。難道說，她實際上是一個潛在的精神病患者。我花了大概十分鐘的時間才將她喚醒，這個時候我的精神處於高度緊張的狀態。這個女人醒來的時候，她就像是睡夢中被驚醒的任何人一樣，意識混混沌沌，面部表情還有幾分摸不清楚情況的呆滯。趁這個機會，我對她大聲說道：「我是您的醫生，您現在已經痊癒了。」聽到這裡，這個女人大聲呼喊：「我終於可以擺脫病魔啦。」說完這句話的時候，她果然將拐棍扔掉，行走自如。我不敢相信且心知肚明，這一切跟我都沒關係，但是我還是硬著頭皮對我的學生們說：「看吧，這便是催眠術的奇效。」

是什麼讓我放棄催眠術的呢？這次經歷便是其中的一個原因。我甚至都不明白到底發生了什麼，這個女人便痊癒了，似乎是真的痊癒，因為她的表情是輕鬆而且愉悅的。我請求她能讓我跟蹤治療，因為我懷疑過了二十四小時，她便會舊病復發。可是這之後過去了很久，她的病也沒有復發。儘管內心存疑，但是我還要接受她的確是被治療好了的事實。

第二年夏天的那個學期，在我進行第一次授課的時候，她再度來了。這次她跟我說：「我背疼得厲害，這種情況以前從來沒有過。」似乎自然而然的，我便詢問是不是跟我近期進行的講座有關。她不置可否，我只好不斷地問問題。是不是在報紙上看到了我開設講座的通知？是不是發生了什麼事？但是她回想不起來背疼發作的那一天她到底發生了什麼。最後我得出了結論，在報紙上看到通知的那一天，恰好是她在報紙上看到我開設講座的那一天。雖然這證實了我的猜想，但是我卻仍然不知道她的病源是什麼。我再次對她進行催眠，這種看似催眠很有成效，因為她再次陷入到了昏睡狀態。當然了，當她再次醒來的時候，她的背疼情況已經有所好轉。

為了打聽有關她更多的事情，講完課後我將她挽留下來。經過交談我知道：她原來是有一個兒子的，但不幸的是，這個兒子智力有些問題，很小的時候便被送往精神病院。之所以我以前不知道這件事，是因為她的姓是第二個丈夫的姓，而她兒子的姓，是她第一個丈夫的姓。而這個孩子，是她的獨子。兒子的病對她而言是巨大的打擊，因為她的夢想便是成為一個英雄的母親。當她見到我的時候，我是一位「事業有成」、「前途大好」的年輕醫生，她竟然將我等同於她的兒子，滿足她有一位好兒子的夢想。也正因如此，她將我認成乾兒子，還到處給我做廣告，說我是神醫、輕而易舉地治好了她的病。

我在當地獲得了很大的聲譽，這要歸功於她；我擁有了第一批病源，這同樣歸功於她；我的心理療法開始成型，依然歸功於她。換句話說，我的心理療法竟然是從一位想讓我代替她患精神病的兒子存在的母親開始的。當我認真講述為什麼她會這樣的時候，她聽得很認真。看上去她理解了我的說法，因為她的病再也沒有復發過。

從實質上說，這是我第一次真正的治療，也可以這樣說：這是我第一次對病人的病源進行有效的探索。甚至直到今天，我都依然記得這位老太太說了什麼。她很聰明，自然知道我不是敷衍她，而是認真地在傾聽她，也知道我對她兒子的關心發自肺腑。因為我態度很真誠的緣故，她很感激我，對於一個內心苦悶的人而言，這的確是在幫她忙。

她審判了自己

當我開設私人診所、掛牌行醫的伊始，我也將催眠作為治療的主要手段。但是我很快就放棄了這種做法，因為每次使用這種做法的時候，我的內心總是不安。催眠手段只不過是在黑暗中進行摸索，無從知道病人病情的治療狀況，更不知道這種方法所產生的效果能持續多久。另外，我不喜歡自我指手畫腳地告訴病人，應該這樣做還是那麼做。相比較而言，我更喜歡的是從病人的本心出發，找到他們的病源，並按照這種病源的指示對他們進行引導。為了找出病人的病源，要對病人的夢加以重視，並對潛意識的外在表現進行探索，這是相當有必要的。

在一九〇四－一九〇五年期間，我的精神病理學實驗室開始進行了有條不紊的工作。這個實驗室並非我一人之功，我的學生們也發揮了非常重要的作用。我們在這裡進行試驗，對精神性反應作各種的調查研究。大弗蘭茲．李克林是我的夥伴，協助我完成試驗，路德維羅．賓斯旺哥在寫一篇有關精神電療法效應的博士論文，而當時我在寫〈論從心理學角度對事實的確定〉這一篇論文。在我們的同事中還有幾個美國人，如卡爾．彼特森、查理斯．里克希等，他們的論文都在美國期刊上發表。這些聯想研究，給我們帶來了聲譽和認可。

一九〇九年，我被克拉克大學邀請去進行講學，並在克拉克大學對我的研究成果進行一系列的講座。與此同時，佛洛伊德也被邀請至克拉克大學。雖然跟我無關，但是我仍然要強調一點，我們兩人均被克拉克大學授予了「榮譽法學博士」的頭銜。

我之所以在美國聲名鵲起，源於我使用了聯想實驗和精神流電療法實驗。很快，我的診所門庭若市，很多病人慕名來找我進行治療。在這一批病人中，有一個病例我記得很清楚。患者是美國人，是由我的美國同行介紹來的。他的病例上寫著：酒精中毒性神經衰弱，並被醫生下達了判決書：無法治癒。我的那位同行唯恐我的治療沒有作用，便採取了雙保險的策略，在我這裡求診的時候的同時，還建議患者到柏林某位精神官能症權威那裡進行求治。

經過我的「望聞問切」，我很快斷定這位前來就診的患者患了神經官能症。對於這種病的病因，他諱莫如深。但是經過我的聯想實驗，我發現，他被一種可怕的戀母情結困擾著。從表面上看：他事業有成，妻子溫婉賢淑，他富有並在當地享有聲譽，可這一切都是表面現象。他之所以會酗酒成性，是想利用酒精擺脫一切困擾。他極力想讓自己處於麻痹狀態，並將那些紛擾置之腦後，但是他高估了酒精的作用。

他母親是一家大公司的創始人，而她智力過人、在管理上甚有天賦的兒子在公司幫助母親打理生意。從年齡和能力上看，他應該早就脫離母親的強制管制，但是他卻鼓不起勇氣，更下不了決心拋棄優渥的職位和優厚的薪水。正是因為他顧慮重重，才便被自己的母親牢牢控制住，任由自己的母親將自己的職業生涯捏圓揉扁。當他們對於工作的意見產生分歧的時候，他會屈從自己的母親。他不甘心這樣做，所以用酗酒來麻醉自己。他之所以會如此痛苦，是因為他離不開自己溫暖舒適的家，無法抵抗財富的誘惑，儘管這一切有違他的本意。

經過短時間的治療，效果十分顯著。從表面上看來，這個病人已經改過自新，不再酗酒，甚至連他自己都這樣認為，但是我並不樂觀。我嚴肅地對他說：「如果您重新回到以前的生活環境中去，很有可能會舊病復發。」但是對於我的擔心，他不以為然，還是高高興興地返回到了自己美國的家。

當他重新變成雛鳥回到自己母親羽翼下的時候，他故態復萌，重新變成一個不折不扣的酒鬼。他的情況顯然是糟糕透了，以致他的母親不得不來到瑞典親自詢問我有關的治療辦法。從她的言談看出，這是一位相當精明的女人，且對權力的控制欲很強。當我見到他母親的時候，我知道他一直想要爭取的是什麼了。同時我也意識到，在這樣的母親面前，任何的抗爭都是無濟於事的，甚至就連體格上，他也比自己的母親還要柔弱。對於這樣的他，我不得不採取強迫性的治療方法。我開了一張醫療證明給他的母親，證明上黑紙白字地告訴她：由於酗酒的緣故，她的兒子已經無法勝任任何工作，在證明的最後面，我給出了醫囑——開除他是最好的辦法。我的建議被他的母親接納了，他對此大發雷霆，但是已經於事無補了。

其實在這裡，我做了一件不該做的事——我給他母親看的醫療證明都是虛假的。按照醫學家的規定以及一個醫生的道德而言，開這樣的證明似乎是錯誤的行為。可是，我說服我自己：為了讓病人痊癒，我顧不得這麼多了。

關於他的故事還有後續，他如同一隻羽翼豐滿的雛鳥終於離開了自己的母親。離開了母親的他，很快找到了自己的天空。他不僅戒掉了酗酒的壞毛病，而且在自己的事業上有了長足的發展。他的妻子認為：這是因為我給他對症下藥的緣故，正因為如此，他的妻子將我看成了他的恩人。

雖然結局看起來皆大歡喜，但是我內心仍然有所愧疚，畢竟我當時是背著他偷偷開的證明。儘管我確信只有這樣才能讓他解脫出來，並且事實也證明了這一點——他最終從戀母情結中解脫出來，精神病症狀也消失了，他徹底痊癒了，但是這並沒有消弭我的罪惡感。

在我掛牌行醫的時候，人類精神對對人類本身所犯罪行做出或多或少或輕微或者強烈的反應，這種反應給我留下深刻的印象。就像是我前文所說的那位年輕的婦人，其實最開始的時候，她並不知道是自己殺害了自己的孩子，但是她卻表現得很有罪惡感，這便是典型的例子。

精神病背後的正常人格

還有一個與這位年輕婦人相似的病例，同樣讓我刻骨銘心。有一天，一位夫人來到我的診所求診。當我問及她的姓名時，她拒絕回答，並告訴我：姓名無關緊要，因為她只就診一次。從她的言談和氣度上看，她來自上流社會。並且她告訴我，她也曾經是一位醫生，而今天來，並非為了求診，而是為了「自白」。大約在二十年前，這位夫人陷入愛河不能自拔，但是她愛的人，卻是有婦之夫——她最好朋友的丈夫。她很愛那位男士，想要得到那位男士似乎只有一條途徑，那就是殺了自己的好朋友。毫無疑問，她也那樣做了，甚至沒有絲毫的道德負擔，她覺得，只要自己不被抓住，那麼任何負擔以及壓力都不會存在。

然而結果卻不是她預想得那樣美滿：的確，她與這位男士「有情人終成眷屬」，可是這位男士卻「英年早逝」了。而這只是一系列奇怪事情的開始。他們婚後曾育有一女，但是女兒長大後，想盡辦法要離開她，最後年紀輕輕的就結了婚，遠嫁之後音信全無。

這位太太喜好騎馬，而且騎術頗佳，她有幾匹很喜歡的乘用馬。但是有一天，她發現這些馬開始跟她疏遠起來——在她騎乘的時候惶恐不安，而她最喜愛的那匹馬甚至試圖將她甩落在地。在這種不得已的情況下，她放棄了對馬的熱愛，轉而喜歡起狗來。有一隻狗最得她的喜歡，可是命中註定會發生點什麼，這隻狗忽然癱瘓了。這個時候的她徹底陷入了孤獨的孤島。不幸的她終於意識到：她在道德上是一個破產的人。她是一個殺人犯，但是在殺人的同時，將自己的道德乃至靈魂也謀殺了。殺人者得到的判決，往往來自陪審團，也來自自己。如果殺人犯東窗事發的話，法律就會給予以制裁；如果謀殺者並沒有原形畢露，而且沒有意識到這是犯罪，甚至自己也沒有給自己道德施壓的話，她依然會遭受到懲罰。而這種懲罰就像是病例中所說的那樣，是無孔不入的，甚至動物和植物都開始遠離她。她認知到了這一點，也正是因為如此，她需要找一個人來坦白自己，從而換取心靈的救贖。

由於她殺了人，便受到了孤獨的懲罰，動物們甚至都不親近她，這種難以言喻的孤獨感吞噬著她的心靈。為了擺脫這種孤獨，她需要一個人傾聽自己的祕密，這個人最好是一個心理健康、經歷清白的人，而且客觀公正，我被選中充當這樣的角色。之所以選擇我而非牧師，實在是因為牧師不是一個好的傾聽對象，他們在傾聽別人懺悔的時候，往往帶有濃重的主觀色彩，他們不會就事論事，而是從道德出發判定別人有錯沒錯。對於遭遇丈夫早亡、女兒拋棄，甚至連動物都疏遠的她來說，任何一丁點的譴責都會變成壓死駱駝的最後一根稻草。所以她找到了我——精神病醫生，滿足她傾訴的所有條件，似乎只要與這樣的人坦白，她便能再度回到人類社會中一樣。

我一直不知道這位女患者的真實身份，更找不到任何真實的證據來證明她講述的故事是真的，可是我依然對這個女人心懷掛念：她會有個什麼樣的結局呢？倘若她說的是真的話，那麼自白只能短時間內緩解她的情緒，而不能一勞永逸地改變她心靈的困頓。她會不會在巨大的壓力的逼迫下自殺呢？我簡直無法想像，一個人如何在完全孤獨的情況下繼續生活。

臨床診斷非常重要，如果將醫生治療比喻成航海的話，那麼臨床診斷便是燈塔，指引著醫生治療的方向，但是對於患者而言，臨床診斷的作用不是很大。對於精神病醫生而言，最重要的是發掘病人內心的故事，找到病人患病的根源所在，只有找到這點，才能對症下藥，醫生的治療才會發揮作用，有一個病例便證明了這點。

這個病例是有關一位「病史悠久」的女病人，當我遇見她的時候，她已經七十五歲了。在她七十五歲的生命中，有一半以上的歲月是在病榻上度過的，但是醫院絕大多數的人都已經不記得她是因為什麼住院的了，記得她住院始末的人大多數已經與世長辭，唯獨醫院中的一位老護士長，對她的往昔還殘存了一點細枝末節的印象。這位老太太現在已經不會說話了，她的腸胃也萎縮得厲害，只能吃一點流質食物來維持生命延續的養分。她靠手指進食，將手指放在牛奶杯中，沾上了牛奶後，將牛奶一滴一滴地滴落在自己口中。有的時候，喝一杯牛奶就要耗費她將近兩個小時的時間。而不吃東西的時候，她又開始組一套古怪的動作：雙手上下有規律地律動著。

這些動作究竟代表著什麼呢？我百思不得其解。雖然我對精神病之於人精神的損害之大是有所認識的，但是我卻找不到任何合理的解釋給予這種古怪的動作。因為這位老太太得病已久，所以被醫學院當成了「教學工具」，當成精神分裂的典型病例讓醫學院的學生們進行參觀。可是這對我而言，卻沒有太多的意義，即便我參觀她一千次，依然無法理解她古怪動作所代表的含義。

這個病例給我留下最深刻的印象，而這種印象就是當時的我對精神病學的認識。那個時候的我懵懵懂懂，並不知道精神病學到底意味著什麼。精神病學對我而言，是個神祕的事物，對此我一無所知。我認為精神病學最重要的任務在於弄清楚病人的頭腦中發生了什麼，我對於這樣的情況一無所知。也正因為如此，當我站在精神病學主治醫師或者是我同事面前的時候，我常常會局促不安，而他們個個一副胸有成竹的樣子，可是我始終在黑夜中徘徊，始終找不到光明。

有一天晚上，夜色已經籠罩了大地。當我依例巡查病房的時候，我看到老太太在重複她固有的動作。我百思不得其解，她這套動作代表的是什麼意思呢？隨後我便去護士長那裡詢問這件事，我問護士長：「她一直都是這個模樣嗎？」護士長回答道：「是啊，以前的老護士長在離任的時候曾經告訴過我，她一向是這樣，這一套動作是在做鞋子。」聽完老護士長的話，我趕緊去翻看她那已經泛黃的病例，病例登載的內容印證了老護士長的話。上面說，她有做鞋子動作的習慣。我想了一下，這的確是做鞋的動作。舊日的鄉間，鞋匠將鞋子夾在兩膝之間，而後穿針引線。到現在，鄉間依然能看到這樣的鞋匠出沒。

這位病人不久後撒手人寰，在葬禮上我遇見了她的哥哥。出於一位醫生的職責，我小心翼翼的詢問：「您妹妹是如何患上這種病的呢？」他歎了一口氣說：原來的時候，她與一位鞋匠墜入愛河，本來已經約定了婚期，但是出於各種原因，這位鞋匠表示無法跟她結婚。這件事情發生過後，她的精神便失常了。一切都豁然開朗了，她之所以會保持著做鞋的動作，是因為做鞋的動作等同於認同她的鞋匠愛人。這種認同，她保持了整整一生的時間。這個病例告訴我，精神分裂都有著本身的心理起源，這種起源和精神病之間有千絲萬縷的關聯。

有關精神病學的心理學背景之幕布，是一個病人為我挑開的。讓那種「沒有意義」的妄想心理背景，呈現在我的面前。在這個病例中，我第一次明白了精神分裂者獨有的語言，在此之前，我一向認為那些顛三倒四的語言沒有任何意義。這個病人叫做巴貝特，姓不詳。我曾經在別的文章裡，多次講述過她的病例，甚至在一九〇八年的時候，還曾經在蘇黎世的市政廳做了有關她的專題講座。

巴貝特出生自蘇黎世舊城，迎接她出生的是骯髒不堪、窄仄幽暗的街道，和窮困潦倒的家庭，這些環境都給她打上了卑賤的烙印。她的家庭成員與這些環境也是「相得益彰」，她的父親酗酒如命，醉死在一個小巷裡，她的姐姐是一個妓女，早早死於非命。而她的命運，同樣多舛，她只活到了三十九歲，帶著典型誇大狂特徵的、偏執狂式早發性痴呆的病症進了棺材。當我見到她的時候，她已經住院二十多年。對於醫生而言，只看到了她的精神分裂很典型，這也是她經常被當成直觀教學的教具，作為「模型」展覽給好幾百個醫學院學生的原因。

從表面上看，巴貝特的精神已經徹底崩潰了，所以她才會瘋瘋癲癲、胡說八道。我費了九牛二虎之力，才明白了她那些瘋話中隱藏的意義。當醫生們想弄清楚她狀況的時候，她總是驚聲尖叫：「我就是洛雷特。」看上去是信口胡謅，可是這句話總會跟在醫生們說完：「我們對她一無所知。」這句話之後，另外她也會哭號：「我，就是人世間的另外一個蘇格拉底。」一個瘋婆子和哲學大家之間能有什麼關聯呢？可是我發現她話語的意思表達的真正意思是：「我的待遇如同昔日的蘇格拉底，是不公平也是不公正的。」有的時候她忽然說：「我是舉世無雙的公益學校。」或者說：「我是一塊香甜的蛋糕，上面點綴著葡萄乾和鮮櫻桃。」或者是：「我是一勺甜美的混血奶油，來自日爾曼和赫爾維提亞。」或者是：「感激我吧，是我在為整個世界提供美味的麵條。」由這些話中，我們得見她將自己吹捧到了一定的高度之上，只有這樣，她那因為出身和環境造成的自卑感會短暫的消失。

諸如巴貝特這樣的病例讓我著迷，他們為我打開了另外一道大門。這些病人口中所說的話，並沒有我們想像的那麼瘋癲，其中有很大部分的話其實很正常。我不止一次從這些病人身上看到這一點：他們的內心深處，依然殘留一定的正常的人格。這種正常的人格平素裡無動於衷，但是偶爾的時候，尤其是身體生病的時候，這種人格也會衝破意識對他的束縛，充當身體意識的主力。這種人格透過夢或者囈語的方式的告訴我們它的存在——這種人格給予我們的是非常理智的評論。

有一位老太太曾經是我的患者，她是一位「資深」的精神病患者。她總是告訴我，她身體的每個部分都發出細小的聲音，而身體正中間的聲音最為莊嚴——是上帝的聲音。從她的病情看，她似乎已經無藥可救了，我唯一能做的，便是讓她感受到我給予的溫暖。其實，每個醫生都會遇到這樣的病人：病入膏肓、藥石罔效，對於這樣的病人，醫生能做的只是將她通往天堂的階梯給修理得平整，僅此而已。

「那個聲音是值得信賴的」，我斬釘截鐵的對她說；當這句話脫口而出的時候，連我自己都被嚇了一大跳。是這樣的聲音說出如此睿智的話語，而借助這個聲音，我在對待這個病人的時候如虎添翼。現在那個聲音又伏在我的耳邊說：「讓他看一下您對《聖經》的虔誠。」她果真帶來一本很舊的，顯然是經常翻看的《聖經》，因為這本書都已經被翻看得破破爛爛的了。於是我每次巡查病房的時候，都指著一章《聖經》的內容，讓她進行閱讀，她按照我說的那樣去做了。我經常讓她這麼做，幾乎每隔個一兩星期便要安排這樣的特殊任務給她。最開始的時候，我很不安，我不知道我這樣做是對還是錯，但是隨即，我便認知到了我給她佈置這項任務的意義所在。

這種方法對於保持她活躍的注意力是相當有效的。也正是因為如此，她才不會更深的陷入到精神分裂的泥淖中去了。經過治療，以前遍佈她全身那些嘰嘰喳喳的聲音越來越少。這些聲音的陣地也正在縮小，漸漸退守她身體的左半部，而右半部分什麼都沒有了。但是她身體左半部的聲音也沒有原來那麼強了，聲音沒有變強，不過也沒有變得孱弱。我似乎可以做出這樣一種比較中肯的結論：這位病人已經痊癒了，儘管只痊癒了一半。這是意想不到的成功，因為我根本不敢奢望這樣的成功，畢竟我對記憶練習的效果未抱太大的希望。

在治療病人的過程中，我逐漸認知到，妄想病患者思想和幻覺一脈相承。精神病的實質便是病人另外一種意識的呈現、一種常規生活的顛覆、一種外顯為欲望的希望。倘若我們對這些事物一無所知，那麼肯定錯誤出在我們這裡。我在這個時候才豁然開朗：人格的正常心理，如同糖果一樣包在精神病這張糖衣中。當我們剝開糖衣的時候，看到的是自古以來便存在的人類衝突。病人的表現或是瘋瘋癲癲，或是舉止失常，可是他們的精神之火，仍然在轟轟烈烈地燃燒著。他們的精神如同屹立不倒的巨石，閃爍著人性獨有的光芒，而這些精神閃閃發光的光芒，比這些人的行為更加有意義。但從本質上看，精神病如同鋼琴，它的分類如同黑白琴鍵那樣有限，但是它所代表的內容如同從有限的琴鍵上彈奏出各式各樣的旋律一樣，是沒有窮盡的。

很多精神病學家致力於解釋清楚精神病所包含的內容，僅此一項，他們便要殫精竭力，宵衣旰食，花費了很長一段時間。在這段時間內，幾乎沒有人對病人的幻象產生興趣。他們不想知道為什麼病人會有這樣的幻想？為什麼不同的病人的幻想是不同的？比如說，這個病人幻想自己被耶穌教迫害，那個病人就幻想自己被猶太人迫害，而另外的呢，會認為政府正在無緣無故緝拿他……像是這種情形，這到底意味著什麼呢？可是沒有醫生對於這個問題感興趣，他們只是將這些不一而足的幻想都歸結在「受迫害妄想」這個名詞下，這無疑是不負責任的。在我看來，這種情況太過古怪了。更讓我覺得奇怪的是，我從本世紀初便用心理療法治療精神分裂症，這已經充分證明這個不是新鮮的玩意。但是我的研究成果卻被忽視了，從來沒有人提到過這一點。讓我耿耿於懷的是，過了很久人們才把心理學引入到精神病學中去。

我戰戰兢兢，步履維艱，在診治我的精神病患者的時候，小心翼翼，謹慎非常。如果我對我的精神病人態度大而化之，那麼別人就會指責我對病患漫不經心；如果我的治療取得了一定成效，別人就會質疑這個患者是否是真的精神病患者。

一九〇九年的時候，佛洛伊德來蘇黎世看我。我特意讓他看一下巴貝特的情況，可是佛洛伊德的態度讓我失望。他說：「榮格，我確信，您肯定能從這個病人身上發現一些有意義的內容。但是你為什麼會有耐心面對一個既老又醜的老女人呢？」當他說完這句話的時候，我肯定瞪了他一眼，因為「厭煩」、「不耐」這樣的字眼從來沒有在我的腦海中出現過。恰恰相反，我認為這個老女人身上有很多可愛的地方，她天馬行空的妄想讓人覺得很有趣。而且最重要的一點是，她身上閃耀著人性所特有的光彩，這種光彩已經從她怪誕的行為、滑稽的言行中折射出來。不過遺憾的是，巴貝特患病的時間過長，治療大概對她沒有作用。但是我看到過其他的病例，這些病例中，如果醫生能耐下心來，長時間關懷和體貼病人，那麼是會產生療效的。

正視病人內心體驗的重要性

單純地從表面上看：我們只看到了精神病人悲慘的遭遇，而因為這些悲慘的遭遇，他們將心靈緊緊地鎖了起來。對於他們的心靈我們一無所知，因為從他們的外表，我們透視不到他們的心靈。我還記得一個病例，那是一個緊張症患者。這個患者不過十八歲，出身於一個教育良好的家庭。可是在她十五歲的時候，被自己的親哥哥誘姦，而後被她同學凌辱。這件事過去一年之後，她便生活在自己的世界中。與她有唯一感情聯結的是鄰居家的惡狗，她試圖將這隻惡狗變成自己的夥伴。她絕食，而且一語不發，在她十七歲的時候被送入了精神病院。我第一次看見她時，她正處於一種典型的緊張症狀態之中。

經過了幾個星期的時間，我費盡口舌，才讓她開口說話。她說自己一直居住在月亮之上，當她登上月亮的時候，看到的只有男人。這些男人將她帶走，到月亮下的一個住處安置下來。在那裡，她看到了很多女人和小孩。原來在月亮的高山出沒著吸血鬼，專門掠去並殺害女人和小孩，月亮現在遭受著滅種的威脅。之所以月亮上近半數的女人都躲了起來，也正是因為如此。

這位病人打算捍衛她摯愛的月球，她做了周密的準備，打算一舉消滅吸血鬼。她站立在一座專門為她建造的高塔平臺上，準備伏擊吸血鬼。夜涼如水，吸血鬼由遠及近飛來，這隻怪物擁有黑色的羽翼，閃耀著黝黑的光澤。她拿出了早就藏在了自己衣袖中的長刀，這種長刀通常是用來宰殺祭祀用的祭品。她屏氣凝神地等待吸血鬼的到來，準備給吸血鬼致命一擊。轉眼間，吸血鬼已經來到了她的面前。吸血鬼的面部和身體被巨大的翅膀遮蔽得嚴嚴實實，那一雙雙黑色的羽翼在招展著。這讓她的好奇心燃起，忽然很想知道翅膀下面遮擋的是什麼。在這種強烈的好奇心地驅動下，她朝著吸血鬼走去。突然之間，吸血鬼的翅膀打開了，出現在她面前的是一張俊美的面孔，如同磁石吸引鐵屑一樣吸引著她。她呆在了那裡，手中的刀掉落在地上都沒有察覺到。這個時候，這個男子用緊有力的雙臂將她牢牢夾住，帶著她飛走了。

當她將這些和盤托出的時候，她說話便順暢多了。她說：「世界骯髒不堪，但是月亮卻出塵不染。只有在月亮生活，才能遠離骯髒和醜惡。」這個時候，她身上的反抗性再度顯現，似乎我便是她回歸月球的最大障礙一樣。不久之後，她的緊張症再度復發了，在不得已的情況下，我將她送往療養院。在療養院的日子中，有一段時間她的情況可以用癲狂來形容。

兩個月之後，她痊癒出院。我也能再度跟她溝通，經過我的開解，她似乎開始明白，她註定只能生活在地球上。對於這種既定的命運，她拚命抗爭，病情再度加重，被再次送往療養院。我到療養院探望她，正色對她說：「不要抗爭了，命運之輪已經將你拋在地球這片充滿罪惡的土地上了，您無法再回到月亮上去了。」她一言不發地聽著我說話，神色悽楚。這一次，她待了沒多久便出院了，自此後，認命的她再也不奢望回到月亮之上了。

她在一家療養院找到了工作，擔任一名護士。可是有一次助理醫生態度蠻橫地責備了她幾句，當即點燃了她的怒火。她掏出一把左輪火槍，對他開了槍，幸運的是，這個助理醫生只不過受了點皮外傷。但是從這件事情中我們才知道，她一直隨身攜帶著武器。有人曾經說，她曾經帶著上了子彈的步槍。客戶在這次治療結束的時候，她將這把槍交給了我，我很驚訝，便問她：「您帶著這把手槍要作什麼呢？」她的直言不諱嚇到了我，她說：「如果您欺騙了我，我就給您一槍。」那是我最後一次看到她。

當這次開槍射擊的激動終於平復下來後，她就像是一個正常人那樣返回了自己的家鄉。回到家鄉的她，似乎完全痊癒了。不僅嫁人了，還生了幾個孩子，甚至經歷了兩次世界大戰後，還倖存於世。在她漫長的人生中，舊病再不曾復發過。

透過闡述這些幻象，我們得出什麼樣的結論呢？這個女孩將年輕時的亂倫關係看作奇恥大辱，在這種恥辱感的壓迫下，她遁入了神祕王國來逃避。但是與此同時，這種恥辱在理想王國轉化成為了驕傲和榮譽。這不難理解，因為亂倫向來是王室和神才能擁有的特權。這種矛盾讓她與這個世界割裂開來，她整個人便自然呈現出一種精神病的狀態。也因為如此，世界對她也越來越淡漠。在這樣的情況下，她對遠在千萬里的純潔世界念念不忘，她的意識遨遊到了外太空，並在那裡，邂逅了英俊的魔鬼。就像是在治療期間經常發生的那樣，她將魔鬼的印象投射在了我的身上：我，對於她而言，便是那個魔鬼。當我勸說她回到塵世的時候，我與任何人沒有區別，她覺得我要置她於死地。但是當她將她跟魔鬼的「祕密」講述給我聽的時候，就意味著她背叛了魔鬼，神祕王國的大門徹底對她關上了。在迫不得已的情況下，她將自己的靈魂安置在一個凡人身上，並按照一個凡人那樣結婚生子。

對我而言，這是一個分水嶺：在此之前，我以常規的視角看待精神病人所遭受的痛苦；在此之後，我用一種全新的視角來觀察和領會病人所遭受的苦痛。因為我已經洞悉，很多病人擁有極其豐富的內心體驗，而這點對於治療而言，十分的重要。

對於我自己的心理療法和分析療法，我常持批判的態度。我經常檢視它們，並從中找尋我還無法理解的疑問。這種疑問，我無法解答，似乎病例不同療法也不盡相同。當一個醫生興高采烈地告訴我，他在堅持這種那種的固定療法時，我是很懷疑的。我曾經聽過這樣一件事：醫生在對病人進行治療的時候，病人很排斥，之所以病人反應激動，是因為這種療法幾乎是強制性地將某些觀點硬性灌輸到病人身上。而事實上，療法應該根據病人的情況自然而然的萌發。故而我認為，心理療法和心理分析需要因人而異。我在治療的過程中，根據不同的病人的情況，匹配以不同的解決辦法。我從來不認為有普遍的法則，即便是有，這種普遍性的法則也不是面面俱到的。心理學中的「真理」有這樣的特色：將「真理」顛倒過來，同樣適用。對於我而言形同雞肋的方法，對於別人而言，可能非常恰如其分。

一個醫生必須掌握很多方法，這是天經地義的。但是醫生必須警惕一點，不要落入到特定的方法中去。因為這些方法千變萬化，可能在這種假設中，它們是正確的；但是在另外一種假設中，則是錯誤的。而在我的分析中，特有的方法幾乎沒有。我可以讓自己游離在所有的體系之外：不同的病人，我選擇不同的語言來對待他。對待A的時候，我可能用阿德勒的語言，對待B的時候，我可能用佛洛伊德的語言。只有這樣我才能保持最大程度的客觀。在我看來，想要同人打交道，沒有什麼方法比瞭解他更有效的了。

非常重要的一點是：當我面對病人的時候，採取的都是一對一的方式。而分析本身，是需要至少兩個以上的參加者才能進行的對話。當我們分析者和病人面對面的時候，我們有觀念要傾訴，病人同樣有想法要表達。

受過傷的醫生才會療傷

心理療法絕非單純的一種方法。在治療病患的時候，簡單地對精神病學方面的剖析是遠遠不夠的。早在一九〇九年，我便認知到：如果我對心理療法的象徵含義一知半解的話，那麼我將無法治療隱性精神病者。我本人工作了很久，在試驗中不斷進取，才掌握了這種方法。當我掌握了這種方法的時候，我也開始了我對神學的研究。

很多病人擁有良好的教養和過人的智慧，這對精神病學家提出了更高的要求。作為一個精神病學家，要有更廣闊的知識儲備。因為除了必要的理論假設外，他還要去探求病人發病的根源。否則，醫生就會招致病人的厭煩和排斥。歸根結底：我們的所作所為並不是驗證理論知識，而是讓病人意識到他是一個個人。想讓病人意識到這一點，就必須以集體意識作為參考物。這點，醫生必須要十分的瞭解。也正因如此，單純的醫療性訓練是不夠的，醫生們要不斷拓展自己的事業，開闊自己的心胸，而不是將自己的視野局限在診室這個小小的天地之中。

我們接近身體，是輕而易舉的；但是接近心靈，則任重而道遠。當我們與心靈對話的時候，世界隱藏的另一半才在我們眼前展現。也正因如此，心靈並非是個人的問題，而是一個世界級的問題，也就是說：精神病學家所要打交道的是整個世界。

到了今天，遮擋在我們眼前的迷霧散開了。威脅我們人類社會的從來都不是大自然，而是人類本身。有很多威脅人類社會的災難，取決於人類的理智是否正常。打個比方說，有些人喪心病狂，那麼氫彈可能便會爆發。

心理療法學家要瞭解的不僅僅是病人，還有自己。換而言之，瞭解分析對象是心理療法學的「充要條件」，也是所謂「訓練性分析」的基本內容。病人需要醫生的治療，只有醫生懂得自己，並將自己的問題都解決掉，這樣的醫生才有資格教導病人。在「訓練性分析」中，醫生必須對自己的精神瞭若指掌，駕輕就熟的駕馭。如果他做不到這一點，那麼病人便不會去學習他的方法，也就無從解決自己的精神問題。對於「訓練性分析」而言，再多的概念也只不過浮光掠影，它的精髓遠非透過死板記憶出的哪些教條。精神分析對象必須有這樣的認識：他本身也是這種分析的重要組成部分，如果分析者並沒有意識到這一點的話，他就要為日後的失敗付出慘重的代價。

在「附屬心理治療法」理論中，需要治療者和被治療者都要充分參與到治療之中。醫生註定無法獨善其身，如果醫生不介入的話，那麼這種治療將無功而返。醫生是將自己看成治療過程的一部分，還是將自己變得高高在上，治療的結果都會大不相同。如果生命處於生死存亡的緊要關頭，一切已經刻不容緩，而醫生還在拐彎抹角地進行暗示，那麼這種治療就是杯水車薪、毫無意義。而且在這種時刻，醫生的整個為人更會受到挑戰。

治療者不管是在面對自己還是面對患者時，對於那稍縱即逝的反應都要密切注意。因為，我們不只是要對我們的意識有反應，我們還必須自問：「我們的潛意識是如何成長成這個模樣的呢？」因此，我們要先把自己當成心理分析對象，對我們的夢境加以解讀，對我們自己進行密切的注意。否則，整個治療就有可能出現障礙，而我們卻不知道障礙來自我們自己，我舉個淺顯的例子說明一下。

我曾經有過一位女病人，這位病人智力超群，但不知道因為什麼原因，她讓我覺得不信任。在我們的心理分析伊始，我們進行得很順利，但是馬上，我就覺得問題來了。我們的談話開始空泛而乏味，對她的夢境，我似乎也無法給出正確的答案。因此我決定，好好跟我的病人談一次話，我已經說過這個女病人十分的聰明，她肯定也意識到了我們之間肯定出現了某種差錯。就在我跟她們談話之前，我做了這樣的一個夢：

午後的陽光，讓人感覺暖洋洋的。此時的我，沿著一條山谷中的公路踽踽而行。我的右邊，一座巍峨的高山高聳入雲，上面還矗立著一座雄偉的城堡。在城堡最高的塔樓上，有個女人正在憑欄而望，即使是在夢中，我還是一眼便認出這便是我的病人。為了能好好地看清楚她，我不得不將脖子拚命往後仰。這使我留下了輕微的後遺症——我清醒後，脖子酸疼不堪。

做完這個夢後，我開始茅塞頓開。眾所周知，夢境是對現實中之意識的延續和彌補，如果說我的夢中我是仰望著她，那麼現實中，我便是俯視他。我將這個夢境以及我對這個夢的認知告訴她後，效果很顯著，她的心境和態度都發生了我能看到的變化，於是我們的治療開始順遂起來。

作為醫生，我常常想，我與病人所傳遞給我的資訊之間是存在某種關聯的。倘若他的觀點對我來說沒有任何意義，那麼我也就喪失了撬開他堅硬內心的支點，對病人的病也就無從下手了。俗話說的好：「只有受過傷的醫生才會療傷。」想要良好地治療病人，要求醫生的感情得先受到感染。如果醫生的內心守衛森嚴，那麼病人的意識對於他們而言就什麼也不是。要知道醫生也非全能，也會被這樣那樣的問題困擾，這個時候，病人就會成為醫治自己的良方。也正是因為如此，我對我的病人認真對待，從來不敢敷衍，唯恐遇到類似棘手的情境。

每個心理分析師都應該配備由第三者支配的控制力。這樣的控制力，能讓自己更容易接受一些迴異的觀點。就像是教皇保羅，他站在宗教的最高點，但是也配備了懺悔師。我總是對來進行心理分析的人說：「去找個懺悔師懺悔吧。」我覺得這種角色由女人承擔更為恰當。因為在觀察和直覺方面，女人往往具有驚人的洞察力和天賦。只需要一眼，她便能洞悉男人祕而不宣的心思，男人隱藏的詭計被她們一覽無餘。她們的「視力」看到了男人所看不到的方面，所以幾乎沒有一個女人會認為自己的丈夫是個超人。

在潛意識裡被淹滅的「正常」

如果這個人是精神病人，他應該接受一下心理分析。只有接受了心理分析，才能確定這一點。如果這個人覺得自己是個正常人，那麼我們也無法逼迫他去接受心理分析。那些所謂的「正常」人，恰恰是不正常的。舉個例子來說，我遇到過一個正常的不能再正常的人了。他是一位醫生，是我前同事介紹來的，並帶來我前同事一封評價極高的推薦信。他曾經是我同事的助理，後來接替了我同事的工作。現在的他，擁有正常的的患者，正常的婚姻，正常的家庭，住在一個正常的小鎮中有一棟正常的房子，我想，他飲食也該是正常的。他來找我，並告訴我他想成為一名心理分析師。

我對他說：「您知道您的選擇嗎？如果你真的想走這條路的話，你必須先懂得自己。因為你便是打開對方心理的鑰匙，如果您這把鑰匙不對的話，怎麼能打開對方緊鎖的心門呢？想要鍛造成心理分析的鑰匙，就要要求您是這塊材料，不然的話，你不得不向上帝祈禱，以期萬能的主能眷顧你，因為，這樣的你只會將病人帶入到歧途中去。所以，想要成為心理分析學家之前，你應該接受心理分析。」這個人立刻應允下來：「這很好啊，遺憾的是，我沒有什麼和你講的。」這對我而言，便是一個很危險的訊號。我趕緊說：「那很好，既然這樣我們來談一下你的夢境吧。」這個人接著說：「可是我根本不做夢啊。」我回答說：「沒關係，您很快就會做到美夢似的。」晚上的時候，任何人都可能做夢，可是偏偏他無法回想起他夢境的內容，這樣的情況堅持了將近兩個星期，我開始對這件事感覺到十分的不自在。

最後，一個印象深刻的夢不期而至。我不得不在這裡講述這個夢境，這個夢境的意義在於，在實踐性精神病學史中，夢所占的分量相當重。夢中的他，坐在火車上去旅行。當火車行駛了兩個小時後在一個小站上停駐，不知為何，他想去看一下這個城市。他順著街道漫無目的的亂逛，看到了一棟漂亮的房子。他走進了這棟房子，發現房子裡面的佈置更是精美，房間的四壁懸掛的是價值連城的古畫和精美的壁毯，價值不菲的古董隨處擺放。

這個時候他發現，天色已晚，太陽早早的下山了。這個時候他心想：我得趕緊回到火車站才是。可是他很快的發現，自己迷路了，甚至都找不到出去的大門在哪裡。這個時候他意識到，從他進入到這棟建築後一個人影都不曾出現過。他開始惶惑不安，腳步越來越快。終於來到了一扇大門前，他鬆了一口氣，以為這便是出口。可是當他打開大門後，卻發現自己進入了一個又大又黑的房間。房間之大，讓他吃驚，房間之黑，讓他看不到對面的牆。他的內心混合著吃驚和恐懼，於是便飛跑起來，就在房子中間他發現了一個白色的物體。定睛一看，卻是一個幼小的白孩。這個小孩坐在一個黃色的銅尿壺上，再仔細一看，這個尿壺之所以是黃色的，是因為上面都塗抹著屎尿。就在這個關節，他大喊一聲驚醒過來，醒來後他的內心仍砰砰亂跳，久久不能平息。

一切都昭然若揭，我所面對的恰恰是一位隱性的精神病患者。我得承認：要使他走出這個夢境頗為費力，甚至讓我全身冒著冷汗。我將那些有害的細節忽略不談，盡可能引導他走出這個夢境。

其實這個夢的完整版是這樣的：他歡天喜地的開始了自己的蘇黎世之旅，然而他只在蘇黎世待了很短的一段時間。在這段時間裡，他看到了這個像是他兩歲時模樣的小孩子，這個孩子十分不講衛生，對自己的屎尿有著異乎尋常的喜好。其實這並不難以理解，儘管屎尿非常的骯髒，但是卻有顏色和古怪的氣味，這對於城市中那些被管束得十分厲害的孩子而言，是很有吸引力的。

可是有一點需要強調，做夢的醫生是一個不折不扣的成年人，而不是不諳世事的孩子。當我們將他成年人的身份和夢境結合起來看，那麼就能得出一條結論：這個夢的真正意向是一種惡毒的象徵。當他將這個夢境傾訴給我的時候，我立刻意識到，他平素的正常只不過是對於這種隱性的惡毒的補償。隨後，在幫他又一次「解夢」的過程中，找到一個差強人意的藉口，為這件事畫上了句號。我們彼此都很高興這件事有個終結。我並沒有告訴他我的診斷結果，但是他一定有了某種程度的認知。他大概意識到自己站在山崖邊上，而腳下便是萬劫不復的恐慌深淵。因為他在這段期間，又做了一個全新的夢，在夢中他被一個手執利刃的瘋子瘋狂追趕著，他也明白是我在危急時刻挽救了他，否則這位隱性的精神病人就會變成不折不扣的精神病人。在這之後，他便回到了家中，從此之後安安分分，不敢再刺激自己脆弱的潛意識了。從他顯著的正常性中，我們能看到人格倘若不進行發展和完善，就會在和潛意識的對決中一敗塗地。這種隱性精神病患者，是心理療法家們最不喜歡的對象之一，因為他們的病徵並不明顯，很難確定病情。

鑑於我想解釋這種情形，那麼就不得不談談門外漢們是如何進行心理分析的。其實，我本人是贊成由門外漢，也就是非醫學院畢業的人來實施這種方法的，這樣也許能取得更好的效果。但對於隱性精神病人而言，這樣做風險卻太大了，所以需要職業醫生在旁進行有效地指導，而當外行者在治療的過程中發現一點不對的苗頭，就會跟職業醫生進行溝通。而我贊成非醫學院畢業的人來進行心理分析也是基於兩點：第一，心理療法需要對醫生進行長期的訓練和必要的培訓，更需要大量的知識儲備，而這種知識儲備是不易獲得的。第二，外行人，尤其是從事心理分析治療甚至還用這種方法分析過自己意識的外行人，往往精明能幹，見微知著。

醫生和病人之間的關係，有的時候近似靈學現象。尤其是當病人發生移情的時候，那麼病人和醫生的潛意識便會出現某種重疊的情況。我幾乎是頻繁地遇到這樣的情況，其中一個病例至今回想依然歷歷在目。這位患者患了心理發生性沮喪，在我的幫助下，他擺脫了病魔的困擾，痊癒回家的他，很快便結婚了，可是當我看到他的妻子時，我對他妻子的第一印象並不好。從他妻子的態度中我也能看出來，這位妻子視我為肉中刺，儘管他丈夫對我很感謝，但是這並不能改變她的態度。之所以她對我的態度如此不客氣，可能與我對他丈夫有很大的影響有關。其實這種情形並不罕見，有種女人，雖然並不是全心全意愛著自己的丈夫，但是卻處心積慮地破壞丈夫和別人的友誼，以期達到獨佔丈夫的目的。妻子之所以會嫉妒丈夫和別人的友誼，恰恰是一種缺乏愛情的表現。

這位妻子的態度成為這位病人無法承受之重，這種來自親密之人的壓力，讓他無法排遣。在他結婚一年後，便故態復萌，重新陷入到沮喪和絕望的泥淖中。我之前就預見了會發生這樣的事情，並曾經諄諄地叮囑於他：倘若又有憂鬱之感，立刻與我聯絡。但是他的妻子再度發揮了負面的作用，當她察覺丈夫的精神開始萎靡不振的時候，便用尖酸刻薄的語言取笑他，以致他神智昏聵，忘記了我的叮囑。

就在那天，我不得不去別的市區參加一項講座。忙碌了整整一天，等到回到旅館的時候已經接近午夜了。我跟我的朋友們就我們感興趣的話題聊了一會，我便上床準備睡覺。但是這天，我輾轉反側，難以入眠。接近兩點鐘的時候，我才有些睡意。就在我睡意朦朧的時候，我忽然感到陣陣心悸。我覺得有人偷偷潛入到我的房間，甚至這個人都沒有將房門掩上。我立刻拉亮了燈，但是燈光下一切依然，沒有絲毫的變化。我想，難道有人進錯了門？可是當我看向走廊的時候，那裡空空如也。難道是我看錯了，但是我真的感覺有人來到我的房間裡了啊。於是我仔細回想我到底是怎麼醒來的，我是被一陣突如其來的劇烈疼痛給疼醒的，似乎有一把榔頭重重敲了我的前額後又敲了我的後腦勺一樣。等到第二天，我便明白了發生了什麼。因為我在第二天的時候接到了一份電報，我的這位病人自殺身亡。他朝著自己的腦袋開了一槍，子彈穿過了前額留在了他的後腦勺裡。

這種體驗是將在同一時刻不同時空發生的現象融合在了一起，這種感覺相當奇妙也相當的難得。一般而言，只有在特大事情比如死亡類的事情發生時，才能觀察得到。經由拓展潛意識的空間性，可能會發展成這樣：我在此處，卻能感受到彼處正在發生的事情。而集體潛意識呢，則是古人所說的：萬事萬物皆有「常」心的基礎。在這種情況下，其實我的潛意識已經找到了這位病人的病源。否則我的情緒怎麼會發生這麼大的變化，平素裡安安靜靜，只有那一天我卻坐立難安，神情緊張。

跟著引導力量的治療

我從不強迫病人更改自己的宗教信仰，也不對病人施加壓力，我認為：想要讓病人痊癒，最重要的一點就是讓病人意識到他對事物的看法究竟是怎麼樣的。不管是基督教還是天主教，不管是猶太教還是其他什麼宗教的教徒，我都讓他們順應自己的命運。

到現在，我對一位猶太女子的病例記憶猶新。這個病例是喪失宗教信仰導致精神問題的典型例子，那時候我做了一個奇怪的夢，夢中一位猶太女子向我求診，正在她滔滔不絕地談論自己的病情的時候，我忽然福至心靈：「這個女子一定被戀父情結所困擾著。」這個夢，竟然變成了現實。

第二天，預約門診讓我忙得團團亂轉，一直到下午四點鐘才得以歇息。這個時候，我的門診來了一位年輕女子。聽她的表述我很快知道：這是一位富有銀行商的女兒，容顏美麗，身材窈窕，穿著入時，舉止得宜。從她的言談中，我能感受到她智慧過人，同時擁有良好的教養。她自述病史，原本她有固定的心理醫生，但是她的心理醫生卻對她產生了難以自禁的感情，到最後這位醫生懇求這位女士找別的醫生，否則自己的家庭將被他的熱情燒成一片荒蕪。

這麼多年以來，這位女孩是始終被一種嚴重憂慮性精神病的折磨。我瀏覽了她的病歷，卻一無所獲。從她的病史上看，她是個已經西化了的猶太人，是個完全的開明人。我並不知道她到底遇上了什麼樣的麻煩，一段時間內束手無策。直到有一天，我驚覺這個小女孩就是出現在我夢中的小女孩。可是這個小女孩似乎沒有表現出一丁點戀父情節的傾向，這讓我很迷惑，因此我詢問她有關她祖父的情況，這是我處理這類病情的常用手法。當我提出這個問題的時候，她雙眸緊合，我立刻意識到這也許就是解開他心結的關鍵所在。她開始緩緩敘說，她的祖父是個猶太法學博士，而且還是猶太教虔誠派的成員。我循循善誘：「他既然是虔誠的猶太教教徒，那麼他就是聖徒囉？」她肯定的回答：「是的，據說他是一位聖人，而且還擁有第二視力，可是您知道的，這是根本不可能存在的事情。」

我從她所講述的內容中，開始將她的精神病史串聯在了一起。我不得不跟她解釋：「現在我跟您說的話，您可能無法接受。您的祖父是上帝虔誠的子民，但是您的父親卻背離了猶太教，成為不折不扣的背叛者。在您的認知中，他背棄了上帝。正因為如此，所以你對上帝心存懼怕，認為上帝會施懲罰於你，這才是你得精神病的根源。」當她聽完這句話後，如遭雷擊。

第二天晚上，我又做了一個夢。那個時候我的家中正在舉行一場盛大的宴會，天啊，這個小女孩也是我邀請的客人。這個時候她踱到了我的面前：「外面大雨滂沱，您可有雨傘？」我聽從她的吩咐，立刻為她找到了雨傘，並將雨傘打開了。可是讓人驚詫的事情發生了，我並沒有將傘遞給她，而是虔誠地跪下，將傘雙手奉上。

我將我的夢告訴了這個小女孩，過了一週，她便痊癒了。我的患者似乎痊癒的時間通常的比較短，這也成為我治療的「特色」。這個夢昭示了這個小女孩並非輕浮，在她看似淺薄的表象下，隱藏著一顆近乎聖人的心靈。可惜她對神學一竅不通，所以她意識不到什麼方式才是表達自己的最佳方式。也正因為如此，所以她誤入歧途，將上帝給予她的天賦，都應用到對衣服、性的追求上了。因為她只知道這些，儘管她努力想過一種有意義且充實的生活。我只告訴她，她是上帝的孩子：她的宿命是去完成上帝的旨意。當我喚起她神學和宗教方面的意識時，她便痊癒了，因為她屬於精神至上的人，當我這樣告訴她的時候，她的人生找到了新的方向，必然就會痊癒了。

在這個病例中，我沒有應用任何醫學手段。我察覺到了一種「引導性力量」的存在。這種「引導性力量」告訴我們：其實方法並不重要，重要的在於我們要對上帝保留著一顆敬畏的心。當我將這些向我的病人講述清楚時，她的病便會痊癒。

在我所接觸的精神病患者中，有很多人的病根都在於對人生問題做出了片面甚至錯誤的回答。比如說，他們將比較高的社會地位、能夠攀龍附鳳，漂亮的外表和擁有大量的金錢作為自己追求的目標。可是當這些人真的獲取了自己想要的東西時，卻仍然感受不到幸福感，甚至會患上精神病。這些人的病根在於：他們將自己的精神困頓在一個狹小的天地中，他們的人生缺乏必要的內容和意義。一旦這個人的眼界得到拓展，那麼他的精神病會不治自癒。也正是因為如此，發展眼光、拓展心界，這些觀念對我格外的重要。

在我的病人中，沒有宗教信仰的人是大多數。在我看來，這些失去信仰的人，就如同迷途的羔羊一樣。擁有宗教信仰的人往往還能在教堂中找到心靈的「片刻的安寧」，他們可以透過彌撒、洗禮、基督、上帝等等找到心靈的救贖。想要獲得心靈的救贖，需要一個前提條件，那便是成為一個虔誠的信徒。但是在今天，這個前提條件往往得不到滿足。在精神病人身上，這種情況尤甚。在很多精神病患者的病例中，我們不得不觀察他的潛意識，因為他的潛意識能誘發那些他所欠缺東西的象徵形象。即使到了現在，在夢中見到各種象徵或者有幻覺得人，還不能精準地理解夢中形象的象徵含義，也無力承擔解決這種問題的後果。

我曾經在《集體潛意識的各種原型》中描述過一位神學家的病例，他的症狀是這樣的：他反覆在做著同一個夢，夢中的他站在高高的山坡上，居高臨下地俯瞰，山谷森林的美景盡收眼底。即便是做夢，他也知道，在這片密林的中央有一個波光瀲灩的大湖。他甚至還知道，始終存在一種神祕的事物阻止他繼續前進，有一次他試圖將自己的打算付諸現實，結果在湖邊的時候，陰風陣陣，湖水中泛起暗黑色的漣漪，這種詭譎的氣氛讓他驚叫一聲，驚醒起來。

初始的時候，這個夢顯得很荒誕，可是作為一個神學家，這個被春風吹皺的一池春水本來很好解釋——水塘就是病人受洗的水塘——貝提斯塔水塘。天使想要救贖世人，便從天上下凡到了人間。他輕輕觸碰了水面，整個水塘都變成了聖水，能復活死人。而吹皺池塘水面的清風，就是聖靈本身。這個夢暗示的就是這樣的存在，人們看不見摸不到，但是他卻能隨心所欲過著自己的生活，一旦顯露真身就會被嚇得發抖。但是這個患者對於這樣的聯想很懼怕，他根本不願意想到貝提斯塔。對於他而言，這樣的事情應該刊載在《聖經》裡，或是在做禮拜的時候作為題目進行討論，在這樣的場合提到這樣的問題是相得益彰的，但是這個問題卻不應該出現在這裡，而這也絕對不是能體驗到的現象。

想要讓這位做夢者痊癒，唯一的辦法便是讓他克服驚恐。在治療的結尾，這位患者真的克服了恐懼。我不贊同當時非常流行的假設，當時很風靡的一種假設是，病人具有一般人都會有的逆反心理，所以才會對醫生的療程敷衍了事。但是在我看來，反抗性，特別是很激烈的反抗，都是必須加之注意的。從表面上看，這是普通的反抗，但是從實質上看，這些反抗全部是給予治療方法的嚴重警告。換而言之，固定的手段並非能適用所有的病人，對於有些病人來講是靈丹妙藥，對另一些病人來說可能就是毒藥。如果病人不願意走我預設的治療之路，我絕對不勉強。

人格的核心經過剝繭抽絲終於顯露端倪，可是大多數人看到這個核心的時候，都會匆忙地逃之夭夭。探究人的內心，對於大多數的人而言都是很難接受的，他們無法面對自己內心的真實想法。倘若我們探究的視角變成一種虛無縹緲的，比如超自然或者歷史淵源的話，那麼人們接受起來就容易得多。在這些逃避自己內心真實想法的人中，神學家的困擾更加大。一方面，他們和宗教的關係密不可分；另外一方面，教會的規矩以及宗教，就像是繩子一樣將他們牢牢束縛。當他們遇到和心靈相關的問題，而且還不得不面對這個問題的時候，他們通常的反應便是對自己的心靈顯露出一副毫不在乎的藐視態度來。

病人使我得以深入人生的現實

在現代的心理療法中，往往要求醫生「順著」患者的行為和情感，我不認為這是正確的。其實有的時候，醫生干預是非常有必要的。

曾經有一次，我接待了一位貴婦人患者。這位患者的症狀是「暴力」——她經常掌摑僕人，甚至醫生。當然了，在她眼中，她付費了的醫生跟自己的僕人沒有任何本質的區別。最開始的時候，這位患者有強制性精神病的貴婦人在一家療養院治療，很快她就賞了主治醫生一把響亮的耳光。無奈之下，這位醫生讓她去另外的醫院治療，可是在新的醫院，這樣的事情再次重演。顯然這位夫人並不是真瘋，如果用靈活的手段進行溫和的引導，很容易痊癒，也許正是出於這樣的考慮，她的醫生將他送到了我這裡。

這個女人形容嚴肅，個子很高，應該有六英尺高。我敢打賭，被她的巴掌搧一下的滋味絕對不好受。她來了，最開始的時候我們談得很投機。可是該來的時候還是來了，我說的內容對她而言顯然是冒犯。這個時候她火冒三丈，從椅子上跳了下來，並高舉她的手，威脅我要賞我一巴掌。我不甘示弱，也離開跳下椅子，對她說：「這真是太好了，您是夫人，女士優先，你先打，不過等你打完之後，我要打您，還回來。」我用我的態度和我的行為告訴她，我不光是這樣說，還會真的這樣做。當我這樣說的時候，她如同洩氣的皮球那樣癱坐在了椅子上，她沮喪地說：「以前是沒有人敢於這樣說我的。」從這個時候開始我便知道，我的治療發揮了作用。

這位病人需要的並非是一味的順從，而是一種男子漢的強悍反應。如果你沒有對症下藥，那麼病人的病情絕對得不到控制和緩解，甚至比你不採取治療還要厲害。這個患者之所以患有強制性的精神病，在於她的道德馬車失控了。面對這樣的人，你不得不用外力幫助她控制她的道德馬車，這樣能產生強制性的功效。

很多年前，我曾經對我的病人做了一個統計。在我的病人中，有三分之一的病人被我治癒了，剩下的三分之二中有一半的情況得到了好轉，而剩下的那部分則全然沒有效果。可是這些看上去全然沒有效果的病患，其實是最難判斷是否有效的。可能是我現在給予治療，患者卻在過了很久之後才明白這一切的意義。就像是我以前的一位病人說的那樣：「十年之前我在您處就醫，可是十年之後我才明瞭，當時發生了什麼。」

我曾經有幾個病人，最終離開了我這裡去別的醫生處就診。雖然這種情況很罕見，但是還是實實在在地發生了。可是同樣是這些病人，有的寫信告訴我：儘管他們去別的醫生處就診，但是我的治療還是有了作用。從這點可以看到，我們很難對診治是否成功劃出評判的標準。

顯而易見，在行醫過程中，作為醫生肯定會遇到對其產生重大影響的一些人。這些人不管是好是壞，對於公眾而言，他們都是平凡的。可是這些人對於醫生而言，卻意義非同小可。因為這些人因為各種各樣的原因，承受人類無法承受之重，那些苦難和磨礪，在他們的心靈上綻開了對於醫生而言最美麗的花朵。這些人，有的才華出眾，甚至有讓人為之奉獻的魄力和魅力。遺憾的是，這些的天才們，往往有著古怪的脾氣。讓人們分不清楚他的問題是天才固有的問題，還是這個「庸才」發展不平衡的緣故。可以這樣比方：這樣的人如同一片土地，但是收成卻無法保障。有的時候，註定顆粒無收；有的時候，卻能收穫花朵的芳香和果實的甜美。可是這種罕見的心靈之花，絕對不會出現在人類社會平原上。

出於這個原因，想要心理療法有效的話，就要與病人之間建立密切聯繫。我們醫生，對於病人的痛苦，不管是細微的痛苦，還是深刻的痛苦，都不能視而不見。事實上，醫生與患者，從表面上看心靈相互對立，但是我們卻要不斷地理解對方。這種互相作用會產生巨大的作用，有利於我們療程功效的完整，病人的症狀才會得到緩解。當醫生和患者之間構建了密切的聯結，病人的病情才能得到紓緩。

時代特徵，造成很多人的精神開始分裂。換而言之，這些人便是我們通常所說的精神病人。如果他們並沒有生存在這個時代，也許他們便不會成為精神病患者，但是他們出生在了這個時代，註定就是一個巨大的悲劇。因為在這個時代中，人們透過神話與祖先的世界建立了聯繫，可是這種聯結只是內在的，跟外部的本質沒有一點關係。有一部分人，感受到了神話的失落。還有另外一部分病人，他們更加矛盾。他們既找不到通往外部世界的科學道路，同時也對自欺欺人的現狀十分痛苦，他們不安於欺騙自己的現狀，卻又找不到決絕這件事的方式，所以他們痛苦不堪。

如果說在精神病患者的病因中，時代是始作俑者的話，那麼這些人大多是非強制性的精神病患者。作為一名精神病學的醫生，如果能在這類患者的自我與潛意識之間搭建起橋梁，那麼他們的病症就會明顯得以好轉。如果醫生能夠意識到這一點的話，那麼他就能更深切地理解潛意識是如何形成的。這種瞭解能有效遏制醫生的飄飄然，讓醫生明白：只有從自身找到各種原型，才能有效避免治療病人的時候陷入到消極性的影響之中去。

在跟病魔做抗爭的時候，我們往往高估或者低估它。造成這種情況的原因在於，我們讓理智的觀點佔據了上風，而輕忽了我們本身的經驗。這往往就是心理失常的開始，這種心理失常的首要表現便是讓理智主宰一切。如此一來，便和實際經驗失之交臂，而實際經驗卻能讓醫生和病人最大限度的接近本源。理智的「罪」遠非如此，它還將心理現實代入到一個顯然是人為的兩維性的觀念世界中去。在人們固有的思維中，這樣的世界顯然是穩妥的，因為在這裡生活的真實性被各種條理分明的觀念所取代。經驗、感知等被閒置起來，人們樂意去接近那些一成不變的詞彙，因為這些詞彙讓人免受經驗的侵犯。經驗不能被消亡，因為它並不是人類主觀意識中成長出的花朵，而是綻放在人的行為和客觀事實上。可是即便是這樣，人們還是在不斷地捨本逐末。

根據我的經驗看，最難以對付同樣也是最難讓人有好感的，便是那些所謂的知識界人士。可以這樣說：他們簡直和說謊成癖者沒有什麼太大的區別。他們簡直不知道自己的手都在做什麼，他們的理智和情感是完全脫節的。當理智的烈馬掙開感情的束縛時，那麼理智便一點作用沒有了。我見過很多知識界人士，因為感情的萎縮，他們都被精神病折磨著。

我與病人的接觸，可以看成是我和林林總總心靈的接觸。當心靈同心靈開始碰撞時，那些火花和靈感便源源不斷地呈現在我的面前。透過治療別人，我的知識也在不斷豐富，這些都不是最重要的，最重要的一點事：透過治療別人，我獲取了正視我本心的能力。當然了，作為一個菜鳥，我的錯誤和失敗也很多，但是我在不斷的成長。我的患者大多是女性，這些病人願意配合我的治療，她們很自覺，理解力超強，才智過人，這些患者讓我在治療方法方面，得以另闢蹊徑。

我的病人變成了我的擁護者、宣傳者、跟隨者，他們帶走了我的思想種子，並讓這些種子在世界範圍內開花結果。不管時光荏苒，亦或是生活磨練，都沒有改變我們之間的友誼。

我的病人讓我感覺到「聽君一席話，勝讀十年書」，他們如同一副現實的寫生，讓現實生活的畫卷在我面前徐徐展開。這些人形形色色，他們的心理狀況又不一而足。相比較而言，名人們的隻言片語，與這些人的交談相比，太過單薄。可以這樣說：我一生中最美好最有意義的談話，大多都是和默默無聞的人之間的談話。

第五章

我和佛洛伊德

這個時期的我，可以用心理療法家來稱呼。我開始不斷地在自己選擇的道路上進行探索和發現。這個時候的我充滿激情，一絲不苟地觀察我病患的心理過程。儘管有的心理過程我並不理解，但是這並不妨礙我將這些一一記錄下來。甚至我還對我的記錄內容進行了分類：那些已經被前人充分分析的病例，我便置之不理，認為這些都是「病理學」的相關內容；另外一方面，我對那些我可以理解但是缺少記錄的病例興趣很濃。比如妄想狂症、憂鬱性精神病、心理發生性精神障礙等。為了豐富和充實自己的理論知識，在我自己開始進行精神病治療的時候，我開始研習大量的書籍。其中包括布魯厄、佛洛伊德及皮埃爾・雅內的著作，這些著作拓展了我思維的廣度。而這其中，佛洛伊德解夢的技巧和闡述方式，他將夢看作是精神病人思維表現的又一種形式，這種耳目一新的觀點讓我大開眼界。

其實我接觸佛洛伊德的《夢的解析》要追溯到一九〇〇年，只不過當時讀完這本書的時候，並沒有讓我產生過多的悸動。看過書後，我便擱置一旁了。對於我而言，這種理論過於艱深晦澀，我缺乏與這些理論產生共鳴的必要經歷。等到一九〇三年，我再度看到這本書，這個時候的我已經擁有了一些自己的人生閱歷，這次閱讀讓我收穫良多。我發現：這本書的某些觀點竟然和我的想法不謀而合。這甚至讓我有了想將受壓抑機制的概念應用到夢的方面的想法，更讓我欣喜的是，有關壓抑機制概念的源頭是病人的心理。這種觀點讓我很驚喜，因為在我們進行詞語聯想檢測的時候，經常發現這種情況，比如說針對我們用以激發病人的詞語，病人要嘛根本不回答，要嘛對這個詞語反應非常遲鈍。後來經過多次觀察和實驗，我發現，之所以會產生這樣的情況，在於這個詞觸痛了病人心中的痛。而佛洛伊德《夢的解析》告訴我，這種情況便是壓抑機制。他的理論與我的實驗結果不謀而合，我的實驗也側面證明了佛洛伊德理論的可行性。

這只是一方面，但在另外一個方面，也就是受壓抑的內容上，我與佛洛伊德的看法又產生了分歧。他認為，壓抑的內容是對性的壓抑。可是根據我的臨床試驗證明，在我接觸的很多精神病病患中，性其實只發揮了一個次要的作用。而其他的因素才是主要的，比如與社會脫節，生活中的悲慘造就的巨大心理壓力，對身敗名裂的懼怕，等等。在我與佛洛伊德交流的時候，我曾經把這些問題向他和盤托出，可是佛洛伊德並不認為是這樣的，他堅持己見，執著的認為所有的精神病患者都是性遭到了壓抑。這讓我覺得十分不滿意，似乎遭受了某種程度的欺騙一樣。

想讓佛洛伊德在我的生活中佔據一席之地還真不是容易的事情，甚至在閱讀他作品的伊始，我都無法用比較客觀的態度看待他。從時間的角度而言，當我最初接觸佛洛伊德的時候，我還在規劃我的學術生涯，我並不知道我該行往何處。當時手頭上正在做的事情是想寫一篇論文，作為大學中為我提高職稱的機會。就佛洛伊德的在學術界的地位而言，他顯然是一個不受歡迎的人，那些學術界的「大人物」從來不在光明正大的地方提到他，人們在任何會議現場也不會提到他，人們提到他的場合往往是走廊中、過道裡，絕對不會是一些莊重的場合，由此可見他是多麼地遭受排斥。這個時候如果我與佛洛伊德建立某種聯繫的話，無疑是自討苦吃，可是我的實驗成果和佛洛伊德不謀而合，這對我而言，似乎不是什麼好事。

這些問題都像是橄欖，讓我一次又一次的品味。又一次，我在實驗室的時候再度想到了這個問題時，魔鬼扇動著他黑色的羽翼對我說：「為什麼不將實驗結果發表出去呢，千萬不要提什麼佛洛伊德。」這聽上去很令人心動，這意味著我可能名利雙收。歸根結底，我實驗的日期早於我弄清楚佛洛伊德著作之前。這個關鍵時刻，我聽見了第二人格對我的召喚，他說：「如果你假裝不知道佛洛伊德，而後將自己的實驗成果公佈於眾的話，那麼你便是在撒謊，從此之後你的生活將建立在謊言之上，這是多麼危險的一件事啊，就像是海灘邊的沙堡，註定無法長久的啊。」當我聽見第二人格如是說的時候，內心的一切矛盾便煙消雲散了。從那個時候開始，我便成為佛洛伊德的擁護者和維護者，幾度在公開場合為他辯護。

我公開成為佛洛伊德的擁護者，是在一次慕尼黑的代表大會上，那是我第一次站出來為佛洛伊德辯護。當時的情況是這樣的，一個與會者大搖大擺的提到了強迫觀念性精神病，可是他卻無視佛洛伊德。這讓我很不滿，其實我的不滿由來已久，這次不過是一個導火線罷了。就像是一九〇六年發生的那件事那樣，我為《慕尼黑醫學週報》寫了一篇名為「佛洛伊德有關癔病的理論：答阿查芬堡」。在這篇文章裡，我就事論事地說，佛洛伊德的強迫性精神官能症學觀念對精神病的治療發揮了重大的作用。可是這篇十分客觀的報導卻為我招致了非議。兩名德國籍的教授給我寫了一封「熱情洋溢」的恐嚇信，在信中，他們威脅我，如果繼續站在佛洛伊德那邊的話，代表我的學術生涯很快就告一段落。可是我不為所動，依然站在佛洛伊德那邊。我坦然應戰，回信道：「只要佛洛伊德說的是正確的，那麼我就是他的擁護者。如果你所說的學術要以輕忽真理為前提的話，那麼這種學術絕非我所追求的。」正是因為這些「前因後果」，所以我義無反顧的為佛洛伊德進行辯護，但是我在辯護的時候也存在一定的疑惑，因為在治療過程中我發現，有的精神病的確是因為被強迫壓制所誘發，但是有些精神病卻並非因此而來。即便是這樣，佛洛伊德也已經獨闢蹊徑，這本身便意義重大，那些因為震驚而選擇一邊倒反對的人的態度，在我看來是全然荒誕不羈的。

我和佛洛伊德的第一次見面

《早發性痴呆心理學》的問世，並沒有取得我預想中的反響，我的很多同事甚至對此嗤之以鼻。不過幸運的是，我與佛洛伊德用這本書結緣。他熱情地邀約我去他那裡，這促成了我們一九〇七年在維也納的第一次會面。這次會面相當愉快，我們相見恨晚，以至於光顧著談話都忘記了時間。從下午一點開始的談話，竟然整整持續了十三個小時。中肯的說：佛洛伊德是我一生中所遇見最重要的人之一，在我當時的經歷中，幾乎沒有人能跟他比肩。與佛洛伊德的談話是愉快的，因為他的話語中沒有任何淺薄的東西，他是那樣的聰慧過人，思維敏捷、見識不凡。只有一點，我無法找到合適的形容詞來描繪他給我的第一印象。

當他談到有關性的理論時，我被深深的吸引住了。遺憾的是：儘管他滔滔不絕，可是我固有的懷疑卻沒有煙消雲散。有好幾次，我試圖提出相左的意見。但是這些意見都被佛洛伊德風輕雲淡地忽視了，他很簡單的將我相左的意見歸結於我經驗的欠缺。不過這是事實，這個時期的我，還沒有更多的經驗和閱歷，這些方面的欠缺讓我的反對顯得很單薄。我能明白，對於佛洛伊德而言，這方面的理論很重要。這點讓我印象深刻，但是我卻不能確定，如斯的推崇性，是不是他的主觀偏見。

最重要的一點在於，佛洛伊德對精神的態度有些偏執和不可思議。不管是個人，還是一件藝術品，只要是在智力方面表現除了一定的超自然的現象，他便會將這件事歸結於性欲的作祟。如果他不是正面的說，必然也要設法地告訴我，性欲在其中正在發揮作用。如果這件事真的與性欲八竿子打不著的話，他便胡攪蠻纏的認定是精神性性欲。對於他的說法，我無法表示贊同。因為倘若設定這樣的假設存在，那麼就會推斷出這樣的一個結果：文化最終會走向毀滅，甚至在這種觀點的佐證下，文化不再是一種璀璨的明星，只不過是一場鬧劇——你能指望在性壓抑的情況下做出什麼好東西呢？可是當我將我的懷疑說出來的時候，佛洛伊德卻說：「是啊，原本的事實就是這樣的。這是我們所無法抗拒的，孩子，這便是命運。」對於他的這種觀點，我不以為然，但是我苦惱的是，我似乎無法與他進行辯論。

在一次會面中發生了很多有意義的事情，但是最讓我念念不忘的是一件事物。這件事物在我們友誼畫上句號後，我才想出來的東西一脈相承。彼時的佛洛伊德在情感上不可救藥的陷入到了他對性欲的獨有理論中去了。這點，我可以確定。因為佛洛伊德的表情和態度證明了這一點。當他談起性欲的時候，他的聲調便不自主的開始變得尖銳，甚至達到了焦急的程度。而他的表情也發生了變化，整個面部都籠罩在一種奇特的，甚至是莫名感動的情緒之中，這和他平日裡批判事物的態度和表情完全是迥異的。對此，我有一種很奇妙的感覺：性欲對於佛洛伊德而言必然是與眾不同的神奇事物。一九一〇年，我與佛洛伊德進行了第二次會面，這次的談話再度證明了我的猜想，這個時候距離我們第一次談話，已經過去了三年。

現在回憶起那天的情形，我依然記憶猶新。佛洛伊德以一種近似父親的口吻對我說：「親愛的榮格，請你答應我，千萬不要對性欲的理論棄之不顧。我想讓性欲理論變成一種教條，牢不可破的權威，性欲是很多問題的核心，我們有必要為它打造一座堅不可摧的防禦工事。」他說話的時候情緒很激動。就好像是我父親在對我說：「親愛的榮格，請你答應我，千萬不要忘了週末去教堂做禮拜。」不過我很納悶，「防禦」和「教條」讓我受到了震驚。「教條」兩字尤其刺痛我的心靈，什麼是教條呢？就是那種你無法辯駁必須相信的東西。「教條」本身的存在便是要將那些懷疑的苗頭斬殺。當事物被貼上「教條」標籤的時候，註定了它與科學漸行漸遠，從此之後，決定「教條」的只有個人衝動。我將我的疑問問了出來：「既然您說要打造一座堅不可摧的防禦，可是我們防禦的是什麼呢？」對於我的問題，他給出了答案，他說：「防止那些暗夜泥淖的侵襲。」說到這裡，他意猶未盡，又補充道：「是有關神祕主義的。」

這簡直就是一把匕首，直直的插在了我們友誼之上。這個時候我便明瞭，我斷然不會接受這種態度。佛洛伊德所說的「神祕主義」不過是一件外套，內在包裹的是哲學和宗教，甚至將當時風靡一時的靈學也囊括其中。可是這些問題與我的想法卻大相徑庭，性欲所代表的內容玄妙無比，換而言之，很多論斷只不過是推斷，卻不能等同於真相。結合我本身的經歷而言：一種科學真理在某個時期可能是真實的，但在另外的時間卻並非是真實的，所以任何理論都不能當成神物保留。

儘管我當時並不能很清楚的瞭解問題的真相，可是我卻在佛洛伊德身上看到潛意識中，宗教因素的湧現。很明顯：他想讓我變成他的忠實盟軍，然後共同構築一道保衛這些潛意識中宗教因素的堅固防禦工程。

這次談話的直接後果是讓我思維混亂，直到這個時候，我對佛洛伊德的觀念都不能苟同。我可不認為性欲罪無可赦，可是佛洛伊德卻肯定性欲將人緊緊的捆綁住，並且是個惡魔，隨時隨地讓人陷入到尷尬和危險的境地之中。顯然，性欲對於佛洛伊德而言，其影響遠勝於其他人。也可以這樣說：性欲之於佛洛伊德，就像是宗教對於虔誠的信徒。面對這樣牢不可破的觀念，為了避免尷尬，一般人會選擇三緘其口，所以我好幾次想提起這方面的問題，但是卻說不出口，不久之後，我們的談話便結束了。

我的情緒很複雜，一方面我的困惑加深了，一方面我為自己的行為感到尷尬。我覺得，我已經來到嶄新的王國面前，甚至有機會窺伺這新王國的雄偉和輝煌。新王國中流行的思潮，開始如同洪流一般向我湧來。這時，一件事開始慢慢的浮出水面：一邊不敬神靈、一邊利用神靈的佛洛伊德，已經開始著手創造一種教條。我們可以打個這樣的比方，原本這片領土的領主是一位心胸狹隘的上帝，但是現在這片領地卻被另外的神靈所佔據。跟原本的領主相比，新的領主不遑多讓。他同樣固執、苛刻、盛氣凌人、險惡、道德上自相矛盾。就像是某些精神強悍的人，被「神聖」和「墮落」形容那樣，「性本能」也不過是一個形容神的形容詞而已。對於佛洛伊德而言，用性本能代言隱蔽的神有很多好處。最大的好處在於，他將自己精神的新原則跟科學結合起來，似乎彰顯自己的學說不含任何的宗教色彩。可是實質上，這種神祕性的根源來自兩種相生相剋、對立統一的事物——上帝和性欲。本質是相同的，但是行為表現不同，這簡直是換湯不換藥的行為。當然了，隨著這種改變，觀點也隨之改變了：喪失領地的那位神靈，不得不「下凡」來到下界尋找新的領土了。但是，這個東西即便是改換了姓名，本質上又有什麼區別呢？倘若心理學這個學科不復存在的話，那麼存在的只有的具體的物質。要嘛意識取代物質，要嘛物質消滅意識。可以肯定的是，一個必然會被另一個所毀滅和取代。但是實際上，在心理體驗上，所有的強迫和緊張都可以得以紓解。這個問題看上去沒有答案！我們該如何消除我們身體內的負面情緒呢？諸如憂心忡忡、良心譴責、內疚自責、衝動焦躁、潛意識、意識、本能等。與其我們從那些正義凜然的理想主義入手，倒不如從黑暗面入手，或者直接從生物學入手，也許能治療的可能更大。

這些想法如同大火燎原一般，從我的腦海中噴湧而出。當我回憶起佛洛伊德的性格時，這些想法便適時地發揮作用。他的性格被鍍上了一層這樣的色彩：痛苦。我們在初次見面的時候，這點便給我留下深刻的印象。但是我卻不知道為什麼佛洛伊德會被痛苦籠罩，當我嘗試著將他的痛苦與他對待性欲的態度結合來看，一切都豁然開朗。佛洛伊德很矛盾，儘管他心知性欲本身很神祕，但是他只能用有限的理論和貧乏的術語，將性欲簡單歸結到生物學的範疇。但是佛洛伊德卻無法控制自己的本心，這從他每次談到性欲都眉飛色舞中就可以看出端倪，他興奮的語調將他內心的激蕩顯露無疑。從根本上說，至少在我看來是這樣，佛洛伊德試圖教導人們，性欲囊括了靈性的本質。可是他的術語過於貧乏，他的理論知識很悠閒，所以他的觀念只能在心中翻滾，卻無從表達。也就是說，佛洛伊德的所作所為，其實是和他內心相悖的，畢竟世界上沒有什麼事情能比跟自己為敵更痛苦了。我可以用佛洛伊德自己的話來形容他：「我感到自己被『誹謗的黑潮』裹住了，我想屈從，但是內心卻還在躁動。」

佛洛伊德不斷談論性，但是他從來不會反省自己為什麼會不由自主地談論有關這方面的內容。這種觀點就像是磁石，牢牢地吸引著佛洛伊德。可是對於這種現象，他給予的是簡單粗暴的解釋，這本身便是對問題的逃避。佛洛伊德在逃避自身的神祕性，他拒不承認在自己的身上有神祕性，這只能充分說明：佛洛伊德對於潛意識的內容是盲目的，潛意識如同黑暗中的小路，佛洛伊德不能發現它的歧曲之處和陷阱。佛洛伊德還不知道的是，任何潛意識的產生都有其根源，不管是內部還是外部。當我們在談論潛意識所產生的外部原因的時候，佛洛伊德通常只會談論整體問題的一半，久而久之，這種情況導致了惡果——對佛洛伊德的潛意識出現了某種反作用。

對於佛洛伊德，我無力糾正。我寄希望於他本人的改變，或許他會有新的內心體驗，說不定他便能走上「正途」，不過在這個時候，他還是很頑固。總是將有關這方面的感覺簡單粗暴地歸結於「純性欲」或者「心理學性欲」。他始終沒有掙脫該有的樊籠，也是因為如此，我將他看成一個純粹的悲情人物。因為一方面他很偉大，做出了很多卓絕的貢獻。同時，他卻不能支配自己的命運，是任由惡魔擺佈的傀儡。

佛洛伊德暈倒了

在維也納，我與佛洛伊德進行了第二次交談。此間，我對阿德勒的權力假說有了更深入的瞭解。實話實說，在此之前，這方面的內容還真沒有引起我的注意。其實阿德勒做得並沒有多麼的費解，就像是兒子本能地會模仿父親的言行一樣。厄洛斯和權力驅動說，就像是兩座大山，牢牢的壓在我的心頭。佛洛伊德親口承認，對於尼采的著作他向來是敬而遠之，從未涉獵。但是我卻將佛洛伊德的心理學看成通往尼采，或者說通往理智的歷史之間的橋梁。我認為：佛洛伊德的理論是對尼采權力原則神化的補充，所以這個問題變成了佛洛伊德和尼采之間的對立，而不是佛洛伊德和阿德勒之間的對立。我覺得，這場爭鬥超脫了精神病學的範疇。電光石火間，對於這件事我豁然開朗。可以這樣比喻，厄洛斯和權力驅動力就像是有同一個父親，卻兩個意見相左的兒子。他們同宗同族，血脈相連，卻又偏偏水火不容，但是內在卻存在千絲萬縷剪不斷理還亂的關係。他們就像是粒子同反粒子，電池的正極和負極。厄洛斯是被動的一方，而權力驅動力是主動的一方，也可以這麼說，權力驅動力是被動的一方，而厄洛斯是被動的一方。或者這樣說，厄洛斯對權力驅動力有著本能的要求，反過來亦然。兩者相剋相生，沒有厄洛斯，權力驅動力的存在將沒有任何意義；而如果沒有權力驅動力，厄洛斯也會自然消亡。人對於權力驅動力也是矛盾的，一方面他們在權力驅動力面前卑躬屈膝，另外一方面他們又想駕馭權力驅動力。面對權力驅動力，我的前輩們是如何做的呢？佛洛伊德讓自己的客體變成權力驅動力的臣子。阿德勒告訴人們該如何利用這種驅動力將自己的意志強加於人。尼采的情況呢，他無力掌控自己的命運，不得不杜撰一個「超人」出來。經過研究，我得出了這樣的一條結論，厄洛斯對佛洛伊德的影響十分大。實際上，他想將自己的這種觀念用某種教條確定下來，並形成一定的權威。他希望這種權威不可撼動，如同獅身人面像捍衛著金字塔。在尼采的《查拉圖斯特拉如是說》中，人物「查拉圖斯特拉」是傳遞福音的使者，這是人所周知的事情。但是佛洛伊德更甚於尼采，他甚至想將自己的意念凌駕於宗教之上，並將這個理論等同於不可改變的真理。我唯一可以肯定的一點是，佛洛伊德並沒有大張旗鼓得去做這件事，他倒是懷疑我想成為某方面的先行者。當他提出了這種顛覆性的想法時，卻又自覺地將其放棄。人們對於神祕的東西，往往就會像佛洛伊德做得那樣——與其怠慢，不如尊敬些妥當。因為這些東西一方面是虛無縹緲的，一方面卻又是實實在在的，讓人無從去判斷他們的真假。神祕性的體驗，一方面是崇高的，一方面是卑微的。這種體驗恰恰發生在佛洛伊德的身上，他對性的態度，既神聖又邪惡。其實只要他稍微深入思考一下，便能將這個問題從生物學的範疇中解放出來。而尼采的問題在於，他做了一顆遠離人類生存基礎的浮萍，這就註定他會因為理智走向極端而失控。

事情就是這樣的湊巧，倘若有地方存在神祕的體驗，讓精神的岩漿噴湧而出的話，相對應地讓人安然無恙的保全設施便會被破壞殆盡。如果發生這種情況，那麼這個人就會掉進絕對肯定的深淵。對此，東方強調超脫，擺脫束縛人的種種陰暗面。而我呢，站在天平的兩端，一邊是理智另一邊是非理智，搖擺不定，不過幸好，我不是在正確和錯誤之間左右為難。要知道：神祕的事物往往會將人引向萬劫不復的深淵，可能適度的真理依然是真理的一部分，但是一個不起眼的錯誤往往會導致不能彌補的錯誤。隨著時間的流逝，很多昔日的真理被證實為謬論，而昨日的謬論恰恰是今日奉行的真理。心理學方面的內容尤甚，可是在這方面，我恰恰欠缺了很多。我甚至不理解這些事情意味著什麼，除非我的意識和潛意識將這些事情盡收「眼」底，否則這些事物都不會出現在我的大腦中。

經過這次談話，我開始漸漸明白佛洛伊德想要表述的內容。他擔心他對性的頓悟會被墮落和黑暗吞沒。甚至我從他的話語中推出這樣的一幕，黑暗的惡魔正在跟光明的天使進行這樣的決鬥。用這種方式，便能輕而易舉地解讀佛洛伊德藏著的事情，我不難理解為何佛洛伊德會用教條的方式來對這個問題進行解讀，因為這是為宗教辯護的最佳手段。我在我的著作《力比多的變化與象徵》中論述了緣何英雄會願意為了爭取自由而奮鬥，但是佛洛伊德對我這本書的態度卻很微妙。正是這種態度刺激我在這種題材上的研究之路走越遠。這個時候權力成為最佳的助力，導致我對象徵論進行了深入的研究。與此同時，我開始延續持續了很多年的「神祕論泥淖黑潮」的研究。也就是說：我竭力想弄明白作為我們當代心理學基礎的意識方面的，和潛意識方面的種種歷史性假設。

我想向佛洛伊德請教一下他對於未卜先知等的看法，於是在一九〇九年去維也納去拜訪他的時候，便針對這幾個問題提出疑問。可是他固有的偏見，讓他對除了實利主義以外的事情都嗤之以鼻。他將未卜先知和一般性靈學批駁的體無完膚，甚至說：這些都是淺薄的胡說八道。他慷慨激昂，態度激烈，看到他這種樣子，我只好將湧到嘴邊有些衝動的辯駁給咽了下去。這件事過去了幾年之後，佛洛伊德才勉強承認了靈學的嚴肅性和「神祕現象」的真實性。

當我與佛洛伊德談話的時候，有種異樣的感覺從我的心中升騰而起。此時我的橫膈膜似乎變成了一塊被鍛造的鐵，不僅滾燙，而且熱氣騰騰，幾乎將我的橫膈膜變成了紅光閃閃的拱頂。像是迎合我內心的異變一樣，這時書架內忽然發生響亮的聲音，由於我們就在書架旁邊，毫無預警的響動將我倆嚇得幾乎跳了起來。我們擔心書櫃會倒下，砸在我們身上。我有些得意的說：「看吧，這便是一個所謂催化性客觀現象的典型例子。」

「哈哈，你這是在胡說八道！」

「這可不是胡說八道，」我篤定的回答：「教授先生，您大錯特錯。我的說法即將被證實，現在我就敢預言，過一會還有相同的聲響。」就像是為了驗證我的說法似的，我話音未落，書櫃中又響起了一模一樣的聲音。

直到今天，我都不明白為什麼我那樣的篤定。但是我就是知道，這種聲音會再度響起。當聲音真的響起的時候，佛洛伊德簡直「石化」了，他瞠目結舌地看著我，似乎被這件事嚇到了。我不知道他的內心到底是怎麼想的，也不敢去探尋他的眼神意味著什麼，但是有一點我可以確定：自此以後，佛洛伊德不再那麼信任我了，而我也覺得，自己做了一件反對他的事情。從此之後，我再也沒有與他談論過這個問題。

一九〇九年發生的事情對於我和佛洛伊德來說意義重大。那個時候，我非常榮幸地被邀請到麻省伍斯特市的克拉克大學就聯想測驗開設講座，與此同時，佛洛伊德也接到了該大學的邀請。我們商議了一下，決定一同前往。當我們在布萊梅的時候，弗倫茲也加入到我們之間。在此期間，後來成為人們話題的佛洛伊德昏倒事件發生了。這件事是怎樣發生的呢？讓我細說從頭。當時，我對「死屍」產生了興趣。這些「死屍」是化石，都是史前人類的屍體。因為這些屍體死亡的地點或者埋葬的地點特殊——要嘛是沼澤中淹死，要嘛是被埋葬在沼澤中。這些屍體被富含腐植酸的泥煤水浸泡著，這種酸雖然能腐蝕人類的骨頭，但是對人類的肌膚和毛髮無能為力。從本質上說，這是一種自然化木乃伊的過程。從史前到現在，隨著地殼變動等外部元素，這些屍體有的就會被擠壓碾碎。在丹麥和瑞典，這樣的屍體殘餘，經常被煤炭工人發現。

我們來到布萊梅的時候，我恰好在報紙上讀到了有關這類「屍體」的報導。但這時的我對這類問題還是一知半解，於是就覺得這些「屍體」在我的印象中像是木乃伊一樣。可是我的這種關注讓佛洛伊德感到不快，他用嗔怪的口吻對我說：「為何你對這些念念不忘？」從他說話的語氣我能看出，他很惱火，並在有一次我們用餐的時候忽如其來地昏了過去。過後，他告訴我，他百分之百的確定，當我談論起死屍的時候，我心中的念頭是盼著他早點死。他的這種想法讓我大吃一驚，他有關這方面的想像過於詭譎，也過於強烈，難怪竟然讓他昏倒了。

類似的事情還重演過一次，佛洛伊德在我面前再度昏倒了。那是一九一二年我與佛洛伊德共同參與了一次心理分析大會，這場大會在慕尼黑舉行。談話中，有一個人將話題扯到了阿曼諾菲斯的身上。這個人表示，阿曼諾菲斯有一種濃得化不開的仇父情節，不然他怎麼會毀掉父親樹立的石柱上的象形文字呢。這個人用這件事論證，儘管阿曼諾菲斯創立了神教，但是他卻否定了自己的父親。這讓我很震怒，我站出來試圖說服他。我的意思大抵是安曼諾菲斯不僅有著深刻的宗教信仰，同時他也是一個擁有創造思維的人。這個人所說的阿曼諾菲斯否定父親是說不通的，因為他一直保存著父親給予他的紀念品。他所破壞的並非是他父親存在的痕跡，只不過他討厭「阿曼」這兩個字而已。「阿曼」代表的是神的名字，所以他將這個名字銷毀了。而這個人所提出的論據，即阿曼諾菲斯鑿去他父親石柱上的象形文字，也不過是「阿曼」兩個字。這並非是阿曼諾菲斯的獨創，很多法老都那樣做過——用自己的名字代替紀念碑或者塑像上他們祖先的名字。他們覺得：自己的祖先是神的化身，但是自身同樣是神的化身，那麼他們便有能力去這樣做。更何況，相較於阿曼諾菲斯而言，這些人更接近凡人，畢竟他們沒有開創一種新宗教，也沒有拓展一種新觀念。

就在這個時候，佛洛伊德昏了過去。他毫無預警地從椅子上滑落下來，身子軟綿綿的，我們都嚇壞了。大家圍繞著昏倒了的佛洛伊德，手忙腳亂。我趕緊將他放在我的背上，將他背到隔壁的房間中，並讓他以一個盡可能舒適的姿勢躺臥在沙發上。在我背著他的時候，他的意識開始甦醒，他就那樣的凝視著我，這種眼神讓我永生難忘。他就像是我的父親看我那樣，一直看著我。我認為，造成他昏倒的原因不管是什麼，都和我脫不了干係。當時的場面十分混亂，而這兩次昏倒的共同原因都有著明顯父殺子的幻覺所造成的。

在那個時候，佛洛伊德經常做出某種暗示，表示他將我看成繼任者。似乎只有我，才能將他的理論發揚光大。這點讓我很難堪，因為我知道，我不可能對佛洛伊德的理論知識囫圇吞棗，無條件地堅持和支持他的看法。首先，我對黨派之爭沒有任何的興趣，我不想讓自己身負黨派這種讓人厭煩的大包袱，更何況這件事情完全悖離我的天性，另外，我對於我思想的獨立性是十分看重的。最後我看重的只有真理，而對個人威望問題不屑一顧，所以我並不歡迎這種說法。可是，我的批評分量太輕，讓佛洛伊德可以無視，另外，我對佛洛伊德也是十分尊敬的。

我和佛洛伊德日益明顯的差距

一九〇九年始於布來梅的美國之行持續了七個星期。在此期間，我整日和佛洛伊德對彼此的夢境進行深入地分析。彼時我的夢很多，但是佛洛伊德卻給不出關於我夢境的解釋。其實我覺得這並不丟臉，夢是虛幻的，再好的分析者也碰觸不到夢境的虛無，只要你是普通人，便會有這樣的挫折。我可不想因為這個小小的插曲，影響到我與佛洛伊德之間的關係，更不想因此影響我們之間「解夢」的行動。不僅如此，我還認為：我們之間的關係十分難得。不管是從年紀、閱歷，還是從才華、見識上看，佛洛伊德都是我的長輩，在他面前我永遠以晚輩自居。但是後來發生的某件事，動搖了我的這種想法。

佛洛伊德也做了一個夢，因為這個夢涉及了很多他個人私密的問題，所以我無法公之於眾。我竭盡全力為他「解夢」，並不得不告訴他：「如果您提供給我更多有關你私人生活的內容，也許我可以做出更多更好的解釋。」聽完我這句話後，佛洛伊德迅速看了我一眼，眼中包含了詫異和懷疑，而後他語調緩慢地說：「這怎麼可能，我絕對不可能拿自己的權威性來開玩笑。」當我聽到這句話的時候，我知道我們之間的關係遲早都得玩完，因為此時在佛洛伊德心中，權威性的地位遠高於真理。

正如我已經說過的，佛洛伊德可能會將我的夢「解開」，但是同樣存在這樣的可能：佛洛伊德根本就不明白我的夢想要表達什麼。在我的夢境中，大量的集體性內容充斥其中。在我諸多的夢中，有一個格外的重要，也是這個夢，在我與「集體潛意識」之間建立了某種聯繫，這種觀念，我都寫入了我的《力比多的變化與象徵》。可以這樣說，我的夢境是我作品的前奏。

這個夢是這樣的：我的家改換了模樣，竟然變成我全然陌生的兩層樓屋子。不知不覺間，我已經步入二樓，這裡的裝飾告訴我，這是一個客廳，裝潢得很精緻，大多是洛可哥風格的老式傢俱，牆上懸掛著一些非常珍貴的名畫。我感到很疑惑，這怎麼會是我的家呢？於是我便說：「這真不錯。」隨即便想起來，我還沒有去一樓看過，我沿著樓梯來到了一樓。一樓的東西散發著濃郁的古老氣息，類似中世紀風格的裝飾，紅磚鋪設的地板，都讓我感到非常好奇。我已經充分認知到，這房子的歷史肯定可以追溯到十五—十六世紀。房間內光線晦暗，我心裡想著：「看來我有必要一探究竟，每個房間我都要一探究竟。」立在我面前的是一扇厚重的大門，我稍微用了用力，它便向我敞開了。門的那邊，是一層又一層的石砌臺階，我拾階而下，竟然來到了地下室。與其說這是地下室，倒不如說這是一個非常美麗的房間。它有著圓形的拱頂，讓房間顯得古香古色。四壁鑲嵌著一塊又一塊整齊的磚塊，甚至石灰漿中也看到了磚塊的碎屑。這種獨特的建築方式，讓我想到了羅馬時代的建築。我的興趣被挑起來了，經過我的觀察，地板是一塊巨大的石片，在這個石片之上，我看到有一個小小的石環，拉動這個石環，這片石片就被掀起了，我再次看到了一道窄窄的石階，通往地下更深處。我接著順著這個石階往下走，直接走進一個岩石鑿成的低矮洞穴。石洞十分的簡陋，而且人跡罕至，因為地面上已經積攢了厚厚的灰土，灰土中散落著一些骨頭碎片和陶瓷碎片，這些都告訴我，此處乃是原始社會的的遺跡。我在這些遺跡中翻翻揀揀，找到了兩個人的頭蓋骨，這兩個頭蓋骨似乎有些年頭，好像我一碰觸，它們便會化成齏粉。當我夢到這個的時候，便清醒了。

對於我的夢境，佛洛伊德最感興趣的是那兩個頭蓋骨。他在我的意識中翻翻揀揀，試圖誘使我說出這兩個頭蓋骨的意識根源。他要我回答兩個問題：「你是如何想到這兩個頭蓋骨的呢？」「這該是誰的頭蓋骨呢？」他的問題暴露了他的真實意圖，那便是這個夢中隱含著死亡的願望。面對這樣的問題，我還是迷惑，他到底想弄清楚什麼呢？我怎麼會對誰懷有死亡的祝願呢？我對這樣的闡述並不滿意。但是我不能讓我的不滿意顯露出來，這個夢預示著什麼，我內心有一點徵兆，但是我並不確定，我覺得我有必要聽取佛洛伊德的看法。於是我按照他的思路胡謅了一句：「我的妻子和妻妹？」不管怎樣，我得胡謅一個我祝願他死亡的名字啊。

那時我正值新婚燕爾，我心中有數，我根本沒有產生過有關這方面的任何意識。可是我要是將我對這個夢的看法，全部告訴佛洛伊德的話，那麼勢必會引起佛洛伊德情緒的極大反彈。想要讓這個事情以溫和的帷幕落幕，簡直是不可能的。我覺得，我根本沒有必要跟他進行爭吵。另外，我擔心我們之間爆發的分歧和爭吵會讓我們之間的友誼產生裂痕。除了擔心失去他的友誼外，我對另外一個問題很好奇：如果我按照佛洛伊德的想法，去胡謅一個東西來欺騙他的話，他會做出什麼樣的反應呢？所以我乾脆跟他撒了一次謊。

我的行為只是在隨機應變，對此我心知肚明，所以我認為我無須自責。我算明白了，想要讓佛洛伊德明白我的內心世界是天方夜譚，我們之間的差異天差地別，所以我只能「見風使舵」的談話，而佛洛伊德聽完我說的話後似乎鬆了一口氣。從這件事上我開始看清，對於「解夢」的事情，佛洛伊德本人是無能為力的。他能做的是便是引經據典、文過飾非，我明白，這個時候該我自己去探索夢的含義了。

對我而言，這些問題顯而易見。屋子是一種精神形象的象徵，換而言之，屋子代表的是我的意識以及我意識的附加物，而大廳代表的是與潛意識水火不相容的意識。不用看大廳和屋子的建築風格古風頗重，但是它卻擁有人居住的痕跡。

地板象徵的是潛意識的伊始，當我開始深入發掘的時候，陌生感開始湧起。那裡的景象對我而言，不僅生疏而且黑暗。在這陌生而陰冷的洞穴裡，我看到了原始社會的遺跡，也可以理解成原始社會的文化殘骸。奇妙的是，這種文化殘骸與我心底中的某些事物產生了某種共鳴。這個世界是高高在上的，高居在我們意識無法企及的高度。從某種角度出發，人類的原始性精神與動物的靈魂有一定的相似之處，就好比是：原始人類佔據的那些得以遮風避雨的山洞，原本是為野獸們所佔據的。

在這個時期，我慢慢地發現，我與佛洛伊德之間的分歧太過巨大，簡直是一條不可逾越的鴻溝。眾所周知，我的童年乃至少年都在富於歷史情懷的巴塞爾長大，也是在那裡，我接觸到了某些古哲學家的觀點，進而獲取了某些心理學史的知識。每次我遇到夢涉及了潛意識內容的時候，就要將我夢境之中的內容做一下縱向的比較，拓展這些夢境的歷史淵源。而我的大學時代，使用的是克魯格的老版哲學詞典，也正因為如此，我對十八世紀和十九世紀初期的作家充滿了各種親切感。這些作家的文風，就像是我童年時代十分喜歡的家中二樓大廳那個世界。經過縱向的對比，我產生了這樣的印象：佛洛伊德的知識是一道沙拉，上面有畢希納的培根、莫樂斯霍特的小油菜、杜波依斯的檸檬、萊蒙德的黑胡椒以及達爾文的奶油。簡而言之，佛洛伊德的知識是以上我所提到這些作家的知識大匯總。

這個夢清晰地告訴我，我所描摹的意識形態有進一步的歸屬：這些意識形態具有明顯的中世紀風格。不管是沒有腳踩踏的長地板，亦或是有著濃郁羅馬風情的地下室，又或者是簡陋的史前洞穴，這些則意味著意識傳承的各個時代。

在我沒有做這個夢的前幾天，我的腦海中雜亂地排列著很多的問題。這些問題讓我頭疼不已，卻不得其法去破解。佛洛伊德心理學研究的宮殿，它的基石是什麼？佛洛伊德過分強調和推崇個人人格至上論調，這種觀點具有很強的排他性。但是這種觀點和一般的歷史假定之間真的是一清二白沒有聯繫的嗎？我的夢做的正是時候，它指引了我一個方向。我的夢告訴我，意識不僅具有歷史性，還有層次性，文化史是意識循序漸進的過程。我的夢構成了人類精神的結構圖，同時我的夢還告訴我們，人類的有些本性含而不漏，藏在人類的固有精神之上。就像是英國人說的那樣：「我們從鐘錶咔噠的響聲中知道時針和分針的走動，可以窺一斑而知全豹」。這個夢，開始指引我的前進，這件事其後得到了證實；其實也根本無須證明，最開始的時候我便對這一點毫無懷疑。

我最初的想法還沒有成型，我只是朦朧地對隱藏在個人精神之下的集體性潛意識，有了一知半解的看法。我最初將這些等同於潛意識的功能，由於我個人的不斷成長，我個人的閱歷在增加，知識在豐富，我開始認知到潛意識本身就是人類本能的反應，我開始一點一點洞悉這些問題的根源。

對於佛洛伊德的說法，我一直不敢苟同。夢應該是「冰山」的表象，而真正的意義隱藏在「冰山」之中。意識知道潛意識的功效，但是卻惡意地將其扣留了。對我而言，夢的功效是截然不同的，它只是人類天性的一部分，它不會欺騙人更不會惡意引導別人。夢境的最大功效在於，它用最大的能力來表達某些東西。我再度強調：夢境沒有欺騙人的動機，素來只有人們自欺欺人，我們之所以能欺騙自己，是因為我們雙目不明，缺乏必要的洞察力；是因為我們雙耳不聽，缺乏必要的資訊過濾能力。其實我們的耳朵並非惡意地欺騙我們，以我而言，早在我與佛洛伊德會晤之前，我便認為不管是潛意識，還是潛意識的表現形式——夢，都是自然發生的過程。夢，是純粹的，不應該加入其他的雜質。很多為夢「添枝加葉」的行為，都是「非自然」的。我不明白有什麼理由可以假定，意識的種種「添枝加葉」行為，更能反襯潛意識的這種自然性。結合我本身的經驗我可以看出，意識和潛意識之間是水火不相容的。

預示分道揚鑣的夢

這個以屋子為內容的夢對我的生活產生了古怪的作用：它就像是一根火把，將我少年時代對考古學的熱情重新點燃了。在我重回蘇黎世的時候，我再度對巴比倫考古學的書籍產生了濃厚的興趣，同時我還沒忘記分了一些時間給神話學著作。然而在閱讀的過程中，我又發現了弗里伊德里希・克魯澤的《古代各民族的象徵主義與神話》——這使我大開眼界！我著迷了一樣的閱讀，在興趣的驅動下，我很快便將堆積如山的神學資料讀完了，甚至連諾斯替派的著作也沒有放過。可是讀完後，我卻只剩下了空虛。我陷入了一片混亂中，不知道自己該前往何方、去向何處。這種迷茫我並不陌生，當我還在醫學院時便已經經歷過。那個時候的我就像是沒頭蒼蠅一樣，想要找到弄清精神病患者心理狀態的金鑰，卻找不到入手點。我處於想像中的瘋人院，並著手像對待我的病人那樣，處置和分析克魯澤著作中的形象——那些人獸、林怪、人神。就在我這樣忙著的時候，我卻無意中發現了古代神話和原始人的心理之間有千絲萬縷的關聯，於是我又開始轉而研究起這一點來了。

在我進行這些研究的時候，偶然間的發現給予了我新的啟示。絕對是偶然，那是一個關於米勒小姐的報導，這位小姐是美國人，而我與她素昧平生。這篇報導刊載在日內瓦版的《心理學檔案》上，當我看到作者署名的時候更加高興，因為這位作者是我的老朋友希歐多爾・弗勞內伊，在我的印象中，他不僅品德優良，而且為人慈祥，所以我打起精神來閱讀這篇報導。報導中刊載的天馬行空的、富含特色的幻象，如同閃電一樣觸動了我的心靈。這些感覺如同蓄水池一樣慢慢積攢，等到我意識到這點的時候，這個蓄水池的規模已經非常壯觀了，我的新書《潛意識心理學》甚至也從這個蓄水池中汲取了營養。

在我寫著上述這些書的時候，我又做了一些別的夢，這些夢預示著我與佛洛伊德背道而馳。最重要的一個夢境是這樣的，那是瑞士和奧地利交界處的一個山區景象。夢中恰好是黃昏時分，在夕陽光輝中走出了一位奧地利海關官員。他顯然是一個老人，花白的頭髮，微駝的背。他面容淒苦，心事重重，旁若無人地從我身邊走過，視我為無物。夢中不光是他一個，還有別的人。正是這些人告訴我：這個官員並非是活人，而是去年死去之人的靈魂。「他並不願意死去」，這便是我夢境的序章。

我開始深入分析我的夢境。「海關」這個詞，往往伴隨著「檢查」二字、對於「界限」，我想到的則是意識與潛意識之間不可逾越的鴻溝，不光如此，還有佛洛伊德的觀點與我的觀點之間的巨大分歧。邊境上嚴苛的檢查條例，在我看來便是「分析」的另外一種表現形式。眾所周知，在海關上，我們不得不將自己所有的包裹打開，一起檢查有無違禁品。而在這種檢查的過程中，有關潛意識的「違禁品」便開始露出馬腳。但是對於這位年老的海關官員來說，這種檢查是枯燥且乏味的，顯而易見的是這份工作沒有為他帶來任何快樂，也正是因為如此，他對待整個世界的態度絕對是尖酸刻薄的，這點與佛洛伊德多少有點相近。

儘管這個時候對我來說，佛洛伊德的權威性已經喪失大半，但是這並不影響我對他的推崇和敬愛，因為佛洛伊德的形象總是與我父親的形象莫名其妙地結合在一起。這種父親形象的投射，讓我很尊敬他。在做這個夢的時候，這個投射顯然還沒有消失。只要這種投射存在一天，那麼我的判斷就永遠做不到中肯和客觀。一方面，我們對於這種投射具有高度的依賴性；另一方面，我們又在抵制這種投射。這也導致了我對待佛洛伊德態度的分裂：在我做這個夢之前，對於佛洛伊德，我始終持高度評價的態度，不過同時，我對他也持批判的態度。這種前後矛盾的態度是一種預示，說明我既沒有下定決心，對局勢也看得不分明。當然了，這並不是我自己特有的，而是形象投射共有的特色，而這個夢，讓我徹底弄清楚了一切。

佛洛伊德的個性比較強勢，當我與他在一起的時候，我要完全接受他的意見，而拋卻自己的判斷。沒有自己的意見，是和佛洛伊德合作的前提。我不得不努力說服我自己：「算了吧，如果說佛洛伊德是月光的話，你便是一隻小小的螢火蟲，你只有向他學習的份。」雖然我竭力告訴自己，要尊重佛洛伊德，但是在我的夢境中，我卻肆無忌憚地將佛洛伊德看作是一位性格怪癖的奧地利官員，而且還是一位去世已久、鬼魂還流連世間的海關官員。這難道是在暗示，我內心在希望他死掉嗎？但是我卻發現，除了夢境，在別的方面我對佛洛伊德卻是極為尊重和推崇的，我甚至不惜犧牲一切來換取與佛洛伊德合作的機會。其實坦白點講，每個人都有私心雜念，我更不例外。我之所以會不惜一切代價與佛洛伊德合作，目的在於獲取佛洛伊德的豐富資源——他擁有的經驗。佛洛伊德的友誼對我而言，意義重大。我絕對沒有理由希望佛洛伊德死掉，可是我的夢又該如何解釋呢？是潛意識中對他高度崇敬的補償嗎？其實這個夢是在傳遞這樣的一個消息：對佛洛伊德，我應該帶著批判性地去看待。但是這個夢的結尾讓我覺得，我的潛意識在告訴我，佛洛伊德的觀念非常的腐朽，也正因為如此，我才會感到非常震驚。

當我夢到海關官員的時候，這個夢並沒有戛然而止，反而是在不斷的繼續。過了沒多久，第二個夢又來拜訪我了。相較而言，這個夢對我更為重要。在這個夢境之中，我漫步於一個義大利城市中，天上刺眼的日光告訴我，這是正午十二點。天光正好，灼人的熱浪籠罩著狹窄的街道。這座城市背靠大山，形狀和建築風格都與巴塞爾的萬克倫堡有幾分相像。窄窄的街道逶迤而下，直直地延伸到山谷區伯西格塔爾，山谷橫貫了整個城市，所有的街道由臺階組成。這個城市就是巴塞爾，它很有義大利風情，建築風格有點像是貝加莫市。我的夢中似乎是夏天，萬物都沐浴在烈日驕陽之下。這個時候，人潮川流不息地向我湧來，我知道這個時候店鋪關門，恰好是人潮的高峰期。行人們大多面色憔悴，行色匆匆，但是其中有一個人的打扮卻截然不同。那是一位騎士，身穿銀光閃閃的盔甲。他頭戴鋼盔，只在眼睛那裡留下一個細長的縫隙，鎖子甲披掛在他的身上，外面還罩著一件法衣，而法衣的前後面都織著鮮紅的十字。

讓我用簡要的文字描摹一下我的所見吧：那是個現代城市，恰逢下班的高峰期，人潮攢動。這個時候，我忽然看到一個身著古代十字軍裝的人向我走來。讓我驚訝的是，川流不息的人群中沒有人向這個「鬼魂」投來哪怕是古怪的一瞥。他似乎穿了隱身衣一樣，但是古怪的是我卻看見他了。我問自己說：「這個鬼魂到底意味著什麼呢？」就在這個時候，有個人卻回答了我的問題：「你猜想的沒錯，這是一個準時的鬼魂。他每天都在十至十二點間經過這裡，已經堅持了好幾個世紀，所以大家都見怪不怪了。」我回頭想看看是誰回答我的問題，但是周圍卻空無一人。

這位騎士和那位海關官員的形象大相徑庭，海關官員形象模糊朦朧，可以用「消逝的鬼魂」給他做註腳；但是那位騎士的形象卻迥然不同，他的形象飽滿鮮活，給人活生生的感覺。這個夢的下半部分充滿了神祕的色彩，但是邊界上的景象卻是平淡無奇的，甚至本身也是很平淡的，甚至我也是在回憶的時候，才能領會到一點其代表的意義。

我失去了佛洛伊德的友誼

做了這兩個夢後，很長一段時間內，我的頭腦中一直縈繞著騎士那神祕而高貴的形象，我冥思苦想了很久，才有了思路。在夢中，我已經知道騎士是十二世紀特有的產物，這個世紀不僅是鍊金術開始風靡的時期，還是十字軍東征去尋找耶穌用過的聖杯的時期。其中，聖杯更讓我念念不忘。自從我十五歲初次聽到聖杯的故事後，這個故事便在我的記憶中佔據了一席之地。我隱隱約約覺得，聖杯的後面掩藏著一個非常重大的祕密，所以，我便獲取了某種天賦——能瞭解為什麼我會做能召喚出騎士的夢。從這件事所代表意義的廣度上看，這是我獨有的私密花園。而這個私密花園顯然僅為我一人所有，和佛洛伊德的那個天地毫無瓜葛。我一直在孜孜不倦地尋找某種未知的，但卻能賦予人類平庸生活以意義的東西。

這讓我覺得很失落——喜歡探索的頭腦，千辛萬苦來到心靈的深處，找到的並不是所想的，而是平日極為熟悉和「富有人性」的那些熟面孔，這讓我很失望。那些我在馬廄中一無所獲的事情，卻從拉伯雷式的智慧中找到了靈感的閃現。我本來就來自鄉間，混跡於農民之間，所以我也從民間傳說中獲取了部分答案。其實對於我而言，亂倫和性反常也沒有什麼大不了，似乎這些事情不需要我們給予格外的關注。按照我們的慣性思維而言，亂倫、性反常、犯罪行為都是世界陰暗面中長出的毒蘑菇。這些毒蘑菇纖毫畢現地展現著自身的醜惡，大大的破壞了生活的意趣。不過，鮮花插在牛糞上、蔬菜長在糞堆上，這一切在我看來理所當然。毫不客氣地說，這些不能給與我任何的啟示。「只有那些『造作』的城裡人，才對人乃至大自然的醜惡一無所知。」每當我這樣想的時候，對這些醜惡事情的排斥就與日俱增。

對大自然一無所知的人患上精神病其實是件很正常的事，因為這樣的人和現實格格不入，他們如同孩童般一樣純真，他們對真實的生活一竅不通。打個比方說，我們要千方百計地讓他們明白，他們跟其他人別無二致，這種方式又怎麼能紓解他們的病情呢？與其說這種方式是治療，倒不如說是啟蒙。只有讓這些人脫離了平庸，他們才有可能變成正常人。這些人很眷戀他們曾經的那種壓抑狀態，如果你勸說他放棄他熱衷的狀態，卻沒有充分說服他們的理由，而是想當然地「有道理的命令」，他們是斷然不會放棄的。因為這恰恰就是他們無法做到的東西，所以他們如同天上漂浮的白雲一樣，在深沉的大地上找不到落腳的地方。他們為什麼會「淪落」至此呢？其實人的生活方式等同頑疾，難以改變。除非這種生活方式能夠被更科學、更合理的生活方式所取代。可是理想、科學的生活方式，經過實驗證明卻似鏡花水月，基本上不可能有。所以，想從本質上改變一個精神病人簡直就是天方夜譚。

到了這個時候，一切便豁然開朗了。佛洛伊德的個人心理學之所以如同燈光一樣吸引我這隻飛蛾，是因為我急於想讓他用「合情理的解決」來為我揭開那個我一直想要知道的那個真相，甚至為了獲取這個真相，我做好了奉獻和犧牲的種種準備。可是，現在我依然在追尋真相的道路上奔跑著，而佛洛伊德卻永遠停下了腳步。不厚道的說：佛洛伊德本人也是精神病患者，他的病徵十分明顯，早在我們美國之行的時候我便已經洞悉。對此，佛洛伊德說，每個人都是精神病患者，也正因為如此，每個人對待別人都需寬厚和容忍。可是我就如同沙漠中乾渴的旅人，這點水珠根本不能緩解我的乾渴，我更想知道如何才能讓一個人避免患上精神病。更讓我不解的是，佛洛伊德對自己的精神病無能為力，他以及他虔誠的信徒們更無法理解精神分析理論以及實踐到底意味著什麼。但是這並不妨礙佛洛伊德將自己的理論與方法結合起來，變成一種教條。對此，我失望透頂，面對這樣的情形，與佛洛伊德分道揚鑣也成了我唯一的選擇。

在我動筆寫那本有關力比多的書尤其是在「獻祭」一章告一段落時，我便心知肚明，這件事是有風險的，它會讓我與佛洛伊德決裂，因為這本書中有大量與佛洛伊德相左的觀點。我在這一章中所寫的力比多顛覆了傳統的力比多，另外我還加入了大量我自己對亂倫的看法。而這些，恰恰是佛洛伊德所不同意的。在我看來，將亂倫單純等同於精神錯亂是簡單而粗暴的。通常來說，亂倫經常披著高度宗教性的外表，由於這種原因，不管是宇宙起源還是神話，我們都能看到亂倫的身影。遺憾的是，佛洛伊德並不這麼看，他看待問題時推崇的是「就事論事」的方法，拒絕對亂倫所象徵的精神方面意義進行深入的思考。我知道，他斷然不會接受我這方面的看法。

我憂心忡忡地和妻子談起這件事，妻子一直在試圖打消我的疑慮，因為她覺得佛洛伊德是個寬宏大量的人，或許他不會對我的這本書大加鞭笞，甚至更樂觀一點，他還有可能接受我的觀點呢。不光是妻子是這麼想，其實我也是這樣認為的。在接連兩個月的時間裡，我一直左右為難：是聽從我內心的聲音，讓我的靈感躍然紙上，還是捍衛我與佛洛伊德的友誼呢？我在這種矛盾中痛苦的掙扎，這種矛盾不僅困頓了我的思維，還禁錮了我的意識，導致我遲遲無法繼續寫作下去。

就在我與佛洛伊德分道揚鑣後，我的好友、熟人也因為不理解而紛紛離我而去。雪上加霜的是，我的新書甚至被宣判為是一派胡言。事情似乎讓我弄得沒有任何轉圜餘地了，不過我已經早就預見了自己將被扔在一個孤島之中，更何況，我對所謂的朋友能給予我什麼態度並不抱太大的幻想，所以我的失望並不是很大。不過，幸運的是，還有科林和梅達認可我。其實做什麼事情都得冒風險，而且你不得不為自己的信念表明立場。這是人之常情！更何況我是神祕主義者，新書「獻祭」的章節註定需要一個祭品，而這祭品便是我自己。正是因為洞察到了這點，我才義無反顧地繼續寫下去；在知道我的新書可能不為別人所接受的前提下繼續寫下去。

現在回想這一切，我還能篤定地說，我是佛洛伊德唯一的「後繼者」，只有我才會繼續研究佛洛伊德最感興趣的兩個問題：「古代遺跡」和「性欲問題」。很多人認為，我是一個對性欲無視甚至排斥的清道夫，這種觀點大錯特錯。恰恰相反，在我的心理學理念中，性欲是構成精神完整性不可或缺的一環，它甚至是最接近精神完整性的一種表達。自然，我關心性欲更著重關心精神性方面的內容以及性欲所隱含的神祕含義，這些方面的研究超越了性欲本身的人性意義和生物學方面相關的功能。我醉心於這方面的研究，實則是繼承了佛洛伊德的理念，他本人也對這方面的研究十分的熱衷，遺憾的是他並沒有把握其中任何的精要。我將這方面的思考成果寫進了《感情轉移心理學》和《神祕的關聯》這兩本書中，其中，我著重表述了這樣一個觀點：作為精神表達的性欲，往往具有頭等的重要性。而性欲所要表達的精神，也隱晦地和上帝的陰暗面相契合。自從我開始沉溺於鍊金術的世界以來，神祕精神的問題在我腦海中揮散不去。從根本上說，這是與佛洛伊德間的初次談話使我留下的深刻印象。當時的佛洛伊德沉溺於研究性欲和潛意識之間的必要聯繫，這讓我百思不得其解。

佛洛伊德的最大成就在於他對待精神病人的態度十分嚴肅，並能認真對待他們的病態心理。在我看來，他是一個勇敢的人，因為他鼓勵病患說話；他是一個心態開放的人，為了明白病患內心所想，他開始用病人的眼光看待這個世界；他是一個有主見的人，任何偏見都左右不了他，他願意以深刻的思考來觀察和理解精神病，甚至還糾正了大量的偏見。在我的眼中，佛洛伊德的形象和《聖經・舊約》中描述一位先知的身影重疊在了一起，他還是一位勇往直前的勇士，將虛假的神祇推倒在地，撕開了掩蓋種種不誠實和虛偽的幕布，讓腐朽的當代精神被暴露在光天化日之下。他我行我素，絲毫不畏懼別人對於自己工作的非議和誤解，可以這樣評價他，他是人類文明的助推器，他是將人類文明引向潛意識的先行者。是他首肯了夢境是人的潛意識這一重要說法，從這個角度而言，他坐實了先行者的美名。因為他將看起來勢必要丟失的工具重新拾起並交還到人類的手上。不過遺憾的是，儘管他已經用經驗證實了潛意識的存在，但是這個論點卻被歸類到了哲學中的假設存在，特別是C.G.卡魯斯，和愛德華・馮・哈德曼的哲學之中。可以這樣說，儘管現代人對於潛意識的理解趕超了前半個世紀，但是當代的文化意識依然對潛意識設置了門禁，並沒有將潛意識的全部觀念納入到哲學的範疇。由此可見，未來發展和完善有關潛意識的重點就在於對潛意識的基本思想加以吸收和消化。

第六章

正視潛意識

與佛洛伊德分道揚鑣之後，在很長一段時間內，我都找不到方向，此時的我如同一隻迷失了方向的小舟，在浩渺的大海上隨波逐流，不知道該何去何從；就像是一粒蒲公英的種子，隨著風飄飄蕩蕩，找不到自己扎根的那片大地。最終我找到了問題的關鍵所在，覺得我完全有必要對病人採取一種新的態度，那便是暫時不把任何理論前提加到他們身上，更不要為這些病人貼上什麼標籤。我要靜觀其變，等待病人會發自內心地說些什麼，只有自然地對待病人，才能取得最好的治療的效果。果不其然，我的方式是行之有效的。沒過多久，很多病人便自動自發地向我講述他們的夢境和他們所看到的幻象了。而我似乎只是漫不經心地問一句：「您發生過和夢境相關的事情嗎？」或是：「您是如何認定是這樣的呢？」諸如此類的問題，那麼病人便自願甚至是樂意解讀這些夢境的來歷。這種方式讓我在不用任何理論知識的情況下，幫助病人理解了夢的意象。

不久之後，我便認知到，以這種方式解夢是正確的，因為夢是現實的別樣表現方式，這也是夢的最終目的所在。不過，用這種方式解夢有好處也有弊端。相較於平常而言，我更需要一個解夢的標準，或者可以這樣說，我需要找到一個出發點進行解夢。

同一時期，我體驗的感覺非常奇怪。我將我有記憶開始到現在所走過的道路統統回想了一遍，然後發現自己站在十字路口的正中間，在兩種聲音上搖擺不定。一個聲音清脆爽朗地說：「現在你已經掌握打開神話學大門的鑰匙了，接下來你可以隨心所欲地想去哪就去哪了。」我還來不及欣喜若狂，另外一個低沉的聲音便已經響起：「為什麼要把所有大門都打開呢？」這兩個聲音在「鬥法」，這個時候一個新的問題便自然而然地產生了。那便是，如今的我究竟取得了什麼樣的成績呢？沒錯，我是將古人的神話做了一定的解釋，我甚至還寫了一本有關英雄的書，並在這本書中詳細論述了人們總是生活在神話中。可是，這一切在今天看來都有些不合時宜，人們不會永遠生活在神話當中。如果將「神話」替換成「基督教」，那麼說人們永遠生活在基督教神話中才算是差強人意。我不得不問自己：「你是不是也沉溺其中呢？」實話實說的話，答案是「是的」。對我來說，似乎根本不存在我以什麼為生的事情。於是便出現了以下的對話：

「我們不再有神話嗎？」

「對的，神話被剔除出了我們的生活！」

「但是，你卻生活在神話之中，那麼你所堅持的神話是什麼呢？」

當對話進行到這裡時，給人的感覺便不那麼讓人愉快了，我的想法在這裡戛然而止，甚至乾脆不再想下去了，我的思考似乎走進了死巷。在一九一二年的耶誕節前後，我做了一個奇怪的夢。夢中的我處在一個義大利風情的涼亭裡，涼亭裝點的金碧輝煌，大理石的地板光可鑑人，同樣質地的欄杆熠熠生輝。我端坐在一把金光閃閃的椅子上，恍惚覺得自己穿越到了文藝復興時代。我的面前是一張綠色石頭雕刻的桌子，質地溫潤，美不勝收。我就坐在這樣的地方，憑目遠眺，這座涼亭的地理位置得天獨厚，竟然建在高高的城堡塔樓上，我的遠眺占盡了地利。而我的孩子們呢，正圍桌而坐。

突然，一隻形態秀麗的白鳥飛到桌子上慢慢趴下休息，如果不是小海鷗的話，那麼便是一隻小鴿子了。我用手勢示意孩子們按兵不動，以免驚擾了牠。像這麼美的白鳥，不是什麼時候都有機會看到的。轉眼之間，讓人跌破眼鏡的事情發生了，這隻美麗的白鳥變成了一個漂亮的金髮小女孩。她跟我的孩子們一起跑離了桌子，去走廊那裡快樂地玩耍起來。

我思緒起伏，用心感受我剛才所體驗的究竟是什麼意思。這個時候，那個小女孩又跑了回來，用她的雙臂輕輕抱住我的脖子，然後，又忽然變回了鴿子，然後口吐人言道：「只有晚上的最初幾個小時我可以變成人，因為那時雄鴿子正在埋葬十二隻死鴿子。」說完，她又飛向湛藍的天際，而我也立刻驚醒。

醒來後的我十分激動，雄鴿子能和死人有什麼關係呢？可是寶石綠的桌子，忽然在我的腦海中閃現，我開始聯想起塔布拉的故事。鍊金術中的大師塔布拉便有一張寶石綠的桌子，而他的徒子徒孫們，將他鍊金術的精髓全部刻在這張桌子之上。

上帝的十二個門徒也經常出現在我的意識中，甚至每年要分成十二個月等也會出現在我的意識之中。但是這些為什麼會出現，我卻不知道答案。在苦思無果後，我便放棄了這種徒勞無功的努力。我唯一確定的一點是：我的潛意識空前的活躍，但是我卻找不到它們是如何產生的。對此，我無能為力，只能坐以待斃。好吧，我並非是坐以待斃，實際上我還是像以往那樣生活著，然後對我所看到的幻象加之高度的注意。

有一種幻象十分頑強地糾纏著我，怎麼解釋這種現象呢？就好像一種東西死亡了，但與此同時它又以另外一種方式繼續存活著。比方說，當屍體被推入焚化爐的時候，卻忽然發現它還是活人。我的這些幻象都是以夢的形式出現的：

夢中我所處的地方其實並不陌生，它的建築風格與靠近阿爾的阿爾斯崗地區十分相近。阿爾斯崗地區有一條非常出名的巷道，是完全用大理石石棺做成的。這些石棺的歷史非常悠久，直追西元五世紀前半期法蘭克人向南遷移時，統一了高盧後建立起來的墨洛溫王朝。在我的夢裡，這條巷道再現了。夢中的我，剛剛從一座城堡中出來，便進入到陵墓組成的類似巷道之中。這些陵墓各式各樣，有的陵墓上還有石頭的底座，而死者就擺在底座之上，這簡直與教堂古老的騎士手腳伸開的死法一模一樣。我夢中的死者都身著古代服飾，雙手緊握，不過他們並不是石雕，而是以不尋常的方式做成的木乃伊。夢中的我，目不轉睛地觀察著一位死者，然後發現，他大概死於十九世紀三〇年代，我對他的服飾充滿了好奇。但是就在這個時候，這個已經死了並成為木乃伊的死人，卻恢復了生命。似乎只是因為我瞧了他，所以他恢復了生機，這種感覺讓我很不快。當我來到另外一具屬於十八世紀的屍體面前，這樣的事情開始重演。當我凝視著他的時候，他原本成為枯骨的手，忽然鬆開了。我宛如檢閱一樣，來到十二世紀的屍體所在處。這具屍體穿著鎖子甲的十字軍服飾，雙手交握的躺在那裡，並且是一具木雕。我目不轉睛地凝視著他，並確定他是真的死了的，但是就在我這樣想的時候，他的手指已經開始活動，須臾，他的雙手也鬆開了。

「入門禮」的建築遊戲

當然，最開始的時候我是佛洛伊德思想的忠實擁護者，因為他曾談論過古代種種不可思議的跡象，並以此論證潛意識存在古代之中。但是我的夢以及我從小積累的潛意識經驗告訴我，潛意識內容並非是明日黃花，而是與我們的生命特徵息息相關。彼時，我的研究已經證實了這條假設，而這條假設也成為我日後理論的基石。

然而，做過這些夢後，我依然感覺自己是一條沒有方向的小舟，被放逐在茫茫無際的大海之上。這些夢沒有任何作用，卻反而讓我一直有一種恆久的壓力感。這種感覺強烈得如同生魚片中的芥末，讓我無法忽視，我甚至感覺，自己罹患了某種不可言喻的精神障礙。也正是因為如此，我不得不將我的記憶重新翻檢出來，一件一件進行檢查，其中，對於童年的記憶我格外看重。因為我覺得，在我的童年中，發生了太多我所不明白的事物，這可能是造成我精神障礙的根源。可惜，這種檢索除了證明自己依然無知外，沒有任何作用。這個時候，我便自言自語：「既然我一無所知，那麼我就跟著感覺走，做一些內心願意去做的事情。」我開始完全屈從我的潛意識，讓自己化成一艘小舟，在意識的洪流中放任自流。

如果說我的記憶如同一條長河，那麼十歲或者十一歲的童年記憶便是浮萍，漂浮在這條河的最表面。在那個時候，我是個不折不扣的「積木迷」，即便現在回想，我也能清晰回憶起我是如何用積木搭建城堡和房子的。甚至，我還很有創意地用瓶子來構成門窗和拱頂。不過很快，我便開始用石頭和泥漿來進行「實戰演習」，這樣的建築讓我深深著迷了一段時間。當這段記憶甦醒的時候，伴隨而來的還有各種深沉的情感。我對自己說：「哈哈，這些東西仍然讓人覺得生氣勃勃。童年的那個孩子顯然更富於創造力，那麼，現在的我要如何再找到這種創造力呢？」作為一個成年人，要想在現在的我與十一歲的我之間重新搭建橋梁，那麼，似乎就只有一個辦法了，那就是像小孩一樣生活，並重新玩小孩喜聞樂見的遊戲。當我做出這個決定的時候，我再度迎來了我命運的轉捩點。之所以將其稱為我命運的轉捩點，是因為這是我的意識在經過激烈的抗爭後，才做出的決定和讓步。當我意識到，除了玩幼稚的遊戲才能獲取這種聯結的時候，那種丟臉的感覺不言自喻。

儘管覺得丟臉，但我還是會收集可能用到的石頭，這些石頭有的來自湖邊，有的來自湖裡，總之來自於我去過的任何地方。當我收集的石頭足夠多時，我便開始著手建造起我想像中的城鎮。別墅、教堂、整個村莊慢慢開始突顯出形狀，可是還是沒有教堂。為了彌補這樣的不足，我便在城鎮的最中央造了一個長方形的建築物，並且為這個建築物安了一個六角形的圓頂，在我的認知中，一個教堂擁有一個祭壇簡直是天經地義，可是我卻遲遲沒有建築祭壇。

如何完成這個艱鉅的任務呢？這是我那個時候每天思考的內容。有一天，我沿著湖邊散步的時候，忽然發現了一塊紅色的方塊石頭，我推斷，這塊石頭的本來面目應該不是這個模樣，應該是河水沖刷和打磨把它變成這副模樣的。這塊由大自然無心為之的傑作卻讓我眼前一亮——我找到了祭壇，我要將這塊石頭放在圓頂下方的正中央。我不僅這樣想，也這樣做了，而這樣做讓我又想到了童年時代的夢境——位於地下室的陽物，這種聯想讓我產生了很大的心理滿足感。

每天吃完午飯之後，只要天氣尚好，我便要繼續進行我的建築遊戲，一直到有病人上門才暫時告一段落。倘若工作結束得早一點，那麼我還會繼續弄我的建築。奇怪的是，每當進行這項特殊的「工作」時，我的頭腦似乎就會格外清醒，思考也變得十分有邏輯，幾乎是輕而易舉地便能把握住在我腦海中稍縱即逝的種種幻象。

我幾乎不費吹灰之力就能發掘我所從事建築工作的意義，我捫心自問：「實話實說，你在做什麼？你似乎在建設一個微型的城鎮，但是你的行為倒像是在舉行祭祀一樣。」我沒有回答這種質問，我內心只肯定一件事，那便是我正在自己創造一個神話。創造微型城鎮只是一個微不足道的小小開端，它釋放出了一系列的幻象，而這些幻象均被我記錄在案。

這種事情對於我而言司空見慣，甚至貫徹我整個人生。在我下半生的生活中，當我遇到似乎無法入手也無從解決的問題困擾時，我便會冷靜下來，安靜地畫一幅畫，或去雕塑石雕。這樣一來，原本無從入手的問題，便會顯露出解決方式。可以這樣說，畫畫和雕塑讓我的工作和想法更加順遂。比如一九五五年和一九五七年，我寫了《未被發現的自我》、《飛碟：一個現代的神話》、《從心理學上看良心》，而我之所以能寫出這幾本書，與我妻子過世那年我為了排遣痛苦而去雕刻石雕給予的靈感密不可分。在我妻子過世的那一年，我的情緒波動得非常劇烈。生命的行將就木以及死亡所給與我的強烈感覺，讓我整個人的意識從我自身中剝離出來，感謝石雕，將我從這種感覺中帶出來，並讓我重新獲取生存和研究的勇氣。

一九一三年的秋季，我發現自己的身上發生了某種變化。我身上所有的壓力，正在一絲一縷慢慢地向外滲透出去，就好像空氣中有什麼東西具有難以抗拒的吸引力一樣。於我看來，這種壓迫並非產生於精神方面，而是來自現實方面愈演愈烈的現實情況。讓我憂心的是：這種情況似乎有加劇的趨勢。

同年的十月，一種幻覺困擾住了我。這種幻覺來得很突然，那是在我獨自旅行的時候，恍惚間，我看見滔天的洪水來勢洶洶，席捲北海，將阿爾卑斯山所有地勢低窪的地方淹沒。洪水越升越高，就在這緊要關頭，群山開始不斷伸展，將國家納入洪水侵犯不到的地方。我眼前的幻象清晰無比地傳遞著一個這樣的訊息：一場浩大的災難即將來臨。滔天巨浪席捲一切，無數的死屍在滾滾的波浪中起伏，文明的殘片被波浪沖成了齏粉，整個汪洋大海充斥著血腥，就像是血海一般。這樣的幻覺持續了大約一個小時，當幻覺結束後，我茫然無措。我不知道這個幻象代表著什麼，每當回想起這個幻象，我都感覺噁心和迷惑，同時還有深重的無力感。

本以為這種情況是曇花一現，然而兩個兩個星期過去後，這種幻覺再度不期而至。這次的幻覺跟上次的又有不同，因為這次幻覺出的事物更加清晰鮮明。尤其是血海，簡直栩栩如生。我內心中的聲音再度說道：「睜大你的雙眼，好好看看，這才是真實的，對此你千萬不要懷疑。」也是在這年冬天，有人問起我對世界形勢的看法，結合我的幻覺我如是回答：「對於世界的政治形勢，我知之甚少，但是我卻看見了屍積如山和血流成河。」

我不斷拷問我的內心，難道這些幻覺預示著即將爆發一場浩大的革命？但是結合現實來看，這種情況似乎不可能出現。於是我得到一個自以為中肯的結論：這幻覺跟我本人息息相關，看來我已經有精神病的症狀了，我壓根沒有想到這場幻想預示著戰爭。

差不多過了一年多的時間，也就是一九一四年的春季和夏季，我做了三次重複的夢。夢境中是夏日炎炎，卻有一股寒流從北極氣勢洶洶地湧來，大地迅速結冰。冰霜將綠植全部凍死，洛林地區變成了冰雪王國，連運河也變成了冰河，大地一片荒蕪，人們不得不逃離這個地方。這個夢分別在一九一四年的四月、五月、六月出現。

在第三個夢中，嚴寒同樣不期而至，但與前兩次的夢境不同的是它的結尾：漫天的冰雪中竟然出現了一棵果樹，只有葉子，沒有果實。但是經過嚴霜侵襲的樹葉最後竟然變成了葡萄，而這種葡萄的汁水是治療病痛的良藥。我摘下一串葡萄，將其分給那些翹首以待的人。我認為，這棵樹便是我的生命之樹。

距離做完最後一個夢一個月後，也就是一九一四年七月，英國醫學歇會邀請我前往亞伯丁，為一次學術會議作名為「潛意識在精神病理學的重要性」的學術報告。因為我的幻覺和夢境都如此強烈，無疑就是對我的預警，所以我已經充分做好了出事的準備。我覺得：我的精神狀態已經感知到了恐懼，而在這個時候我偏偏要對潛意識的重要性做報告，這簡直是命中註定的事情。

一九一四年八月一日，是個讓所有人銘記終生的日子。就在這天，第一次世界大戰的槍聲響起，我的任務也終於水落石出：我要弄清楚我的體驗與人類的體驗到底可以巧合到何種程度。我必須對我精神的深處進行探索，這是我必須承擔的責任。基於這種想法，我將我在做建築遊戲時腦海中的幻想都一一記錄下來，這是我研究的開始，而且這項工作的重要性高於其他任何事情。

我不得不誇張地記下我的幻想

光怪陸離的幻想蜂擁而至，我努力保持冷靜，找尋理解這些奇怪想法的方式。最初的時候，面對這個從未接觸過的世界我手忙腳亂，其中種種元素都讓我難以理解。我生活在一種高度緊張的生活中，經常覺得天上正在下隕石雨，狂風驟雨電閃雷鳴，如果我想承受住這種試煉，就要求我擁有強悍的、獸性的力量，才不至於被打倒。要知道：有很多前輩們都被打倒了，比如尼采。但是我是與眾不同的，因為我擁有神魔一樣的能量。而且我相信，我要服從一種更高的意志，所以我從一開始便篤定自己能夠找出隱藏在紛紛擾擾潛意識中的真相。這種感覺一直陪伴著我，支持著我，直到我掌握了瞭解這種幻象的方法。

在最初階段，我經常心煩意亂。為了控制自己的情感，我不得不做瑜伽，利用瑜伽動作讓自己暫時平靜下來，以求保持內心的安靜繼續對潛意識進行探索。這種方式很有效，但是我練瑜伽和印度人練習瑜伽的初衷是截然不同的。我練習瑜伽的終極目的，是想知道我內心發生事情的意義，當我的心情得到平復的時候，我便放棄對情感的捆綁，讓內心的意向和聲音重新開始說話。可是印度人練習瑜伽是為了全然的忘卻，不管是心靈內容還是種種意向。

一旦我將這些感情物化，換言之，發現了掩藏在這些情感中的真正意象後，我的內心就會變得無比安寧。從以前進行的心理實驗中我認知到，找到隱藏在潛意識內部的情感是非常有必要的。倘若我沒有發現隱藏在潛意識後的種種意向，便會落於下風，我的精神也很可能會被各種潛意識撕得四分五裂。而且我認知到，我只有一次機會將這些潛意識一一進行物化，否則，意識分裂的我將變成一個不可救藥的精神病人。

我盡可能用文字來描摹我所體驗到的種種幻象，但是面對這種變化莫測的幻象，我不得不用一種「誇張」的語言來描繪我所見到的幻象，之所以我會這麼做，是因為我不得不將我所看到的幻象和我的文字相匹配。我所見到的幻象是高度扭曲的，這些光怪陸離的幻象刺激我的神經，感覺就像是有人在抹了灰漿上的牆壁上刮他的指甲，或者在粗糙的石板上磨刀。

但是我並不知道我的潛意識會發生什麼，除了將我所看到的幻象一一記錄在案外，我什麼都做不了。我感知潛意識的方式也是多種多樣的，有的時候是用耳朵來感覺，有的時候要用嘴來感知，似乎我的舌頭正在編造詞語——因為我偶而會聽見自己在嘀嘀咕咕。在意識之下，一切都閃爍著生命色彩。

從最開始，我就將自己體會潛意識設想成一種科學實驗，我是這場實驗的實施者也是觀察對象，對實驗的結果充滿期待。直至今日，我仍然可以自豪地說，這是我一個人的實驗。對我而言，這場實驗的最大難處在於，我要如何堅持批判的態度。因為那時的我面對自己不認可的情感採取的是屈從態度，可是我描述幻象的文章和文字，因為無法找不到與之匹配的意義，所以看起來就像是在胡說八道。因為無法理解幻象的意義，所以這些幻象看上去亦正亦邪，這種感覺我費了很大力氣才壓制下去。可是我依然接到了命運的挑戰，我不得不盡我最大的努力，才得以從迷宮中找到光明的源頭。

儘管深知想要瞭解活躍在我腦海中陰暗處的幻覺，必須先要沉浸其中，可是我對於這點，還是忍不住心生排斥。我擔心：我會喪失對我自己的控制權，並讓幻覺攫取對我的控制權。對於一個精神病專家而言，如果喪失了對意識的支配權，那麼會發生什麼，我再清楚不過了。期間我也嘗試了別的方法，然而都一無所獲。經歷了長時間的徘徊後，我依然決定去冒險，因為這樣做是主動出擊，很有可能找到駕馭它們的方法。如果我不去冒險的話，就只能被動挨打，等待這種幻覺對我意識的攻城掠地。

我之所以要冒這麼大的風險，最大的動因在於我身為醫生的責任感。我確定，倘若這件事我不敢嘗試的話，那麼我就無法說服我的病人進行嘗試。面對未知的事物，光有一個幫助者顯然是遠遠不夠的。我心知肚明，我這個幫助者，是無法幫助他們的，除非他們根據自己的直接體驗找出他們幻覺得根源。而且，我還清楚，到目前為止，我這個幫助者所擁有的只不過是紙上談兵的理論，而這些理論甚至還打上了一些我固有的偏見。我當時便是這樣想的：「我不但是為了我自己，還是為了我的病人，才去承擔這危險的一切。」這種想法成為我的動力，讓我成功度過好幾個重大的階段。

在一九一三年的十二月十二日，也就是基督降臨的日子。我覺得我有必要採取決定性的步驟，於是我安坐椅上，想找出恐懼到底是怎麼來的。然後我放任自己從椅子上滑落，就在我滑落那一瞬間，我感覺地面在一瞬間裂開，我墜落深不見底的深淵，恐怖感如同潮水一般湧來，將我包圍。

但是忽然之間，我的腳底感知到了東西。從觸感上體會，似乎是一團綿軟黏糊的東西。原來這個洞穴沒有我想像得那麼深，雖然周圍還伸手不見五指，但是我卻大大鬆了一口氣。過了一會，我的眼睛已經習慣了這種黑暗，能模糊地看見周圍的場景了——這是一個幽暗的洞穴，洞口處站著一個棕色皮膚的侏儒。這個侏儒似乎已經死去良久，因為他就像是木乃伊乾屍那樣已經被風乾了。我勉強從這個侏儒的身邊擠了過去，才從洞口進入到洞中。洞中別有洞天，冰水齊膝，岩石凸起。我涉過冰水，繞過岩石，找到了另外一個洞口，在這個洞口，我發現了一塊閃爍光澤的紅色水晶。

我雙手握住這塊石頭將其搬了起來，結果發現這塊石頭是個堵塞物——石頭下面還有洞穴。因為裡面太黑了，最初我分辨不出裡面有什麼，等過了一會兒，我的眼睛適應了，才發現裡面有一道水流。不多時，水流中沖下一具屍體，那是個滿頭金髮的年輕人，頭上有個明顯的傷口，屍體後面還跟著一隻巨大的黑色聖甲蟲，這時一輪紅燦燦的太陽從水面躍出，耀眼的陽光恣意揮灑，閃得我都睜不開眼。我便想將石頭放回去，就在這個時候，一道水柱噴湧而出，我定睛一看，那居然是一股血水。我的胃中立刻翻騰起來，可是這股血水又源源不斷地噴了好久。最後，血水水柱終於停止了，幻覺也終止了。

這種幻象嚇得我瞠目結舌，從我幻象中的事物不難看出這種幻象與英雄和太陽有關。在埃及，聖甲蟲意味著再生，那麼這個幻覺也能如是理解：這是一次有關死亡和復活的昭示。可是這樣理解又有點說不通，如果與太陽有關，那麼幻象的結尾應該是黎明，但是幻象中的結尾是讓人作嘔的血水水柱。隨後我便將這次的幻覺與這一年秋天那次跟血有關的幻覺結合在了一起，但還是徒勞無功，最後，我選擇了放棄。

在我進行這次冥想的六年後，我又做了一個夢。夢中，我正在坐在一片人跡罕至、風景秀麗的石山上，與我在一起的是一位皮膚呈棕色的智者。此時正值黎明，群星漸隱，東方的天空中已經出現了一道魚肚白。正在我們沉浸在如斯美景中的時候，忽然聽見了西格富列的號角聲，不知道為何，我們當時做出一個決定，必須殺死西格富列。於是我們拿起我們的武器——來福槍，埋伏在一條狹隘的岩石小道上等待他出現。

這個時候，西格富列出現在高高的山巔之上。朝陽為他鍍上了一層燦爛的金光，他駕駛著一輛用死人頭骨做的車逆光而行，車子行駛得飛快，眼見要衝下這個陡峭的山坡。說時遲，那時快，我們立刻向他開槍射擊，他應聲而倒，顯然是死掉了。

西格富列本身是英雄，殺死他相當於毀滅偉大和美好，我的內心充滿了揮之不去的厭惡和後悔，另外還夾雜著唯恐東窗事發的餘悸。這個時候天氣驟變，轉瞬下起了滂沱大雨，雖然我心知謀殺的痕跡會被大雨沖刷得一乾二淨，我謀殺英雄的事情不會被發現，我的生活會一如既往，可是那種濃得化不開的罪惡感依然存在。

當我從這個夢中醒來的時候，我便開始研究這個夢的代表含義，但是壓根沒有效果。於是，我努力想再度入眠，可是內心中卻有一個聲音在叫囂：「你必須立刻馬上弄明白這個夢。」對於這個聲音，我本想置之不理，不過這個聲音卻催逼地越來越急，最後甚至說：「如果你弄不明白這個夢，你乾脆開槍自殺算了。」對它的話我無法置若罔聞，因為就在我晚上還伏案寫作的桌子抽屜裡，便放著一把子彈上了膛的左輪槍。我被這個聲音嚇壞了，便努力想弄明白到底發生了什麼事情。電光石火之間，我豁然開朗。這個夢境跟世界局勢暗暗相符，西格富列所代表的便是德國，夢中的意向意味德國的期望——自由自在，自行其是，並將自己的意志強加給別人之上。其實我也想這樣做，只不過這種絕對的「自由」是不復存在的，如果你想追尋這種絕對的自由，那麼只有一個下場——被毀滅。這個夢告訴我，我再也不適合有西格富列的態度了，除非我也想被消滅。

當我想透這一切的來龍去脈後，一種悲天憫人的情懷充斥了我的內心，似乎在夢中被槍殺的是我自己，而不是西格富列。這是因為：我將西格富列等同為我自己，由此便感受到了那種被迫放棄夢想的悲傷。世界上存在著比自我更為崇高的事物，在它面前，一切個人主義和理想主義都不得不低頭，因為小我是無法跟大我進行抗衡的。這樣的想法是符合邏輯的，當我說服我自己後，我再度酣然入睡。

睡夢之中那位棕色皮膚的智者始終伴我左右，是他提議我們進行這次謀殺的，他便是原始形象的體現。這場雨表明，潛意識跟意識已經化干戈為玉帛了。除了這些，我再也沒有辦法從這個夢中獲得更多的資訊了，雖說如此，但我身上的潛能卻得到了釋放，這讓我在對潛意識的實驗進行總結時變得有如神助。

我的宗教導師費爾蒙

為了緊緊把握這些幻想，我往往會進行這樣的想像——我在走一段陡峭的下坡路。我絞盡腦汁，竭盡全力想將幻覺得真相弄個水落石出。可是天不遂人願，如果說上次我探索到了一千英尺的高度，這次我卻踏入到了無底深淵之中。這個深淵深不見底，更像是一條看不到盡頭的路，或是通往月球或是通往一個截然不同的空間。我順著這個深淵往前走，最早映入眼簾的是一個火山口，這裡儼然是另一個世界，是死人才能踏足的國土。在那裡，有一塊岩石立在一個斜坡之上，此外，我還看見兩個人，從他們的舉止看，他們似乎是活生生的人，一個是白鬍子老頭，另外一個是漂亮的女孩。我靠近他們倆，想知道他們在談什麼。

然後我聽見老人說自己是伊利亞，這使我吃了一驚。可是那個女孩的話，更讓我大驚失色，她竟然說自己是莎樂美，看出我的懷疑神色，伊利亞出來作證說這個女孩的確是莎樂美，而且他本人和莎樂美自從上帝創造這個世界開始便是伉儷。這讓我震驚了，讓我驚駭的是，和他們一起生活的還有一條巨大的黑蛇，這條大蛇跟我還算親近，似乎有幾分喜歡我的樣子。我不得不靠近伊利亞，在我看來，這三個生物中，他是最講道理的一個，而且他具備了很高的智力。對於莎樂美，我實在不敢恭維，唯有敬而遠之。伊利亞與我促膝長談，遺憾的是，我並不懂他在說什麼。

《聖經》中的人物出現在我的幻覺中，我自然要一探究竟。有一個解釋勉強能說得通，那就是我的父親是牧師，所以我夢見《聖經》中的人物似乎是理所當然的。但是仔細想來，這個解釋根本不合邏輯。伊利亞象徵著什麼？莎樂美意味著什麼？他們兩人如何走在了一起？我百思不得其解，直到我的閱歷更豐富後，老人和女孩之間的關係才昭然若揭：

在夢境中，老者旁邊陪伴著年輕女孩的事情並不罕見，其實這樣的事情在神話中都能找到對應，比如按照諾斯替派的傳統，西蒙・馬格斯身邊的年輕女子便是他從妓院中帶出來的，這位女子聲名赫赫，據說便是引發特洛伊戰爭的海倫。克林格梭與肯德利、勞澤與舞女等均屬於這一類。

在上文中我曾經提過，除了伊利亞和莎樂美，還有一條黑色的大蛇。其實大蛇的意象不難解釋，在很多神話中，蛇往往是英雄的化身。很多故事都約定俗成地這樣講：「這位英雄有一雙蛇一樣的眼睛」或是「英雄死後變成長蛇庇祐世人」，甚至還有一種說法：「英雄由蛇孕育而成。」蛇之所以會出現在我的幻覺中，只說明我的幻覺是一個和英雄相關的神話。

莎樂美本身便是女性的形象，呈現的是女性的意象。遺憾的是她對事物一無所知，所以夢境中的她是個盲人。伊利亞則化身成為一個睿智的先知，因為他代表的是理性和知識，而莎樂美代表的則是情欲。這兩個形象代表了邏各斯和厄羅斯，如果就這樣的定義，難免刻板，所以我並沒有對這兩個形象的意義做進一步的引申，而是單純就他們的表面來進行探索，歪打正著，其實這樣反而給予我更多豐富的含義。

這一場幻覺發生沒多久，新的形象不期而至。這個形象以伊利亞為基礎發展而成，我將其命名為費爾蒙。他是一個異教徒，身上體現了諾斯替派跟埃及以及希臘融合在一起的色彩，他最初出現在我的這個夢中。

夢中的情景如下：蔚藍的天空上，漂浮的不是雲彩，而是一塊塊棕色的土地。這些土地似乎正在分裂，在土塊與土塊的間隙之間，我看見了海水，原來海水變成了藍天。這個時候，一個長著翅膀的人，從右邊掠過長空，匆匆一瞥間，我看清楚了他的模樣。他是一位老人，卻長著牛角，腰上纏著一條腰帶，上面繫著連成一串的四把鑰匙。其中一把鑰匙，被他寶貝一樣握住，似乎要用這把鑰匙開啟一把鎖。他的翅膀無論是顏色還是模樣，都同翠鳥相差無幾。

由於不明白這個夢意味著什麼，我便將夢中的情景畫下來，以便自己能牢牢記住。就在我忙於畫畫的那幾天，我在靠近湖邊的花園中發現一隻死去的翠鳥。這隻翠鳥明顯是近兩日死的，而且身上沒有任何外傷，當我發現這一點的時候，如遭雷噬。

這隻翠鳥讓我恍然大悟，我幻象中存在的事物，不管是費爾蒙還是其他形象，都不是由我憑空幻想出來的，他們本身便擁有生命。費爾蒙所代表的並非是我本人的能力，否則，在幻境中，我們所交談的內容，就應該是我所耳熟能詳的，但是費爾蒙所說的是我完全沒有意識到的問題。費爾蒙說，思想如同森林中各式各樣的動物，或者像不同的房子中不同的人，或者像是天空中不同種類的鳥兒。他接著說：「倘若你看到了房間中的人，你斷然不會認為是你創造了他們，更不會興起為他們負責的念頭來了。」費爾蒙的話讓我受益匪淺，從這個時候開始，我精神中的主觀色彩在不斷減弱，客觀性不斷增強。因為費爾蒙以一種客觀的形態出現，這讓我明白我的精神應該有一定的現實性、客觀性。費爾蒙簡直是一條橋梁，他區分了我跟我的思維對象。透過費爾蒙，我開始意識到，我的身上存在一些東西——甚至是與我對立的東西，這些東西或者說的是我不知道的事物，或者是我不敢說的事物。

如果將費爾蒙放置在心理學上，那麼也可以用更高級的洞察力為他命名。對我而言，費爾蒙是個神祕的所在。他時常出現，有的時候我們會一起漫步花園，他讓人覺得活生生的，簡直是個生命體。費爾蒙對我而言，意義非同小可，他之於我，簡直就是印度教中所說的宗教導師。

每當一種全新的形象出現在我的腦海中時，我便會感到前所未有的沮喪，我覺得這是我的失敗。因為全新的形象代表著我不懂的事物，而全新的形象層出不窮，簡直沒有盡頭。我被困在無知的深淵中不能自拔，這種恐懼不時地困擾著我。我的自我開始自輕自賤，除非我用世俗中所取得的成就才能稍微打消一點有關這方面的疑慮。我感受到了無邊無盡的黑暗，我一直希望有一個活生生的宗教導師能在我的身邊對我進行指導，或者是一位擁有高超知識的智者，幫我找到新形象對應的事物。費爾蒙的出現，滿足了我的希望。不管我願不願意，我都必須承認：費爾蒙是我的招魂巫師，他傳授給我很多知識，讓我聽完之後恍然大悟。

十五年後，一位擁有很高修養和智慧的印度老者前來拜訪我，他與甘地交情匪淺。我們最開始談的是印度的教育問題，當談到宗教導師和弟子之間的關係時，我猶豫良久方才問道：「您能否跟我說一些宗教導師的個人還有他們性格方面的事？」對此他很爽快地回答：「啊，是的，他就是商羯羅。」

「您指的是不是曾經評論過《吠陀經》，但是已經死去了好幾個世紀的那個商羯羅？」我驚疑不定。

他以一種很肯定的語氣說：「沒錯，是他。」

我繼續窮追不捨：「那您指的是商羯羅的精神了？」

他贊同我的說法：「是的，您說的對，就是他的精神。」

當我們進行這番談話的時候，我想到了費爾蒙。

他接著說：「不光是活著的宗教導師，還有一些幽靈類的導師呢，有的人甚至會用用鬼魂來充當自己的導師。」

從印度學者那裡獲得的消息，不僅開啟了我對這方面的探索，同時消除了我身上的種種疑慮。

原來這種感覺非我獨有，那些做出了與我相仿努力的人也有同樣的感受。

後來，費爾蒙變得具有某種相對性。因為這個時候又出現了一個新形象——我稱其為「護衛靈」，「護衛靈」的原形來自古埃及的「國王護衛靈」，是肉眼可視、有形體的靈魂。在我的幻覺裡，「護衛靈」似乎來自大地，是從一個深井中冒出來的。「護衛靈」的表情和《浮士德》中的魔鬼墨菲斯托弗里斯的表情並無二致，我後來畫了一幅畫，用他塵世間的形體來表現墨菲斯托弗里斯。畫上，他是下半身為石頭，上半身為青銅的隱士，畫面的最上方，出現了翠鳥的翅膀，在翅膀同護衛靈之間有一團依稀是圓形但是發光的星雲。墨菲斯托弗里斯一手拿著一件東西——可能是七彩玲瓏塔，也可能是描金黑漆的聖骨盒，另一隻手拿著一隻鐵筆，在聖骨盒上刻畫著什麼，他念念有詞的說：「我將諸神埋葬在金玉之地。」

雖然費爾蒙的一隻腳跛了，但是他原本是擁有翅膀的精靈。費爾蒙代表的是精神，或者是「意義」。而護衛靈，則是客觀、鮮活、實質的。而護衛靈代表的含義有二：一是代表大地靈精或是金屬精靈，二是如同希臘鍊金術的中的安替羅巴里恩那樣自然的精靈。護衛靈能使一切變得真實，但也能讓豐富的精神，也就是「意義」變得含糊不清，甚至乾脆用美這種「持久的影像」來取而代之。

白駒過隙，時光荏苒，我對鍊金術的研究逐漸加深，終於將兩個形象合二為一。

我和「女性意向」的對話

當我記錄這些幻覺得時候，我也迷惑不解：「我到底在做什麼？這些幻覺肯定跟科學毫無關係，那麼它們究竟是什麼？」這時心中的一個聲音說：「它們是藝術啊！」我大吃一驚，我從未想過我記錄的幻覺會與藝術有關。我隨即想到：「在我的潛意識中，還隱藏著其他的人格。這種人格同我毫無關係，但是它卻堅持己見一定要將自己的意圖抒發出來。從聲音看，它似乎是個女人的聲音。對這個聲音，我並不陌生，那是我曾經的一個病人。這個病人才高八斗，熱情開朗，她的形象移情到了我的心裡，並成為我心裡中密不可分的一部分。

顯而易見的是，我所進行的工作並非是科學工作，按照一個女人的思考方式，非是科學，即為藝術，這似乎是世界上唯一的選擇對象。

我斬釘截鐵地斷言：「我所從事的並非藝術。」而後我便感覺內心湧起不能忽視的強烈反感，但是卻沒有辯駁的聲音傳來。於是我便繼續我的工作，但接著，新的疑問再度出現，這時，那個聲音再度響起：「就是藝術。」這一次，我不會讓它溜走，我趕緊反駁：「不，不僅不是雕琢過的藝術，恰恰相反，這是自然。」隨後我打算跟她做一番辯論，可是這個聲音再度偃旗息鼓。我發現，這個聲音並不能控制語言，所以我建議她使用我的語言系統，她照辦了，並滔滔不絕地說個不停。

一個女人竟然能成為干擾我內心的「絆腳石」，這件事情讓我有探索的衝動。我得出這樣的結論：這個女人的聲音便是原始的靈魂的表現方式。可是為什麼原始靈魂要用女性意向來表現呢？後來我漸漸明白，內心中的女性形象在男性的潛意識中會有一種原型性的作用，我將之稱為「女性意象」，而在女性的潛意識中，對應的形象被我稱為「男性意向」。

甫初，我對女性意向的否定耿耿於懷，我被她唬住了，那種感覺如同房間裡有一個人，但是你卻看不見。然後，我忽然靈機一動，將我的幻象寫下呈給女性意向看。換而言之，我寫下供我分析的材料時，實質上是在給女性意向寫信。也能這樣理解，我的意識從不同的角度出發寫信給我本人，這樣我獲得的評論往往出人意料而且能觸及我所未認識的死角。此時的我，就是一個不折不扣的病人，因為我在對女人和病人進行分析。

每天晚上，我都很自律地寫著，這樣做的目的有二：一是讓女性意向明白我的幻覺；二是防止女性意向利用我的幻象進行什麼陰謀活動。畢竟知道某件事，和將這件事說出來是兩種概念。為了對自己忠誠，我將一切都事無巨細地記錄下來，我的所作所為遵循了希臘的一句格言：「有施於人者才能受之無愧。」

在我正在忙於寫作的時候，我的內心會產生一些奇怪的想法，這些想法干擾我的思想；這種情況時有發生。隨著這種干擾的增多，我慢慢的學會將這種干擾壓制下去的方法。當情感上某些庸俗的事情上湧時，我便會告誡自己：「沒錯，有的時候我會這樣想，但是這並不意味我將永遠這麼想，我拒絕接受這種庸俗，再度想起這些，只是證明我曾經庸俗過，這是很丟臉的一件事。」

我的當務之急是將這些潛意識的內容具體化，以便讓我更為它們所接受，同時讓我腦海中那些想法與潛意識之間產生聯繫，讓潛意識來剝奪這些想法。讓這些想法具體化並不難，但這些想法有某種程度的自主性，因為這些想法往往是獨立存在的。正是因為這些想法具有這樣的天性，總是要求我向他低頭，所以這本身便是一件讓人反感的事。但是潛意識透過這種方式來表現自己的存在，卻讓我具有了獲得控制它的最佳手段。

對於女性意向所說的話，我從來都持懷疑態度，因為這種態度往往是狡黠的。女性意向竭力想讓我將潛意識所產生的幻覺當做藝術。倘若我認為我的潛意識都是藝術的話，那麼我的潛意識就如同藝術一樣——擁有一定的視覺衝擊力，但這並不是真實的，並不具有說服力。女性意向一直在誘使我將自己看作一個才華橫溢但為世俗所不容的藝術家，我所擁有的藝術天分可以輕忽現實。要是我對女性意向的話深信不疑的話，那麼遲早有一天，女性意向會對我說：「你從來沒有想過自己寫的是胡說八道嗎？你竟然相信你所寫的是藝術？這真是太可笑了！」女性意向向來犀利而諷刺的說法，可以將一個人完全毀掉。而且，歸根結底，有決定性作用的是意識，意識能理解潛意識的各種表現形式，並對潛意識的各種觀念採取一定的立場。

不過女性意向也絕非一無是處，她是一座橋梁，勾連了潛意識的各種意向和意識。之所以我會看重女性意識，就是因為她的這一點。這麼多年一來，每當我的潛意識懵懵懂懂，雖然積聚但是始終不得其形的時候，我便會對「鬧彆扭」的女性意向說：「您現在意欲何為？如果您將您所看到的事物告訴我的話，我會樂意傾聽的。」儘管女性意向仍然不高興，但是她還是會按時地向我傳遞清晰的意向。當這種意向出現的時候，緊張和壓力都煙消雲散了。不安和煩躁等負面情感全部轉化成為對意向的興味。接下來我便會和女性意向討論她所傳遞給我的意向，因為這些意向我有的也理解得不算精準，不得不像對待夢境一樣對待它。

到今天，我已經不需要繼續與女性意向進行聯繫了，因為我已經不再擁有這樣強烈的情感。倘若我依舊有這樣的情感，我還會用同樣的方法進行理解。時至今日，我早已經破譯潛意識的密碼，不僅能充分接受潛意識的內容並恰如其分地理解它們，所以我已經能直接理解女性意向的想法。我不僅理解心中的意向，我還知道應該如何正確對待它們，只要它們出現在我的夢中，我便能理解它們。所以，這個時候的我，已經可以直接與我的潛意識進行對話，根本不用一個沉默的女性意向替我和潛意識之間進行聯繫了。

所有體驗終須回到現實

開始時，我把這些幻覺寫進「黑皮書」中；後來又寫進「紅皮書」裡。在「紅皮書」中，我畫了些曼陀羅插畫。

在「紅皮書」中，我努力從「美學」的角度闡述我的幻覺，但是這項工作卻沒有完成。因為我在進行這項工作的過程中發現：我始終找不到精準的語言來進行闡述，我不得不將這些幻覺粉飾成為別的東西。我意識到，我必須放棄「美學」的傾向，必須先對這種幻象進行理解。我覺得，這些幻覺如同參天大樹，必須根植於現實的土壤之中。換言之，我必須回歸現實。對我而言，現實便是科學的、精準的、合乎邏輯的理解。潛意識賦予了我洞若觀火的觀察力，我必須將我觀察的事物總結起來，並從中提煉具體的觀念——這個任務是我一生最大的工作。

作為精神病學方面的專家，在我進行有關潛意識方面的實驗中，所遇到的幻象不僅是精神病方面，還是精神病人方面的，這簡直太有諷刺意味了。這種幻象的根源是一種想像力，這種想像無處不在，但是人們為這種想像力貼上了禁忌的標籤，並對這種想像力敬而遠之。這種想像力，往往是人們精神失常的罪魁禍首，但同時還是自從我們步入理性時代便煙消雲散的、創造神話的本源。人們一旦踏入探索這種想像力的道路，便被認為是「玩火」或者「以身試險」。因為這樣的道路前途末卜，往往會讓人誤入歧途，通向災難和萬劫不復。就像是歌德的一句話：「我打開了這扇大門，人們義無反顧地踏過。」從這個角度理解，《浮士德》下半卷的意義也遠非一部單純的文學作品——它是《金鏈》中所提過一種「連結」。這種「連結」無處不在，不管是哲學上的鍊金術，亦或是諾斯替教派，亦或是尼采的《查拉圖斯特拉如是說》，都體現了這種「連結」。這種「連結」儘管不為人知且充滿了危險，但卻將世界的此端和彼端相聯結起來。

要將這些幻覺查個水落石出，就必須在這個世界上找尋一個支點。對我而言，我在現實生活中的家庭、工作便是這個支點。我之所以能抗衡內心這個變幻莫測的世界，現實中正常的生活功不可沒。正因為如此，現實中的正常生活對我而言，非常重要。

我的家庭、工作，讓我隨時可以從潛意識中回歸到現實生活中，它們證明我是一個實實在在的存在。每當我迷失在意識的漩渦中時，這些都提醒我：你是實實在在的存在著的。我有個美滿的家庭，我和我妻子以及五個子女，居住在庫斯納克特市西斯特拉斯二二八號。我還擁有瑞士大學辦法的醫學學位證書，同時我還有一批病人等待我的救助。這些實實在在的事情，避免我繼續滑入潛意識的深淵，也避免了我重蹈尼采的覆轍，沒有根基的他如同一張白紙，隨著精神的強風到處翻飛。

尼采之所以喪失根基，因為他除了自己的內心世界外一無所有。應該說，他與現實生活完全脫軌了。這樣的尼采如同離開大地的植物，被強風吹到空中。沒有了根基的尼采，只能採取驚世駭俗甚至是譁眾取寵的方法行事，但是對我而言，不現實往往是墜入萬劫不復的深淵開端。歸根結底，我是以現實生活為根基的，不管我如何偏執，我所履行的職責都是以讓我們的生活更有意義為目的的。我始終記得自己的座右銘：將所體驗的真實昭示給大眾，不可塞責，不可逃避。

基於此，不管是我的家庭生活，還是我的工作，都變成了讓人「賞心悅目」的現實，這種現實讓陷入潛意識深淵的我，得以過上正常的生活。

漸漸的，內心的變化從裡而外地在我身上顯現出來。

在一九一六年，我感受了一種內心的衝動，這種衝動驅使我要為某種東西賦予具體表現，它讓我不得不去詳細表述某些東西，比如：費爾蒙所說的話。費爾蒙說的話，是怪癖的，極類「對死者的七次佈道詞」中生僻而難以理解的語言。

佈道詞的開頭便給人驚懼難安的感受，有些「不知所云」，我不明白「他們」想要向我表達什麼意思。我只是感覺，我的周圍被一種不祥緊緊的包裹住了。我覺得，空氣中充斥的都是遊蕩的鬼魂，彷彿是驗證我的想法似的，我的房間內出現了「鬧鬼」的情況。先是我的大女兒看見一個白衣人穿過房間，然後是我的二女兒，她的被子竟然無緣無故掉落在地，就像是被人扯落。在我二女兒被子掉落的那個夜晚，我九歲的兒子做了一個奇怪的夢。第二天是星期六，大清早他便吵鬧著，要求他媽媽拿來蠟筆給他，從來沒有畫過畫的他，竟然一蹴而就地完成了一幅畫。畫的正中央是一條河流，一位漁夫正在河邊釣魚，而且已經釣上了一條魚。漁夫的頭頂上有一個類似煙囪的事物，滾滾的濃煙正在噴湧而出，在濃煙中能看見零星火光。這個時候，魔鬼從河的那一邊飛來，他怒氣沖沖，不斷咒罵著，並揚言要漁夫好看，因為他的魚被人偷了。而漁夫頭頂的天空，卻有天使在盤旋，天使說：「你不用指望動他一個指頭，他只不過釣走你那些罪惡無比的魚而已。」

怪事接踵而至，大約在星期天下午五點左右，大門上的門鈴叮叮咚咚地唱個不停。因為這天天氣頗好，女傭們正在廚房忙碌，從廚房的視角看，門外空地上的情景一覽無餘，但是上面空無一物。大家立刻去門口查看，竟然空無一人。這個時候，我正巧坐在門鈴旁邊，不僅親耳聽見門鈴在唱歌，還親眼看見門鈴在震動，當我們意識到這個門鈴無人自響的時候，我們都受到驚嚇，然後面面相覷，都感覺到了怪異。而後，我迅速知道一定發生了什麼事情，空氣沉悶得讓人窒息，空氣似乎停滯了，似乎房間內擠了滿滿的人——鬼魂，我嚇得抖若篩糠，心中默念：「究竟是怎麼回事？看在上帝的份上，誰能告訴我？」就在這時，我的耳邊振聾發聵，他們齊聲高叫：「我們從耶路撒冷歸失望而歸，我們上下求索，卻一無所獲。」這句話，恰恰是「對死者的七次佈道詞」的開篇第一句話。爾後，剩下的話語自然而然地湧現在我的筆下。歷經三個夜晚，這篇文章最終寫成。當我執筆寫作的時候，鬼魂立刻作鳥獸散。房間重歸靜謐，空氣清新，鬧鬼的事情終於告一段落了。

看來這種體驗是根據相應的情形而改變的，它跟我的思想狀況密切相關。不過我可以確定一點，我的這種思想情況與靈學現象有異曲同工之妙。它是一個潛意識的世界，充斥著怪異和扭曲的氛圍。我隨即認知到，它便是一種原始的引導性力量。「它無跡可尋卻又無處不在，時而在雲端漫步，時而四處遊走」。不過理智卻將這種事情歸結為一種科學的——要嘛是物理的，要嘛是知識的現象；或者乾脆將這件事一筆勾銷，將其定義為違反科學法則。但是若是沒有這類違反科學規則的事情存在，世界該有多麼的沉悶無聊啊！

令人又愛又恨的精神

就在這樣的體驗過去後不久，我再度體驗了神奇的幻覺——我的靈魂脫離了我的身體，並肆意飛翔。這件事非常重要，意味著我的靈魂，確切點說是女性意向和潛意識建立了某種聯繫。從某種意義上說，這種聯繫不僅是靈魂和潛意識之間的聯繫，還是死去的全部人類與潛意識的之間建立的聯繫，因為潛意識體現了死去全人類所構築的神話世界。這種聯繫具有歷史性、延續性、傳承性。倘若有人靈魂出竅，則意味著其潛意識退縮進了人的潛意識中，或是死人的「國境」。在潛意識，或者死人的「國境」中，祖先的種種形跡等集體性內容，都轉化成為讓人清晰可見的形式。這是一種具體的聯繫方式，讓死者有機會展現他們自己。因此，當我的靈魂出竅的時候，那些過世良久的東西依依湧現，這直接導致了《七次佈道詞》的出現。這便是「失魂」的典型例子——這種情況在原始人中時有發生。

從此時開始，死者的聲音開始縈繞在我的耳際。之所以會這樣，是因為他們的呼聲無人理解，沒人在意，沒有獲得救贖。這種聲音越來越清晰。我被選中回答這些問題的指令並非是由外部世界告知我，而是內心世界通知我的。和死者進行交談，是我瞭解潛意識，並將這些潛意識昭示世人的有效途徑。我所要傳達的內容是一種井然有序的世界格局，和對這些格局的來龍去脈的闡述。

時至今日，我再度回顧並思考我在此期間對種種幻覺進行研究所造成的後果時，有一種強烈的認知，這是命運加諸給我的任務，無法抗拒，不能推諉。我所擁有的意向中的事物，不僅和我密切相關，還關聯他人。

從這個時候起，我，不再屬於我自己，也無權讓「我」屬於我自己。我熊熊燃燒的生命之火，要照亮更多的人。我孜孜以求去探索的知識，是當時科學上的一大片空白，我不僅要獨自一人去涉足那未曾開拓的疆域，還要將我所收穫的體驗的種子，移植到現實的土壤中，並讓這種子扎根、分蘗、抽葉、拔節、開花、結果。否則，這種體驗將永遠停留在沒有被證實的主觀假設中來。與此同時，我已經做好了為精神獻身的準備，我對精神愛恨交加，而且精神是我所擁有的一座豐富的寶藏，我將我自己獻給了精神，對於精神我無法反抗，只能盡力去享受。

我和這些初始的體驗之間的關係從來沒有被割斷過，我的著作內容大多體現的也是這種關聯。自從一九一二年開始，我腦海中的幻覺和夢境，就成為我取得一切創造性活動的來源。包括我晚年所取得的成就，都來源於這些幻覺和夢境之中。不過有所區別的是：最初的時候，我只看到一些初期的東西——簡單的情感和意向。

我所擁有的科學知識是一把利劍，砍斷了那些極有可能困擾我的混亂荊棘。如果我沒有擁有這些豐富詳實的科學知識，那麼我就如同原始森林的藤蔓，極有可能被這些荊棘困頓而死。基於此，我戰戰兢兢、如履薄冰，對每個單獨出現的意向都不敢等閒視之。我謹慎地對待每一個精神中的意向，並盡可能對每一個意向都做科學的分類。但是最重要的一點，依然是將這種意向的種子，根植到現實的土壤之中。這一點，恰恰是我們以前進行此方面研究所欠缺的——我們只會將這些意向分門別類，並昭示於人，但是我們的研究工作到這裡便戛然而止。至於這些意向如何產生，同倫理有什麼關係等，我們都不會再加以論述。

認為獲得意向便已經大功告成，這是犯了一種淺嘗輒止的錯誤。必須將這種獲得意向的觀察昇華為一種倫理性的職責，倘若不這樣做的話，就會喪失原則，成為權力的附庸，這種行為將產生危險的後果，這種後果如同一把沾了毒藥的利刃，不僅能摧毀別人，還能摧毀自己。潛意識的種種意向賦予洞察者一種不能推卸的責任，如果洞察者不去承擔這種責任，那麼他的思維便會四分五裂，他本身的生活將痛苦不堪。

當我將我的全部精力傾注在對潛意識意向的研究時，做出了一個決定，那就是從我所任教的大學中辭職。這個決定讓我痛苦不堪，因為我已經在這所大學中擔任有職無薪的教師職位八年了。但是我不得不這樣做，因為此時的我，在進行了潛意識的體驗後，智力活動就開始裹足不前。更糟糕的是，在我的著作《潛意識心理學》問世後，我發現我已經不能閱讀科學書籍了。這種糟糕的情況，持續了大概三年左右。這個時候，我意識到，我與知識界再也沒有交集了。這樣的我如何還能教書育人呢？更何況，我意圖將我對潛意識的體驗公之於眾時，差點將我弄成啞巴。我發現：我已經不能將那些迷人的潛意識，用一種具體的方式表現出來了，況且當我教授課程的時候，即便我的智力狀況差強人意，我也不得不找尋全新的方向和表現方式進行授課。而且這個時候的我本身就被懷疑和困惑困擾著，這樣的我如何能教書育人？這不是誤人子弟嗎？

我再度站在十字路口上，要嘛繼續我的教學生涯——這無疑是一條康莊大道；要嘛遵從內心人格的吩咐，接受一種更高理性的安排——向著我那詭譎但是意義重大的任務，向著我一直從事的潛意識方面的實驗，不斷前進。如果我選擇了後者，那麼除非我的研究已經取得階段性的成就，否則我就無法在出現在公眾面前了。

基於這樣的考慮，我便自覺放棄了我的教學生涯。因為我感覺到，一種具有開天闢地般重大意義的事情將降臨在我身上，而我恰恰是信任這種事情的。我感到這件事是具有永恆性的，十分重要，它會讓我的人生極大豐富和充實。為了達到這個目的，我會不惜一切代價。

歸根結底，我能不能當上教授，又有什麼關係呢？自然，不得不放棄教授的職位是讓人覺得遺憾的。但不管是出於哪個方面的考慮，我都覺得自己不能困囿於那些世人已經充分理解的事物之上。偶爾，也會有一種強烈想要和命運抗爭的感情衝擊著我，但是這種感覺總是稍縱即逝，換言之，這種感覺絕對不會讓我命定的軌跡出現絲毫的偏移。而與之相反的是，另外一種情況卻十分重要，那便是我必須傾聽自己內心的人格的所說所想。當我認真地聽取我內心人格的所說所想的時候，外部的環境便虛無縹緲，轉瞬成為過去。這種體驗，不僅出現在我忍痛放棄我的教學生涯的時候，其實早在我的兒童時代，我便已經有過這樣的體驗了。當我還是一個少不更事的毛頭小子時，我的脾氣差得可以，但是當這種感情忽然上升到一定程度時，我的情緒居然會調轉方向，從暴跳如雷變得心平氣和，剛才還觸動我心靈的事物，現在就已經成為一個遙遠的過去了。

我將這種方式引入到我以及別人所不能理解的事情之上，結果導致我墜入了孤獨的深淵之中。我如幽魂一樣飄來蕩去，腦海中填充的思想層出不窮，可是我卻找不到一個人同我交流，因為如果我這樣做的話，就將被誤解。這個時候，我深切地感受到：外部世界和這些意向構成的內心世界之間，有一道不可逾越的鴻溝。當時的我，看不到外部環境和意向構成的內部世界之間存在千絲萬縷的聯繫，只認知到了內部世界和外部世界之間存在不可調和的衝突。

從最開始我便意識到：儘管會花費我大量的心力，但若是我能夠成功證明精神體驗的內容是實實在在存在的——不僅僅是我個人的體驗，還有每個人都擁有的集體性體驗也是實實在在存在的。如果我能找到這一點，那麼我便找到了內心體驗進入到外部環境的切入點。這一點，也成為我後來的研究內容，我儘量向世人證明這一點，並推薦給那些和我相交甚密的親友們利用這種方式看待世界。當然，我做這項工作是具有風險的，稍有不慎，便會落入孤獨的境地，萬劫不復！

「曼陀羅」記錄我自己

這種情況在第一次世界大戰結束後，發生了改變。這個時候我的研究工作開始展現曙光。兩件事造成了這種情況的出現：第一，我決心與那個竭力讓我相信我的研究是藝術的女性意向一刀兩斷；第二，這個時候的我，已經充分理解了曼陀羅的繪畫。不僅如此，我還能繪畫出曼陀羅的繪畫，那是一九一八—一九一九年前後，那個時候，我的《七次佈道詞》已經問世，此時，我還畫出了一幅曼陀羅的畫。當然，這個時候，我並不理解我所畫的曼陀羅所代表的意義。

一九一八——一九一九年，當時的我正擔任英軍戰區戰俘監管上校，我們的軍隊駐紮在夏托達堡。那時候，我每天的「任務」便是在筆記本上畫曼陀羅。所有的曼陀羅都非信手塗鴉，每一尊曼陀羅都象徵著我精神上的變化。這些圖畫成為我觀察我精神變化的驗證。在這個時候，女性意向「死灰復燃」，她寫了一封「信」給我，在信中，她再度重申從我潛意識中衍生的種種事物，都具有一定的藝術價值，或者索性說這些就是不折不扣的藝術品。這封「信」讓我感覺十分不舒服，因為這封「信」不僅不愚蠢，恰恰相反，還具有很強的說服力。因為現代藝術家往往是透過潛意識進行藝術創造的，這只是表面情況，隱藏在這種表象下面的除了妄自尊大便是追名逐利。這點，讓我開始對自己產生了懷疑。換言之，我開始不明白，我的幻象是真的自然產物，還是自己在功利心的驅動下進行的虛構。我不能否認自己意識中還存在偏執和狂妄，而凡是處在這種情形中的人，總會一廂情願地認為，任何短暫的高尚靈感，都是因為個體足夠高尚，而那些卑鄙低劣的反應卻都是偶然出現的。因為這種刺激和不協調作祟，第二天我便畫出一幅不一樣的曼陀羅形象：曼陀羅和周圍的聯結被割斷了，於是圖畫中所產生的對稱性被破壞殆盡。

這件事過去很久之後，我才領悟曼陀羅的精髓要義：「它是心靈的永恆創造，這種創造可能業已成型，可能正在發生變化，也可能是永恆存在的。」這才是人格完整性的體現，倘若一切順利，人格就是和諧的，不會出現自欺欺人的情況。

我所畫的曼陀羅成為了我解碼自我人格的金鑰，但是密碼卻千變萬化，每天都以嶄新的情況出現。透過這些變化多端的密碼，我認知到了我的人格——我的存在，在以一種極端活躍的情況工作著。我唯一肯定的一點便是，雖然對於自我人格的理解，我只是一知半解，但是我已經認知到這點對我極為重要，對於這些觀念，我如同珍寶一樣珍愛。隨著時間的列車轟隆隆地向前推移，我透過它們開始瞭解自我人格的觀念。我覺得，自我個性和我本是一體，而我筆下的曼陀羅代表的是我的分身，對應是我的精神這一微觀世界。

就在我思索的同時，我還一直在畫曼陀羅。究竟畫了多少幅的畫，我也數不清了。在作畫的過程中，一些問題水落石出：我畫畫的行為體現了什麼？我畫畫的目的是什麼？結合我本人多年和潛意識「作抗爭」的經驗，我知道，我絕對不能自作主張選擇一個沒有價值的目標。這種情況昭示著，我必須放棄一種狹隘的想法——讓我的人格在潛意識中佔據絕對控制權。我必須放棄這種想法，否則我無法繼續從事對神話的科學分析。而對神話進行科學分析是我的主要任務，從《變化的象徵》開始，我便已這樣確定了。從我正視潛意識時候開始，我便被潛意識「牽著鼻子走」，它引領我去往何方，我並不知道。情況的轉變是從我畫曼陀羅的時候開始的，從我所畫的曼陀羅中已經可以看到我的心路歷程了。我的行進步伐，兜兜轉轉，迂迴到居中的那個點。事情逐漸顯現端倪，曼陀羅才是中心。曼陀羅是一切道路的代表，我它們不僅通向這個中心，也通向個性化的道路。

從一九一八－一九二〇年開始，我逐漸開始明白，精神發展的目標就是發展自我的人格。自我人格的演化並非「直來直往」，而是兜兜轉轉迂迴發展。「均勻性」的發展，只會出現在開始，之後，便成為昨日黃花。爾後，一切都開始向著發展自我的人格「進軍」。當我明瞭這一切的時候，我的內心獲得了平復，變得平靜如初，現在的我找到了表現自我人格的工具——曼陀羅。當然了，肯定有些人知道得更多，但這個人絕對不是我。

一九二七年，我做了一個夢，這個夢側面證實了我的想法。對於這個夢境，我可以用一幅名為「守望永恆之窗」的畫——內容自然是曼陀羅，來表現。這幅畫後來成為《金花之祕》的插圖。一九二八年，我再度畫了一幅畫，內容自然還是曼陀羅。這幅畫的主體是一座富麗堂皇的城堡。當這幅畫躍然紙上的時候，我開始問我自己：「為什麼這幅畫中有這樣濃郁的中國風？」這幅畫的形式和色彩，讓我記憶猶新，雖然外觀上我絕對沒有用中國元素，但是這幅畫的整體感覺卻是中國味十足，這也這幅畫給我最直接的感覺。這件事過去沒多久，理查・威爾海姆給我寄來一封信，信中附了一篇論述鍊金術的文章，他讓我給這篇文章寫一些評論，讓我更感興趣的是這篇文章的標題——「金花之祕」。我迫不及待地看這篇文章，簡直是一目十行。文章中所論述的，從側面證實了我對曼陀羅是「中心」的觀點。在「金花之祕」這篇文章中，我感受到了共鳴，也就是說，我終於可以就某件事或某個觀點，和某個人進行交流了。

我終於走到我的「生命之地」

這種巧合稱得上是「無巧不成書」，當我回想起這高度的「同步」時，我在這幅讓我印象深刻，具有明顯中國風的畫作上寫下了如下的話：「此畫完成於一九二八年，畫作主要表現的是一座大氣恢弘的金色城堡。此畫完成之際，恰逢身居法蘭克福的查理德・威爾海姆來信，信中附了一篇距今三千年的中文文章，詳述金色城堡意為長生不老。」

這一切又和我之前做過的一個夢相呼應，夢中的我置身於一座煤灰遍地的骯髒城市，時值暗黑的冬夜，風雨淒迷。從周圍的建築不難看出，這是英國的利物浦。我和可能是六七個的瑞士人一起穿過幾條黝黑的街道。我當時的感覺是，我們正從港口出發。奇妙的是，真正的城市卻不在這裡，而是在懸崖之上。當我們攀援而上時候，我們才一睹城市的全貌。這所城市給我的感覺如同巴塞爾。在巴塞爾，市場便是位於城市的下半部分，你必須通過「死亡之巷」再往上走。這條「死亡之巷」筆直地通向上半部城市的一片高地，進而延伸到彼得廣場和彼得大教堂。當我們到達這片高地的時候，眼前的情況堪稱「別有洞天」。一座巨大的廣場正籠罩在昏黃的燈光下，廣場是一個中心，街道由此輻射開來。一座圓形的水池位於這座廣場的正中央，而一座迷你的小島則位於水池的正中間。風雨交加，煙霧繚繞，昏黃的燈光將光線交織得迷迷濛濛，周圍的一切只現其輪廓，不見其真形，但是小島上卻被光芒映射得燦爛奪目。島上有一棵木蘭樹，樹上綻放著殷紅若血的紅花，這棵樹似乎樹立在光源之中，分外耀眼奪目。似乎這棵樹便是太陽初升之地，又似乎這棵樹本身便是光源，但是我的朋友們——那些瑞士人對這棵樹卻視而不見。這個時候，他們談論起另外一個瑞士人，並對他樂於定居於此表示不解。此時的我，被這千朵繁華競相綻放的美景所震撼，為這種美麗所動容，我心道：「至於他為何選在此地定居，我比你們要明白。」這個時候，我便清醒了。

我還要補充夢中的一個細節：這些城市呈點狀以一個中心往外輻射，一點一點，均是開放性的小方塊，有一盞碩大無朋的燈照亮了這個小方塊，形成了類似剛才小島的一個複製品。我知道，他們所談論的那個瑞士人，便居住在這些鱗次櫛比中的點中之一。

此夢一如我心情，彼時我的心情非黑即灰，這個夢讓我領略了超脫凡世的美，這種美麗讓我得以復生。利物浦有「生命之源」之意，在這裡寓意著這裡孕育了新生命。

這個夢，再度驗證了命運所加諸給我的任務。於我看，此夢的目的已經昭然若揭：中心即目的，所為皆為此中心。而以一人之力，走到中心之外必然是力所不能及的。透過這個夢，我明白了，「我性」即為方向和含義的原則和原型，其中蘊含著治療的方法。對我而言，這種頓悟暗示通往中心之路，這一達成目標的方式，而我和神話之間的關係也顯露端倪。

做完此夢後，我便停筆不再畫曼陀羅的畫了。這個夢，象徵著潛意識發展的頂級階段，它將我內心中的事物淋漓盡致地展現了出來。這個夢讓我頭腦清晰，讓我能客觀地看待我腦海中存在的一切意向。此夢過後，我得到了極大的滿足。我已經知道，我傾注心力的工作意義重大；儘管我知之不詳，而且也無法與我的同事進行交流。

如果這個夢境沒有出現，那麼我很有可能就會迷失方向進而放棄命運交予我的事業。幸好，夢境對我的一切做了清晰的揭示。當我和佛洛伊德分道揚鑣之時，我並不知道自己該行往何方。佛洛伊德學說以外的世界，對於我而言，是全然的黑暗。面對黑暗，我邁出了關鍵的一步，之後不久，便做了這樣一個夢，一切似乎冥冥之中自有天意。

「十年磨一劍」，我花費了近五十年的時光，將我所體驗的事物付諸筆端。當我還是個年輕人的時候，我的理想是在科學上有所成就。而後，我碰觸了潛意識這股岩漿，它的熱和光，將我的生活改造得天翻地覆。促使我潛心研究的便是這種光和熱，而我的任務便是將它們和世界完美地融合在一起。

我探求內心意向的那些年，是我一生中最為光輝的一段歲月——一切根本性的東西都在這段歲月奠基，後來的細節和詳情不過是建築在此基礎上的補充而已。當這些材料從潛意識中爆發而出的時候，如同岩漿一般熾熱，將我燃燒殆盡。而這些，便是可供我研究、求索一生的豐富材料。

第七章

研究和著述

當我踏上我人生的後半段時，我也在潛意識的道路上漸行漸遠。我的研究絕非一日之功，而是在進行此種研究約二十年後，對於幻覺得理解才漸入佳境的。

面對幻覺，我首先要找出自己是否有過類似的歷史體驗。我不斷地問自己：「我的這些幻覺是不是以前曾經在那些地方出現過？」如果我找不到這種體驗，我便無法讓我的幻覺具體化。接觸鍊金術對我的影響十分巨大，因為鍊金術為我提供了我之前一直無法找到的歷史基礎。

分析心理學隸屬自然科學，相較於其他學科，它更容易受觀察者的主觀偏見影響。因此，心理療法醫生想要排除判斷上的大致錯誤，就必須依賴歷史上和文學上的類似人物。在一九一八—一九二六年間，我潛心學習諾斯替教派作家的著作，他們是我的先驅——是世界上最早一批正視潛意識，並對其進行討論的人，他們甚至還探討過受直覺所誤導的意向。遺憾的是，由於可以查詢到的資料過少，所以他們是如何理解這些意向的，我們不得而知。另外，依然還是這批資料，竟然是出自諾斯替教派的反對者——基督教誕生六百年後，解釋教義的一批作家們手中。

我個人覺得，諾斯替教派的作家們對於這些意向的理解大概還停留在表面，沒有涉及心理。不過我的時代於諾斯替教派相距過遠，所以我們之間無法建立起任何聯繫。據我所知，這一教派所樂道的神祕直覺在今天已經失傳了。這意味著想要架構起從諾斯替教派通向現代社會的橋梁，是一個不可能完成的任務。但是當我瞭解了鍊金術後，這種情況出現了逆轉。因為鍊金術與諾斯替教派之間存在著歷史延續性，將我和諾斯替教派聯繫在了一起。鍊金術是中世紀的自然哲學，它有著承上啟下的作用，不僅通往過去，還通向未來和現代，它讓潛意識心理學開始完整起來！

這方面的開山鼻祖是佛洛伊德，他將諾斯替教派的性欲動機乃至邪惡的父輩權威代入到心理學之中。諾斯替教派中，耶和華類造物神的動機，再度出現在與佛洛伊德有關的本源之父，以及從這位父親處衍生的超我神話中。在佛洛伊德的「神話」中，他是創造悲傷、傷痛的魔鬼。

鍊金術士對物質情有獨鍾，物化的傾向已經展現無遺。佛洛伊德認為，這種傾向掩蓋了諾斯替教派的本質：作為至高無上的神祇，他送給人類一個能轉換精神的器皿，這種器皿體現的是女性意向。女性意向，在佛洛伊德的理論世界中是可以忽略的。當然了，有這種偏見的絕非是佛洛伊德一個人，就像是上帝之母和耶穌的新娘，都是歷經千百年的爭執和猶豫，才被接納如神聖的「內室」之中的。儘管已經有部分教眾接納了上帝之母和耶穌新娘，可是在新教和猶太教，至高無上的依然是父權。但是在鍊金術中，女性意向卻發揮著與男性意向相同的作用。

在我發現鍊金術之前，我做了一系列的夢。夢中反反覆覆出現相同的場景——我的住所旁出現了另一所的房子。從表面上看，這似乎是一座附屬建築物，但卻讓我覺得很古怪。每次做夢我都能夢到相同的附屬建築物，而我對它一無所知。後來我又做了一個夢，夢見自己置身該建築之中。我發現，房子中有一個奇妙的圖書館，歷史悠久，似乎是十六、十七世紀的產物，一本本以豬皮包就的書籍林立其中，這些書大多裝飾有特色的銅版畫，插圖中有我所不認識的各種古怪象徵符號。當時我並不認識這些符號所代表的事物，很久之後，我才知道這些符號是鍊金術的專屬符號。在夢中，這些奇思妙想的符號極大地取悅了我的感官。

那個時候的我還沒有意識到那附屬建築物便是我的人格的象徵：代表著屬於我的某些事物。尤其是圖書室以及涉及鍊金術的事物，那時我仍舊對其一無所知，之後我才開始對其進行研究。時光大概走過了十五載春秋，我用所收集的書籍構建了一個圖書室，樣子就與這一夢中相仿。

一九二六年，我做了一個與眾不同的夢，這個夢預示著我會和鍊金術產生不同程度的聯結。夢中正值戰時，而我正坐在一個矮個子農民駕駛的馬車離開義大利的前線南帝洛爾，子彈在我們周圍炸開。我腦海中只有一個念頭：趕快逃離這個危險的地方。

我們需要穿過一座橋以及一條隧道。隧道為圓拱形結構，上半部分已經被砲彈轟得不成樣子，當我們穿過隧道到達另一端時，出現在我們眼前的，竟然是一幅風和日麗的圖卷。我很快便認出，此情此景，是維羅納的一個地區。而在我們眼前的，恰是維羅納市，它正沐浴在陽光的照耀下，熠熠生輝。我頓時鬆了一口氣，我們繼續前行，穿過了蒼翠欲滴，生機盎然的隆巴德平原。一路上的情景皆能入畫，春意闌珊的鄉村洋溢著靜謐祥和之氣，蔥翠的稻田生氣勃勃，油橄欖樹和葡萄園點綴其中。隨後，我在這條路的斜對面發現了一座大莊園。規模浩大，如同北義大利公爵的宮殿。這座莊園擁有很多附屬建築物，曲折迂迴，猶如羅浮宮。沿著這條路繼續往前走，繞過這座宮殿，穿過一道門進入庭院之中，在這裡，我得以窺見這座莊園的全貌：遠處的第二道門後是不盡的春光；右邊是莊園的正面，左邊是僕人住宅區、馬廄、穀倉和其他建築物。

當我們即將到達莊園的中心時，讓人大驚失色的事情發生了：隨著「砰——」的一聲，庭院中的大門關上了。駕車的農民張惶失措地跳下來，大喊大叫：「啊！我們被關到十七世紀了！」我束手無策：「真的是這樣啊！該怎麼辦呢，這下我們會被關在這裡好幾年的時間。」不過轉念一想，又覺得安慰：「總有一天，我會從這裡出去的。」

鍊金術的象徵語言

做完這個夢後，我一直在找尋幫助我理解這個夢的東西。我宵衣旰食，在浩如煙海的世界歷史、宗教史、哲學史中找尋可能用得上的資料。直到很長時間之後，我才領悟，它所指的是鍊金術。因為鍊金術在十七世紀達到了它的頂點。奇怪的是，我全然忘記了鍊金術集大成者赫伯特・希爾比勒的代表作。那個時候，他的代表作早已付梓。而這個時候的我，認為鍊金術不過是招搖撞騙的把戲，不僅愚蠢而且可笑，這種情形與我欣賞希爾比勒那神祕的、不為人所知的觀點很相似。此時，我和希爾比勒過從甚密，我不僅與他有書信往來，而且對他的著作給予很高的評價。可是和他最後悲劇性的結局一樣，在這個問題上，希爾比勒雖然看見了曙光，但全然不理解這種曙光所代表的含義。我對他後期採用的材料，瞭解得並不清楚。記載鍊金術的書籍後期呈現的特點是怪異的，只有破譯了這些文本，才能知道文本所記載的重要內容。

一九二八年，理查・威爾海姆寄給我一本有關中國煉丹術之書的樣本——《金花》，透過這本書，我才逐漸瞭解鍊金術的本質。讀完這本書後，我心中湧動著噴薄的欲望，想進一步瞭解鍊金術。我找到一位來自慕尼黑的書商，並委託他為我留意鍊金術的書。不久之後，他為我找到了《鍊金術卷二》，這本書是用拉丁文寫就的論文集，其中幾篇是鍊金術的「巔峰之作」。

不過這本書被我閒置了差不多兩年，我只是在偶然間才會翻看裡面的圖畫，但是每次閱讀的時候我內心都會叫囂：「天啊，這些都是胡言亂語，難以理解。」但是它一點一點地引發我的興趣，終於讓我下定決心去研究它。翌年冬天，我開始認真研習，不久之後，便發現了它的奇妙之處。雖然它的很多章節對於我而言，猶如天書，但是有些章節對我而言，卻十分的重要，間或能發現一些我懂得的句子。最後我認知到至關重要的一點，那就是鍊金術是在用象徵表示自己的觀點。初相逢卻是舊相識，象徵原本就是我所熟悉的啊。我如獲至寶：「嘿，這可真是富於幻想了，我必須先學會如何破譯這些象徵。」這個時候，我完全沉浸其中，一有時間便埋頭苦讀。有一天晚上，我正在研究這些象徵的時候，忽然想起了我那個有關十七世紀的夢境，這個時候，我終於得以將一切串聯起來：「原來是這樣，看來我得從頭研究鍊金術了。」

對於我而言，鍊金術猶如一個迷宮，而我，又沒有阿里阿德涅往我的手中塞線團，所以費了九牛二虎之力才在這個迷宮中找到自己的道路。有一次，我在閱讀十六世紀書籍《哲人的玫瑰園》時，發現一些高頻率詞彙：「分解與凝結」、「神祕的管道」、「石頭」、「本源物質」、「水銀」等等。這些詞句或者同類的表達方式出現得頻率太高了，於是我決定著手編著一本此類用語的詞典，類似的摘抄也占滿了好幾大本。我利用語言學作為未來發展研究的方向，這種情形有點像是猜字謎。按照這種方式進行下去，堅持不輟了近十年，鍊金術的表達方式才逐漸呈現在我眼前。

隨即我便看出，鍊金術與分析性心理學隱隱相合。鍊金術士和我有相同的體驗，同處一片王國。這一點絕對是個驚人的發現：無心插柳柳成蔭，我找到了潛意識心理學歷史上的對等物。鍊金術代替了諾斯替教派，將這條潛意識的鏈條延續下去，這些為我的心理學提供了具體的例證。當我閱讀完這些古老的文本時，一切也各歸各位：我從各種幻覺象徵中得到了結論，想要瞭解這些精神性的內容，就要結合歷史觀點明瞭其到底是何種意思。我對它們所有典型特色的瞭解正在不斷加深，其實這種瞭解早在我開始對神話感興趣的時候已經開始了。

在我的調查工作中，占主流的是本源性的意向以及類型。對我而言，歷史是心理學存在的先決條件，而心理學是潛意識的母體。可以肯定一點，擁有了意識的心理學同個人在生活中獲取的材料相互豐富。這就像是我們想解釋一個人精神病的來歷，就先要知道這位病人的既往病史，因為病史可能比表現更加的深刻。如果我們在治療過程中，要做一份艱難的決定或者搖擺不定的時候，便會做夢，夢中所闡述的內容遠比我們自己認識得要多，而且也更為深刻。

以洞察人格祕密為依據

我把自己對鍊金術的研究看成是我與歌德內在聯繫的一種跡象。歌德的祕密在於他被原型性變化程序控制，歌德身上發生的「被控制」無獨有偶，千百年來一直發生。也正是因為如此，歌德身上有一種「超人」的氣質，他擁有的是原型世界的偉大夢想。他將他的這種偉大夢想寄託在《浮士德》上，並因此將《浮士德》認定為一種「重要工作」，以致一生都圍繞著《浮士德》而活動。

我也被相同的事情支配著，自我十一歲起，我便不得不從事一項「獨一無二」的事業。這種事業浸淫了我的生命，並將我的觀念、我的目標串聯起來：這就是滲透人格的祕密。根據這個中心，所有的問題都能大白天下，而我所有著作的主題，都是圍繞著這個中心進行的。

於一九〇三年開始的聯想實驗，是我進行科學研究的開端。我最早寫就的是《詞語聯想研究》，而後寫成了《早發型痴呆心理》和《精神病內容》，這兩本書的寫作初衷在前文中已經交代過了。一九一二年，我的《轉變的象徵》大功告成，這本書讓我和佛洛伊德最終分道揚鑣，自此，我獨自在潛意識道路上下求索。

基於我對我的潛意識所產生的意向十分著迷，所以我乾脆將這個作為起點。我對潛意識意向的研究從一九一三年開始，一直持續了四年，之後，原本層出不窮的幻覺就開始漸漸減少了。就在幻覺得潮水還沒有全然退去，而我也不再是個在幻覺得大海中起伏掙扎的溺水者之時，我終於可以用客觀理性的態度對潛意識的意向加以深思。於是，我便給自己提出了一個問題：「對待潛意識，人們的看法如何呢？」對此，我用《自我和潛意識之間的種種關係》做了解答。隨即，在一九一六年，針對這個問題，我在巴黎舉辦了一次講座。講座中，我對潛意識的典型特色做了一些概述，我還強調：「頭腦中的意識，對於潛意識所持的態度，遠非無動於衷。」這次講座的內容，在一九二八年以德文出版，不過內容得以增益。

同一時期，我的《心理類型》一書已經顯現雛形，並最終於一九二一年首次出版。我之所以會寫作這本書，是想在書中明確界定我的觀點與佛洛伊德和阿德勒的觀點其不同之處。當我想要將這種觀點表現出來時，「類型」這個攔路虎開始困擾我：心理類型千人千面，並在人進行判斷時發揮決定作用。所以這本書的目的被開放成為探求人與世界，個人與他人之間的關係。書中囊括了林林總總的意識，因此意識決定的頭腦對世界採取的態度也必然是五花八門的。這種意識從臨床角度出發，屬於意識心理學的範疇。

在這本書中，我加入了大量的文學要素。其中斯比特勒作品更是處於一種獨特的地位，尤其是他的《普羅米修士與厄皮墨透斯》，當然了，席勒、尼采以及古典知識也佔有一席之地。我甚至唐突地將這本書寄給了斯比特勒，但是卻如石沉大海。而後他做了一次報告，並在報告中不無揶揄的說自己這本《普羅米修士與厄皮墨透斯》根本沒有那些莫須有的含義，就像是他在唱歌的時候，他會無意識地哼出「啦啦啦——」的音節一樣。

《心理類型》這本書讓我茅塞頓開，我認知到，人格制約個人的判斷，而人做出的判斷具有一定的相對性。隨即，一個問題產生了，即對各種各樣的多樣性進行補償的普遍性問題。對這個問題的探索，讓我將視線轉移到中國的「道」上。在前文中，我已經介紹過我與理查·威爾海姆合著《金花之祕》的來龍去脈。只有在我的思想和研究到達一定的程度，在碰觸了「自我人格」後，才能完成對我自己的救贖。之後，我便開始到處繼續我的專題講座，並開始我的遊學生涯。各種論文和演講稿，已經成為衡量我內心事物的砝碼。甚至，我的學生、病人、讀者向我提出的問題，也被囊括其中。

繼《轉變的象徵》問世後，性本能（力比多）便成為我新的課題。我將力比多設想成為一種類似物理性能量的精神類似物。因為力比多有數量性的觀念，所以無法用質的術語來界定。我的目的在於從風靡的力比多理論中跳出——換而言之，我更願意將飢餓、侵略、性這些本能看作為一種精神性能量的表現方式。

如果我們想用物理的方式表現能量，顯然容易得多，比如光電、比如熱能等。其實心理學中也存在著能量，我們處理問題的重中之重依然還是能量——能量的大小以及能量的強弱。不過，我們所要處理的心理方面的能量，會以各式各樣的偽裝出現。倘若我們假設力比多是能量的話，首先我們要採取一種一致而且綜合的統一觀點，不管力比多代表的是什麼，性欲也好，權力欲也罷，不管這些東西的數量以及強度，都要退居到次要地位去。

我希望能為心理學做一點事，這件事不僅要合乎邏輯，而且深邃正確。打個比方說，就像是能量學或者力學之於物理學那樣。而這點，在我一九八二年寫就的論文《論精神性的能量》中得到了最深切的體現。打個比方說：我將人類各種各樣的動機都看成能量光怪陸離的表現方式，而這些動機便是心理學上的力，就像是光和熱在物理學上的力一樣。任何一個有常識的物理學家斷然不會說熱能導致一切力，作為心理學家，也不能武斷地認定性欲導致一切本能。認為性欲導致一切本能，是佛洛伊德早期的錯誤。不過佛洛伊德利用「自我本能」對於自己的錯誤進行了修正，並提出了「超我」的學說，借此賦予了新學說以神聖的地位。

其實《自我與潛意識之間的關係》這本書僅側重了我為什麼會對潛意識感興趣，以及和這種興趣相關的一些事物。但是對於潛意識，這本書所談甚少。當我對幻覺進行深入研究的時候，我才發現，潛意識可以在人的經歷方面發揮重大作用。當我自己熟練掌握了鍊金術後，我便意識到：潛意識本身便是一個過程，一個利用自我不斷充實和豐富自身潛意識的過程。在個性方面，這種轉變可以從幻覺和夢境中找到蛛絲馬跡。在集體意識方面，各種隨著時代而變化的宗教都是其組成部分。包括鍊金術的象徵性都是在不斷變化、不斷發展的，透過對此的研究，我得到了我心理學中至關重要的一個概念——個性化的進程。

基督與心理學的關係

我的研究工作開始取得了實質性的進展，很快它的觸角便觸碰到了人類世界觀這個問題，繼而開始探尋心理學和宗教之間天然的關聯。為了搞清楚這類問題，我對諸如此類的觀點做了詳盡的研究，其結果最早收錄到《心理學與宗教》一文中。之後，作為我的研究成果的直接呈現，我還將一些觀點寫入《自大狂》中。這種觀點體現得最為鮮明的便是《自大狂》這本書的第二篇文章——「精神現象的一種——自大狂」。

巴拉塞爾索斯的書中囊括了他很多獨創性的觀點，比如他清晰地闡述了鍊金術士所提出的種種古怪甚至裏上死人外衣的問題。

倘若要剖析巴拉塞爾索斯的話，就不得不先討論和宗教以及心理學都有莫大關係的鍊金術。鍊金術的本質是什麼呢？它更接近於一種宗教式的哲學。我在《心理學與鍊金術》一書中，花費了大量的章節來探討鍊金術的本質。如此，我如同飄蕩的蒲公英，將我從一九一三—一九一七年的經歷，都根植於大地之上了。因為彼時我的經歷，恰好能與鍊金術的變化對應起來。

潛意識的外向性與基督教亦或是別的宗教之間有什麼必要的聯繫嗎？這是一直困擾我的問題，其實我這樣想是很自然的一件事。我將基督教對人的啟示發揚光大的同時，也知道了基督教對西方人非同小可的重要性。但是基督教必須緊緊聯結時代，跟著時代的脈搏而律動。否則的話，基督教便會從時代脫節，成為時代發展的桎梏，不會發揮任何積極作用，在我的著作中，我一直極力想表現的就是這一點。

不管是聖父、聖子、聖嬰的三位一體教義，亦或是做彌撒的文本，我都曾經用心理學加以闡述。我甚至還將三位一體的教義以及彌撒文本，和帕諾波利斯的佐西莫斯所描述的幻覺做了對比。儘管他生活在西元三世紀，儘管他是鍊金術士和諾斯替派教徒。我之所以這樣做的原因，在於我想在分析心理學和基督教之間架構起橋梁，並將基督代入到心理學的範疇中來，其實早在一九四四年，我便這麼做了。當時我的《心理學與鍊金術》中，已經論述了基督形象和鍊金術士之間的對應關係。

一九三九年，針對依格納蒂烏斯・洛尤拉的《精神修練》，我舉行了一次講談會。在進行講談會的間隙，我正在為我的新書《心理學與鍊金術》搜羅可能用得到的材料。那天晚上，我將醒未醒之時，看到了月亮的清輝撒在了床腳處。更讓我驚疑的是，那裡竟然有被釘在了十字架上的耶穌形象。也許大小有點出入，但是形象卻完全吻合。更令人驚訝的是：耶穌的本尊竟然是綠色的金子構築而成。這種美麗的景象，是我見所未見的。雖然我的腦海中經常迸發幻覺，也曾經在半睡半醒之際看到驚異的場景，但這種美景依然深深震撼到了我。

從《精神修練》引申出的冥想——基督靈魂，是我一直關注的問題。這個幻覺得出現似乎再次向我指出我忽視了的問題：從本質上講，基督和鍊金術士所說「綠色的金」、「精神之金」沒有什麼區別。當我這樣認知的時候，我便釋然了。這個幻覺便是鍊金術士的象徵，這個時候的我，似乎已經發掘到了耶穌本質的東西。

綠色的金是鍊金術士找尋的「本質」，這種本質是鮮活的，具有生命力的。這種本質是生命精神的體現，是人類靈魂的精髓所在，是宏觀世界的精華濃縮，是整個宇宙活躍起來的人類表現。這種「本質」是一種精神，這種精神會滲透到萬事萬物中去。不管是有機世界還是無機世界，都能找到「本質」的身影。這種本質無處不在，不僅存在於人類的身上，還體現在無機的自然界中，甚至還能出現在金屬和石頭裡，我所產生的幻覺便是將基督的形象，與物質中的「本質」之間產生了某種聯繫。

那種綠色的金攝魂奪魄，導致我無法假定，是否有種本質性的東西慢慢地在我「基督教」式的視野中從有到無。也可以這樣說，我之前所有的是，傳統的基督教形象，而這些基督教形象已經不合時宜了，但是我所擁有基督教觀念的精髓沒有發生偏移。可是金向我展示這樣的問題：鍊金術赤裸裸的告訴我們，基督教觀念是將死去的肉體和活著的精神完美結合在一起。

在《伊湧》中，基督再度成為了我的研究對象。但是在這本書中，我側重地並非是歷史上驚人的相似物，而是基督的形象和心理學之間千絲萬縷的關係。我無法將基督等同於一個失去了外在性的人物，恰恰相反，我將基督看成了一個具有延續性、持續性、歷史性的宗教進程。為什麼占星術能喻示基督到來？基督體現了何種時代精神？基督在發展了兩千餘年的宗教中充當了什麼角色？人們究竟是如何看待基督？這些都是我們所研究和探索的問題。千百年來，隨著基督教不斷完善和發展，基督周圍一直環繞這各種光環和爭議，這一切恰恰是我們所要研究和探索的。

如果想對所有的問題追本溯源的話，那麼耶穌曾經是人之子的事情就無法避而不談了。耶穌曾經是人，這個問題是具有重大歷史意義的。耶穌之所以會便成人，是他所屬時代的智力凝聚。換而言之：耶穌之所以是人形，意味著他才是人類本源的形象，人類的智力、淵源都能從這位無所不知的猶太人的預言中找到。

人類的古老觀念如同一粒種子，根植在猶太人傳統的土壤之中，埃及霍律斯神神話是為這粒種子提供了庇護。人類的古老觀念，從基督教紀元伊始便成為人們的普遍觀念。之所以這種觀念這樣風靡，很大原因在於這種觀念本身便是時代精神的象徵。這種觀念將上帝之子和被神話的奧古斯大帝對立起來，並將猶太人的彌賽亞的問題融合在了一起，將其變成了一個世界級的問題。

耶穌不過是木匠之子，他之所以會成為救世主只不過是「時無英雄，使豎子成名」，這種觀點存在著很大的誤解。耶穌必然天賦異稟，所以他才能如斯完美地表述那個時代人們集體的潛意識期望。除了耶穌，沒有人能成為這種期望的傳遞者和歌頌者，只有耶穌這位被命運選中的人才能做出這一點。

這是一個專斷的時代，神聖的凱撒所建立的羅馬帝國宣揚：「順我者昌，逆我者亡」的觀點，並在這樣的觀點下創造出這樣的世界——在這個世界中，不管是個人還是民族，都被剝奪了他們在文化上甚至是精神上的自由性和自主性。也正是因為如此，在很多地方才會出現基督熱潮「復甦」的情況，甚至「基督再現」的說法也會甚囂塵上，這些都說明，人們的靈魂需要救贖。而今天，則重複了羅馬帝國的「悲劇」。今天個人和民族，文化和精神，再度遭遇了過去的威脅——大眾吞沒，只不過是他們採取的形式，是與時代契合的「新」手法——看到了飛碟或者不明飛行物。

鍊金術裡的移情——相合

我的論點在於：我的心理學和鍊金術之間存在某種聯繫，或許是對立、或許是統一。包括上述的宗教問題，以及我的心理療法，我都想在鍊金術士的著作中找到相關的論據。其實這種方法並不罕見，臨床上將心理療法的這種問題稱作「移情」。對於這件事的認可，我與佛洛伊德的觀點驚人的一致。

經過我的實驗，有個觀點被我證實了。鍊金術並非是虛無的，而是和現實中的某些事物一一對應，這便是「相合」。對於這個問題，絕非我一人注意到了，希爾貝勒便發現了這種「相合」。我對這個問題的研究，具有一定的漸進性。甫初，在我的著作《心理學和鍊金術》中，我列舉了這方面的例子作為論據，兩年之後，我在《移情的心理》中對這個問題繼續做了進一步的研究，最後的研究結果就凝聚在《神祕的相合》一書中。

正如我以前思考問題的情況一樣，一旦我對某些問題——個人問題或者是科學問題，產生關注的時候，甚至會產生相合問題的時候，那麼夢境便開始做出預兆。在這些林林總總的夢中，有一個夢將各種問題凝結成了清晰的意向。

隨即，我再度做了一個夢。夢中，我進入到一座我從來沒有進過的附屬建築物。我很好奇裡面到底是什麼，便決定去一探究竟。我走了進去，面前是一道厚重的大門，我費力地推開了這道門，發現裡面是一個佈置井然的實驗室。在這間屋子的窗戶前，擺放了很多形狀各異的玻璃器皿和實驗用具。這顯然是我父親的工作室，只是我父親的身影卻沒有出現在這裡。沿牆有一列書架，各式各樣的瓶子放在上面，裡面裝著各種各樣人們所能想像到的魚類。我恍然大悟，原來我父親正在從事魚類的研究。

我正站在那裡東張西望，然後發現有一條布簾似乎正在被強風吹拂得不時鼓起來。正好，漢斯這個農村青年出現了，我便吩咐他：「漢斯，你去看看那條鼓起的布簾，是不是窗戶沒有關好。」漢斯聽完我的話，便走了。這一去便是很長時間，等到他回來的時候，臉上出現一種灰敗頹唐的顏色，他只是說：「是啊，布簾後的確有東西在出沒。」

隨後，我發現有一道直通往我母親房間的門，我走了進去，發現房間內空無一人。我仔細觀察這間房間，房間過大，瀰漫著神祕莫測的氛圍。和正常房間迥異的是，天花板上懸掛著兩排櫃子，一排五個。這些櫃子，形狀類似花園中的亭子。每個櫃子大概六平方英尺左右，而且櫃子中都擺著雙人床。我立刻意識到，這房間便是我母親從冥界回到人世所居住的房間，而這些類似亭子的櫃子，自然是接待來拜訪我母親的鬼魂的。這些鬼魂大多是夫婦，他們成雙結對地來拜訪我的母親，並在這種櫃子中休憩，不僅是黑夜，有時白天他們也會居住在這裡。

正對著母親的房間有一扇暗門，我打開了暗門，眼前竟然是一個空無一人的大廳。這個大廳的結構和裝潢，極類似那種大飯店的大廳，大廳中有銅柱支撐，廳中還擺放著搖椅、桌凳、豪華的裝飾品等。大廳內的音樂聲更加清晰了，銅管樂隊在演奏舞曲和進行曲——我剛才在房間中聽過的樂曲。但是我並不知道音樂是從哪裡傳來的。

飯店金碧輝煌的大廳中正在鼓樂齊鳴，人們在這裡醉生夢死尋歡作樂。誰都不會料到，在這熱鬧環境的另一面，竟然是地獄。多麼諷刺啊，歡樂到了極致便是一地死灰。而大廳這個夢的意向是對我粉飾太平的嘲笑，是對世人追尋歡樂的鄙視。

然而我們看到的只是膚淺的表面，在這表面之下隱藏著一些和表象千差萬別的東西。想要探尋這類東西的真相，便要換個環境，顯然這管弦亂耳的環境是不大合適的。讓我感興趣的是兩個意向：一是魚類實驗室，二是專門為鬼魂虛左以待而懸掛的亭子，兩者皆是陰暗幽冥之地，當我身在其中時，都能感受兩者皆瀰漫著安靜和神祕的氛圍。我有這樣的感悟：這裡代表的是無邊無際的黑暗，大廳內的喧鬧和熱烈被歸屬到白天的範疇，也喻示著塵世的虛浮和淺薄。

這個夢最重要的意向是「鬼魂接待所」和魚類實驗室，「鬼魂接待所」以一種戲劇性的方式與我的潛意識相吻合，而「魚類實驗室」則昭示了我對基督的「偏見」，因為我一向認為，基督本人就是一條魚。這兩種意向，我接連研究了十多年。

讓人驚疑的是，父親竟然主管魚類的研究工作。按照古代的觀點來說，魚類象徵著人的靈魂，不是有這樣一句話嗎？「彼得向塵世撒了網，捕捉到了人的靈魂。」在這個夢中，他成為了一個看守，專門看管基督徒們的靈魂。讓我驚魂甫定的是，在同一個夢境之中，我還看到了我的母親，她搖身一變，成為那些分裂靈魂的保護者。從這個夢中，我知道，我的雙親都曾經肩負著醫治靈魂的重任，不同的是，現在這個重擔挑在了我的肩膀上。

我父母的夙願還有一些未能得償，即那些基督徒的靈魂向我提出的，我無法給出解釋的問題。換而言之，這件事依然被潛意識的濃霧遮蔽住，有待於後人的發掘。這提醒我要解決「哲學」上的鍊金術的主要問題，即相合問題。此外，還有一件事影響了我工作的進度，那就是由我妻子進行聖杯傳說的主要研究工作還沒有完成。

我回憶起每當我討論《伊湧》中有關魚類究竟象徵何物的時候，腦海中便會浮現白鷺的形象或是追尋聖杯的場景。倘若不是我要保持對妻子的尊重，不隨便涉足她的領域的話，我必然會將聖杯的形象融入到我對鍊金術的研究中來。

我印象之中，父親是一位安福塔斯式傷的受傷者，他如同一隻白鷺，身上的傷口不能治癒，也無法根除。而鍊金術之所以會風行，就是因為鍊金術士一直在找尋醫治這種絕症的良藥。作為一個口不能言的帕斯法爾，父親的痛苦可以想見。而我，在我的整個童年時代，都見證了父親和這種痛苦所做的抗爭。

對此，我無法赤裸裸地表述出來，只能做出一點暗示。事實上，我父親從來沒有對擬獸類的基督，或者基督的另一種符號象徵產生過興趣。直到我父親與世長辭之際，他都生活在基督所預見以及許諾的痛苦裡。當局者迷，我父親始終沒有認知到，他所有痛苦的根源都來源於基督教。父親將自己的病痛等同於一種個人身上的痛苦，並認為醫藥能根除這種痛苦，他根本沒有認知到，他的痛苦是所有基督徒共有的痛苦。

加拉太書中曾經有這樣一句話：「我活著，而非耶穌誕生在我身上。」肯定有什麼深刻的意義在父親的腦海中根深蒂固不可動搖。在此處，他信仰著他的信仰；在彼處，他需要越過他的信仰，為他的靈魂找到新的棲息處。這種情形，要求理性適時地退讓。《馬太福音》如是說：「並非每個人都可以接受這種清規，這種清規只會尋找那些接受它們的人。有這樣神聖的閹人，他們為了天國做了犧牲，自己閹割了，以便更好的皈依。」盲目的接受，不可能解決所有的問題，只會讓問題越積越多，甚至導致巨大的代價。

眾神身上有明顯的野獸特徵，他們是「超人」，而且這種「超人」並不隸屬人類王國。換而言之，動物才是「超人」的影子，大自然將動物的影子和「超人」融合在一起。「基督之魚」表明，那些耶穌的追隨者們，就是一條條魚。我們也可以將這些魚看成潛意識的靈魂。這些靈魂有一定的自發性，但是卻需要別人引導。

魚類實驗室的另一個釋義便是「靈魂看管之所」，如同病人能讓自己得病一樣，同理，醫生也可以治癒自己的病痛。這個夢最重要的意義在於：潛意識對於死者施加了作用，而這種作用卻能直觀的體現在死者的意識世界中。

正因為如此，這個時期的我根本沒有意識到我肩上的責任有任何意義，更無法對我的夢境做出一個差強人意的解釋。我只能感覺到這個夢有所啟示，但是這種啟示是什麼，我卻一無所知。在我可以寫出《答約伯書》之前，我需要克服我內心的怯懦。

而《答約伯書》的根源就在《伊湧》之中。在《伊湧》裡，我詳細研討了基督教徒的心理。我認為，不管是以安貧若素著稱的約伯，還是被釘在十字架上的基督，都擁有一定的共性。那便是，他們都在受苦，替蒙昧的世人承受苦難。在基督徒的世界中，世界的苦難從何而來？自然是因世界的種種罪惡產生。可是創造世界的是上帝，那麼創造罪惡的依然是上帝。所以為承擔自己的錯誤，上帝的僕人們為人類承受苦難。約伯如此，耶穌亦如是。

在《伊湧》裡，多次提到這樣的一個資訊：神聖之物，有其光明的一面，也存在著陰暗之處。我能找到的證據便是《約伯書》中所列舉的「上帝的憤怒」，定律要求我們要敬畏上帝，以及祈禱詞中我們耳熟能詳的「別讓我們受到誘惑」。《約伯書》中花費了大量的篇幅對上帝的這種矛盾性進行了論證，這種矛盾將上帝撕扯成了仁愛和嚴酷、慈祥和無情，這種矛盾閃爍著悲劇色彩。而我在《答約伯書》中，主要論述的就是這方面的內容。

我不過是表達個人之見

我之所以我著手編著《答約伯書》，外在的原因不能忽視。不管是公眾還是病人，向我提出的問題都具有一定的共同性。這讓我感到，我必須表明我明確的立場，才能使現代人對於宗教的疑惑得到緩解。多年以來，我一直搖擺不定，因為我本人知道，倘若我真的這麼做了，無異於平地的一場颶風。但是到了最後，這個問題越來越緊要了，所以我勉為其難地對它進行了我獨有的解答。

我真的這麼做了，回答的方式和提問的方式大同小異。換而言之，作為一種洋溢著感情色彩的體驗感情的方式，與其說是這種方式選擇了我，倒不如說，我選擇了這種方式。因為只有採用這種方式，我才能將那些永恆的真理宣揚出去。《答約伯書》只不過是我個人意見的表述而已，我希望我的《答約伯書》能像是拋進池塘的小石子，在大眾這片池塘中掀起一陣一陣的漣漪，或是能有拋磚引玉的作用，可是，神學家們卻指責我正在宣揚一種永遠不變的真理。神學家們之所以這樣，很大的原因在於他們總是跟「永恆」的真理打交道，對於其他的真理卻聞所未聞。

當物理學家說：「原子是這樣的。」並隨手畫出一幅原子的結構圖時，他的意思絕不是要證明他所表述的便是永恆不變的真理。不過神學家們往往對自然科學一竅不通，遑論心理性思維了。組成分析性心理學的主要元素，是各種各樣的事實，這些事實以一種高度一致的形式的存在，並以此構成了表述。

其實，我曾做過一個夢，夢中對約伯的問題進行了似是而非的表述。這個夢是這樣的：我去看望我已經過世良久的父親，他住在我沒有聽說過的鄉下。在那裡我看到了一座老式的房屋。從建築特色上看，似乎是十八世紀的，因為只有十八世紀的房屋才會配備這麼多的附屬建築。經過和父親的談話，我才知道這棟房屋是一家溫泉療養院開設的旅店。很多要人，諸如皇親國戚，學者政要都曾在此居住。這些人自然不是長生不老的，死去的人的屍身便保存在這座房屋的地下室中，我父親的職責便是看管這些屍身。

我很快就發現，父親的身份不僅局限於看守人，而且還是一個著名的學者，這跟他生前可完全不一樣。我在父親的書房裡跟父親會面，不過奇怪的是，另外一個跟我年齡差不多的精神病醫生甲和他同操一職的兒子也在場。不知道是不是因為我提出了這個問題，導致了我的父親開始試圖回答我的問題。只見他從書架上取下一本書來，這本書沉甸甸的，厚重不堪。我定睛一看，原來是《聖經》。這本聖經的包裝我很熟悉，我的圖書室中有一本梅里安的插畫《聖經》和它一樣，都是用閃爍著銀灰色光芒的鯊魚皮包裝的。

父親翻開了《舊約全書》，出於我對他的瞭解，我猜測這肯定是第五卷的卷首處。然後我的父親便針對這一章節，開始滔滔不絕地講述起來。他解說流利，學識淵博，以致我聽得十分吃力。我只能感知到父親的話語中有某些精要所在，但卻無法掌握和領會這種精要。跟我一樣不懂的還有那位醫生，他那愚蠢的兒子甚至開始吃吃的笑了起來。他們覺得我的父親如同一個普通的老人，是在嘮叨一些沒有意義的廢話。不過我心知肚明，我的父親之所以會滔滔不絕，不是因為病態，所說的也非愚蠢的話，而是一些非常有意義但是我們沒有瞭解的話語。

父親的話語字字珠璣，內中夾雜的知識之豐富讓人瞠目結舌。只是我們愚鈍不堪，不能理解其中的精要而已。他所說都是十分重要的事情，讓我十分的著迷，而他之所以話語激動，是因為他的腦海中充斥著那些我們所不懂的深刻觀念。他對我們所說的一切，就像是在對牛彈琴。當我明白這一點的時候，我既憤怒又惋惜。

這兩位精神病醫生代表了什麼？自然是目光短淺的世俗醫學觀點。他們還代表著我身上根深蒂固的缺點——我也受到了世俗短淺的醫學觀點影響。這兩位精神病醫生還代表著兩個相似的身影，那種身影，只有父親和兒子才會擁有。

隨即，場景發生了巨大的變化。父親和我，忽然轉到了房屋的前面，面前是一個作為存儲木材的木棚。忽然之間，我們的周圍發出了巨大的聲音，「砰——砰——」的聲音在我們耳邊響起，似乎有人將厚實的紅松木板胡亂扔到了地上。從聲音聽來，絕對有兩個以上的工人在這裡忙忙碌碌。但是我的父親卻跟我示意：這個地方不乾淨，處處是遊魂。這種喧鬧聲並非是木工所為，而是鬼怪故意弄出的響聲。

我們進入了這間類似木棚似的房屋，發現整間房屋厚實而有質感。我們沿著陰暗窄仄的樓梯拾階而上，這個時候，一種奇怪的景象展現在我們面前：面前是一個富麗堂皇的大廳，幾乎跟莫臥兒皇帝的首都法特赫布西克里蘇丹阿克巴的會議廳一模一樣。大廳呈圓形，迴廊也應景地呈現出迴旋狀。迴廊上有四座橋，這四座橋通往一個盆狀的中心。這個中心位於一根碩大無朋的圓柱頂端，最中央有一張座椅，只有蘇丹才有資格端坐於上。可以想見，蘇丹必定坐在這張座椅上，與幕僚乃至哲學家們高談闊論。而這些人大多依傍迴廊的圓形牆壁而坐，這個整體再度形成一個巨大的魔圈，無論是形狀還是狀態都跟這個會議廳不謀而合。

在夢中，我驚覺房間的最中央有一座狹隘而筆直的樓梯，樓梯直直通往最高處，在最頂端有道小小的門。我正在詫異，這裡的情景怎麼跟原來的不一樣呢？正在我疑惑的時候，我的父親出現了。他說：「我來引領你到最高的存在處。」他一邊說，一邊屈膝跪下，並虔誠的向地板叩首。我依樣跪在塵埃中，不過出於某種原因，我的頭始終無法碰觸到地板，但是相差不過一公釐左右。在進行這樣的舉動時，我內心十分激動。這個時候，我忽然明白，或者我父親以前便告訴過我，樓梯通往的那個小房間，必然是大衛王的大將烏利亞的住處。

關於這個夢，我必須做出一些解釋，以免大家看得一頭霧水。夢中的開頭，講述的是潛意識的任務是如何完成的。而且這個任務具有一定的歷史性，我確定這個任務由是我「父親」也就是我的潛意識來進行的。我的潛意識對《聖經》情有獨鍾，對《創世紀》興味盎然。並迫不及待地想要將自己的感悟告訴別人。鯊魚皮代表著什麼呢？因為魚總是有嘴卻不能言，有頭卻無法思考，所以儘管我可憐的父親已經頓悟了一切——《聖經》是潛意識的內容，但是卻無法將這種內容公之於眾，甚至都找不到第二個人對自己的感悟進行分享。這並不難以理解，因為聽眾要嘛蠢笨如豬，要嘛不懷好意。

這種實驗失敗之後，我們穿過街道到了鬼怪活躍的「另一邊」。在這裡，鬼怪橫行，肆無忌憚。那些剛剛進入青春期懵懂的年輕人周圍，最容易出現鬼怪的身影。而那個時候的我便是個不成熟的毛頭小子。我的潛意識剛剛嶄露頭角，夢中有關印度的景象，便是「另外的一個世界」。當我去印度的時候，議會廳的魔圈結構讓我印象深刻，我總覺得這個結構便是中心。這個中心投射後，便變成了阿克巴大帝的寶座。阿克巴大帝如同大衛王那樣統治整個世界。但是大衛的侍從——將軍烏利亞的位置卻在大衛之上，為什麼會這樣呢？因為烏利亞不僅忠心耿耿，而且敢於犧牲。可是大衛卻出賣了烏利亞，讓他死在敵人之手，並霸佔了烏利亞的妻子。所以烏利亞痛苦不堪，日夜吟唱：「主啊，主啊，我日夜讚頌你，信仰你，卻為什麼將我拋棄？」直到後來，我才明白了個中的隱喻。烏利亞象徵耶穌，而耶穌卻被上帝拋棄了。《舊約全書》中，便揭示了上帝形象的兩重性。可是，我不敢將我體會的事物公之於眾，因為這對於我而言，有百害而無一利，還要冒著死神將我的妻子攫去的風險。

這件事在我的潛意識中扎根，並一直等待我發覺到它。可以這樣說，這是命運加諸給我的，不能違抗，不得逆轉，我只能被動接受，並且應該三跪九叩，以體現我的謙遜和順從。但是有些事情我卻不能一味的順從，這些事情總會和我心中預想的「差之毫釐」。每當這個時候，我內心便有個聲音在呼喊：「看上去都很好，但是事實真的是這樣嗎？」我身上的某些特質不願意就這樣被擺佈，並對事實三緘其口。我想，這種特質並非我所獨有，而是體現在每一個自由人的意識中，否則在耶穌誕生之前就不會有《約伯書》問世。人的思想，絕對不是坦誠的，而是有一些為自己獨有的思想。就算是面對神諭，人們也有所保留。否則的話，人們就沒有自由而言。如果將自由建立在威脅自由的基礎上，那麼自由又有什麼意義呢？

在阿巴克的一個凡人無法企及的高度裡，烏利亞在這裡自由自在的生活。就像是夢境所昭示的那樣，烏利亞生存在一個「高高的地方」，我們經常用這樣的形容詞來形容上帝的居所，亦或是拜占庭那美輪美奐的藝術品。每次身處這裡，我都會想到佛祖和諸神之間的關係。在眾神的法力之下，人們才得以洞悉造物主的存在，可是人卻是造物主的「傑作」，本身便擁有造物主消滅世間萬物的能力。對於亞洲人而言，釋迦摩尼無疑是最偉大的神，就像是西方人眼中的上帝。也正是因為如此，小乘佛教（佛教的分支，相對應大乘佛教而存在，認為並不是每個人都能成佛）飽受爭議，甚至有極端的人認為小乘佛教是一種無神論者，這簡直是滑天下之大稽。

時至今日，人們可以利用放射性現象來毀滅世界。其實佛祖對於世界到底歸於何處早早就給予了啟示：大徹大悟，輪迴不止。換而言之，輪迴的齒輪不生不滅，年老、疾病、以及死亡之間的聯繫可以從有到無，那麼幻覺便消止了。叔本華也曾經就意志做過否定性的預言，我們可以將這種病預言代入到現在乃至未來的問題中去。這個夢，只不過將早就存在於人類中的思想和預兆顯示出來：造物主的觀念並非不可顛覆的，造物可以透過微小但是關鍵的事物，對造物主的觀念進行顛覆。

經歷了這次夢境的遊歷之後，我回歸到我的寫作中來。在《伊湧》裡，一個個問題紛至沓來，以至於我不得不一一進行解決。我曾經試圖解釋這樣的一個問題：基督產生的時代與新的時間起源（在這個時代，魚是唯一的物種）的時代，存在著一一對應的關係。基督的一生，和春分進入到黃道十二宮的雙魚宮之間存在某種一致性。魚類的時代，雙魚座的宮格，這都昭示著，基督就是「魚」。這點並非是我一個人的論調，早在巴比倫王朝，第六代君王漢莫拉比頒佈《漢莫拉比法典》時，就曾經認為自己是「羊」，並作為新時代的統治者所出現。我將有關這一切的疑問，都收錄在與保利合著的《自然與精神釋義》中。

《伊湧》中所提到有關基督的問題對我產生的影響是：促使我結合我本人的體驗，來表述對安索洛波斯的現象。什麼是安索洛波斯？用心理學的術語解釋便是「個性」，在一九五四年我的著作《出自意識之源》中，我曾對此作出清晰的回答。在這個方面，我所著重論述的是意識與潛意識之間的相互作用。在潛意識逐漸向意識過度並滲透的過程中，會對人格產生何種影響？這種影響又如何體現在人的生活之中。

當我的作品《神祕的相合》問世之時，我的這種研究已經有所斬獲。在這本書中，我再次談到了「移情」問題。在這裡，我將我的意圖不經修飾便展示給世人，即人們理解鍊金術不能只看淺顯的表面，而是要將鍊金術作為一種深度心理學來進行表述和理解。在我的這本《神祕的相合》中，我的心理學擁有了歷史的基礎以及現實的對照。這種做法，讓我的心理學容易更為人們所接受。這樣一來，我便功德圓滿了。可是唯一美中不足的是，我想將我所體驗到的問題核心用科學的語言進行表述，但這偏偏是我力所不能及的。

在這裡，我對我的研究工作進行了簡單的總結，這種概述顯然只是浮光掠影，淺嘗輒止。我應該再多說點或者說得更為精簡才是，然而不管怎樣，都是出自我的臨時起意。這些即興產生的東西可能會對那些懂得並瞭解我工作的人有所幫助，至於其他人，則可能需要進一步理解我的觀點後才能知道我在說什麼。

我的一生可以用我所從事過的事情，也就是我所進行的科學工作來進行概括。我的人生和我所從事的科學工作密不可分，科學工作，表達了我內心的發展歷程，而我的著作就是各個歷程中的中途站。

我之所以會寫這些，是因為我受到了內心的召喚，這是命運加諸給我無法逃避的任務。我所寫的都是我內心的悸動，我將那些讓我震顫靈魂所說的話寫了出來，僅此而已。正因為如此，我並不奢望我的作品會引起別人的共鳴。我的著作代表了我對我所屬時代的一些欠缺做出盡可能的修正，如果這種做法讓人反感，那麼我也無能為力。同樣因為這樣的原因，我經常會感受到無助和淒涼，尤其是在最開始的時候，這種感覺尤為強烈。更我對於我所說的一切會讓人覺得刺耳這一點心知肚明，畢竟人們喜歡聽到「鶯歌燕舞」、「時代一片大好」的論調，他們覺得一切反調都是無法讓人接受的。不過到了今天，我倒是可以說，人們賦予了我沒有預想到的成功。這更讓我吃驚，我覺得有些過譽了，我只不過是做了我該做的事情而已。毫無疑問，我的工作還有所欠缺：有些工作我本來可以做好的，但是卻沒有做好，還有些事情我也無能為力……

第八章

塔樓

隨著知識的豐富、閱歷的充實、工作的繼續，慢慢的，我開始擁有一種能力了，那便是將我的幻覺乃至潛意識的內容從虛幻變成現實。但是我已經不滿足於文字和紙張了，我需要一種東西來將我內心深處的潛意識表現出來。文字和紙張畢竟不那麼堅實，而我需要的恰好是如同石頭一般堅實的東西。換而言之：我需要用大理石一樣的東西，來表示我意念的堅定，這便是「塔樓」——我在波林根為自己建築的房屋的最初目的。

「人離開水，便無法存活」，這是我童年時代的想法，這個想法根深蒂固，以致我決定自己將來的房子必定要依水而建。而且我一直心念蘇黎世湖的美景，久久不能忘懷，所以在一九〇二年之時，我便在波林根買了土地，這塊土地位於聖梅恩拉德地區，原本屬於聖加爾修道院的地產。

最開始的時候，我並沒有清晰的房屋規劃圖，只不過想將它建築成原始的單層住宅。在我的內心深處，總覺得這間房屋該和非洲的小屋有異曲同工之妙——房屋整體呈圓形，燃燒得旺旺的火爐立於房屋的正中間，牆壁上鑲嵌著紋理美觀的木板。每當冬天的時候，家人們繞著火爐環坐。原始的小屋，將家庭整體性這個觀念具體化了。在我的構思中，不僅是我的家人，甚至是豢養的寵物也被考慮在內。

不過在建築初期，也就是剛破土動工之時，我的想法便改變了。因為我覺得，蓋成原始人的房屋過於簡陋了。我朝思暮想的房屋應該是一棟兩層的正規房屋，而不是低矮不堪的小窩棚。

一九二三年，我將想法付諸實際：一棟擁有圓形房頂的建築物拔地而起，在它竣工之際，我發現，這棟建築物便是我預想中的塔樓式住房了。

對於這個塔樓，最初我便賦予了它一種靜謐和新生的感情色彩，對於我而言，塔樓代表的是母親對孩童的庇佑，但是我逐漸意識到：它並沒有將那種濃烈的感情色彩表述得淋漓盡致。換而言之，這個建築是不完整的。基於這樣的考慮，在一九二七年，也就是四年之後，我為它增添了一個中央性的結構，還增添了一些塔式的附屬建築物。

又過了四年，我再度覺得這座建築物美中不足：從表面看來，這座建築物過於古樸陳舊，甚至有點像是原始人居住之所。在一九三二年，我將塔樓的規模再度擴大。在這棟塔樓中，我要增設一個專屬於我的房間。對此，我的心中早有雛形。這種靈感來源於印度人的房屋，在印度人的房屋中，通常會有一個讓居住者休憩的地方，儘管這個地方不過是房間的角落，只是用布簾子簡單的隔開而已。可是地方的狹小，並不妨礙人們在這塊「與世隔絕」的地方練習瑜伽，或者只是靜坐。這樣的地方，對於印度人而言必不可少，因為這裡住得太擁擠了，人們很難找到讓心靈放鬆的地方。

當我進入到我所隱居的房間中時，精神得到了放鬆。房間的鑰匙為我一人獨有，未經許可，任何人不得入內。在隨後的幾年中，我在房間的四壁塗鴉，只是為了讓此處變成我從時間跳出，進入到浩渺的永恆場所。在這裡，我的精神不僅能得到休憩還能自由地奔走，所以塔樓的二樓變成了我的精神凝聚之所。

一九三五年，我又有了新想法：將這片土地圈在一起。如此一來，我便能獲得更加廣闊的空間，這種空間將對天空甚至自然門戶大開。自然，想要達到我想要的效果這樣做還不夠，於是我增設了新的建築物——用了四年的時間建築了一個漂亮的庭院和一個靠近湖邊的兩廳。庭院和涼亭為我的整體建築增加了新的元素，雖然它們屬於整體建築物的一部分，但是它們本身卻是跟主體建築物相分離的，從表面上看，它們十分的獨立。於是造成了什麼樣的現象呢？四個截然不同的建築物構成了完整建築，完成這一切花費了我將近十二年的時間。

一九五五年，我的妻子與世長辭。也正是這個時候，我的內心中產生了巨大的悸動。我想要展示真實的我自己，而我選擇展示自己的手段便是波林根的這棟建築物。這個時候，我驚覺那藏而不露、位於屋子正中間的低矮房子便是我的代表。同時，我也認知到，我無法將自己隱藏在「母性」以及「精神性」的塔樓後面了。基於這樣的考慮，在一九五五年，我在塔樓原有基礎上，又添置了一層，這一層代表的是我已經覺醒的自我人格。如果是以前，我斷然不會這樣做，我會認為這是一種淺薄的自我表現。但是現在，我卻不會這樣認為了，新增的塔樓意味著在步入老年之後的我身上，意識正在不斷地開疆拓土。隨著我的意識的不斷完善，塔樓的建築也漸成規模。值得一提的是，第一層塔樓的建築時間，也和死者有關。那是在一九二三年，也就是我的母親去世兩個月後。

讓石頭自己說話

從最開始，我便認為塔樓是一個「催熟」的場所。就像是母親的子宮，在這裡，人們將得到最大的庇護。我在這裡，將過去的我、現在的我以及將來的我變成了一個統一的整體。塔樓讓我變成了稚嫩的模樣，就好像是孕育我的那塊石頭剛剛被造物主創造出來時一樣。所以塔樓便是一個讓虛無實體化，並比那些青銅器流傳得還要久的紀念物。自然，在建造塔樓的時候我卻沒有想得這麼深遠，我只是按照當時風行的建築模式按部就班的修建。換而言之，塔樓的誕生，是我歪打正著的傑作。遺憾的是，最初的時候，我並沒有發覺這一點，到了後來，我才知道這樣的建築中一切的配合都是那麼相得益彰，它將精神的完整性展露得淋漓盡致。

在波林根，我又變成了「我」自己——鍊金術中便存在著這樣的說法，而我在這裡體驗了這樣的說法。其實早在我年幼時，便體驗到了「老人」的第二人格，它以費爾蒙的形式出現。而在這裡，我再度變成了「母親上了年紀的老兒子」，換而言之，我的第二人格甦醒了。這種第二人格，不僅存在於過去、存在於現實且同樣存在於將來。在這裡，我的第二人格如魚得水。

我感覺我自己與周圍的景物融為一體，這樣的話，我便無處不在。我生活在每一棵生機勃勃的大樹中，生活在每一朵朝氣蓬勃的浪花裡，生活在每一朵變化多端的雲朵中，生活在走來走去、林林總總的動物裡，生活在色彩濃淡得宜的四季中。塔樓中的一切皆有歷史，幾乎每一樣東西長成現在的模樣都需要十餘年的時間，這些東西幾乎沒有一樣與我有任何關聯。我們各行其是，並行不悖。塔樓是這個世界的世外桃源，是人類精神的自由王國。

我沒有牽來電線，只靠壁爐取暖。每當太陽落下山去，我便點燃那幾盞老舊的燈。在波林根，同樣沒有自來水。我便親自去井中抽取井水，讓清泉濯去我身上的塵埃。在這裡，我劈柴燒飯，我親自抽取井水，這些返璞歸真的行為洗去我身上的浮華，這種出自自然的淳樸是多麼的難得啊！

在波林根，周圍靜謐安詳。如果你屏氣凝神，那麼連螞蟻的腳步聲也能聽得一清二楚。我在波林根生活的日子裡，能夠感受到與大自然之間的和諧、協調，在這種靜心的情況下，沉澱的思想便會浮在表面上。這種思想天馬行空，有的時候會回溯遙遠的歷史，有的時候會遇見不可預知的未來。在這裡，創造本身便是一場遊戲，與痛苦相隔甚遠。

一九五〇年，我用一塊大石頭為這座塔樓做碑，來銘記這座塔樓對於我而言不同凡響的意義。這塊石頭也是有來歷的。那個時候，我需要一些石頭來建築我花園的圍牆，於是便從靠近波林根的採石場訂購了石料。石匠告訴採石場的主人所需要石料的大小，採石場的主人便命令屬下將合適的石頭從船上運下來。我恰好無事，便在旁邊看著他們之間的交易。可是交易中出錯了：拐角處所用的石頭應該是三角形的，送來的卻是一塊方形的石頭。不光形狀不合適，大小也不合適，比預想的石料足足大了一立方多，厚度也比原來的多二十多英寸。石匠拿出自己的本子一一比對，當他看到這個完全不對的石頭時，火冒三丈，要船上的人立刻把這塊石頭運回去。

而我一看到這塊石頭，便立刻斬釘截鐵的說：「千萬不要動這塊石頭，這塊石頭我要了。」我迫不及待地想將這塊石頭據為己有，我覺得我一定能用這塊石頭做點什麼，其實這塊石頭能派上什麼用場，我根本無從得知。

看到這塊石頭時，我想到鍊金術士阿諾德斯曾經用拉丁文寫過的一首詩。我毫不猶豫地將這首詩刻在石頭上，這首詩翻譯過來的意思便是：

> 醜石屹立此地，價錢便宜至極。
> 愚者將其輕賤，智者將其愛惜。

這首詩歌描述了這樣的一個情景：「世人眼中的草，卻是智者眼中的寶。」那些煉金師們所追尋的石頭，在世人眼中卻是邪佞的代表。不僅被世人所看輕，還被世人所厭惡。

很快，這件事又有了新的發展。原來，這塊石頭的正面，石頭本身的紋理，構成了神似一隻眼睛的形狀。我將這隻眼睛勾畫出來，並在瞳孔的正中央刻畫出一個小矮人。小矮人對應的是我們本身——我們在別人眼中的形象。當然也能將這個小矮人看成是泰雷斯福魯斯那樣的人。因為在古代的雕像中，這個小矮人身穿斗篷，手執燈盞，就像是一個指路人一樣。我將我在雕刻的過程中所想到的詩句也雕刻在上面，我用拉丁文寫的，翻譯過來如下：

時光恍如頑童，抓著一把紙牌恣意玩耍。小孩的王國無比的雄偉，原來這個小孩就是泰雷斯福魯斯。在宇宙的黑暗面，處處能看到他的足跡。他的身影，如同暗夜中的星光一樣閃耀。他是個指路人，告訴那些迷途的羔羊，哪裡通向太陽，哪裡去往夢幻之鄉。

這些詩句子在我雕刻石頭的時候躍入我的腦海中，縈繞期間，久久不散。

在這塊石頭的第三面，即朝向著湖邊的那一邊，我刻上了一些鍊金術方面的詩句，翻譯過來是這樣：

甫一出生，我孤苦伶仃。無父無母，煢煢孑立。獨自一人，浪跡天涯。我是一個人，卻充滿了矛盾。我是耄耋之年的老者，也是風華正茂的少年。因為無父無母，我也不知我自來何處。我的過去是人們從深潭中撈起的魚？還是從天而降的白色石頭？山川河流，高山平地，都有我遊蕩的蹤跡。即便是人的靈魂深處，我也曾經駐足。我的生命很有限，但是我的生命之光卻閃爍著恆久的光芒。

在阿諾德斯・德・威拉諾瓦那首詩的正下方，我用拉丁文鐫刻上了結語：「G・G榮格感謝自己的七十五周歲，於一九五〇年樹立此石於此地。

這塊石頭被我安置好了，我頻繁地盯著它看，並對它充滿了好奇。我在心裡・問我自己：「你為什麼要雕刻它呢？你到底是怎麼想的呢？」

這塊石頭矗立在塔樓外，就像是對上述問題最佳答案。在我的內心深處，這塊石頭才是塔樓的真正居住者。不過我的這種心態，不足為外人道也。你想知道我在這塊石頭背後雕刻了什麼？我告訴你答案：梅林的叫聲。眾所周知，梅林是亞瑟王時代的雲遊詩人，卻因為某種不知名的原因被女巫的魔法困在荊棘叢中。梅林走不出被施了魔法的叢林，只好在那裡一直沉睡，可是他的聲音卻能穿過荊棘和叢林，被外面的人聽到。可是儘管人們能聽到梅林的聲音，但卻不知道這種聲音代表著什麼。

梅林代表了什麼？代表了中世紀時人們的集體潛意識，在他們的潛意識中，他們想要創造出一個和巴斯法爾對等的人物。在基督徒的認知中，巴斯法爾是一個頂天立地的大英雄。但是這樣的英雄，卻有一個有著陰暗心靈的哥哥。他的哥哥是梅林這個魔鬼玷污了一個純潔處女所生的孩子。在十二世紀初，沒有什麼具體的依據來解答梅林出現的含義，只是「梅林的喊叫聲」這樣的傳說，越傳越廣。眾人所知道的是：梅林死了，但是在他的葬身之處——密林中，依然能聽到他的哭喊聲。他的故事並沒有因為他的死亡而終結，其實按照現在的說法很容易理解這一點，梅林之所以在死後還能發出哭聲，意味著他依然無法對自己進行救贖，所以他的靈魂被束縛在這片森林裡。

可以這樣說，倘若沒有墨丘利烏斯的話，梅林的鍊金術很有可能失傳，甚至直到今天，梅林的鍊金術都很有可能依然是個不解之謎。因為普通人很難正視自己的潛意識，更何況與自己的潛意識朝夕相處。所以，當我進行潛意識心理學方面的研究時，再度提到了梅林這個人物。

幻想與現實的對應

塔樓的第一層快要建完時，正值一九二三年冬到一九二四年的初春，我人在波林根，當時冰雪消融，地面上已有早春的痕跡。此時的我已經獨處了約一個星期（或者更長），一種無法言傳沉寂湧上心頭。

我清楚地記得一天黃昏，我正坐在壁爐前，準備燒水洗臉。水開了，水壺似乎在歌唱。我側耳傾聽，大壺中有很多聲音在唱歌。說唱歌有些不確切，確切點說：是很多管弦樂器甚至是管弦樂隊在進行演奏。它們所演奏的音樂具備高中低各個聲部，抑揚頓挫，慷慨激昂。老實說，如果這是現實中的樂曲，我真是無福消受。但是此情此景，我卻覺得十分有趣。就好像是塔樓內部有一個樂隊，而塔樓外面還有一個樂隊，兩個樂隊彼此呼應，你唱我答，十分的有趣。

這簡直是一場音樂盛會，我足足聽了一個小時還意猶未盡。這場音樂會是大自然的旋律，因為只有大自然，才能將和諧乃至不和諧的全部都相容並包起來；因為大自然不僅是協調的，協調中還存在大量的混亂和不可調和的矛盾。我所聽到的音樂有很明顯的大自然特徵，各種聲音蜂擁而出，風聲呼嘯、水聲滴答，都被囊括其中。這種音樂有種不可名狀的美妙，讓我聽得心曠神怡。

一九二四年的冬末春初。我孑然一人，孤零零地待在波林根。有天晚上月色很好，周圍一片寧靜。就在這個時候，我聽到一陣音樂聲由遠及近。聲音在我耳畔響起，慢慢的，又開始有其他的雜音加入到音樂聲中，不僅有歡天喜地的笑聲，還有大呼小叫的聲音。對周圍的地形，我早已爛熟於心。沿著湖邊那條小徑很荒僻，幾乎沒有人走過，所以我很納悶，這樣的天氣、這樣的時間究竟誰會這樣做呢？他們意欲何為？想到這裡，我便完全清醒過來。跳下床，推開窗，可是窗外一無所有。沒有一個人影，也聽不見任何的聲音，甚至連風，都識相的停止了吹動，根本什麼都沒有！

「太奇怪了！」我想著，剛才我明明聽到了陣陣的腳步聲、肆無忌憚的大笑聲，以及高談闊論的聲音，但是空空如也的外面告訴我，剛才只是南柯一夢。我再度躺下，思索著這件事的來龍去脈。究竟是有人在和我惡作劇？還是這真是一個夢，倘若這真的是個夢的話，那麼這個夢向我揭示的是什麼呢？在思考間，我再度入睡，結果同樣的一個夢又開始了：拖沓的腳步聲在我耳邊響起，伴隨的是大呼小叫的聲音，甚至還有人彈奏樂器。在這個時候，我看見了幾百個身穿黑色衣服的人——很有可能是禮拜天穿著正式服裝的農家孩子。他們從山上湧下來，而我所聽見的聲音是因為他們行進到塔樓附近，跳著踢踏舞，大聲歡笑，歌唱著不知名的小調，手風琴正為為她們進行伴奏。我氣急敗壞，這真的是太討厭了，難道他們不知道這會影響到別人的休息嗎？我剛才還以為這是在做夢，卻沒有想到夢境竟然變成了真的。就在這個時候，我再度驚醒。我從床上跳起來，推開窗戶，結果外面依然空無一物。在恣肆的月光下，我心思有些許的恍惚，這到底是怎麼了呢？究竟是發生了什麼？正在我苦苦思索的時候，一個念頭閃進我的腦海，難道是鬧鬼了？

我在心裡不斷問自己，這種情景簡直逼真得如同現實。這究竟代表著什麼？一般說來，只有當鬼怪作祟的時候，我們才會發生這樣的情況。只有清醒，才能感知真實。這個夢象徵一種真實發生的情景。在這種情景中，人是以清醒的狀態存在的。這種夢，跟常規的夢是截然相反的，因為常規的夢會讓人知道夢本身是虛假的，可是這種夢卻讓人覺得自身在夢境中是清醒的。當你回顧起這個夢境的時候，這種真實感有增無減。對於這種真實的來源，很多人進行過探討。大家一致認為，這種真實要嘛來源於身體自身的感知，要嘛來自人們腦海中對原型人物的認知。

那天晚上發生的事情活靈活現，簡直讓我分不清哪裡是現實哪裡是夢境。對於這個夢，我一無所知，那些排著整齊的佇列，並不斷吹奏著樂器的孩子到底代表著什麼？我不知道，我推斷他們只是因為好奇這座塔樓，才走到我的家中。

從此之後這些場景再也沒有出現在我的夢中，甚至我再也沒有聽過類似的事情。過了很久之後，在我之後早已經將這件事淡忘了，卻意外地在一本十七世紀的書中找到了答案。這本書是十七世紀倫瓦德・塞薩特寫的《盧塞恩編年史》。在這本書中，他記述了這樣的一則故事：有一個牧場，建在比拉圖斯山上。有一天晚上，塞薩特正在牧場中睡覺時卻被驚醒。他定睛向外看，看到了長長的隊伍。隊伍中有人載歌載舞，有人吹奏樂器——這種情景跟我在塔樓中所見所聞完全一致。後來塞薩特才知道，這個高山牧場以鬼魂而出名，據說直到今天，瓦坦依然在這個地方施展魔法。

等到第二天早晨，塞薩特迫不及待地詢問一起過夜的牧羊人，希望從他的口中就昨晚的事找到一個明確的答案。可是牧羊人的答案似乎早就預備好了，因為這個答案已經以不變應萬變的回答了很多類似的問題了。他說：「那些人一定都是同鄉，雖然過世良久，但是心念故鄉故人，所以現形了。也可能是那些受到祝福的死者，由他們的靈魂組成了這支隊伍，他們四處遊蕩，並不避諱活人。」

這很有可能昭示著，這樣的現象曾經真的存在於歷史的長河中，但是我卻不知道這種幻象基於何種現實存在。此外還存在著這樣的一種可能，那就是和我當時的狀態息息相關。當時的我，不僅孤獨，而且在這種孤獨的作祟下還格外的敏感。正因為我的內心遭受了這樣的創傷，出於補償心理，一群人以「死去的同鄉」的表象出現在我的幻覺中，而這種幻覺具有明顯的補償功用。

倘若將這種體驗簡單的等同於心理補償，似乎又缺少了什麼；而如果將這種體驗簡單的歸結於普通的幻象，我又覺得有些不妥，畢竟這些是沒有經過證明的事物。我覺得，有必要去驗證一下我的幻象是否曾經真實存在過，尤其當我偶然間看到了有關十七世紀的記載後，再度確定了這一點。

這種現象很有可能一起發生，它們昭示：幻覺或者預兆和真實性存在某種對應，而且這種對應發生得還十分頻繁。就我而言，便經常發生和我感覺相類似的真實事情。在中世紀，經常會有一些年輕人的集會。這些年輕人有個特殊的身份——傭兵。這種傭兵往往在春天的時候接到命令聚集在一起，從瑞士中部出發，穿過洛迦諾，最終在米蘭匯集。這些傭兵們在義大利服兵役，在接到很多外國王儲的命令下浴血奮戰。我覺得，我的幻覺便是這種場景的重現。我眼中的幻象所對應的必然是某個春天，傭兵們受到了召集，歡天喜地地聚集在一起，唱起故鄉的歌謠和自己的故土作別。

一九二三年，我們開始動工修建位於波林根的住宅。但是在奠基之時，卻發生了一段插曲。我的長女在看到地基的時候開始驚聲尖叫，「您怎麼能將房子建築在這種地方呢？這裡到處都是屍體啊！」我不以為然，並且認為她在胡說八道，這裡怎麼會有死屍呢？可是她的話，卻在四年後應驗了。四年後，我們要建築一個花壇，在挖土挖到七英尺的時候，挖到了一句骸骨。這具骸骨的肋骨之中殘存著一顆舊式的子彈，從屍體的腐爛狀況以及入葬的方式，我們不難看出，這具屍骨是在高度腐爛後才被以一種非常馬虎的方式扔進了墳墓的。後來我們才知道，這具骷髏是一名法國士兵，在一七九九年在林斯河被溺死，後來才被沖到岸上，跟他一起被溺死的還有幾十名士兵。之後，我們為這具骷髏拍了照並保存在了塔樓裡，上面還標注了挖開墳墓見到骷髏的日期——一九二七年八月二十二日。之後我在這塊地上為這個士兵舉行了很隆重的安葬儀式——首先在他的墳墓上鳴槍致意，而後為他樹立了一塊銘著墓誌銘的墓碑。透過這件事我意識到一點：那就是我的女兒從她的外祖母那繼承了一種能力——感知鬼魂的力量。

從一九五五年的冬季開始，持續到次年的冬天，我完成了一項工作——將列祖列宗的名諱刻在三塊石板上，並將這三塊石板樹立在自己塔樓的院子上。為了體現家族的傳承性，我還在塔樓的天花板上鐫刻上我們夫婦以及女婿的紋章。在這裡，我並沒有沿用家族古老的紋章。最開始，我們榮格家族是選用鳳凰作為家族紋章的圖騰的，因為鳳凰象徵了長生不老、青春永駐等意義，可是我的祖父卻將紋章的內容作了很大的改動。我想：祖父之所以這樣做，十有八九是出於對自己父親的反抗。不僅如此，結合祖父的生平來看，這位共濟會的忠實會員，還將共濟會的內容搬到了我們家族的紋章之中。當然，這一切，本來都是不值一提的小事，我之所以會說到這些方面的內容，是因為正是這些無關緊要的瑣事構成了我生活的完整性。

祖父對於石板上的改動，我必須進行保存。所以在我的紋章上面，鳳凰圖案便被棄之不用了。我的紋章採用了金色作為底色，右上方用天空的顏色刻了一個十字，左下方用海洋的顏色刻畫了一串葡萄，兩者之間是一條鑲嵌著金星的藍色勳帶。這樣的紋章，與共濟會以及玫瑰十字會所要傳遞的教義有異曲同工之妙。玫瑰和十字代表著兩種對立物，即基督教以及狄俄尼索斯。十字架代表的是「大愛」的上帝，而葡萄意味著「魔鬼的誘惑」。將上帝以及魔鬼勾連在一起的則是那條鑲嵌了金星的藍色動帶。金星，意味著哲學之光。

如果要說玫瑰十字會，就不得不說到隱逸派哲學和鍊金術哲學。這兩個教派的創始人叫做邁克爾・梅厄，是同時代有名的鍊金術士。但是他的名字沒有多尼烏斯的名氣大，同時代的鍊金術士中，以多尼烏斯的名氣最大。多尼烏斯的論文被收錄在一六〇二年版的《鍊金術大全》第一卷中（也能從他論文的收錄位置感知到他的地位）。不管是邁克爾・梅厄還是多尼烏斯，兩人都生存在當時鍊金術的中心——法蘭克福。

不管怎麼樣，當時的邁克爾・梅厄還是名聲顯赫的，他不僅是魯道夫二世的宮廷御醫，還是一位伯爵。那一時期，我們的家譜中還有一位卡爾・榮格，他住在不遠的美因茲，不僅是位醫術高明的醫生還是一名德高望重的法官，除此之外，我們還能知道我們的曾高祖父名叫西格蒙德・榮格，生活在十八世紀之初的摩根廳。除此之外，我們便一無所知了，因為到這個時候家譜便中斷了。而之所以家譜會中斷，很大程度上是因為戰爭。當時的西班牙爆發了聲勢浩大的王位爭奪戰，家譜中很重要的一部分就毀滅在連天烽火之中了。

經過我們的研究，可以基本確定一個事實，那就是那位學貫五車的卡爾・榮格博士，對這兩位鍊金術士的著作耳熟能詳。為什麼我們如此篤定呢？因為當時的藥物學深受身為瑞士醫師同時也是一位鍊金術士的帕拉切爾蘇斯影響，這種影響十分深遠，多尼烏斯就曾經公開宣稱自己是帕拉切爾蘇斯的忠實信徒，並就帕拉切爾蘇斯的著作《長生》寫過一本評論。相較於其他鍊金術士而言，帕拉切爾蘇斯很少談及個人化的進程。我終生的工作都是圍繞研究對立物展開的，尤其是對鍊金術方面的對立物的象徵意義更是興趣盎然。也正因為如此，我對缺乏個人性論述的帕拉切爾蘇斯的觀念，沒有任何的興趣。

當我在那幾塊石板上刻字的時候，我感受到了命運的牽引，似乎命中註定我要通過某種方式和我的祖先發生千絲萬縷的關係，毫無疑問，這種方式指的就是刻字。我深刻地認知到，那些在我腦海中揮散不去，並對我產生深深困擾的問題，大多都是我的祖輩和我的祖父輩所沒有完成或沒有回答的。就像是大家所認知到的那樣：一個家族的命運往往會一代一代的傳承下去。從此之後，我便決定，一定要回答祖輩、祖父輩甚至是更久遠的祖先們所未能回答的問題。

這些問題體現的特殊性（個人性）多一點還是普遍性（集體性）多一點？很難加以界定。不過在我看來，這種情形體現的是普遍性也就是集體性。因為一個集體性的問題，倘若不這樣去進行認知的話，它便和個人性問題混淆在了一起。若是將集體性問題混淆為個人性問題會產生一種怎樣的後果呢？人們會覺得個人的精神王國出現了坍塌。而這種坍塌，會讓社會產生某種不良的風氣氛圍。沒錯，當我們討論集體性問題的時候，個人性問題的領域難免會遭遇到一定程度的侵襲，但是這種侵襲卻無法在個人性問題上佔據主導地位，換而言之，即便是個人性問題遭遇到了集體性問題的侵襲，這種侵襲也是無關緊要的附屬，而不是至關重要的關鍵。所以，當我們想要探討產生這種干擾的原因，就要將我們的視線放開，不要局限在個人環境，而是要到集體性環境中去探索真相。然而，即便是到了今天，心理療法依然被走不出個人性環境的包圍。

我對這個世界的主觀看法

就像任何具有內省能力的人一樣，我也早就認為，我人格上的分裂純屬個人私事，理應由自己負責。其實早在我閱讀到《浮士德》中如下文字時便感受到了這個問題：「天啊，我的心一分為二，為兩個截然不同的靈魂所居住。」《浮士德》只是提出了這個問題，但是沒有對這個問題的產生做更多的說明。不過在與《浮士德》初次親密接觸之時，我卻沒有領悟到，歌德的英雄式神話是一種集體性體驗。甚至歌德在《浮士德》中，已經充分預見了德國人的命運。我覺得，歌德在《浮士德》中所呈現的洞察力和我不謀而合，因此，我覺得自己也被牽扯其中。在看到浮士德因為無知與自大，導致費爾蒙和波西斯枉死後，我甚至覺得我也犯了罪，似乎在謀殺這兩位老人的罪行中，我也是幫凶似的。這種奇怪的想法驚得我目瞪口呆，我認為我有責任為這種罪行進行贖罪，並防患於未然。

我曾經聽過一些謠言，這為我錯誤的論點提供了進一步的支撐。人們曾經大肆宣揚，我的祖父是歌德的私生子，這種流言讓人厭惡，但卻給我留下一種古怪的感覺：我和《浮士德》之間詭譎的關聯，並非沒來由的。實話實說，我對「轉世」之說嗤之以鼻，但是我對印度人所說的「命運」觀念似乎有種沒來由的熟悉感。在這個時候，我對潛意識根本一竅不通。不知道正是因為如此，我無法從心理的角度解釋這件事。即便到了今天，我不過是略知皮毛。也許，潛意識已經預設好了未來，而那些眼光敏銳的人是能提前知道的。我們可以假設這樣的情況，當凱澤・威廉一世在凡爾賽加冕登基之時，先賢雅各・伯克哈特便預知：「德國的末日已經來臨」——威廉一世在位之時妄自尊大，導致了歐洲各國之間的劍拔弩張，為一九一四年的災難埋下了隱患。瓦格納的原型來臨之時，尼采式的狄俄尼索斯的體驗接踵而來，這種體驗可以被納入狂喜之神瓦坦的範疇。

一八九〇年時，我還是個少不更事的毛頭小子。在時代的大潮中漂浮，找不到自己前行的方向，此時《浮士德》的出現如同一尊燈塔，照亮了我的前進方向。《浮士德》的指引只屬於我一人，最重要的是，我心中的善良和邪惡、精神和物質、光明和黑暗，這些對立都被它所喚醒。浮士德是一位愚蠢的哲學家，但他卻遇到了他生存時代的黑暗，那暗黑的形象濃縮成為了靡菲斯托弗里斯。但是需要指出一點，儘管靡菲斯托弗里斯是黑暗的象徵，邪惡的代表，但是他卻象徵了那位彷徨在生死一線上暮氣沉沉的哲學家截然不同的人生精神。我內心的矛盾以一種戲劇化的形式呈現出來：歌德早就為我的矛盾和解決辦法寫了基本的提綱——浮士德和其對立面——靡菲斯托弗里斯，在我身上合二為一。如果將這種感覺表述出來的話，那就是《浮士德》給予我的震撼也是命中註定的事情。《浮士德》帶給我的震動非同小可：有的地方，我會熱烈贊同；有的地方，我會強烈反對。對於整部《浮士德》，我都懷有強烈的感情，無法淡定以對。後來，我索性將我的工作和浮士德所忽略的事情聯結在一起：人的權利，將被奉之以崇高的地位，加以尊重；「古人」的思想，被安置在神龕至上，加以注意；文化和知識史擁有連續性，加以重視。

不管是我們的靈魂還是我們的肉體，都由各種元素構築而成。這些元素不僅體現在我們身上，在我們的列祖列宗身上也有所體現。個人精神中的「新元素」只不過是這些舊元素以新的方式重組而已。靈和肉，被鐫刻上鮮明的歷史特徵，可是這種被重組了的「新」事物，卻在新時代中找不到合適的地位。換而言之，構成我們祖先的元素中只有部分存在於這些「新」事物至上。

從表面上看，我們的精神早就躍出了中世紀的範疇，遑論古代和原始社會，但其實不然！我們如同跳入湍急的河流，激流讓我們身不由己地被推動，我們距離我們的根越來越遠，距離我們的根越遠，我們就越狂躁，這已經成為了一種惡性循環。當我們和我們的根徹底斷裂的時候，這種激流將永不停歇。同樣因為失去了「根」，導致了人們開始不滿足於各式各樣的文明，我們生活的節奏越來越快，彷彿我們生活的不是在當下，而是在未來——生活在虛無縹緲的未來的許諾中，可是我們的身體走得太快，靈魂卻在原地踏步。我們日益暴躁、易怒、惶恐不安，為了排遣這些「負面情感」，我們不得不用標新立異來救贖我們乾涸的心靈。我們生活的依靠不再是扎扎實實的現實，而是虛無縹緲的諾言；我們在生活中罔顧今天的光明，卻專注於未來的黑暗。我們心懷期待，認為黑暗可能是輝煌的前奏，但又自欺欺人，無視我們為了獲取那些「美好」所付出的代價。比如，我們心心念念的自由和希望，卻在某些國家的奴役下蕩然無存；比如說，那些閃爍光環的科學發現卻讓我們遭受巨大的威脅。我們祖輩、父輩所上下求索的是什麼？我們一無所知，我們變成了幫凶，協助去斬斷我們的那些根。而這些根，已經不具備指導我們的能力。能引導我們的就剩下尼采的地心引力精神，它使得我們千人一面，獨立的個性已經泯然於眾。

不管是透過改革促進的進步，還是透過奇技淫巧來促進的改革，在最開始的時候，讓人覺得耳目一新。不過經過時間的考驗，這些新興事物大多需要我們付出高昂的代價。整體而言，這些事物對於促進人類的幸福感沒有什麼建樹。比如說高速通訊，它們更像是糖衣包裹的苦藥。它們剝奪了人們的時間，人們發現自己越來越忙碌了，可是正如古代先賢們的口頭禪所說：「只有魔鬼才匆匆忙忙。」

與此同時，透過「倒退」促成的改革倒是代價很小，但是時間耗費長，因為這種改革讓人重新回到過去的質樸之中。這種改革極少利用報紙、電臺、電視以及所有假設會節省時間的新發明。

這本自傳的主要內容，大多是我對世界的主觀看法。這種看法並非理性亦或是邏輯的產物，而是我幻想出來的意向。就像是我閉著一隻眼，堵上一隻耳朵，所看見、所聽到的事物一樣。倘若我們過於理性，並崇尚邏輯的話，那就註定我們聽不到我們先人的心靈，也無法利用他們的觀念來理解現在——換而言之，我們必須明白我們的潛意識是如何對待我們的現實生活。否則的話，我們便對我們先人持何種觀點對待這個社會，是被接納還是被排斥，均一無所知。是否能獲得內心的平靜與滿足，這取決於個人身上與生俱來的家族傳承性與現實生活是否相協調。

生活在波林根的塔樓時，就像在幾個世紀穿梭。這座塔樓將成為一種永恆，而我的生命卻是稍縱即逝的。這座塔樓的建築地點和建築風格，都有「古風」。在塔樓中，找不出過多現代的痕跡。倘若一位十六世紀的人搬進這座房子，除了油燈和火柴還算新鮮事物，剩下的跟他的生活並無二致。在這裡，既沒有電燈也沒有電話，沒有什麼現代因素驚擾長眠此地的祖先的靈魂。我想，我的祖先也感受到了這棟房子裡的氣氛，我已經盡可能回答了祖先們遺留的問題，甚至還將這些問題的答案刻畫在了牆上，當然了，我的回答很粗淺。塔樓，可以看被成一個大家族在此無言的聚居，這種情形會持續良久。在這裡，我用我的第二人格的方式生活著，並將人生看成是來來回回、循環往復的過程。

第九章
旅行

北非

一九二〇年初，一個朋友告訴我，他即將前往突尼斯，問我是否願意同行。我當即應允，並於三月動身。我們行進的路線如下：先至阿爾及爾，沿海東上，抵達突尼斯，南下至蘇薩，在蘇薩，我和朋友分手，朋友去辦事，而我則漫無目的地繼續行進。

之後，我終於到了一個我夢寐以求的地方——一個和歐洲國家截然不同的國家：在這裡，歐洲語言不占上風，宗教也非基督教一統天下，居住此地的種族與我所熟知的大相徑庭，他們的歷史傳統和哲學思想是跟我們完全不同的。唯一的遺憾是，我對阿拉伯語一竅不通，為了彌補這個缺憾，我於觀察方面注意力更加集中。我經常在阿拉伯的咖啡館中，一坐便是一個下午，在那裡聆聽著我聽不懂的聲音，不過雖然聽不懂，但是我能觀察他們的手勢、表情，我能察覺到他們和白種人說話時細微的表情變化。我也從一個截然不同的角度觀察此地的歐洲人，陌生的環境必然在他們身上打下印記，我透過一種超然外物的眼光進行觀察，進而瞭解那些離開自己環境的白種人。

從表面上看，東方人呈獻給歐洲人的態度是冷靜甚至是淡漠的，但我認為這種冷靜和淡漠只是一種表面現象。我能感覺到這片土地上潛藏著隱隱的不安，甚至是躁動。當我踏上這塊土地的伊始，我立刻察覺到了一種鮮明、無法忽視的印象——這片大地上的每一寸泥土，都被鮮血浸染。我忽然想到，這塊方寸之地，已經承受了三種文明——迦太基文明、羅馬文明以及基督教文明的衝擊。那麼技術時代會帶來什麼給伊斯蘭教徒呢？這需要時間去印證。

我在蘇薩沒有過多駐足，很快南行至斯法克斯——撒哈拉大沙漠的入口，進而行進到綠洲城市托澤爾。托澤爾是一片略矮的高地，位於高原的腳下。這裡得天獨厚，鹼性的溫泉是上帝賜予的禮物，並分成若干河渠滋潤綠洲上的生物。高大的椰棗樹為人們送來陰涼，樹下桃樹、杏樹、無花果爭春。蔥翠欲滴的果樹下，有紫色的點綴，原來那是綠葉紫花的苜蓿。在這萬綠叢中，翠鳥是靈動的裝飾，這些精靈們從這棵樹掠到另外一棵樹上，鮮活無比。在斑駁的樹蔭中，穿著白衣的人影在這美景中盡情徜徉，其中很多人勾肩搭背，非常親熱，卻是同性。顯然，這是同性戀。這讓我彷彿置身於古希臘時代，那個時候，男人才是社會、國家的黏合劑。那個時候，男人只和男人說話，女人只能搭訕女人，男人見到的女人很少。這種情況在這裡也是相同的，街上清一色的男人和兒童，女人罕見。即便能看見幾個女子，大多蒙著面紗，行色匆匆。倒是有幾個女人不戴面紗，可是我的翻譯告訴我，那些都是妓女。

我的翻譯驗證了我的猜疑——同性戀在這裡司空見慣，因為當他告訴我這些之後，便向我求歡。這個天真的人一定沒有注意到，我的思想發生了劇烈的變化——我已經被一股洪流帶往一個少年世界，這個世界原本存在於幾個世紀之前。生活在這個世界的少年們，憑藉著「膚淺」的《可蘭經》知識，想要從他們一直生活的那種不經雕飾的朦朧意識中脫離，開始意識到了自我的覺醒，以其對抗北方的威脅。

當我沉湎於這種靜謐、歷史悠久的遐想時，忽然想到，加速了歐洲時間的罪魁禍首其實是懷錶。懷錶如同一片陰雲，懸掛在毫無防備的人上空。它們如同獵人，而包括我在內的歐洲人都是他們的狩獵對象。雖然我們感受不到它們直接的威脅，但是如同那些被狩獵的鳥獸一般，也會隱隱不安。而最大的獵人，自然是「時間」這位至高無上的上帝，他將永恆的時間割裂成為天、小時、分、秒。

不久之後，我離開了托澤爾，向著奈福塔行軍。日出時分，我和翻譯已然上路。我們的坐騎是高頭騾子，行程極快，臨近綠洲之時，看見了一位行路人。此人身著白衣，神情倨傲，趾高氣揚，視我等如無物。他的騾子裝飾的富麗堂皇——輓具飾以銀條，布滿銀釘。他高雅的行止，讓人覺得他比那些傻乎乎的歐洲人高出了很多。我敢斷言，他絕對沒有懷錶，甚至他連懷錶是什麼都不知道。他保持的風采，是具有連續性的。但是在懷錶的提醒下，歐洲人知道自己已非原本的自己，卻又不知道自己變成了什麼人。時間的痕跡，經過懷錶傳達給了他們，當然，也從他們身上攫走了一些事物。在「時間」作祟下，他們不斷拋棄一些事物，以期輕裝上陣，加快速度，飛奔至形跡不明的目標。在虛幻中，他們不斷前進，用輪船、鐵路、飛機、和火箭，來彌補他所拋棄的事物。但是這些產品，卻割裂了他們的延續感，將他們推進速度和加速度的一種現實中去。

越深入撒哈拉的腹地，我越發感覺不到時間的痕跡，甚至覺得時間發生了逆轉。那撲面而來的熱浪，讓我如入幻境。當我們步入綠洲，見到高大的棕櫚樹時，我覺得這一切跟原來一模一樣，絲毫沒有改變。

第二天早晨，我被喧囂驚醒。旅店前有個寬大的廣場，昨天晚上一片寂靜，但是現在卻被人、駱駝、驢子擠滿了。駱駝在嘶叫著，聲音高低不同，表述著牠們的憤怒；驢子們仰天長鳴，似乎在跟駱駝一較短長。人們似乎很興奮，他們四處遊蕩，指手畫腳地呼喊。他們的樣子似乎很不開化，但是卻很狡黠。翻譯解釋說：今天是一個盛大的節日，他們正在慶祝，好幾個部落集聚於此，要為聖人服務。所謂的「聖人」是一位大善人，在災年為部落提供救濟，而這些人來到這是要開闢一塊新土地，還要挖出相匹配的水渠。

廣場彼端掀起塵土，綠旗招展，鐘鼓齊鳴。數百個面目猙獰，提著籃子，拎著鋤頭的人列隊前行。為首的是一位白鬍子老人，他身上的尊貴和威嚴似乎與生俱來，從面相上看，已是百歲老人。顯然，這便是聖人。他乘一匹白騾，男人敲著鼓，環繞著他翩翩起舞。他們興奮地吼叫，聲音震耳欲聾。塵土飛揚，熱氣翻滾，大隊人馬狂熱而威嚴的走過，開入綠洲，猶如軍隊奔赴戰場。

我不自覺地受到感召，尾隨著隊伍，但是我的翻譯讓我不要跟得太近，所以我跟他們保持了一定的距離。很快，我便來到了「工地」。「工地」上熱氣朝天，猶如被打擾了的螞蟻窩——熱鬧、混亂卻又有條不紊：有人是「啦啦隊」，敲鼓、呼喊為工作的人們鼓勁；有人是「工蟻」，踏著鼓點搬泥土筐，或是以癲狂的狀態掘地、挖溝；而聖人在做什麼，他正漫步走過這喧囂的場面。在這樣的背景對比下，他顯得更加安適。他顯然是在指導，用步入老境的人特有的尊嚴、緩和、疲憊的手勢進行指導。他出現在哪裡，哪裡的工作節奏便加快。傍晚的時候，人們大多筋疲力盡，便臥在駱駝邊，進入夢鄉。入夜後，除了狗叫以外，一切歸於沉寂。曦光再度降臨之時，報號人用一種足以刺激到我的聲音呼喊起來，人們便去做早禱。

這個場面啟示了我：這些人從自身的情感中躍出，受到感召，將自己納入到某種情緒之中。他們的意識與他們相互作用——意識指導他們所處的地位，感受外部世界的印象，但是意識本身卻被衝動和情感刺激著。但是，意識並不作用於思考，自我喪失了話語權。其實，歐洲人的情況跟他們差不了多少。但是我們要稍微複雜一點，因為歐洲人有明確的意志和清晰的方向，但是缺乏生活的強度。

這種原始魔力極大的影響了我，我的精神也受到感染。外部表現為我的腸炎在用當地的方法——白米湯和甘汞治療下，很快痊癒了。

我內心想的都是問題，帶著這些問題，我重回突尼斯，即將前往馬賽。在奔赴馬賽前夜，我做了一個夢，總結了我的全部感受，這是自然而然的事情。因為我的生活一直被分為平行的兩部分——意識境界，努力求索，有時不知所謂；潛意識境界，它竭力想要表達某種事物，但是表述效果遠不及夢幻。

我夢到自己置身於阿拉伯城市，這種城市具有阿拉伯色彩——城市建在平原之上，城市的中央是一座城堡，城市有高高的方形城牆，有四面城門。城堡有一條寬闊的護城河，我就站在通過城堡的吊橋上。此時的城堡門對著我大開，我對城堡內部的結構很好奇，便繼續前行。剛剛走了一半，一位英俊的阿拉伯青年攔住了我的去路。他膚色黝黑，儀表堂堂，俊逸非凡，一看便知是這座城堡的王子。但這位王子走到我面前，二話不說，便出手攻擊。我不甘示弱，跟他交手。在扭打過程中，我們不慎撞壞扶手，雙雙跌落河水之中。他將我的頭按下去，想要淹死我，我沒有束手待斃，反而將他的頭也按下去，我雖然這樣做，但是並不想殺死他。只是為了自保而已，因為我的內心，極為喜歡他。

接著夢境驟然發生了變化：我們坐在城堡中心一間八角拱頂的房間內，一排沙發椅依傍著淡色的大理石牆。房間的主色調是白色，古樸典雅。我的面前有一本打開的書，白色的羊皮紙上是用華麗的字體寫成的黑色字體，不過倒不是阿拉伯語，而是西土耳其斯坦的維吾爾文。若非我曾經對吐魯番的經文殘片進行過研究，根本不知道這些是什麼。我意識到，這本書是我寫成的。那位跟我不打不相識的王子就坐在我的右邊，我對他說：「既然我打敗了你，你就必須認真研讀這本書」，但是他拒絕看這本書，我親近地摟著他的肩膀，用極大的耐心和善意讓他讀這本書。我覺得這是必須的，最後他答應了我的要求。

這個夢的意向不難理解，夢境中的王子便是見我們不打招呼，那個傲慢阿拉伯人的化身，是自性的化身。他的城堡，便是一個標準的曼陀羅——四個大門，方方正正的城堡。他要殺死我的原因，就像是《聖經》解釋的那樣：「他是上帝的使者，因為他不認識人，所以要將人殺死。」天使的歸宿在我身上，因為他只知道真理，卻對人類缺乏必要的瞭解。初始，他以為我是敵人，但是我沒有被他嚇倒，反而奮起反抗。在夢的後半部，我反客為主，成為城堡的主人，他反倒受我的支配，理解我——或者說是人的思想。

與阿拉伯文化的接觸給我留下了不可磨滅的印象，他們不同於我們，跟生活已經產生了隔閡。但是他們不善於反思。他們的情感特徵如同一簇火苗，點燃了我們身上的歷史沉澱。這些積澱，我們自以為徹底擺脫，實則不然。這種情形如同我們童年時代的天堂，我們自以為從這座天堂走來，並將這座天堂遠遠甩在了後面，可是這個天堂如影隨形，只要我們稍微不慎，那麼它就會讓新的挫折降臨在我們身上。我們越來越崇拜進步，和過去漸行漸遠；我們越來越危險，因為我們對未來的期許越來越高，可能經受「希望越大，失望越大」的痛楚。

童年的顯著特點在於，天真和無意識的「童年」，往往能比少年乃至青年更能清晰的表現自性。個性中的精髓——人的形象被完美的勾勒而出。兒童，甚至原始人的眼光，能在成年人、文明人的心中喚起柔軟。這種柔軟和人格欲求不滿有聯繫，這些欲望已經為了人格面具而犧牲掉了。

非洲之旅，讓我受益良多。這是一個有別於歐洲的謹慎觀察站，我的潛意識喚起了被歐洲習慣壓制下的人格。在我的自性之中，該人格和潛意識水火不容。我用「蠻力」將其壓制，而它為了讓我臣服，則竭力讓我變成潛意識並企圖殺死我。我用心良苦，努力透過自知力將意識灌諸於它，以其在短時期內能夠與之和平共處。那個阿拉伯青年有著黝黑的膚色，預示著他便是「陰影」。這種陰影絕非個人陰影，而是種族的陰影。這種陰影和我的「人格面具」毫無關聯，但卻和我的自性——人格整體密切相關。夢境之中，他乃城堡之主，故而可將其看成自性的「陰影」。泰半歐洲人發現一些人性時都覺得陌生，並以這種陌生為榮，然而歐洲人卻用自身的活力交換了這種理性，大自然賦予給他們的自然屬性開始削減，甚至開始轉入地下活動。

這個夢揭示了我的北非之旅對我造成了重大的影響：第一，我身上所具有歐洲人的意識會遭受突如其來的危險襲擊；第二，我對這種情況還處於懵懂狀態，甚至那種具有優越感的歐洲人意識正在主宰我；第三，我的歐洲人觀念根深蒂固，並讓我用歐洲人的態度觀察和區分與我個人氣質迥異的個性，但是我根本沒有意識到，一種潛在的力量潛伏在我的潛意識之中，並堅定不移地站在陌生人那邊，因此會造成強烈的衝突。在我的夢境之中，阿拉伯王子欲置我於死地，便成現了這種激烈的衝突。

這種衝突的實質，直至幾年後我的非洲之旅時方恍然大悟。實際上，這只是一種「靈魂漸黑」的現象。那些沒有「根」卻羈旅非洲的歐洲人，最容易受到這樣的威脅，只是他們沒有充分認知到這種威脅。「何處有險情，何處有破解之方」，此情此景，使得我想起了荷爾德林的話。破解之方便是在預警之夢的協助下，將潛意識的欲求提高到與意識並舉的地位。我的夢已經做了預示：「我等身上蘊含一種物質，當潛意識來襲之時，它不僅不屈服，反而和『陰影』聯手奮起反抗。」

當我們回憶起我們年少時的青蔥歲月時，一種極其強烈的感情控制了我們的意識。看似陌生且迥異於我們日常生活的阿拉伯環境，喚醒了在我們腦海中沉睡，但卻從來沒有消失的有關史前原型意向的回憶。

生命的潛力被瘋長的文明掩去了本有的光彩，但這不意味著這種潛力已經消失。如果我們一廂情願地去重新溫習它，就必須重返原始時代。因此，我們寧願它被遮掩。可是如果它用其他的方式重現在我們面前，我們就必須將這種形式儲存起來，並用我們的大腦檢測我們已有的生活以及我們遺忘的生活。倘無特殊理由，已經被遺忘的過往不會沒來由的出現。在活靈活現的精神結構中，任何事物都不會要以單純、機械的方式呈現。每種現象的出現，都和整體組織密不可分，過去的事物重現也不是偶然現象，它的出現是有目的、有意義的。不過意識缺乏這種整體觀，對這種意義一竅不通，所以傳遞給我們的只是表象，並寄希望於將來能解釋這種和自性陰影相矛盾的意義。反正當時的我是根本不理解這種原始型的意向的，對於歷史上的相似情況也是聞所未聞。那個時候的我，根本沒有瞭解這個夢的真正含義，但是這個夢卻清晰地存在於我的腦海之中，所以我一直期待再有機會重返非洲，而這個願望五年之後才如願以償。

美國：村社印第安人（未發表手稿部分）

想要讓槓桿發揮作用，我們便需要一個外部的支點，心理學尤甚。資料證明，心理學這門學科是受主觀因素影響最大的一門學科。打個比方，倘若我們沒有機會站在外面觀察我們的民族，我們便無法從整體把握我們民族的特點。想要站在另一個民族的立場觀察我們的民族，先決條件便是獲取外國集體精神的相關知識。在學習此類知識的過程中，民族偏見、民族特質都會成為我們的新問題。別人讓我們火冒三丈之處，都是我們瞭解自己的重要途徑。

我瞭解英國，因為我是瑞士人，而且我能感受到英國的某些不足；我瞭解歐洲，因為我是歐洲人，故而我能瞭解世界的某些不足。經由和美國人的交往，在美國的旅行，我開始更深入地認識歐洲人。我一直認為，想要真正理解歐洲人，就要站在「高處」俯瞰歐洲才能獲取全貌。我首次從撒哈拉沙漠觀察歐洲場景時，周圍尚被文明包裹，這種文明和歐洲同羅馬文明之間的關係相仿。而美國呢，也受到了白種人文化意識的浸染並囿於其中。我漸漸意識到，想要進一步瞭解歐洲，只有觀察那些文化更為低下的群體。

當我第二次來到美國旅行的時候，得到機會去接觸新墨西哥州的印第安人——即村社印第安人。之所以稱為「村社印第安人」，因為「城鎮」用在這裡過大。這裡的建築大多是鱗次櫛比的密集的房屋，也就是「村莊」的規模。但是在印第安人的語言中，卻有「城市」一詞。在這裡，我有幸和非歐洲人，也就是純正的非白人交談。這個人是這個印第安村社的酋長，年齡大致五十左右，叫做奧奇維艾・碧昂諾。我和他的交談十分順暢，沒有絲毫障礙。和歐洲人說話的時候，我還會經常無話可說，但是和這個印第安人說話時，我卻發現我們談話之船，正在開往越來越深的水域。我甚至分不清哪種樂趣更多：發現新話題，抑或是發現通往古老知識的新途徑。

碧昂諾對白人的評價不怎麼樣，他說：「白人好狠鬥勇，唇薄、鼻尖、皺紋如同山脈。他們總是不安分地到處尋找，沒有片刻的寧靜。他們總是需要各種新事物，但是我們並不理解他們的這種需要。我們覺得這些白人都是瘋子。

我說：「為什麼你覺得白人都是瘋子。」

他答道：「因為白人說自己用腦袋思考。」

「那你們用什麼思考呢？」

碧昂諾指了指自己的胸心臟位置：「我們用這個！」

我陷入沉思，有生以來，我覺得第一次有人就白人的真正形象為我指點迷津。似乎過去，我所見到的「白人肖像」都點染了悲情色彩，而且是被美化了的彩色圖片。而這個印第安人直言不諱地戳中我們的弱點，將我們一直忽視的現實揭露了出來。我覺得我的體內正升騰起一股白霧，一個一個鮮活的形象從這白霧中走出，活靈活現地出現在我面前：橫掃高盧城鎮的羅馬大軍，尤里烏斯・凱撒成為羅馬的主人，北海河岸翻騰的浪花，白尼羅河奔騰的河水，都見證了羅馬的輝煌。隨即，我看見了奧古斯丁將基督教的信條挑在矛尖上傳遞給了不列顛人，查理大帝血腥鎮壓異教徒以其讓人皈依基督教，而後十字軍開始燒殺搶掠。這一切撕開了十字軍那張濫情面紗，接下來是哥倫布、柯爾特斯和其他的征服者。他們拿著武器和基督教義，來到這些安靜、與世無爭、天真地還認為太陽神存在的小村落。那些道貌岸然的傳教士逼迫當地居民穿他們的舊衣物，從而將猩紅熱、天花、梅毒等骯髒的病，傳遞給當地人民。

原來我們所說的傳遞文明，只是我們一廂情願的說法。我們大談特談的開發殖民地、教導異教徒、傳播先進文明，可是實際上卻如同那些猛禽一樣在搜尋大地上的一切獵物。從本質上來講，我們和江洋大盜、攔路搶劫的好漢沒有任何不同。怪不得不管是我們的武器還是我們的外衣，都裝飾以雄鷹以及猛獸的形象，這正昭顯了我們的種種心理。

碧昂諾和我們的談話，鐫刻在我的記憶之中。我們談話的內容，和我們談話的環境相得益彰。倘若我不描述我們之間的談話，那麼這篇敘事便不完整。我們談話地點是在五層樓的屋頂上，談話斷斷續續地進行。我們不時從屋頂上望去，能看見其他的印第安人安安靜靜地裹著羊毛毯在靜待日出。

簇擁著我們的房屋是泥土房，低矮呈方形，有造型奇怪的梯子連接地面和屋頂，或者從稍矮的屋頂通往更高一點的屋頂。從屋頂上觀看，呈現在我們面前的是逶迤至地平線的陶斯高原。幾座錐形山峰矗立在地平線，它們高大巍峨，高度在一萬英尺之上。我們的身後是一道清澈見底的小溪，緩緩流淌的河水繞過我們的房屋。河水對岸是有一個小村落，房屋以紅色的屋頂為主，星羅棋佈，然後眾星捧月般地烘托出居民點中心。這種佈局和美國以高樓為中心的美國大城市的佈局隱隱相合。沿溪而上半個小時，一座巨大的山峰孤零零地落座在此，這座山峰在地圖的標注上沒有顯示名字。相傳該山山頂出現雲霧繚繞之時，便是人們去行神祕禮儀的時間了。

村社的印第安人話並不多，對於他們的宗教更是守口如瓶。他們的信條是對他們的宗教保密，故而我的直接提問鎩羽而歸。我從未遇到過如此嚴守祕密的宗教——很多宗教，不管是教條還是教義，都已經大白天下。但是這裡的宗教，被祕密包裹得嚴嚴實實，任憑你是黑人白人，全都無法窺見其痕跡。

這種情況與古埃及埃流西斯的神祕相仿。埃流西斯這座古城的祕密，只有埃及人知道，而其他人只能一直望「謎」興歎。我現在理解了包桑尼亞斯和希羅多德的感受，怪不得他們說：「我沒有資格說出神的名稱。」我倒是不覺得這是故作神祕，而顯然是一種重要的祕密，是否能保持決定著這個部落的存亡。擁有這個祕密，村社印第安人便能保持一種「民族自豪感」，並用這種「自豪感」凝聚部族所有成員的力量，並以此對抗白人的統治。我敢確信，只要他們的祕密不為人知，那麼印第安村社便會永遠存在。

震撼到我的是當地人談及自己信仰時候情感的劇烈波動。平素裡，他們安於命運，推崇宿命論，自我節制，而且捍衛尊嚴。可是一旦被提問涉及他們信仰的問題，他們的情緒就會發生驚人的變化。我前文已經說過，直接的提問一無所獲，於是我採取了迂迴的方式。用一些提問進行試探，同時觀察他們的表情。如果我偶然涉及了一些事物，他們或者答非所問，或者三緘其口，或者極力掩飾自己的激動情緒（但是卻徒勞無功，因為他們已經紅了眼眶。我想他們的宗教感染性太強了，竟然讓男人泣涕橫流）。我確定了一點，他們的宗教觀念不是理論，而是實物，是實實在在的外部現實。

我和碧昂諾在屋頂靜坐，看著太陽升起。這個時候，他的表情端莊，指著太陽說：「那是我們的父親在行走啊，世界上還會存在其他真神嗎？沒有太陽一切都蕩然無存。」他的興奮之情溢於言表，而且越來越濃厚。他搜腸刮肚地尋找合適的語句來描述自己的感情，最後驚歎道：「若是無太陽，人在山中將什麼事都做不了，沒有太陽便沒有光熱還有火。」

我小心試探，問他是不是想過：太陽只是神創造出的火球。不過我的問題沒有得到回應。他沒有詫異，遑論憤怒。他的反應淡然，我覺得我的千鈞重拳打在了棉花上，他只是說：「太陽是神，人所共知。」

太陽之於人，是不可忽視的重要存在。可是當這些人用激情洋溢的神態面對太陽時，對我而言，是一種全新的經歷。

還有一次，我站在河邊，仰望巍巍高山。這高達六千英尺的山頂雄偉高大，我不禁想到這就是美洲大陸的屋脊。人們在此安居樂業，面對紅日，一如那些裹著羊毛毯子仰望日出的印第安人。忽然，一道洋溢著激情的聲音打斷了我的沉思，聲音中帶著遏制不住的顫抖傳進了我的左耳：「難道你不認為這是生命之源嗎？」我轉身一看，一位年長的印第安人正站在我的旁邊，因為他穿著鹿皮鞋，因此走路無聲無息，我沒有察覺。這個問題在我看來不著邊際，我再度觀察這座高山，飛流直下的河流，似乎生命來源於此所言不謬，因為有水的地方便有生命，這是直觀可見的。我感到，他噴湧而出的感情和這座山有密切的關係，我忽然想起在山中舉行祕密儀式的故事，便回答：「你所言極是，簡直是真理。」

不過我們的談話沒有繼續深入，因為也未能進一步探討山水的象徵意義。

我發現，村社印第安人儘管對他們的宗教諱莫如深，然而在討論他們和美國人之間的關係時態度卻很激烈。山湖說：「美國人為何不願意讓我們獲得片刻的安寧呢？他們不許我們跳舞。甚至還將我們的孩子從學校裡接回來送到基瓦（儀禮場地）去！為什麼美國人要為我們的生活設置障礙呢？」沉吟片刻後，他繼續說：「美國人是想要毀了我們的宗教信仰？我們所作所為，絕非為了一己之私，而是為了美國人，甚至是為了全世界，每個人都能從中獲得好處。」

他慷慨激昂，我可以看出，他說指的便是他們宗教中最要緊的元素。我問他：「你認為你的宗教可以造福全人類。」他沒有絲毫的猶豫便回答：「自然，倘若我們不這樣做，世界將墜入無可救藥的深淵。」說這句話的時候，他指了指懸掛天際的太陽。

我預感到我們的談話已經越來越接近這個部落的祕密，他繼續說：「歸根結底，我們的部落倘徉在世界屋脊上，太陽乃我父。我們部族鎮日祈禱，舉行莊嚴的儀式，以其讓太陽之父走過天空。我們之所以會這樣做，不僅為了我等，還為了世人。倘若我們不再舉行這種儀式，快則三四年，慢則十來年，太陽便不再升起，那個時候世界將墜入無邊的黑暗中。」

頓時，我明白了這些印第安人尊嚴的來源。他們之所以神態安詳神聖，源於他們太陽之子的身份。他們的生命，擁有的是宇宙意義，他們協助太陽庇佑世人。我們形形色色的科學解釋理性闡述下的生命意義，和這些印第安人的生命意義相比較而言，都相形見絀。對於印第安人純粹的「天真」，在嫉恨作祟下，我們只能微笑，並且用乖巧來粉飾自己。倘若我們正視這一點，我們便發現自己的生活如同貧瘠的土壤。原來知識並沒有我們預想的那樣豐富我們的生活，反而讓我們和神話世界漸行漸遠，而我們原來正是憑藉神話來熟悉這個世界的。

如果我們將歐洲理性主義拋諸腦後，並將有關這個世界的知識暫放一邊的話，那麼我們便能行走在這座孤零零的高山間的清新空氣之中，倘徉在無垠的地平線外。我們營造的一無所知的境界，能讓我們更好的體會為什麼印第安人說：「這座山是生命之源。」印第安人對此深信不疑，他們同樣確信他們生活在世界屋脊之上，相較於世界其他地方他們更接近上帝，他們的聲音最容易被上帝傾聽，他們的禮儀會讓遙遠的太陽輕易的看見。山有神性，與耶和華在西奈的顯靈，尼采在恩家庭所得到的靈感，並無二致。於我等看來，禮儀能影響太陽之念，荒謬不堪，可是進一步觀察的話，就會發現這種說法不僅不是荒謬的，恰恰相反，這種觀念其實比我們預想得還要熟悉親切。這種觀點在我們耳熟能詳的基督教中也能找到痕跡，即：特殊的行動，用某種特殊的方式影響上帝。這種特殊的方式，包括儀式、祈禱、甚至上帝所鍾情的美德。

人之禮，是對上帝施與人的舉動的回應。不僅如此，這種回應還能淨化心靈，這種淨化是一種奇妙的強制形式。人類相信，對於無所不能的上帝的影響，人類可以做出某種回報。在這種思想下，人們自然會衍生出一種自豪感。會感到人的某種尊嚴得到了提升，儘管這種尊嚴有些「形而上學」。「上帝和我們本是一體」，這種潛意識的含義，讓村社印第安人獲得了安寧的底蘊，這樣的人不僅安之若素，而且自得其樂。

肯亞和烏干達

一九二五年，機緣巧合之下，我去參觀倫敦溫波利展覽會。展會上有關英國統治下小國的各種介紹讓我興趣盎然，所以我決定去熱帶旅行一次。

同年秋，我攜兩友——一來自英國，一來自美國，共往蒙巴薩。我們乘坐的是沃爾曼輪船公司的一艘蒸汽船，船上的旅客中還有很多奔赴殖民地崗位的青年。從船上的氣氛看，他們絕非度假，而是去打拚人生。船上的氣氛既輕鬆愉悅，也莊嚴肅穆。在我返航之前，得悉了這些旅伴命運。兩個月過去後，這些旅伴大多凶多吉少。有人死於熱帶瘧疾、細菌性瘧疾和肺炎。這些死者，有的和我擦肩而過；有的曾和我同桌就餐。其中大名鼎鼎的艾克里博士，是中非大猩猩保護協會的奠基人，旅行前我還在紐約跟他見過一面。

蒙巴薩氣候潮濕炎熱，城市掩映在高大的棕櫚樹和芒果林之中，景色秀麗，風景宜人。城市中，最高的建築是葡萄牙風格的城堡。因為地理位置的原因，蒙巴薩還是一座天然的城堡。我在蒙巴薩流連了兩日，然後乘窄軌火車前往內陸地區奈洛比，很快便被熱帶的夜晚所吸引。

火車沿著海岸平原行進，火車所過，有黑人的村莊，村民環坐火堆。不久之後，村莊不見了蹤影，火車開始上坡。從火車往外看，皆是黑漆漆的一團。氣溫漸降，我進入了夢鄉。黎明破曉，旭日東昇之時，我醒了過來，只見火車被裹在朝霞之中——觸目皆是紅光，正環繞一個陡峭的懸崖轉彎。抬頭仰望，在峭壁之上，有一人佇立。此人個子瘦高，膚色黑褐，斜倚長矛，一動不動俯視火車，在他的身旁有一株狀若燭臺的仙人掌。

這種景象讓我如痴如醉，儘管之前我從未接觸過，但是卻給我以似曾相識之感。我覺得，這種場景一定在我人生的某個階段出現過，我理解這個與我只有時間距離的世界。這片土地，似乎承載了我的青年時代，而那個黑褐色皮膚的人是我的舊相識，他在這裡佇立了五千年，只為等待我的到來。

這種奇妙的感覺貫徹了我的非洲之旅。這種人所共知的現象無獨有偶，我還能想起類似的一件事：彼時歐根・博羅伊勒教授還是我的上司，他同我一起觀察心理玄學現象。在此之前，我曾經設想第一次看到這種現象，我肯定會嚇得目瞪口呆。不過當這種現象出現後，我根本沒有大驚小怪，我覺得這種現象是理所當然的，似乎我早就熟悉這一切了似的。

我暫時還不清楚，這位孤獨的黑膚獵人觸動了我哪根心弦，但是我卻知道，我和他所面對的世界，即便經歷了滄海桑田，也是一致的。

列車在中午時分抵達奈洛比，這是一座日光城——整座城市位於海拔六千英尺的高原之上，日光傾瀉而下，光線明亮耀眼。此情此景，讓我想到了恩家庭谷底的冬日——人們在霧靄之中乍見陽光。讓我覺得驚奇的是，火車站工人們所帶的舊式滑雪帽我們很熟悉——在恩家庭的時候，不僅看到別人戴過，我們自己也戴過。這種帽子老少閒宜，上翹的帽翅可以折下，從滑雪帽變成了鴨舌帽，不僅能抵擋阿爾卑斯山的寒風，也能遮擋那裡夏日的熾熱。

在奈洛比，我們經常開著福特車到阿泰平原的野生動物保護地去。只要登上一座小山丘，便能將熱帶草原的景觀盡收眼底。小羚羊、大羚羊、斑馬等動物從地平線處奔跑而來。獸群們一邊吃草，一邊前進，宛然一道緩慢流淌的河流。周圍寂靜無聲，除了一隻猛禽偶爾發出的鳴叫之聲，這一切讓人恍然覺得，這種寂靜才是世界的本來面目，這種寂靜不僅是初始的，還是永恆的。我便處於這種狀態之中。在此之前，必然沒有人知道這是一個世界。我脫離了自己的夥伴，獨自前行，直到夥伴們消失在我的視線之中。在這裡，我覺得自己是第一個領悟到這個世界的人，但是當時的我卻不明白是我率先「發現」了它。

在這個時候，意識中的宇宙意義對我而言清晰得似乎唾手可得。正如鍊金術士們所言：「自然欠缺者，藝術將補償。」有一種創造活動，雖然不可見，但是卻是實實在在的客觀活動，這種創造活動是另類的完美。我們經常將這種行為歸結於造物主，但是卻沒有想到，如果我們這麼想，便是將生命簡單看作了一個按部就班的精密儀器。這座機器按照預定好了的步驟，有條不紊的發展著。在這裡，精神發展毫無意義，設想毫無意趣。在這種如同鐘擺每天擺動一般的生活中，沒有人類世界和上帝的意志，沒有「翌日」只有「每天」，不僅枯燥，而且乏味。

我不僅想到村社印第安人中的碧昂諾，他認為他們部落存在的意義在於協助他們的「神父」太陽行走天空。我很豔羨，因為我們不僅缺乏信仰，而且我們現有的信仰也根本沒有意義。我尋覓著專屬於我們的神話，但是一無所獲。現在我醍醐灌頂，人是創造的基本元素。因為人本身，便是創造世界和改造世界的主創，只有人，才能讓客觀的世界顯露出來。倘若沒有人，世界便被埋沒於黑暗之中，只能毫無意義的在寂靜之中進行生死、繁衍、沒落，直至億萬年，直至尚不可知的終結。人類的意識創造了客觀存在，人類在存在過程中發現了自己不可獲缺的地位。

我們乘坐的火車沿著未完工的烏干達鐵路，來到了它臨設的終點：第六十四站。工人們七手八腳地卸下我們的行李，我臨時的座椅是一個裝滿了雜物的大箱子。這個箱子中裝滿了各種食物，每一種都夠這些工人搬運一次。我點燃了我的菸斗，沉思著地球的邊緣——再繼續行進，勢必沒有人煙。這裡再無大路，只有精巧的小路蜿蜒而去。片刻以後，一位年長的英國人打斷了我的沉思。他似乎是一位牧場主，坐在我對面，點燃了他的菸斗。他問我要去哪裡，我告訴了他我們沒有目的的目的地。他隨即又問：「你是第一次來非洲吧，我可在這裡待了五十年了。」

我說：「的確是第一次，尤其是非洲的這個地區。」

「那我給您一點忠告好嗎？先生，你要知道，這篇區域非是人類所獨有，而是上帝的神域。倘若有突發事件，不要手忙腳亂，只需安坐。」說完這句話，他便站起來，揚長而去，很快便消失在周圍忙碌而擁擠的黑人人群之中。

他的話我聽起來有些意義，我試圖想出他為什麼說這種話。但是這些話卻呈現了他的經驗之談：在這裡，人不是主要因素，那些奇思妙想才是。

我還沒就他的話理清頭緒，兩輛大卡車便出發了。八個人和行李裝滿整臺大卡車。路況很差，車顛簸不已，我們力圖坐穩，已經無暇思考。下一個居民點比我想的要遠，這個叫作卡卡梅家的地方，不僅是專區特派員駐地，還是非洲步兵守備司令部所在地。令人奇怪的是，裡面還有個小小的精神病院。傍晚稍縱即逝，轉眼便已入夜。此時，又出現插曲：大團的烏雲積聚，匯聚成滂沱大雨，不僅為小河注入激流，還將我們變成了落湯雞。

夜間零點三十分，大雨散去，月朗星稀，我們終於抵達了卡卡梅家，此時的我們筋疲力盡，飢寒交迫。這地方和蘇塞克斯的鄉間房屋很相像：壁爐中爐火正旺，裝飾典雅的客廳中間有張大桌子，上面隨意擺放了幾本英語雜誌。區特派員在大廳中用威士忌為我們接風，在這裡，疲憊的我已經分不清哪裡是現實哪裡是夢境。隨後，我們搭起我們的臨時住宅——帳篷。這種體驗倒是全新的，隨即我們檢查了行李，確認什麼也沒有丟失。

翌日清晨，我得了喉炎，雖是輕微喉炎，卻讓我臥床一天。而在此期間我見識到了「腦膜炎鳥」，倒也是個難忘的經歷。這種鳥反覆重複一個調子，若是唱對第一個音階，就要漏掉最後的音符。我聽了一整天牠們的歌聲，神經頻臨崩潰的邊緣。

另外一種鳥鳴從香蕉園中傳來，原本是由兩種甜美的笛聲組成，但是結尾卻是難聽的音符「自然不完美」，不過「鳥鳴」卻呈現出一種純粹的美。當牠開始唱歌的時候，聲音似乎一直迴蕩在地平線上。

第二天，在專區特派員的幫助下，我們得以繼續前往艾爾貢山的旅行。我們的隊伍壯大了，不僅有一批搬運工人，還有三名土著士兵。車輛率先通過乾燥的草原，我們得以看到傘形的阿拉伯香蕉樹，而後進入人們視線的是地平線上約一萬四千英尺的火山口壁。一些大概六英尺的高的小丘隨處可見，那是被白蟻廢棄的窩。

沿途有很多圓形的小泥屋，這種迷你屋是專供旅客休息用的。沒有旅客的時候，門戶大開；有人入住，便在門口懸掛燈，這樣生人便止步了。但燈的數量不足，廚師沒有燈，但是獨自分有一間小屋，他很滿意這種分配。可是隨即而來的一場驚險遭遇，卻讓他心有餘悸：

廚師將我們用五個烏干達先令買的羊羔給料理了，烹製成鮮美的羊肉端上了我們晚餐的餐桌。晚飯過後，我們在火堆旁環坐，一邊抽菸一邊聊天。這時傳來一種奇怪的聲音——很難描述，開始有些像熊叫，隨即又轉成狗吠。聲音尖利得就像是瘋子的尖叫或狂笑，聲音越傳越近，似乎就在我們身邊似的。初始，我們感覺很有趣，因為這個聲音有點像巴納姆和貝利劇院的滑稽演出。隨即氣氛變得驚險起來，我們被一大群鬣狗團團圍住了。顯然，這些鬣狗為了羊肉而來，牠們仰天長嘯，雖然畏懼火光，仍不死心的埋伏在草叢中，牠們飢餓的眼睛閃閃發亮。

我們對鬣狗並不陌生，並裝了一肚子的「防鬣狗知識」。據說這種動物不會主動攻擊人類，可是此情此景，難免讓人惴惴不安。這時，休息室後傳來人震耳欲聾的尖叫，我們趕緊拿起武器，對著草叢中的眼睛一陣掃射。我們剛放下槍，廚師便屁滾尿流地跑了出來，他驚恐萬分結結巴巴的說：「有、有隻鬣狗，跑進我的房間，差點咬斷我的脖子。」廚師的樣子讓搬運工哈哈大笑，營地上喧囂一片，鬣狗們害怕了，一邊狂叫一邊撤退。直到後半夜，一切終於重歸寂靜。第二天，地方長官拎來兩隻雞和一籃子雞蛋作為禮物，請求我們再射擊一次鬣狗。因為鬣狗太猖獗了，昨天竟然將一位熟睡的老人拖走並吃掉了。

天亮時分，陣陣笑聲從工人住所出傳來。原來他們正在表演昨天的場景：一個人扮演酣睡的廚師，一個士兵扮演狡猾的鬣狗，正小心翼翼地靠近「廚師」，準備咬他。這齣活鬧劇不知演了多少次，但是人們依然樂此不疲。

廚師因此事得了一個綽號：「肥狗」。我們也被貼上了不同的標籤。我的英國朋友，被喚作「紅脖子」——在當地人眼中，紅脖子是英國人的普遍象徵。我的美國朋友，被稱為「花衣裳」——在當地人眼中，美國人總是衣著考究的。而我呢，因為滿頭白髮的緣故，被稱為「老爺子」，甚至有傳言說我已經一百歲了。在當地，這是尊稱。因為上年紀的人很罕見，我在旅途中甚至沒有見到白髮蒼蒼的老人。當然了，這樣稱呼我，還因為我是「布吉舒心理學考察隊」隊長，其實這個考察隊很有些名不副實，我們訪問布吉舒人的時間遠不及訪問的艾爾貢人的時間多。

我發現，在這次經歷中，黑人們表現出了一種特性，即對他人性格洞若觀火。透過模仿，他們可以將別人的神態、表情表演得惟妙惟肖，他們對他人情感的理解，也十分準確。我們經常談天，恰好他們也都喜歡談天，所以此行讓我收益良多。

這種摻雜了官方色彩的旅行有很多好處，首先更方便我們僱傭搬運工，而後還能獲得士兵保護。這種保護可不是畫蛇添足，因為我們得穿過非白人的轄區。在一名班長兩名士兵的陪伴下，我們朝著艾爾貢山徒步前行。

這裡的地形是個緩坡，越靠近艾爾貢山，熔岩斷層地貌越多。我們穿過叢林，林中便是高大的鳳凰樹，枝繁葉茂，紅花似火。甲殼蟲和蝴蝶，在紅花綠葉間翩翩起舞。我們漸入密林腹地，好奇的猴子利用樹枝遮蔽偷偷打量著我們。這簡直是人間天堂！

我們在這片有著紫紅色土壤的熱帶草原上行走，沿著蜿蜒曲折的土路，我們踏上了南迪地區。南迪森林是一片密林，穿過密林後大山離我們越來越近，路況也變了，我們只能沿著狹窄的小路緩慢攀援。當我們平安到達艾爾貢山腳下的休息室時，當地地方長官已經等候多時，他是當地土著大夫的兒子，騎著一匹馬等待我們（這是我們在這裡看到唯一的一匹馬）。他告訴我們，他們雖然生活在艾爾貢山上，然而他們的根卻在馬賽。

烏干達總督寫給我們的信比我們先到此地，信中請求我們保護一位取道蘇丹返回埃及的英國女士。首先，我們知道這是一位比較合得來的旅伴，其次總督在信中諄諄叮囑，我們肯定會完成他的請求。

之所以我要在這些細節上浪費筆墨，是要借此告訴大家某種原型對於我們的行動會產生一些影響。我們原本是三個男人的隊伍，如同「三位一體」的原型意向。這需要第四個人對命定的群體進行補充完備。我曾經請求一個朋友同行，但他的情況不允許他答應我的請求，

而這位女性的加入，恰好能這種原型欠缺加以補充。對此，我樂見其成，歡迎這位女士參加我們的隊伍。這位女士膽大心細，吃苦耐勞，讓我們的隊伍達到平衡。當時隊伍中有一人患了瘧疾，危在旦夕，是她憑藉著一戰中做護士的經驗讓他轉危為安，對此，我們都心懷感激。

我們一行人攀援幾個小時後，來到一處寬闊的林中空地。一道清溪，將空地一分為二，清溪之上，十英尺高的瀑布正在噴濺。瀑布下的幽壇成為我們的天然澡堂，我們在距幽壇三百碼的緩坡上安營紮寨。緩坡上樹木林立，傘狀的橡膠樹為緩坡遮蔽驕陽。這裡並非與世隔絕，步行十五分鐘便是土人村莊。說是村莊，不過茅屋三兩間，以荊棘籬笆分隔。小村為我們提供運水工：當地土人婦女和她兩個女兒。她們渾身赤裸，佩戴著貝殼飾品。三個人都戴著手鐲和腳鐲，還有耳環——或者是銅質管狀圓環，或者是木質。下唇用骨片和鐵釘做裝飾。巧克力的皮膚，身材窈窕，十分美麗。她們從小溪走來，腳鐲叮叮作響，動作從容，行止有度，頗有貴族色彩。見到我們，她們總是露出迷人而羞怯的微笑，顯得彬彬有禮，很有教養。

有一件事我要簡略說一下，儘管有人猜想我會和土人女子交流，事實上我並未如此做。這裡的風氣和南歐相近，都是男人跟男人交流，而女人去找女人交流。如果男人貿然和女子說話，便被認定兩者有「私情」。如果白人這樣做，名譽將大大受損。有幾個白人，便觸犯了這樣的禁忌，對我而言，這是教訓。我們經常聽到當地土人對某些白人嗤之以鼻，究其原因，答曰：「白人壞，和我們的女人睡覺。」

在艾爾貢，男女分工不同。男人忙於狩獵和飼養，女人則忙於耕作。她們忙碌的身影出現在香蕉園、玉米地裡。一家人，包括兒童和家禽、家畜，都在圓形茅草房內居住。在維持生計這方面，女性體現出了天性和自尊。她們精誠合作，而女性平等的權利概念只會讓這種合作失去意義。原始社會的平衡依靠利己主義和利他主義都得到充分尊重來維繫，倘若發生紊亂，那麼就要透過意識行為來調節。否則的話，這種秩序將被破壞殆盡。

回憶起我在艾爾貢的旅程，就不得不提到吉波羅亞特。他是當地部落酋長的兒子，英俊非凡，談吐出眾。他很信任我，並高興地接受了我的饋贈——一支雪茄。但是他有「度」，並非貪得無厭的什麼禮物都要。他經常來拜訪我，講述他所見所聞的趣事，禮儀教養皆佳。但是我總覺得他還有所求，只是難以啟齒。在我們的友誼很穩定後，他邀請我去他家做客。我知道他父母雙亡，未婚，他家，其實是他姐姐的家。而她姐姐，是她丈夫的第二位夫人，有四個孩子環繞膝下。顯然，長姐如母，而吉波羅亞特想讓我去拜訪他的姐姐。而我呢，正想瞭解當地人的家庭生活，這是一個很好的機會。

當我們抵達之時，女主人早就虛左以待。她走出致意，落落大方。她容貌秀麗，三十多歲。除了佩戴必不可少的貝殼飾品外，她還帶著手鐲和腳鐲，耳垂上裝飾了銅質耳環，胸前以小動物的皮毛裝飾。她的風度一如她的弟弟，而他的弟弟正因為心願得償而滿臉喜悅。吉波羅亞特的姐姐原本將孩子關在房內，但是房門卻阻擋不住孩子們好奇的目光和興奮的笑聲。我請求見一見這些孩子，她便將他們放出來，不過這頗費了一番功夫，因為這些孩子要克服他們的羞怯才能走出房門。

我們無法落座，地下除了塵土便是雞屎甚至羊糞，於是便站著圍繞一些家中瑣事泛泛而談，她介紹了她的家庭、小孩、房子、菜園。她丈夫的第一位夫人住在離她八十碼的地方，兩人的土地相連。在兩位婦女所居正中間，有座三角形的茅屋，那是她們丈夫所居。還有一件小茅屋依傍中心這座茅屋，這是長子所居。兩個女人各自擁有各自的土地，這位女主人因為自己擁有土地而驕傲。

這位女人言談中流露的信心，歸根結底在於她對自己有個完整的認同。她的個人世界由土地、家人、家畜所組成。當然了，她的完美的體態也是其中重要的組成部分。在她的話語中，只會偶爾提及自己的丈夫。這位丈夫並非長居於此，現在丈夫在哪裡，她並不知情。似乎沒有什麼問題能困擾到她，這種堅定性足可以成為丈夫安心停泊的港灣。這樁婚姻的基石，和她丈夫在哪無關，而是和這位女士的完整性相關，只要她保持這種完整性，那麼她正在游牧的丈夫就會擁有一個地磁中心。當然了，這些「淳樸」的靈魂中心是非意識的，只是我利用歐洲的分析歸納法推斷而成。

我不免疑惑，白人婦女日益男性化和她們的自然完整性——土地、孩子、家畜、火爐、自己的房屋，消失相關。而白人婦女日益貧困化、白人男人日益女性化都是這個問題的衍生物。制度越合理，性別的差異越模糊。同性戀在現代社會功用頗大，不僅因為母性情結作祟，還因為同性戀能有效地防止人口增殖。

我和旅伴都很幸運，和非洲世界進行了親密接觸。這片大地呈現給我們的是不可思議的美和讓人驚心的苦難。在這片土地上，我享受到了原始土地特有的「純粹和平」。在此，我第一次領會了「人和其它動物和諧相處」。在此，我遠離了「魔鬼之源」的歐洲，我們之間相隔了幾千英里。在這裡，魔鬼只能對我「望洋興嘆」；在這裡，電報、電話鈴、信件、不速之客都不復存在，束縛良久的精神力量得到了釋放，在這廣闊天地中自由遨遊。

每天的黎明，我們便和當地人閒聊。每天，他們都樂此不疲地在我們營地邊上看我們工作。我的搬運工頭伊布拉欣告訴我談天的正確方式：男人們席地而坐，無一例外。伊布拉欣為我找來酋長專屬的四腿紅木小凳，我坐下，談天便開始了。當地人都操一口洋涇浜斯瓦力的英語，我努力讓我的英語聽上去也是這個味道。我們的溝通還依賴於一本小字典，這本小字典是他們不斷讚美的對象。由於我的詞彙量有限，不得不精煉我的談話。聽眾們邊聽半猜理解我話語中的含義，這簡直像是一場非常有趣的猜謎遊戲。我們的聊天通常會持續一個小時左右，再繼續的話，面露倦意的人會做出手勢表示他們已經很困乏了。

我一直想知道當地人的夢境如何，最初，我無法實現我的願望。我不斷贈送給他們一些小禮物，比如圖釘、雪茄、火柴等，依然一無所獲。他們為什麼不願意講述夢境呢？聯想到非洲人厭惡照相——唯恐照相機攝走靈魂，我覺得他們這樣做也是出於恐懼和不信任，唯恐別人利用他們的夢境加害於他們。不過，我的搬運工們似乎不在此列。他們都有一本解夢的小冊子，須臾不曾離身，並在旅途中經常翻閱，如果對書上的解釋不滿意的話，他們便找我幫助，我也因此被他們稱為「知書者」。因為我懂得有關《可蘭經》賜予的知識，他們都認定我是不為人知的伊斯蘭教徒。

我的疑問得到了釋疑，源於我與本地醫生的談話。他身著藍色猴皮斗篷，貴重而顯赫。我詢問他可曾做夢，一句話竟讓他熱淚盈眶，他哽咽著說：「在遙不可及的過去，醫生都是做夢的。通過夢境，他們知道戰爭何時爆發，瘟疫何地橫行，哪裡水草豐茂，哪裡牲畜繁衍。我的祖父尚且做夢，可是自從白人的腳步踏上非洲的熱土，夢境就喪失了意義，因為『英國人全知全能』。」

他的回答告訴我：醫生的存在已經沒有任何意義。因為「英國人全知全能」，故而開啟當地人心智的心靈鐘聲不再響起。過去，醫生何其神聖？甚至能和天神通話，並將眾神的旨意傳遞給人們。這種情景，就像是古希臘阿波羅神廟女祭司的話神聖不可質疑一樣。可是現在，醫生的權威已經蕩然無存，只有專區特派員才是權威。此時，生命的價值觀已經隸屬於這個世界，黑人能否意識到自然力量的無與倫比，這只是時間和黑人種族頑強性的問題。

這位醫生並非大義凜然一身正氣的人，恰恰相反，他只是一位身體孱弱、個性膽小的老人。他見證了這個世界從完整到破碎，從流行到過時，最終無法復原並且正在加劇解體的全過程。

無數場合下，我將談話的列車引向「神功」、「儀式」、「禮節」的方向。於此方面，我只看到了一個活例。在村子中的「主」幹道上，一座茅草屋旁邊幾碼內，都清掃得乾乾淨淨。中間的位置，依次擺放著貝殼帶子、耳環、陶瓷碎片、掘地木棍。對此，我們能知道的一切是：「有個女人在這個茅屋中死去。」至於喪葬，並無隻言片語。

閒聊的時候，人們用一種強烈的語氣告訴我：西邊的鄰居並非好人。那裡倘若有人離世，西村人便通知鄰村。當夜，遺體被安置在兩村交界，鄰村便將禮物絡繹不絕地送往遺體處，翌日，遺體便不知去向。言下之意，鄰村人將死者給「處理」了。艾爾貢人用一種強烈的口氣談及此事，並斬釘截鐵地強調：艾爾貢人絕對不會這樣做。事實上，的確沒有在艾爾貢發現埋葬的跡象，大抵是因為他們都是將遺體安放草叢中，並讓鬣狗處理這些屍體。

關於艾爾貢人的喪葬，還有一種版本：人死後，遺體被安放在茅屋中間的地面上。醫生繞著遺體轉圈，並將碗中的奶潑灑在地面上，口中念念有詞：「艾伊科．阿蒂斯阿蒂斯塔．艾伊科。」

這些詞不難理解，在此之前我已經從一次談話中領會了這些詞的含義。那時恰逢閒聊結束，一位老人忽然說：「黎明之分，太陽初升，出我茅廬，吐唾於手，正對新日，舉起雙手。」我請求他為我表演一次，他便按照自己所說的做了一遍。我問其何意，他說：「一直這樣做。」雖然不知所謂，但是我卻已經頓悟：他們僅知道該如何去做，對於這樣做的意義卻一無所知。我們亦如是，就像是我們在耶誕節的時候會點燃蠟燭，在復活節的時候會藏起彩蛋一樣。

旋即老人又言道：「不管是凱威倫多人，還是卜干達人，只要是登高遠望目光所及範圍內，甚看不見的遙遠民族，都敬奉「阿蒂斯塔」——初升之日，為真神。太陽唯有初升之時才是上帝，月亮只有西天初上時才是上帝，其餘的時候都不是。

艾爾貢人的儀式不難理解：對著旭日即太陽神進行膜拜，而唾沫則是獻禮——在當地人的眼中，唾沫含有魔力，擁有癒合傷口的力量和生命力。而吹氣，則是「羅波」，和阿拉伯語中的「陸和」，希伯來語的「盧安和」是一個意思，可被解釋為為「風」和「靈魂」。那麼這個動作就可以翻譯成：「我向上帝獻祭，祭品是我的靈魂。」他們動作虔誠，感情熱烈，用文字翻譯，便是：「上帝啊，我原將我的靈魂奉獻給你。」

艾爾貢人崇拜的不僅是「阿蒂斯塔」，還有「艾伊科」。「艾伊科」是地靈——魔鬼。他帶來恐懼，為人生旅途帶來陣陣陰風。老人們會用口哨吹出北歐災神洛基的旋律，描摹出艾伊科潛伏在高大茂盛的林草之間的形態。

總之，這裡的人們認為，造物主創造的世界很美好。造物主本身無惡無善，他是美好的，那麼他所創造的世界也是美好的。

我問：「那些對你們的生命和財產造成威脅的猛獸們呢？」他們說：「獅子，好！」我又問：「那些攫走你們生命的疾病呢？」他們說：「你在日光中，好！」

這種樂觀主義留給我很深的印象，隨即我便發現，這種樂觀主義到了下午六點便消失不見了，取而代之的是一種對魔鬼的懼怕，並透過儀式讓自己免受魔鬼驚擾。因為下午六點之後，便是艾伊科的世界。此時的世界滿是險惡、危險以及恐懼。等到破曉，樂觀主義去而復返，彼此交替，絕無矛盾。

在尼羅河發源地，我發現了奧西裡斯的兩個侍者——霍魯斯和賽特，他們象徵著埃及古代觀念。這種發現，讓人欣喜若狂。很明顯，這種發源於非洲的原始經驗，順著尼羅河的洪流，湧向了地中海。霍魯斯就是阿蒂斯塔，寓意光明；而賽特即為艾伊科，寓意黑暗。之所以醫生會在喪葬儀式上不斷地說：「阿蒂斯塔·艾伊科……」並將牛奶傾灑於地，即向光明和黑暗獻祭。黑暗和光明，從它們降臨於世的時候便擁有了對等的效力和意義。就像是晝夜各統治世界十二個小時一樣。

而熱帶擁有白晝的時間長，且太陽初升缺少過渡，所以當太陽一躍而起，無邊的黑暗頓時化成生機盎然的光明。

熱帶的日出蔚為奇觀，讓我每天都驚歎不已。在這裡，日出的壯麗不局限於從地平線上噴薄而出，而在於升起之後。為了看日出，我養成了一個習慣——破曉之前便從營地搬來小凳，安坐於橡膠樹下，靜心等待。映入我眼簾的是一條山谷的谷底，有一條濃綠、黑綠的叢林條帶。山谷旁邊有巍峨高山，矗立一旁。初始時，明暗涇渭分明。隨即，物體纖毫畢露。世間萬物皆沐浴陽光之中，山谷之中的光芒絢爛奪目。此時的地平線變得如同白練一般，閃爍著耀眼的銀光。光線似乎從物體內部迸射而出，萬丈的光芒從內而外的顯現，如同被千萬塊玻璃折射一般。萬事萬物都變成了火焰般的晶體，隨即，鐘鳥的歡歌從地平線上傳起。此情此景，給人神聖莊嚴之感。這是每天中最壯觀的時刻，讓我每每沉浸其中，不能自拔。

在我的觀察點附近，有一處陡峭的岩壁，上面住著一群大猩猩。每日初曉，牠們靜坐岩壁一隅，直面初日。但其餘時間，牠們便巡遊森林，喧鬧尖叫，於別的大猩猩無異。牠們清晨時的舉動，似乎是在專待日出，讓我想到在埃及阿布•新貝爾神廟道中做出行禮姿勢的狒狒。不管是猩猩還是狒狒，都告訴我：從原始時代始，生物就認為黑暗中的光芒可以拯救萬物於水火。

於是我明白了，從天地創始，心靈便對走出黑暗、尋求光明懷有熱切渴望。夜色無邊無垠，籠罩世間的是沮喪的情感，此時，每一個心靈都在期待光明。這種緊張，不僅是原始人眼中時有顯現，在動物眼中也經常看到。在看到黑暗時，動物眼中有一種沉澱的悲哀，我們不知道這種悲哀牽扯的是動物的靈魂，還是潛意識正在向我們滲透資訊。這種悲哀，也呈現了非洲人的情緒，這是一種對孤寂的反應。黑暗，是孕自母體的神祕，光明來臨之時，帶來的是補償和慰藉，讓人知道：「靈魂無所依著的夜晚業已過去」，故而旭日對本地人意義重大，所以他們稱旭日為上帝。這便是不清晰且已經忘卻的原型經驗，但這是近乎理性的概括。還有一種黑暗，與自然界的黑暗截然不同，至今為止，這種黑暗還在大地上逡巡，億萬年來未曾改變。人們對於光明的渴望，也可以說是人們對於意識的渴望。

這次艾爾貢山的旅行接近尾聲，我們戀戀不捨地收拾行裝，同時心中暗暗做出決定：我們一定會再來。然而艾爾貢山之旅，是我們第一次也是最後一次體驗這種旅程的愉悅。當我們離開後不久，卡卡梅家被發現具有大量的黃金礦藏，黃金帶來的狂潮，席捲了當地那些清白單純的人，也將我們從文明迷夢中驚醒。

我們沿著艾爾貢山南行，景色開始漸變，從平原變成覆蓋了熱帶密林的山地。居民膚色更黑，身軀更為高大，儀態不及馬賽人風雅。在布南巴釐略作歇息，我們便進入了布吉舒地區。這裡海拔很高，居高臨下遍覽尼羅河美景。隨即，我們到達穆巴拉，並在此乘福特車前往維多利亞湖畔的金賈。我們將行李安放在每兩個星期才開放基奧賈湖的火車上，離開火車後，又踏上燒木柴的蹼輪輪船。這樣鞍馬勞頓，方到達馬新底港，並在那裡改乘火車，到達馬欣底市。該市佇立高地之上，並將基奧加湖和阿爾伯特年察一分為二。

有個小村子，是從阿爾伯特湖到勒賈夫的必經之路，在這裡的興奮經歷為我們的見聞增添了色彩。我們見到了當地的地方長官，他們的膚色是我們見過最黑的。這夥人的態度很模糊，雖然首領給了我們三個護兵，可是這三個士兵僅有三匣子彈，看來首領配備護兵給我們，只不過是一種故作姿態而已，隨即我發現我的推斷是正確的，因為這些士兵和我的工人相處並不融洽。

首領提議在晚上舉行舞會，我欣然同意，我想借助這場舞會看到他們的善意。夜晚時分，我們懨懨欲睡，突然聽見鼓角爭鳴，約六十人魚貫而入。他們身上披掛著耀眼的投槍、木棒、刀劍。人數在不斷增多，兒童伏在母親的背上緊隨其後。這哪裡是舞會，分明是一場盛大的社交集會。時值酷暑，高溫不下，然而還是點燃了篝火。婦女兒童環繞火堆成了一個小圈，而男人們在她們的外面組成一個大圓。這樣的排列，我僅從暴怒的大象身上看到過。面對如此規模的場面，我喜憂參半，環顧四周，卻找不到工人和士兵的蹤跡。我忙不迭地表示友好，並將我隨身攜帶的雪茄等小禮物分贈眾人。男人們開始高歌，搖擺雙腿，歌聲慷慨激昂，恍若出戰的戰歌。此情此景，倒是恰如其分。婦女兒童，歡天喜地，男人們的舞蹈也很有特色，他們揮舞著武器，跳著舞步前進，而後後退。隨即，在驚天動地的歌聲中，再度向前。

紅亮的火光與銀白的月色交織在一起，讓整個場面顯得野性、刺激。我和英國朋友也加入跳舞的隊伍，從這些人的表情我知道，他們准許我們加入。我大膽地邁出步伐，並揮舞著我的犀牛鞭——這是我僅有的防身之物。舞會已經進入了高潮，舞步的節奏驟然加快，不管男女老幼全部用力跺腳，用力嘶吼歌唱，大家滿臉興奮，汗如雨下。

在這種激情澎湃的音樂中，本地人如痴若狂，跳舞的人幾乎變成了野人。此時的時間已經是晚上十一點了，他們的興奮如脫韁的野馬，我憂心忡忡，不知道該如何終止這場即將變成鬧劇的舞會。於是我便對首領做手勢，告訴他們時間太晚了，他和他的部落應該休息了，可是他卻意猶未盡，表示可以再來一次。

我猶然記得，我的同鄉薩拉辛的表哥，曾經在印尼的蘇拉威西島探險，就因為參加這類舞蹈，被興奮的當地人投的長矛刺中。想到這裡，我罔顧興致勃勃的首領要求延時的要求，將人聚攏一處，一邊分發雪茄、一邊做出睡覺得手勢。我揮動犀牛鞭，並不斷大笑，我找不到合適的語言，便用我的母語大喊大叫，告訴他們舞已經跳了，是睡覺得時間了。當然了，當地人看出我是在假裝生氣，但還是領會了我的意圖，便大笑著散開，旋即消失在黑暗之中。但是過了很久，還能聽見他們興致盎然的吼叫聲以及鼓聲。好不容易，天地寂靜下來，我們放鬆已經精疲力竭的身體，進入夢鄉。

座落在尼羅河畔的勒賈夫是我們徒步旅行的終點，我們打理行李並將行李放置在一艘因水位不深，幾乎是擱淺的蹼輪蒸汽輪船上。就在這個時候，我的經歷已經變成了我的精神負擔，盤踞不散。雖然很痛苦，但不得不承認，我已經無力消化更多的新印象。我的首要任務便是將我的觀感和體驗重新思考一邊，並探索它們的內在之源。所有值得記錄的，我都要一一記錄在案。

貫徹我旅途中的夢境都繞開了非洲，反覆出現我家鄉的情景。我的夢似乎告訴我，我的非洲之旅只是我臆想出來的，是一種象徵性的行為，就連旅途中我印象最深的事情，也未曾入夢。在整個非洲之旅中，我僅夢到過一次非洲黑人，這位黑人的臉孔似曾相識，我絞盡腦汁地回憶我在什麼地方見過他。後來終於想到，這是美國田納西州查塔努州的理髮師。夢中，這位美籍黑人，正在操作一把巨大而且顯然是燒過（紅且熱）的剪刀，在我腦袋上比劃，想要將我的頭髮理成黑人狀的捲髮，我能感覺到皮膚的刺痛，於是從夢中驚醒。

我推斷，此夢乃意識的預警，告誡我原始事物是有毒的蘑菇，但是那個時候，我已經「走在回家的路上」。大抵是當時的我被沙蠅病困擾，病症瓦解了我的精神抵抗力。為了告誡我黑人危險，並防備當地黑人，潛意識特地引發我十二年前看到黑人理髮師的回憶。

我的夢和一戰中的一些記錄不謀而合：進入正在戰場廝殺士兵夢境中的，不是血雨腥風的戰場，反而是魂牽夢繞的家鄉。隨軍精神病醫師認為，倘若一個士兵頻繁夢到戰爭場面，那麼這個士兵就該離開前線，因為這種情況昭示：該士兵的精神防線已經崩潰，不再具備反抗外部印象的心理機能。

雖然我的外部非洲之旅跌宕起伏，可是我的夢境之中依然涇渭分明，夢境之中依然是我的私人問題。由此我可以推斷，不管經歷什麼，都改變不了我歐洲人格的完整性。

漸漸的，我開始明瞭了問題所在。原來我這次非洲之旅，無非是想要逃避在歐洲錯綜複雜的各種關係，如同很多人做的那樣，甚至為了逃避這些問題，可以永遠常駐非洲。這次非洲之旅，很難和原始心理探究扯上關係，貫徹其中的始終是一個問題：在非洲荒野之中，心理學家榮格的心理何如？的確，我擁有歐洲人面對原始條件如何反應的知識，但是我卻一直規避這個問題。這種研究並非是客觀的科學專案，而是被打上了深刻的主觀烙印。任何深入研究，都有可能刺痛我內心敏感的神經。我必須承認，誘發我非洲之旅的並非展覽會，而是我想逃避歐洲沉重的氛圍。我便是懷揣著逃避，順著尼羅河北下的。喀土穆，是航行的終點，北面就是埃及。我心願得償，不是從歐洲和希臘，而是從尼羅河源接近另一文化中心。我對埃及文化中的亞洲元素興趣缺缺，但是對韓米特人對埃及文化的貢獻卻興味盎然。於此點上，艾爾貢人給我的霍魯斯啟示尤為重要。這點思維之火，在我看見埃及南門的阿布·辛貝爾神廟中的狗臉狒狒雕像時，頓成燎原之勢。

霍魯斯的神話，就是光明誕生的古老故事。這個神話，誕生於意識將人們從史前時代的黑暗解救出來之後。基於此，我從非洲腹地挺進埃及，便成了觀賞光明誕生這一戲劇的旅程。這部浩大的戲劇，和我的心理息息相關。對此我心知肚明，卻無法用文字表達我的感受。旅行之前，我不知道非洲會饋贈給我什麼，而至此時，非洲已經將豐厚的饋贈給予了我。這比民族成果、武器、陶器、獵物收藏更有價值。我曾經設想過非洲會給我帶來什麼，現在終於心願得償。

印度

一九三八年，我踏上了古老東方神祕之都——印度。此次旅行原本不在我的計畫之內，而是在應印度英國政府之邀，參加加爾各答大學建校二十五周年紀念時，臨時做出這個決定。

在此之前，我也曾涉獵過印度哲學和宗教方面的書籍，一直為古老東方的智慧所折服，然而此時的我，如同被福馬林液浸泡的人體標本，一直在尋覓著失落的自我。想要找到真實的自我，並且擁有自己獨有的結論，我必須親自去驗證書中所說的一切。印度之旅對於我而言，如夢似幻。

當時我全身心的投入鍊金術哲學的研究，印度之行只是一個片段。我沉耽於鍊金術的神奇之中，甚至此次旅行，還隨身攜帶一六〇二年版的《鍊金術大全》。旅途中，我時常翻看這本書，裡面有關格拉爾杜斯的著述讓我著迷。我的頭腦變成一架天平，一面放著歐洲思想根基層次的材料，一面放著歐洲以外的思維方式和文化印象。兩者詭譎的平衡，大抵是因為兩者都源於潛意識的精神體驗，產生的頓悟所差無幾。

在印度之行中，我首度體驗到了一種高度迥異的文化，而在之前的北非之行中，文化暫居次要位置。不過兩次旅行也有相似點，不管是北非還是印度，我都有機會與他們的文化「宗師」做深入的交流。我曾是邁索爾的宗教師S・蘇波拉馬尼亞・伊艾爾的座上賓，這件事我跟很多人提及，只不過這些人的名字都淹沒在記憶的長河中。與此同時，我努力避免自己陷入「聖人」的窠臼中去。倘若我向「聖人」學習，並全盤接受「聖人」的教化，那麼我就無法找到真正的自己，也無法獨立獲取知識，這樣做跟盜竊有什麼分別嗎？就是我在歐洲的時候，我也從不借用過東方理論。我必須觀察我的內心，傾聽我內心的聲音，或者將自己交給大自然，讓它們來主導我的生命。

在印度，「惡」是印度精神的重要一部分，這引起了我的關注。我開始用獨出心裁的方式解讀這種「惡」，我發現，相較於西方而言，品德問題並非東方人首要考慮的問題。東方人認為，善惡效法自然，意義深遠。在不同程度上，善就是惡，惡就是善。我的推斷不斷被驗證；和一位有教養的中國人的談話，再度印證了這一點，他說：很多人善於在不為人知的情況下，給「惡」穿上「善」的外衣。

我看到，印度推崇的神性善惡兼具。基督教追求善卻屈從惡，印度人透過超越善惡，用沉思和瑜伽為自己搭起天國的階梯。對此，我有獨到之見。倘若承認善惡一體，那麼善惡之間的分隔將變得模糊，那麼信仰便停滯不前了。人們所信非真善亦非真惡，善惡應落在實處——「我的善」、「我的惡」，從「我」出發，作為判斷「善」和「惡」的主要標準，這種情況為我們提供了論據，證實印度的神無善惡之分，造成這種情況的根源在於印度人問題和負擔過重，所以人們亟待脫離萬事萬物存在。

印度人並非追逐道德的完滿，而是力求超脫的境界，他們希望脫離萬物而存在。基於此目的，他們透過沉思和瑜伽來追逐「空」的境界。而我呢，希望親自去觀察和體會自然和精神的形跡。我既不想離群索居，更不想割斷我和自然的聯結，因為不管是精神還是自然，在我看來，都是神蹟。自然，是承載精神和生命的載體，它才是真神。如果罔顧自然，那麼精神和生命還有什麼意義？對我而言，存在的最高意義在乎自然，而不在於自然不存在這類命題。

於我而論，不顧一切的超脫根本不復存在。那些我未經歷、未領會的事物，無從超脫。我個人的超脫是什麼呢？自然是摒棄雜念，專注命運加諸給我的任務，並全心全意地完成它、為它貢獻、犧牲。如果我功虧一簣，那麼我的精神將不再完整。當然了，如果我不能投入某種經驗，我的理由同樣充分。但是我若是真的做了，便是昭示我能力有限，錯過了一些意義重大的事物。而我一旦明白了我能力有限，便會積極行動起來，來彌補不足。

一個人倘若沒有通過情欲的試煉，又如何能誇口戰勝過這些情欲？只有與情欲為鄰，才能戰勝於它。任何時候，情欲之火都可能噴湧而出，將他的心靈之屋付之一炬。換而言之，所有我們曾經放棄不管、棄之不理的東西，都有可能氣勢更洶地捲土重來。

在康納拉克，我結識了一位同伴。他專門研究梵學，並有禮貌地提出要陪我參觀一座神廟和廟中供奉的大神。廟中有塔，遍佈精巧的淫穢雕刻。關於這特殊的建築，我們談論了很久。他解釋說，如是建築是為了淨化人的靈魂。我反對這種說法，並指了指我們面前的那些青年。這是一群青年農民，他們駐足塔前流連忘返，表情中充滿驚異和豔羨。我說：「他們的靈魂得到什麼淨化了呢？我敢打賭，他們的腦子裡全身欲念。」他反駁道：「關鍵並不在此，倘若他們不度過他們的劫難，靈魂如何淨化昇華呢？這些不堪入目的淫穢，之所以存在便是喚醒人內心的『淨』，若是不進入這些青年的潛意識，他們就會將『淨』遺忘。」

讓青年男子清心寡欲如同非發情期動物，我覺得這真是聞所未聞的新鮮見解。可是這位梵文研究者卻堅持年輕男子的衝動是潛意識的，需要無時無刻的提醒。他還說：之所以塔中的裝飾如此，便是時時刻刻告誡著他們需要想著「淨」。若非如此，他們就不能渡劫，將無法進行自我救贖。

神殿門口，有兩尊舞女雕像，她們皆露出蠱惑人心的完美臀線，面帶微笑，廣迎天下來客。他指著「女引誘者」說：「看見這兩個舞女了吧？它存在的含義一如塔上雕飾，當然了，對於你我這類意識達到高超水準的人而言，作用不大。但是對於那些毛手毛腳的農村小夥子，這可是必不可少的教育和訓誡。」

當我們離開大殿，沿著一條小巷緩步前行時，他又忽然道：「看見那邊的石雕了嗎？我猜你肯定不知道它所代表的含義，來吧，讓我告訴你這個祕密。」我很好奇，因為石雕雕刻的是很明顯的陰莖形象，難道這些形象後還有什麼隱喻？他神神祕祕地湊在我的耳邊，小聲的說：「這是男人的陰部。」我呆住了，我還以為有什麼其他的象徵呢，比如說濕婆之類的。隨即我驚詫的看著他，期待他還有別的解釋。但是他只是傲然的點了點頭，似乎在說：「真相如是，你們這些淺薄的歐洲人想到了嗎？」

我將這段小插曲告訴海因里希．齊默爾，他聽得興高采烈，並驚呼：「我總算感受到真正的印度風情了！」

當我參觀佛講經的桑奇佛塔時，一陣悸動突如其來。這種悸動我並不陌生，當我遇到我未意識到的人或其他時，這種悸動便會出現。茵茵綠草間，用石頭鋪就一條小路，沿路而上，便能到達佛塔所在的石山。佛教中，佛塔大多是聖地，要嘛是得道高僧的陵墓，要嘛是聖器存儲之地。這個佛塔呈半圓狀，宛然兩個大碗倒扣一處。整個建築的形象都如同釋迦牟尼在《大盤涅槃經》中描述那般，所以英國人含著崇敬之意對該建築進行了修復。圍牆環繞著佛塔，牆上鑲嵌了四道精巧的小門。佛像位於四門基點的中心處。任意選取一門，左行便是一條環繞佛塔的曲徑。順時針走完一圈，便更上一層塔。視線為之開闊，平原遠景，盡收眼底，佛塔、廢墟也一覽無餘。寂靜是這片聖地的主基調，我將同伴遠遠地甩在了後面，享受這難得的寂靜和聖潔。

須臾，鑼鼓喧騰。待聲音響在耳際，我才看清聲音來源，原來是一群日本朝聖者，手持小鑼，列隊前行。他們敲的節奏，與古老禱詞：「蓮花生，珍珠現，神啊！」的節奏一般無二。他們的鼓點，剛好落在「神啊！」這個字節上。在佛塔外，他們鞠躬行禮，進入到佛塔中後，再度唱著聖歌，對佛像重複相同的動作。當他們走完兩圈曲徑後，在每一尊佛像面前都吟唱了聖歌。我目不轉睛地觀察著他們，覺得自己的神思和靈魂和他們契合一處，於是心中謝過了他們，正是他們的存在，讓我難以抒發的感情得到了宣洩。

我強按內心的激動，因為我知道：桑旗山對我而言肯定是一種中心所在，佛教的另外一個嶄新側面就安放於此。我察覺到，佛的生命可等同於一種自性實現。自性外顯，渴求有人格的生命。對於佛而言，自性是萬物的本源，高於一切。自性的世界是個統一的世界，在這裡，人類經驗和世界本質融為一體。自性包含了兩個方面——已存在和未可知，沒有自性的世界是沒有意義的。人類意識和宇宙開闢一樣，是莊嚴不可侵犯的，如果人們忽視了意識，那麼世界將墜入萬劫不復的深淵。叔本華的成就在於他意識到了這一點！

基督教和佛教有相仿之處，皆是自性體現，不過兩者又有所區別。佛，源自大徹大悟後的通透；基督，則是命中註定的犧牲。佛教，推崇「做」和「見」；基督教，敬仰「痛苦」。雖然兩者途徑不一，但是殊途同歸。不過印度人認為佛更加完美，佛的人格鐫刻歷史中，便於理解。而基督，人神合一，理解起來便頗為不易。歸根結底，基督想瞭解自己，都非易事。他只知道，他的內心洞悉了自己的宿命——犧牲自己。他的犧牲，是命運輪盤轉動的結果。佛，盡享天年，而後駕鶴歸西；而基督作為基督存在，不過區區一年時間。

後來，佛教和基督教的發展軌跡又出現了交叉點——發生了變遷。佛的形象成為自行發展的個中翹楚，人人得以效仿。佛教導說：凡是人，皆可了悟。跳出輪迴，均可成佛。基督也成為楷模，每個基督教徒，都能在上帝處找到完整的自己。但是，歷史的洪流將人們沖向基督的彼岸，可是人們卻誤入歧途，並非因人而宜選取完整的道路，而是盲目模仿基督所走的道路。在東方，時代的車輪將人帶到佛的身畔。佛成為模仿的對象，本身便是對佛的一種褻瀆，正如對基督的效仿讓基督思想開始停滯所差無幾。佛的頓悟，遠勝婆羅門諸神；基督也對猶太人呼籲：我乃真神！但是，他話中的精髓，卻被人忽視。所以，我們看出，不管是基督教還是佛教，都沒有為人創造出一個嶄新的世界，反而加速現有世界的消亡。

在印度的阿拉哈巴德、貝納勒斯以及加爾各答，我獲取了三個名譽博士頭銜，最有趣的是：三個頭銜分別代表著三個城市三種宗教——伊斯蘭教、印度教、英屬印度教的醫學和科學界。這看上去很好，但是有違我的初衷，我最需要的是修養。在加爾各答我患了痢疾，入院十天，因禍得福得到了修養的機會，猶如在驚濤駭浪中，終於得以安坐一隅。這裡是我的「根據地」，我可以置身於外地觀察讓人驚愕的拖沓喧囂。

返回旅館時，我的健康狀況依然差強人意。此時，一個奇怪的夢造訪我的大腦，夢境如下：我和一群來自蘇黎世的好友來到一個不知名的小島，那似乎是英格蘭南部的某個島嶼。島嶼小而狹長，大致二十英里左右，沒有人煙。有一座中世紀風格的城堡座落在小島南端，我們這群參觀者很快來到這座城堡的庭院中。在我們面前，矗立著一座富麗的塔樓，從大門的縫隙中能模糊看見石階上的圓柱形大廳，大廳中燭光搖曳。我立刻明白，這便是聖杯的城堡，而且今晚便要為聖杯舉行慶典。「聖杯慶典」非同小可，可是我們的旅伴：一位和毛姆森酷似的教授卻對此聞所未聞。我曾經和他談過話，並為他的睿智和深邃思想所折服。不過有一件事讓我不安：他和我談話的時候，經常討論死亡的「前生來世」，並用聖杯故事和英法淵源作為佐證。可是他卻沒有意識到聖杯的意義，也沒有發覺這個傳說已經應驗了。但是我已經認知到這兩點。更詭異的是，他似乎對眼前的環境視若無睹，如同站在大學講壇上面對自己的學生那樣侃侃而談。我想提醒他看清現實的情況，但是徒勞無功。他不僅沒有發現階梯，更沒有發現大廳中的燭光。

我東張西望，不知道該何去何從。這時，我卻站在了一座高聳入雲的城堡城牆邊，牆的下半部皆是裝飾用的格子，質地並非常見的木頭，而是黑鐵鑄就，並雕成葡萄的形狀；不管是葡萄藤，還是葡萄葉，甚至還有捲鬚和葡萄串，唯妙唯肖，栩栩如生。橫枝之間，獨留一塊六英尺左右的空白，上面有精巧房屋一座，如鳥籠大小，同樣為黑鐵鑄就。就在我凝神觀察之時，那黑鐵鑄就的葉子竟然輕微的顫動，似乎有老鼠在上面走動。旋即，一個有蹄的鐵製小精靈從一間小屋鑽到另一間。我驚訝得無以復加，急忙對教授說：「哎，趕快看，你……」

幻象嘎然而止，夢境再變。依然是我們一行人，卻獨少了那位教授。依然來到城堡之外，但是風景迥異，周圍皆是光禿禿的岩石。我知道，事情還在繼續，今天晚上依然要舉行聖杯慶典，但是聖杯卻不在城堡中，而在海島北面唯一一間無人居住的小屋中。我們一行人中，有六人願意去尋找聖杯，故而轉身北行，我們徒步行進了幾個小時，才發現，海水將海島一分為二。我們行進至海島最狹隘處時，發現海水僅有一百碼寬。這個地方人跡罕至，淒涼蕭瑟。登高遠望，絕少綠植，僅有草叢和岩石。沒有橋，更沒有船。夕陽西下，夜幕降臨，我和我的同伴疲憊不堪，就地歇息。天氣刻骨冰涼，同伴大多酣然入夢，我卻在苦思對策，最終想出一個辦法：我可以泅水度過海峽去取聖杯。當我脫掉外套時，我醒了。

這個預示著歐洲的夢境出現時，我的腦海中正承受著印度印象的衝擊。其實早在十年前我便察覺，聖杯傳說在英格蘭一些地區廣為流傳，儘管這個傳說承載了很多的學術成果。天馬行空的神話，和中規中矩的鍊金術，卻在對於這「聖杯」的論述上達成一種奇異的共識。這件事讓我的印象開始清晰起來：白晝所淡忘的神話，黑夜將繼續敘說；強大意向被意識拋棄並嗤之以鼻，但是詩人卻讚美它，謳歌它，於是它在預言中涅槃重生。所以這些強大的意向改頭換面，被那些善於思考的人發掘正視。過去那些偉大的形象並沒有消亡，而是換了一個名稱繼續流傳下去。「力大無窮，往往蘊於輕薄之中，隱身的卡比爾進入了新屋。」

這個夢，將我對印度的強烈印象掃蕩得一乾二淨，並將我的關注點重新轉移回對西方的關注中來。這種關注變成了對聖杯和哲人之石的求索，我不再關注印度了，因為我已經在冥冥之中得到了啟示：印度並非我的終點，而是我通往終點必不可少的中轉站。這個夢在問我：你在印度意欲何為？你為了誰尋找救世主？你還是你的同伴？這才是你的責任所在。現在你的情況十分的危險，千百年所建成的事物將被你毀壞！

錫蘭（今斯里蘭卡）是我旅行的終點站，它折射給我內心的形象和印度大相徑庭。錫蘭如同天堂，處處瀰漫著南海風情，人們在此樂不思蜀。可倫坡是一個繁華的國際港口，人來人往，熙熙攘攘。我們未在此處過多逗留，很快進入丘陵的內地，到達皇城康提。在這個城市，每天早晨五六點便會驟然下一場傾盆大雨，升起的薄霧在康提城中繚繞。濕潤的氣候，讓繁花似錦，草木葳蕤。佛牙寺雖小，然魅力獨特。我在寺中駐足良久，與僧人論佛，還瞻仰了刻在銀葉上的佛經。

在此地，我有幸見識了一次讓人印象深刻的祈禱。男女信徒將大捧的茉莉花撒在祭壇之上，口中輕聲吟誦。我猜想他們是在向佛祈福，但是陪同的僧人卻說：「佛已圓寂，我們無法再度向他祈福。他們的唱詞是：「人生苦短，朝生暮死，臂如鮮花。願提婆與我，共用這一奉獻的福祉。」

儀式的前奏是近一個小時的擊鼓，在印度廟中的侍候廳進行。鼓手有五位，大廳四角各立一位，另外一位站在中間獨奏。這位青年上身赤裸，褐色皮膚，紮白頭巾，戴紅色花環，著白色長裙，雙臂飾有閃閃發光的鐲子。他虔誠地走向金佛，用雙面鼓演奏。我觀察他的後背，這位站在擺滿小油燈的門前青年動作優美，軀體、手臂配合地恰到好處。他的鼓聲奇妙，但是於藝術的角度而言，卻無可挑剔。鼓聲似乎是用腹部和後腹部表達一種古老的語言，腹部並非祈禱，而是引發思維擴散。這裡的一切並非是對佛的盲目崇拜，而是已經被喚醒的人在進行自我救贖。

在春歸大地之際，我踏上了歸途。因腦海中各種印象紛紛擾擾，故而不想再去孟買。只是停駐船上，看拉丁文版的鍊金術著作。印度之行，並未給我留以深刻印象，因為印度，只是渡者，將我從一種永恆引導至另外一種永恆。

拉文納和羅馬

一九一三年，我第一次訪問拉文納。當時，加拉・普拉西達的陵墓給了我靈魂的觸動。這種觸動，在我一九三三年再度到拉文納的時候，有增無減。在他的陵墓前，我的靈魂依然被震顫，內心再度被震動。那時，我是和熟人一同前往的，依然是從陵墓直接進入正教洗禮室。

正教洗禮室被柔和的藍光籠罩，卻看不到光源，對此，我並不覺得有任何不妥之處。但是我依然感到驚訝，因為此處跟我第一次來此時發生了改變。初見時候的窗戶被四幅很大的彩色玻璃鑲嵌畫所取代。南面窗戶上鑲嵌的畫，內容是約旦河的洗禮式；北面窗戶上鑲嵌的畫，是以色列的孩子們渡過紅海；東面窗戶上的畫，已經模糊了。我絞盡腦汁，也回想不起畫中內容。看來我的記憶力不太可靠，這讓我覺得很沮喪。這幅畫的內容，有可能是那曼在約旦洗去痲瘋病；在我的藏書中，有一本梅安古版的《聖經》，其中一幅插話和其有些類似。西面窗戶上的畫，讓人印象最深。我們最後才觀賞這幅畫，畫面上是基督向波浪之中的彼得施以援手。我們在畫面前流連良久，就原有的洗禮儀式問題討論了近半小時，洗禮代表的古老觀念也讓我們津津樂道：洗禮的起源似乎和危險相關，本意便是在水中的沒頂，似乎預示著淹死的危險，而洗禮表示的就是有關生死的原型意向觀念。

彼得落水的畫，讓我記憶猶新。時至今日，依然歷歷在目：海水瀲灩，彩色玻璃鑲嵌，彼得與基督一問一答。我曾經探索過他們談話的意義，但是一無所獲。離開洗禮廳後，我立刻去阿里納找尋和這些鑲嵌畫類似的照片，但是無功而返。我們的時間不多，還想繼續參觀，我只好將此事擱置一旁，暗暗決定回去後從蘇黎世訂購。

返程後，我曾經託一位拉文納的熟人為我代購，但是卻無功而返，因為他發現我所描述的那種畫根本就不存在。

在此期間，我參加了一次研討會，並在會上談論了洗禮的淵源概念，還有我在洗禮廳內所看到的鑲嵌畫。這些畫讓我印象深刻，而當初與我同行的女士卻一直不能相信，她「親眼看到的」的東西竟然不存在。

我們都知道，確定兩人是否見的是同一事物，甚至是同時見到同一事物，是不容易的。但是，我卻能斷言，我們所看到的畫，起碼在輪廓上是一模一樣的。

拉文納之行，是我一生中奇幻經歷之一。幾乎無法找到解釋，不過有關加拉‧普拉西達皇后的一些記載和故事，倒是能提供一些解釋。有一次，皇后要在暴風雪中前往拉文納。她從拜占庭出發的時候曾經發誓，倘若平安到達，就建造一座教堂將海上的驚險記錄下來。後來，她並沒有忘記自己的誓言，建築了聖喬萬尼教堂並裝點了鑲嵌畫用以還願。雖然，聖喬萬尼教堂和裝飾畫在中世紀的一場大火中付之一炬，但是可以從米蘭的安勃羅西安納教堂中窺見其乘船的草圖。

從我第一次參觀開始，加拉‧普拉西達的形象便根植我心。我很疑惑：為什麼這位教養風度俱佳的女子會常伴野蠻不開化的王儲左右。她的陵墓是殘存於世的遺產，從陵墓中，我能窺見她完整的人格，感受她的人格和完整的存在。她的堅韌性格，和我的女性意向不謀而合。

男人所擁有的女性意向歷史悠久，甚至可以追溯到史前，並且將過去的內容一一呈現出來。作為潛意識的人格化，它將它所知道的資訊，源源不斷地輸送給個人。對於個人而言，女性意向就是過去曾經存在，而今依然保留在他身上的生命體。每次我將自己與我的女性意向相提並論時，我總覺得：自己沒有歷史積澱，簡直是無中生有的生物，無過去亦無未來，如同未開化的野蠻人。

我見到的鑲嵌畫所表現的內容，實質上是我與女性意向相接觸的過程。我也曾遭遇過彼得的遭遇——遭受滅頂之災，而後被上帝所救。法老大軍的命運，也與我的命運隱隱相合。我就像是彼得或者納曼那樣，不過幸運的是：我安然無恙，這要感謝潛意識內容的整合為促進了我的人格完整化。

一個人將潛意識的內容和意識內容進行整合，此時只能意會無法言傳，這是無須贅言的主觀境界。我們對於自己的行止有一種獨特的感受，這種感受毋庸置疑，當然，懷疑也沒有意義，同樣毋庸置疑的還有我們對別人的認識。據我所知，能消除這些見解和印象之間的權威根本不存在。這種整合會帶來什麼結果、會帶來什麼性質的變化，這是主觀信仰的問題，科學方法無能為力。因此，這種整合在主流世界中乏人問津。然而，這種現象卻是實實在在的，衍生物良多的問題。無論如何，無論是心理治療醫生還是對心理治療感興趣的心理學家，都無法罔顧這個問題。

拉文納洗禮所觸動了我的心弦，讓我頓悟內在事物並非囿內在，也可以表現為外在；而外在事物也不局限外部，也可能表現在內部。我的肉眼已經清晰明白地看到了洗禮所的圍牆，但是又被一些迥然的形象遮擋住，這個形象卻非虛幻，而是與洗禮聖水盆一樣實實在在。只是我分不清，在那個特定的瞬間，哪個是真實，哪個是虛幻。

我的情況並非只有這一種，每個人遇到這種情況，都會不由自主地認真對待——比道聽塗說的情況更為認真的對待。一般的情況下，人們一聽到這樣的傳聞，都會馬上聯想各種神祕事物，並給出不一而足的解釋。我的結論是：當我們確立了有關潛意識的任何理論之前，必須確定潛意識各種感受的具體意義。

回顧我的一生，旅行並不多。羅馬是我的夢想之都，但是我覺得我不配享有這座城市給予我的印象，因此擱淺。龐培城，我在經受了一九一〇——一九一二年的古典心理學課程後，才動身前往。即便這樣，龐培城的印象，也超出了我的接受能力之外。當船隻接近羅馬城所在的緯度時，我登欄遠眺。羅馬城座落在那，它原本是古代文化傳播中心，相容並蓄，將基督教世紀與西方中世紀全部納於其中，即便今天，那燦爛的古典文化依然燦爛奪目，而古典世界的殘酷無情也依然有跡可循。

那些本意是打算去巴黎或倫敦，卻陰差陽錯轉去羅馬的人讓我欣羨不已。當然，古城羅馬可以讓我們從美學的角度領會它的美好，但是如果每一堵牆和每一根柱子的殘軀，都面目鮮明地凝視著你；如果你每行進一步，古老的靈魂都要進入你的內心深處，就要另當別論了。不用說是羅馬了，就算是在龐培，見所未見的景象會不期而至，你預料之外的事物會忽然充滿你的意識。問題接踵而來，但是解釋這些問題卻在我的能力之外。

未去羅馬，一直是我的遺憾。在一九四九年，我的人生已至暮年之際，本打算彌補這個遺憾。可是買票的時候我卻忽然暈倒了，看來，這個遺憾註定會永遠的成為遺憾了。

第十章

幻象

年初我的身體接連出現狀況：先是扭傷了腳，隨即又心臟病復發。從我在死亡線上掙扎，並接受輸氧和輸液的時候開始，狂亂的幻象就開始爭先恐後地湧入我的潛意識。這些形象大多碩大無朋，讓我斷定自己離死亡只有一步之遙。護士告訴我：「您的狀態極類迴光返照。我曾在很多人的彌留之際看到過這樣的狀況。」我的確達到了人生的極限，當時我在夢中正處於狂喜的情景中。看來，我身上的確發生了一些奇怪的事情。

我似乎立於空中，俯瞰著地球。它由湛藍的海水和一塊塊大陸組成，藍色的光輝包裹在它的週邊。我的視線不能將整個地球盡收眼底，但是地球輪廓依然清晰可見。它五彩斑斕：距離我最遠的是錫蘭，前面遠方是印度次大陸。錫蘭是深綠色，輪廓線是閃耀的銀光，如同氧化了的銀器；大片的荒野黃裡透紅，那是阿拉伯沙漠；隨即躍入眼簾的是紅海，銀紅輝映中還有濃墨重彩的金色。正如地圖所標注地那樣，在地球後面及更遙遠的地方，我看到了地中海一角。我的目光直接專注於此地，然而其他事物，卻是朦朦朧朧的。我還能看到喜馬拉雅山山峰，不過它被大雪覆蓋，而在它那個方向上的一切都看不分明。我的目光始終沒偏向過右邊，但我卻知道，我正在飛離地球。

後來我發現，大約要在一千英里的高度才能擁有這樣開闊的視野。在這個高度望下去，地球的壯美恢弘，讓人歎為觀止。

原本我背靠印度洋，觀察片刻後，我調轉身子，面向北部。隨著我轉身，新的景色出現在我的面前。在我附近的天空中，漂浮著狀若房屋大小的黑色巨石，當然，我也在漂浮。與之類似的巨石我曾在孟加拉灣海岸上看到過，不過不是黑色，而是茶褐色的花崗石。其巨大程度，甚至可以鑿空成廟。這些漂浮著的石頭也是這樣。

前面有一處入口與大廳相連，右側有一個皮膚黝黑、身著白袍的印度教徒盤腿以待，我知道他在等候我。入口處還有兩級臺階，左邊有直接通往寺院內部的大門。精緻微型的神龕中有碟狀的凹穴，裡面裝滿了椰子油，上面還有燈捻，神龕中的燈光圍繞著這扇門。這種場景很像我在錫蘭參觀佛牙寺時所看到的，那裡的大門四周的確也有這樣的燈。

當我踏上巨石上的臺階時，腦海中浮現出一種奇怪的感覺：浩渺天地正在消弭，我所執著、偏愛、念念不忘的一切，那些存在於地球上的執念，都離我而去。這種剝離極為痛楚。當然，也有東西得以保留——似乎圍繞著我發生的那些事情並沒有消失。我可以如是說：「我以為我什麼也沒有，其實我什麼也沒丟。」我的經歷、我的歷史，構成了我。一種感覺清晰明確：我便是如此。我是一切發生過、完成過的事情的集合。

這件事讓我萬念俱灰，同時又感覺十分充實。此時的我再無所求。我的過去和我的經歷，組成了客觀的我。最開始的時候，我十分痛苦，覺得自己的一切被掠奪了，但是轉瞬之間，這種感覺蕩然無存。一切都化為烏有，只有存在的才是永恆的。往昔的都隨風散去，我便不再惋惜那些已經消逝的了，我所感受到的一切，才是實實在在的。

還有一件事讓我費解：當我靠近寺廟的時候，我堅信我會在一間開闊的大廳中看到我在現實中的同好。我以及我的人生，將被歸屬歷史的哪一個範疇，這個謎題終究會獲得解答。在我之前存在什麼？我存在的意義是什麼？我的人生河流將往何處流淌？這些謎題將迎刃而解。我的生活，就像是一個沒有開頭也沒有結尾的故事，而我只是從中間剪輯的片段。但是新的問題又隨之出現了：為什麼單單要從這麼長的事件中截取這一部分呢？為什麼我會做出奇怪的承諾呢？我順應了這些片段還是扭曲了這些片段？我覺得，只要我踏入石廟之中，這些問題的答案將不言自明。在這裡，一切都會水落石出，似乎我會遇到一個知道前生今世的人。

不可言喻的幸福幻想

就在我思考這些問題時，一件事轉移了我的注意力：從下方，也就是歐洲的方向浮來一個形象，是我的醫生H博士，或者準確說來是類似H博士的影像。他頭上戴著金色的裝飾品，可能是金鏈，也可能是月桂花環。我心裡說：「這是我的醫生，他為我看了很久的病。現在是他的原型，如同科斯國王一般。生活中，他是這個原初形象短時期體現的僕從，但是在這個時候，他便是以原初的形象出現的。當然了，這種原初形象是一開始便有的。

由此推斷，此時的我也是原初形象。雖然我並未親眼得見，但是卻深信不疑。當H博士出現在我面前的時候，我們之間默默地交流思想。H博士向我傳達了地球的消息，說地球上的人全部反對我的離開，我沒有權利離開地球，須及早返回。當我聽到這個消息時，驀然驚醒。

我失望得無以復加，因為這一切都是沒來由的。想要掙脫痛苦，卻被證明徒勞，我沒有被允許進入寺廟，見我的同好。

事實上，我求生的欲望在三個星期後才再度燃起。我沒有食欲，似乎一切事物都面目可憎：窗外的天地如同遍佈黑洞的彩色帷幕，或是印滿沒有意義的照片的碎報紙，這一切都讓人感到失望，這個時候我想：「現在的我，不得不返回『箱子體系』中——在宇宙之外的宇宙中，存在一個三度世界，每個人都擁有一個精巧的箱子。」當務之急，是我必須說服自己。對我而言，生活就像是一座巨大的牢籠，如果我認為這牢籠存在得不合情理，那麼煩惱便滋生了。我以為我已經掙脫了它，但是實際上，我與眾生一樣，再度被繩子捆束高懸於這箱子之中。在空中遊蕩之時，我無牽無掛，來去自由，然而，這一切已經成為鏡花水月，再不可追。

我對這位醫生的情緒很矛盾，雖然他挽救了我的生命，但是他卻引發了我的憂慮。「以原初形象出現的人，即將離世。因為原初形象意味著，他屬於更為『廣闊的群體』」。我驚恐交加，隨即想到，H博士也是以原初形象出現的，換而言之，他會代替我死亡。我努力想要和H醫生談論這件事，但是他根本不理解我說的話。我很生氣，明明他是以原初形象出現的，卻竭力否認自己是科斯國王的僕人！我很氣憤，怒形於色。我的妻子責備我不夠友好，好吧，得承認我妻子是對的。但是與此同時，我還很生氣他在幻境中對我的所作所為。「他有什麼權利用這麼粗魯的語言、粗暴的態度對待我？小心點！」他命不久矣，對於這點我深信不疑。

事實果然如此，我至今還記得很清楚：一九四四年四月四日，H醫生溘然長逝。而我，正好是他最後一位病人。我得到許可，從病榻上坐起時，他正好臥病在床，而後一直纏綿病榻。據說他患上了間歇熱，不久後，他因敗血症與世長辭。他是一位擁有天分的好醫生，否則便不會以科斯國王的模樣出現了。

那幾天的我，處於一種詭異的生活節奏中。白天時的我，身體虛弱，精神萎靡，「我被迫重回這個無味的人世」的念頭一直縈繞在我心中的。我總是昏昏欲睡，會一直從傍晚時分睡到午夜，而後醒來。黑夜中的我，被狂喜圍繞。我覺得自己在空中飄蕩，宇宙將我護佑，那飄渺無所依著的空虛，卻讓我欣喜不已，內心中滿滿當當都是幸福。我想：「這才是永恆的福祉啊！多麼不可言喻的奇妙啊！」

在入夜的這一個多小時裡，我心情愉悅，胃口大開。此時護士會給我送來加熱的食物，因為這個時候我的胃口才會變好，什麼都能吃而且吃得不少。在這段時間裡，我覺得這位看似年輕的護士實際上是一位年老的猶太女人，她正在幫我端上乾淨的祭品。我凝視著她，發現有藍色光圈在她頭頂若隱若現。我呢，則身處在安石榴園裡，是迪菲萊特和瑪律蒂斯婚禮的來客。我又好像是猶太法學博士西蒙・本・約海本人，此時冥婚正在進行。我無法用言語表述這場婚禮的奇妙，我只是心中不斷默念：「這就是安石榴園，這是瑪律蒂斯和迪菲萊特的婚禮。」我是來客還是儐相？我不知道，但是我知道，我就是婚禮本身，我的福祉便是婚禮的福祉。

安石榴園的形象煙消雲散，取而代之的竟然是張燈結綵的耶路撒冷，原來耶穌即將在此迎娶新娘。細節我無法描述，但是那歡樂的情緒卻讓我永生難忘。天使從空中飛來，光明乍現，我覺得我就是「耶穌的婚禮」。

這種幻象轉瞬即逝，新的事物不期而至，這是我幻象中的最後一幅。那是一個開闊的山谷，盡頭可見群山。有一個古典式的半圓形劇場座落於此。周圍一片碧色，不僅雄偉而且雅致。此時，這個劇場上正在上演神聖的聯姻。男女舞蹈家粉墨登場，就像是《伊利亞德》描述的那樣：長椅之上，鮮花吐露芳香，在此中，眾神之父宙斯和赫拉完成了神聖的婚禮。

每到夜晚，我所擁有的體驗皆光明燦爛，我在此中徜徉，就如「我被創造的形象所包圍著」，各種場景糅合在一起，最後光彩盡失。如夢似幻的感覺只會存在一個小時的時間，而後我便酣然入夢。早晨來臨之時，束縛人的箱子去而復返，我便陷入到沮喪和痛苦之中。和夜晚的光輝燦爛相比，白天不僅愚蠢而且可笑！我的身體日漸康復，這些幻象越來越遠，直至三週後，便再也不來拜訪我了。

身至幻境之中所感受的壯美和激動，簡直無法言喻，只能說幻境種種皆是壯美之景。這與白晝對比鮮明：白日時，焦躁來襲，煩惱環繞，粗俗伴身，滿目皆是粗鄙，觸目盡是粗俗，不管是空間，還是時間，都限制了我的發展。但是這個結論是如何得出的，我也不知道原因。當它出現時，似乎有催眠的力量，讓我覺得這本來就是現實。可是，我也覷見了它的不足。即便後來我已經痊癒，但是這個印象卻根植我的腦海，無法自拔——宇宙是訂做的三度空間箱子狀，我們都被裝入這些箱子裡。

過去、現在和未來合而為一

彼時情況依然鮮活地存在於我的記憶之中：那時，我在安石榴園的環境中流連，我請求我的護士寬恕我。我說，室內有一種聖潔，可能不利於她，可是她並不能理解我的意思。然而我卻心知肚明，每當聖潔降臨，室內就充斥著一股奇異的氣味，這種氣味我甘之如飴，卻不知道別人是否能適應。此時的我，明白了為什麼有人津津樂道聖潔的氣味，所謂「聖人降臨，必有芳香」，指的便是這種氣味。這個房間中所出現的聖潔氣氛，與神祕現象隱隱相合。

我從來沒有想過能體會到這樣的經歷，幻象不是它的母體，主觀臆斷不是它的胚胎。一切體驗皆像現實，和客觀一般無二。

「永恆」一語，我們避之不及。但是可以將我這種體驗等同於超越時間的欣喜。因為現在、將來、以及過去融為一體。萬事萬物，皆未被拋諸時間之外，只要是存在的事物，便被融合統一整體之中，再也無法用時間度量。這種經驗永遠停駐在感覺之中，卻無法用想像還原。而昨天、今天、明天，三位一體的情況也超出我想像的範疇。完成的事物、尚未開始的事物、現在正在進行的事物，如何將三者融合在一起呢？我僅能感覺它們是一個整體，並具有時光特有的質感。我能感覺三者所包括的感情——對過去的失望或滿足、對現在的驚奇、對來日的期待，人們被捲入這個整體之中，同時要以完整的態度去觀察領會它。

後來，這種客觀存在以一種特殊方式「拜訪」了我。我妻子去世後，我在幻境中看到了她。她離我有一段距離，依稀三十餘歲的模樣，身著我那位身將為神者的表姐為她做的一件衣服。這件衣服很華美，可能是她穿過最華麗的衣裳。她站在遠處，直盯盯地看著我，表情不喜不悲，而是洞悉萬物的空靈，好像世間的愛恨情仇都如同一件舊衣裳，從她的身上脫去了。我知道，這不是我妻子，而是她為我精心製作的一幅肖像。從肖像中能看到我們相識、相知、相愛，我們共度的五十二載春秋，甚至她生命的終結。面對這樣完整的形象，我們相顧無言，因為她不會做出任何的回饋。

不管是這個夢，還是我在幻境中所看到的一切，都是我已經完成的個性化的重要組成部分。這種個性化，意味著我們之間的感情紐帶已經徹底斷裂了。雖然，感情紐帶對人類而言至關重要，但是這些感情紐帶中包含了其些映射。如果剝去這些映射，那麼自我的客觀存在便「圖窮匕見」。感情的紐帶，也是欲望的紐帶，它有強制束縛的色彩，是一個人對另外一個人的期望。這種期望，讓我們的人生有了負擔。客觀地認知藏匿在感情關係中的磁力，似乎是個終極的祕密，只有通過客觀的認知，才能達到真正結合的境界。

此次患病，因禍得福，讓我的工作進入成熟期。我所獲得的頓悟給予了我新的靈感——萬事萬物皆有歸宿。我重新燃起著述的勇氣，很多作品於在此時間段完成。這個時候，我不再執著將我的見解最大程度的完美化，而是遵循我個人的思想活動。這樣一來，問題便一一顯露出了雛形。

此次患病，還讓我有個收穫，即我開始肯定現存事物，不再對客觀存在的事物進行主觀的反抗。我要接受我的天性、我所見的事物、我生存的環境，而且不管它們是什麼樣的。患病初期，我的態度有些偏執，當然，我要為這種態度負責任，可是如果不想循規蹈矩，想過自己喜歡的生活，便是要冒險。沒有冒險和失誤，那麼人生便不圓滿。我們時時刻刻會犯錯誤，時時刻刻有墜入深淵的危險，如過真的有一帆風順的康莊大道，那麼只有通往死亡城堡的路徑是這樣的。死亡之後，一切都不會發生，最起碼不會有風險和錯誤的事情發生。任何想要走捷徑的人，都跟死人沒有什麼區別。

這次患病的最大收穫，是讓我明白我的命運何其重要。如是，我們才能鑄造出一個即使遇到迷惑也不會迷失的自我。這個自我，雖然安於現實，卻又有能力和全世界乃至命運對抗。這樣，失敗和勝利就變成了歷史的正反面，而不管是內在的還是外在的我們，都不會為其干擾，因為自我的延續性已經將生命和時間的洪流拒之門外；不過這種情況只有在人們不刨根問底或者干預命運時才會出現。

我還認知到：每個人內在、獨立的思想，都是個人現實的重要組成部分，我們必須接受它。當然，事物有真假之分，但正是因為如此，所以它們的約束力不強，只能退居第二位。思想的存在，相較於我們對它的判斷而言更為緊要。但人的判斷也不能輕忽，因為它們也是我們現存的思想，更是我們完整性的重要組成部分。

第十一章

論死後的生活

關於人死後乃至來世的生活，這方面的敘述於我而言都是一些回憶，是我感知的形象和讓我惴惴的思想的回憶。就某種角度而言，這些回憶是我寫作的基礎。迄今為止，我已經在我的著作中對「今生」、「來世」的問題，嘗試作出了新的回答，然而，我卻沒有對「死後的生活」做出明確的闡述。因為想要如是做，就必須先找到我論點的論據，可是我卻一直尋覓不到，所以還是聽天由命吧，現在我來說一下我對死後生活的看法。

即便是今天，談及死後生活我也只是在講「神話故事」。也許這種「智慧」，只有人在感受到死亡氣息的時候才能得到。當然，這並不是說，我對我死後的生活有所要求，恰恰相反，我寧願對死後的生活一無所知。不過，我必須重申，實際情況是：雖然我並不希望，也不想作為，但是這種思想卻在我內心盤踞不散。我無法判斷，哪些觀點是真，哪些觀點是假，唯一確定的是，這些觀點是實實在在的存在。而且，倘若我沒有一些根深蒂固的偏見，那麼這些觀點就可以破土而出，成功進行表述。精神現象如同一株幼苗，可能會被偏見的嚴寒所損傷，有關死後生活的觀念，也會被批判理性主義和其他的神話概念所重創。之所以會出現這樣的情況，原因在於人們將自己等同於意識。甚至自以為是，認為自己如何揣度自己，那麼自己就是什麼樣的人。可是如果他們具備一些心理學常識的話，他們就會發現自己多麼淺薄可笑。當然了，我們無權嘲笑別人，因為理性主義和教條主義是我們整個時代的通病。在這些主義的作祟下，我們狂妄地認為可以回答一切問題。但是，我們所擁有的知識其實只是一個小圈，我們對圈外的知識一無所知。很多新知識，還有待我們的發現，我們的時空觀念只能說是一些近似的觀念，卻無法避免還有偏差的存在。鑑於這樣的情況，我對涉及精神的神話格外重視，同時對我遇到的所有事進行了仔細篩選，找出合適我理論的事件。

可惜的是，時至今日，人們不僅創造不出寓言，對神話也大加鞭撻，結果，人們錯失良多。因為談論那些不可思議的事物，最有益的方式，莫過於坐在熱乎乎的壁爐旁，叼著菸斗，說一個跌宕起伏的鬼故事。

其實不管是死後生活的意義，還是神話身後的現實，我們都一無所知。我們甚至都無法說明，這些故事除了作為神、人同形、同性映射外，還有什麼毋庸置疑的具體價值。所以，我們必須明確：對於超出我們認知範圍的事物，我們缺乏認識的能力。

對於那個由截然不同的法律支配的世界，我們始終缺乏想像力。那是因為我們生活在一個特定的世界中，不管是我們的思想方式，還是我們的精神條件，都由這個世界給予。我們的先天結構打上了這個世界獨有的烙印，所以我們的思維和存在如同一條繩索，捆住了我們的思維。神話呢，則要求人們割斷這條繩索，而科學卻要求人們安於現狀。對於智慧而言，我的神話論述是沒有意義的論辯；但是對於情緒而言，我的神話論述具有治癒性，具有不可代替的價值。神話活動，給予我們無法消除的一種聲音，而我們不僅無法消除也缺乏消除它們的理由。

心理玄學認為，死者顯示自己的形式無外乎自己本身、幽靈、或者死者自身才能理解的外物，這對於科學上的來世研究是有力的補充。可是，就算是論據充足，也不能釋疑這個問題：死者與幽靈之間可否劃上等號？他們之間存在精神折射嗎？描述的事物是來自死者還是死者潛意識中既有的知識？

我們暫且將有關這些事物確定性的理性爭辯擱置一旁，需要注意的一點是，對於大多數人而言，若是生命得以無限的延續，意義重大：他們會生活得更加安心坦然，畢竟還有數百年的時光供他們支配。所以，不如現在就生活得安逸一點，因為那種瘋狂的行進幾乎沒有意義。

可是這種情感並不是推行百世而不悖的。有的人對永恆避之唯恐不及；有的人一想到坐在雲端彈萬年的豎琴便惶恐不安；有的人，一生坎坷想用死亡來作終結，但是對於大多數人而言，還是想奢求長生不老的。針對這個問題，我們必須提出某種見解，又該如何提出呢？

潛意識的自由發展

我的想法是，我們可以利用潛意識和夢境給予我們的啟示。一般來說，我們認為這些問題無法回答，便將這些啟示棄之不理，針對這種司空見慣的懷疑主義，我不以為然。打個比方說：宇宙如何形成，這是未解之謎，可能這個謎題將永遠繼續下去，這種科學問題我肯定要放棄，但是如果這個問題的見解出現在夢中，那麼我就應該引起注意。憑藉夢中的啟示，我可以構想一個概念，即便這種概念是永遠不能證明的假設，那又有什麼關係？

人們應該勇於嘗試，去建立有關來世的概念，或者創造來世的形象，即便是失敗了，也沒有關係，不去嘗試，才是最大的損失。只要人類提出這個問題，便繼承了人類古老的遺產：一種神祕生命的原型，這種原型依附在我們的個人生活中，以保持它的完整性。理性提供給我們的界定過於狹窄。在理性範疇內，我們只能接受已有的事物，似乎我們只能生活在預設的框架中，這是多麼的滑稽。我們尚且不知道我們的生活能延續多久，卻還要在理性的框架中過活。事實上，我們的生活遠在理性外，甚至在意識外，即便我們還沒有意識到，但是這並不妨礙潛意識有條不紊地發展。雖然理性將我們的生活空間擠壓得越來越小，生活的豐富程度也大打折扣，可是我們的潛意識卻在不斷豐富，並利用神話將我們殘缺的生活補全。那些被人推崇的理性與政治上的專權擅政有共同點：在其統治下，人開始變得貧乏。

潛意識的最大作用在於向我們傳遞邏輯思維所不能到涉及的訊息，給我們以啟示。很多夢境、預感都成為和現實同步的現象。二戰時，我返回位於波林根的家，路途上，服兵役時知道的一次溺死事故始終在我腦海中徘徊不去，以致我什麼都做不下去。於是我想：「可能是真的出了什麼事吧？」

我在艾倫巴赫下車後隨即步行回家，期間這種感覺依然揮之不去。我的二女兒和我們住在一起，我看見她的孩子們都在花園裡，所有人都悶悶不樂。我便詢問緣故，孩子們說：因為戰亂，他們從巴黎回到瑞士。在途中，最小的男孩亞德里安不會游泳，卻在遊艇碼頭誤落水中。水很深，他幾乎淹死，最後還是他哥哥將他救了出來。我對了一下時間，發現他差點淹死的時候正好是我在火車上有類似回憶的時候。看來潛意識已經給我啟示了，但是潛意識的啟示僅限於此嗎？

類似的體驗還出現在我妻子家的人過世的時候。那個時候我夢見妻子的床變成有石壁的深坑，這個深坑就像是一個古典風格的墳墓，隨即我聽見一聲嘆息，似乎什麼人的呼吸聲停止了。這個時候，一個形似我妻子的女人身著有古怪符號的黑色長袍從坑裡坐起，身子向上浮起。我被驚醒，便匆忙地喚起我妻子，又特意看了一下時間——凌晨三點，我想到，肯定是有人過世了。翌日七點，噩耗傳來，妻子的堂姐在凌晨三點左右溘然長逝。

有的夢不是預警，而是告知。有一次，我做了這樣的一個夢：夢中的我正在參加一個花園聚會，卻看見了我過世很多年的姐姐。不僅如此，還有幾位已經過世的朋友出席了這次的宴會。我還來不及驚訝，又發現我認識的一位女性友人正陪伴著我姐姐。在夢中，我便確信這位女士命不久矣，因為她已經有了明顯的標誌。在夢中，我很清晰地知道她是誰，甚至還知道她住在巴塞爾，可當我醒來時，依然能清晰地回想起我的夢境，但卻想不起來這位熟悉的女性是誰。

幾個星期後，噩耗傳來——我的一個朋友因故去世。我當即便反應過來，這位朋友便是我夢中出現我卻一直沒有辨認出是誰的那個人。對於她，我很熟悉，甚至熟悉到對她的很多細節都瞭若指掌，因為在她去世一年前，一直都是我的病人。可是我夢醒後，卻追憶不起她的容貌。蘇黎世的熟人們的容貌如同一幅幅肖像懸掛在我們記憶的畫廊中，唯獨那位女性的肖像不翼而飛，而原本，她的肖像是懸掛在前列的。

不知是否有人和我有過相仿的經歷，其實這種經歷的實質在於對潛意識的潛能充分的尊重。但是有一點，需要我們謹慎注意：這種訊息含有主觀色彩，可能會和現實符合，也可能和現實相差甚遠。不過，有一點是我可以確認的，那就是立足於潛意識基礎上的啟示是卓有成效的。儘管我不想寫一本有關這方面的啟示錄，但是我得承認，某種東西激勵我繼續深入瞭解有關這個領域的「神話」，而神話，恰恰是科學表現的雛形。我的「論死後的生活」，只圍繞著這方面的神話和夢境展開論述，僅限於這種內在的啟示。

肯定有人會如是反駁我：因為一切生命奢求永恆，所以有關生命在死後的延續的那些神話和夢，大多是我們腦海中自發給予的補償性的幻覺。為了回答這種疑惑的觀點，我可以用神話來充當我的論據。

很多跡象都表露，部分精神是不受時間和空間法則控制的。精神有預見性、非空間性、無直覺性的特點，有關這些特點的論證並不罕見。這些實驗的結果證實，精神經常在因果關係的時空規律中發揮作用。這充分說明，不管是因果關係，還是時空規律，都非金科玉律，如果想要完整再現世界圖景，就必須增加一維才行。只有這樣，世界的完整性才能有統一的解釋。可是，唯理性主義卻對心理玄學嗤之以鼻，並堅持認為其是子虛烏有。但是他們根本沒有意識到，他們的世界觀卻和此息息相關。如果唯理主義者堅持己見，那麼他們所勾畫的宇宙圖景就會變得支離破碎，沒有價值。表象世界背後，隱匿著可以作為判斷價值標準的事實，這是一個無法規避的問題，我們因此而必須面對這樣的一個事實：我們世界中的時間、空間、因果邏輯都和世界另一面的秩序有千絲萬縷的關係。世界另一端的秩序，不管是前生還是今世，不管這裡還是那裡，都無須進行區分。存在於我們肉體上的精神，是以空間和時間的相對性為特徵的，這點我深信不疑。而且這種相對性與意識的距離成正比，直到到達非時間性和非空間性的絕對境界。

促成並審訂我對死後生活的觀點的，除了我自己的夢以外，還有別人的夢，其中，有一個是我很重視的一位學生的。她是個六十多歲的老婦人，去世之前兩個月左右曾經做了一個夢。夢中，她進入冥界，周圍的環境似乎是教室，很多故去老友都端坐木椅之上等待上課。她遍尋老師未果，才意識到自己便是老師。因為故去良久的人對剛過世的人的經歷充滿了興趣。所以剛過世的人都在在此講述自己的全部生活經歷，好像塵世中的時間、空間和時間對死人的活動和經歷有重要的作用。

不管怎樣，這個夢描述了我們會擁有塵世間不可想像的聽眾。按照常規思維來解釋，是死去的人對人生最後的心理狀況興味盎然。當然了，這不過是我們的臆想。然而，這種「聽眾」存在一種靜止的時間之中，他們所感興趣的是他們匱乏的事物。

做這個夢時，這位婦女處於極度怕死的心理狀態之中，她在迴避有關死亡的全部思想。但是，死亡對於一個彌留之際的人而言，就像是燭光之於飛蛾。死亡給她提出了一個無法迴避的問題，她必須予以回答，以此作為出發點，她描繪了一個神話。倘若讓理性主義作主的話，那麼她所看到的只不過冰冷潮濕的墳墓。神話，可以讓腦海中的形象活靈活現的出現，讓死人的世界也出現豐富多彩的生活圖景。倘若她相信這些神話，或者信賴甚至歡迎這些神話，那麼她和那些對此持堅決否定態度的人一樣，也許是對的，也許是錯的。一方面，人們正在走向虛無，這種人聽從本能生活；一方面，人們堅信死後會以原初形態繼續生活，並沿著生命的軌跡繼續前進，這種人對抗著本能。

潛意識的形象並不飽滿，想要極大豐富潛意識，就需要汲取知識。在我和潛意識接觸初時，莎樂美和伊利亞的形象讓我很感興趣，不過這些形象轉瞬即逝，直到兩年後，這兩個形象又重新出現。不過讓我驚訝的是，這些形象沒有絲毫變化，它們的言談舉止方式和兩年前並無二致。隨即我恍然大悟，這兩個形象隱藏在潛意識之中，因此對意識狀態一無所知。他們陷入到時間停滯的環境中，他們不僅和自我，也和瞬息萬變的環境失去了聯結，但是此時我的生活，已經發生了翻天覆地的變化，於是，我不得不將我這兩年中發生的事情一一告訴他們。

如果死後有意識存在

其實我很早就知道，我必須引導潛意識形象，並摘出「故去的人的靈魂」。一九一一年，我第一次感受到了這一點。當時我正跟一個朋友騎自行車橫穿義大利北部，我們從帕維亞行至亞羅納，到了馬喬萊湖下方，並露宿於此。我們原本想沿湖而行，而後穿過臺森直達費多。可是就在露宿的時候，我做了一個夢，這個夢將預定的計畫完全打亂了。

夢中的我，正在一場盛會之中。這場盛會，名流雲集，而這些名流大多是各世紀名人的靈魂。這種感覺和我一九四四年所出現的黑石寺廟幻境相仿。名人們用拉丁文寒暄、談話，有一位頭戴假髮的紳士問了一個我很艱澀的問題，我雖然聽懂了他的問題，但是因為我的拉丁文並不純熟，所以無法用拉丁文做答。我羞慚交加，情緒低落，而後在這種情緒中醒來，醒來後的我已經忘記了這個問題是什麼。

醒來後，我立刻將夢境和我的著作《潛意識心理學》相聯結，想到夢境中我無法作答的問題，依然羞愧不安。我覺得，我必須立刻工作，找尋夢境之中問題的答案，我無權繼續騎著自行車閒逛，浪費光陰，所以，我立刻登上返家的火車。

夢境的答案姍姍來遲，我了悟那位戴假髮的人是祖先的靈魂，亦或是死者的靈魂。他所提的問題，遠超於我當時的水準，即便我回答不出，也沒有什麼大不了，但當時的我，卻隱隱約約覺得，如果我努力工作便能回答這個問題。我的祖先之所以會提出這樣的問題，是因為問題的答案出現在幾個世紀之後。如果問題和答案唾手可得，那麼我的努力也就沒有了意義。誠然，自然的知識沒有窮盡的時候，但是它如同一枚果實，需要時間才能成熟，只有成熟了，意識才能吸收。這個過程如同人的精神，一個人可能一開始對某件事物只有泛泛的印象，而這種印象會在某個特定的時刻才清晰地突顯出來。

在我寫作〈致死者的七次佈道詞〉的時候，死者再度說：「我們從耶路撒冷歸來，卻沒有找到我們期望的東西。」這個問題的提出，讓我很驚訝。因為按照我們一般人的想法，如果說我們所擁有的知識是涓涓溪流的話，那麼死者所擁有的知識便是浩瀚的大海。這種想法並非空穴來風，而是有基督學說作為佐證。基督學說表示：「我們要在陰間赤誠相見。」但顯然，死者靈魂所知道的一切都是他們生前知道的，對於死亡之後的事情一無所知。所以他們才極力想要滲透到我們的人生中來，干涉我們的生活，進而分享我們的知識。我常常覺得，這些靈魂便站在我們的身後，準備傾聽我們給出「命運」的答案。死去的靈魂依附著我們——比他們活的時間久，亦或是生存在變化著的世界中的人們，透過我們才能獲取知識和答案。換而言之，死去的靈魂無權支配全意識，但是死去的靈魂，可以滲透到活人的精神中，並以軀體為依託。所以活人的靈魂在此方面比死人的靈魂更具有優越感：活人更容易獲取那些意義重大，認知深邃的知識的能力。

我覺得，這個世界可能是個三度世界，時間和空間是橫座標和縱座標。當這個座標系統出現在「那裡」的時候，會出現怎麼一種情況呢？多面的原初形象被打散了，它們圍繞著座標系統上下浮動，猶如一團散亂的星雲。可是，依然能分辨出斷斷續續的內容，所以這種座標系統必不可少。如果情況使然，我們得以置身於一種混亂卻全知的情況下，沒有時空分界，沒有主觀意識，那麼，這種活動簡直是不可思議的。認知，如同繁衍一樣——上下之分，前後之別，彼此之屬的對立始終存在於其中。

倘若死後有意識存在的話，那麼這種存在會讓意識在已有程度上無限地延續下去，當然，意識在任何時代都有個上限。很多人窮極一生，都未能發掘自己的潛力，甚至會落後於當世平均意識水準之後，所以，當他們離世的時候，他們也在孜孜求得他們生前沒有獲得的那份意識。

這個結論是我結合死者的夢推斷而出的。有一次，我夢見我去訪問過世兩週的老友，這位朋友在世的時候思想僵化不知變通。夢境之中，他的家座落於類似巴塞爾附近的土林格山脈的小山峰上。有一座廣場，由一座古堡的城牆圍攏而成。一座教堂，兩三座小房座落其中。這廣場的風格，類似於拉伯思維爾城堡。時至晚秋，樹葉已黃，柔和的陽光為景物鍍上一層光彩。我的朋友和他的女兒同坐桌前，她的女兒在蘇黎世學習心理學，我知道她正給自己的父親講述心理學內容。我正要靠近，聽得津津有味的老友做出一個手勢。這個手勢有兩層含義：熟人之間的「請勿打擾」；也是告別的手勢。這個夢以一種我揣測不透的方式告訴我，我將繼承他的精神，而這是他一生都未達到的境界。

還有一個夢讓我對死後的靈魂演化又有了新體驗。那是妻子去世大約一年左右的一個夜晚，我夢見和妻子身處法國南部的普羅旺斯，我們朝夕相處，而她正在從事聖杯的研究。而後我便醒來了，夢中有關妻子研究聖杯的細節讓我格外注意。因為，妻子離世之時聖杯的研究還沒告一段落。對此，主觀性的解釋是，我的女性意向依舊沒結束她的工作。我很清楚，我這方面的工作依然沒有結束，但是妻子死後依然繼續工作，讓自己的靈魂得以昇華，這種見解，對我而言意義重大，從某種意義而言，會讓我感到欣慰。

誠然，這種觀點並不精準，甚至會誤導別人。正如投射到一個平面上的形體一樣，或者恰恰相反，正如以一個三度的形體為依據設計一個四度的模型一樣，它們都使用三度世界的術語來向我們展現本身。數學凝聚了很多人的心血，創造除了各種關係的具體表達形式，而這種形式單憑經驗是無法領會的。對於進退有度的想像力而言，它需要以邏輯和經驗作為基礎，用夢的見聞作為材料，進而建立起高深莫測的建築形象。我們選用的方法，就是我提到過的「必要陳述法」，在這種方法下，夢的意向被放大，甚至可以輕而易舉地用簡單的整數來陳述來表示。

一是一個單數，但是一也是獨立的個體，一代表著「一元性」和「非二元性」。當然了，這已經超越了數學範疇，而是哲學問題——上帝的原型意向本為單子。人類利用自己的智慧為此作出了相關的論述，可是智慧受到了一元化的制約。也就是說，這些論述可不是胡亂說說的，而受到一體性質的制約，所以具有必要性。從理論上說，邏輯推理完全適用於數的下餘概念。但事實不然，這種推理在事實上是站不住腳的，因為情況複雜多變，數目過多，難以理順。

每一個單位數的出現都會引發新變化，這種辯護體現在新特徵出現和對舊的進行斧正上。比如說，我們用四次方程式可以求解數字四的特性，但是用五次方程式卻只能鎩羽而歸。所以，數字四的陳述為：它是開端，更是前一個階數的末尾。每一個單位數的增加，都會導致數學特徵的改變，所以論述要分門別類，不能概述。

自然數的無限序列對照的是單個個性生物的有限數目。個體的集合是序列，序列中前十個個體的本質，與從單子中分離出來的抽象宇宙開創論相差無幾。可以用數的特性代替物質的特性，所以，方程式成為它行為的最好說明。

我認為，很多現實狀況，如同數學論述那樣難以表達。打個比方說，我們想像出的事物，因為它們的原型主題發生過於頻繁，所以才被普遍接受。這些想像，就像是數學方程式中的因數，它們和客觀物質無關，我們也無從知道神話和精神現實有什麼關聯。就像是熱氣不規則運動方程式存在很久之後，氣體計算等才得以解決一樣，某些題材的神話也由來已久，但只是在近期才獲得名稱的。

讓死亡靈魂重尋另一半

在我看來，不管在何時何地所獲得的知覺，都會最大限度地濃縮成為死人的知識，這就是塵世生活的意義所在，也是人在死亡之時所帶走的事物十分重要的原因所在。只有在這裡，脫離了對立的塵世生活，意識才能「更上一層樓」。看來，這是一種形而上學的任務。只有借助「神話傳說」，我們才能順利的完成這項任務。不管是潛意識認知，亦者是意識認知，神話都是不可或缺的過渡環節。誠然，潛意識獲取的資訊遠勝於意識，但是潛意識所獲取的知識，卻和現在無關，它往往是一種「永恆」的存在，無法用語言精準描摹。只有借助於神話時，我們才能將其一覽無餘。這個過程不是特例，而是貫徹在每一個成功的夢的分析之中，原因便在於此。倘若有一種解釋變得機械、單調，那麼我們可以斷言，我們解夢的方式已經成為刻板的教條主義。

雖然沒有證據證明人死後靈魂能得以保存，但我們會遇到各種各樣能誘發我們思考的事物，我視其為啟示，絕不會為其強加一些頓悟的意義。

有一夜，我輾轉反側，朋友的猝死讓我不能成眠。他的遺體已在前一天下葬，我很關注此事。忽然，我感覺他便在房間中走動，似乎就站立在我的床頭，並開口邀我前行。與其說他是幽靈，倒不如說是他的內在形象的再現。我暗自安慰自己，這不過是幻象。可是如是解釋，似乎有點說不通。說他是幻象，可是又沒有證據。假設這真的是我的朋友，我卻認為他是幻象，這不是很失禮了嗎？我不能證明他是幻象，也同樣不能證明他是幽靈。即便我滿肚子疑問，也於事無補。為了完成我的實驗，到不如賦予他現實感。我剛想到這裡，他已經走到門口，招呼我隨他而去，這樣，我們便能一起去玩了。他的請求出乎我的意料，我再度用我的邏輯安慰自己。而只有在幻想中，我才能亦步亦趨地跟著他。

他引導我走出房間，穿過花園，越過公路，最後才來到他的家中。待我進門後，他引著我進入書房之中，並爬上高凳，指給我看一套躺在書架上的紅色封皮的書中的第二本。此時，幻象戛然而止。他的藏書，我很陌生，加之幻景朦朧，我根本看不清他給我看的書的書脊上標注了什麼。

這種體驗對我而言是陌生新鮮的。因此，第二日清晨，我便去拜訪他的遺孀，詢問可否讓我去友人房中尋找一點東西。得到允許後，我發現幻象中的凳子的確出現在了書架下，即便遠觀，我也能看到了有五本紅色封皮的書。我踏上凳子，觀看標題，原來是左拉譯本的《死者的遺產》。我對書中的內容興趣缺缺，但是標題和我個人經歷相契合，這才是重要的。

母親離世前我也做過一個夢，這個夢對我而言同樣具有重要意義。那時我正在臺辛流連，聽聞噩耗時我不知所措，因為實在太過突然。而就在她去世前一晚，我做了一個讓人驚駭的夢。夢境中，我深處陰晦的密林之中，周圍怪石嶙峋，看上去是一副沒有進化的原始狀態。忽然，一陣尖利的口哨聲響徹天地，乍聞此聲，我一陣寒顫，接著，灌木叢中呼啦啦作響，我轉身一看，頓時噤若寒蟬。那是一頭巨大的狼犬，正張著血盆大口。狼犬視我若無物，徑直而去，我忽然頓悟，牠是受到荒野獵人的驅使，去摘取一個人的靈魂的。思及此，我驚駭莫名，驀然驚醒。第二天，就傳來了母親去世的噩耗。

從來沒有哪場夢讓我如此驚駭。從表面上看，母親似乎受到了魔鬼的襲擊，可是精確點說，那並非魔鬼，而是荒野獵人在南風呼嘯的一月，帶著狼群外出打獵。那是瓦坦，是我們日爾曼人祖先供奉的神靈，將我的母親召喚了回去。悲觀的說，母親重回「野蠻的部族」受苦；樂觀的說，母親回到「福祉」享福。雖然基督教士極力詆毀瓦坦，但是祂本身就是神。如同墨丘利和的赫爾墨斯一樣，他們都是自然的精粹，以聖杯的預言家的形式出現，並成為鍊金術士們孜孜以求的祕方。如是，這個夢可以這樣解釋：我母親的靈魂前往的地域更為廣闊，已經超過了基督教控制的範疇。在那個領域，自然和靈魂渾然一體，沒有矛盾也沒有衝突。

我立即動身，連夜歸家奔喪。我痛不欲生，但是悲哀卻未到達心中。原因很奇特，因為車廂中一直播放著舞曲，笑聲和歡鬧聲此起彼伏，似乎正在舉行婚禮，這和我的心境形成極其鮮明的對照。這一邊，歡樂的情緒正在浸染我，那一廂，悲哀如同潮水般湧來。我被撕扯成了兩份，溫暖歡愉，恐懼悲涼，這兩種情緒一直在我心中游走。

如果說在上一個瞬間，我們用自我的觀點來看待死亡；下一個瞬間，我們用精神觀點來看待死亡，那麼這種奇異的感受便解釋得通了。前一種情況下，死亡是不折不扣的厄運，在人們的腦海中，死亡揮舞著窮凶極惡的鐮刀，打算隨時隨地結束別人性命。

事實上的確如此，無論是肉體上，還是精神上，死亡都代表著殘酷和可怕。精神上尤甚：原本活生生的人，忽然消失不見，只剩下死亡的、冰冷的餘韻。任何人都不能扭轉，死亡如同大橋的橋梁在一夕之間齊根斷開。這種殘酷，我們無法逃避，且無處不在，無常得讓我們痛苦：理應長壽的智者卻在風華正茂之年夭折，凡夫俗子卻活至耄耋之年。我們從中得出結論：「上帝不慈悲，正義本不存，善意何處覓？」

如果從另外的角度看，死亡也不是絕對的壞事。從永恆的角度而言，死亡往往意味著神祕的結合。直觀點說，可以被理解成一種婚禮。經過死亡，靈魂找到自己失落的一角，重新完整。死亡的歡愉，在希臘，以少女的熱舞表現；在艾特魯斯坎，以盛宴表現。虔誠的教徒老西蒙・班・約在彌留之際，朋友們卻說他在籌備自己的婚禮。時至今日，還有很多地區擁有這樣的傳統：萬聖節日，野餐之時。由此看出，死亡實在是一場慶典。

神話、再生和業

一九二二年九月，比我母親去世時間要早幾個月。那時，我做了一個預示她離世的夢。夢境和我父親有關，這讓我印象極深。自從父親一八九六年離世後，我從未夢到過他，而現在他再度出現在我的夢境之中。他風塵僕僕，如同遠行歸來。他年輕了，而且還保有父親的權威感。我們相偕入書房，我期待和他促膝長談。我準備向他介紹我的妻子孩子，並帶他去房子參觀，告訴他我的工作、我的成就，我甚至還想告訴他我近期出版的心理學著作。但是我很快便發現，現在說這些便是太沒見識，因為我父親期期艾艾，似乎有什麼難言之隱。我發現了這一點後，只能將馬上要脫口而出的話語咽了下去，等待父親開口說話。

隨即他跟我說，我畢竟是一位心理學家，他想就婚姻心理問題聽聽我的看法。我準備了一番長篇大論，專門討論婚姻的複雜性。可是這個時候，我醒了。對於這個夢的含義，我並不理解。但是我卻沒料到，這預示著母親的離世。直到母親永遠離開了我，我才恍然大悟。

父母的婚姻並不美滿，摩擦、不耐時常出現。他們如同世俗夫妻那樣，犯了很多常見的錯誤。離世二十六年的父親出現在我夢境之中，並求教我（一位心理學家）婚姻問題。由此可見：其一，很快他就要恢復與我母親的婚姻關係；其二，他所處之地無時間流淌的狀態，因此，他對婚姻的認識才停滯不前。他必須求教於活著的人，因為活人感受到了時代變化的好處，並對一些情況有了全新的瞭解。這便是我母親去世的前兆！

此夢傳遞的資訊僅限於此。當然，我如果繼續探求其主觀意義，可能會發掘得更深。但是，何以在母親過世之前，我只夢見了她的死，但是卻沒有預見到她的死？看來這個夢只牽涉到了我的父親，隨著年歲日增，我對父親的同情感始終有增無減。

潛意識的特徵之一便是「空間相對性」，相較於意識，它擁有更多的訊息來源。關於死後生活的種種神話，很大程度依賴於夢的啟發和潛意識自發性地提高。前文業已交代，這些幻境和知識儲備無關，遑論證明。但是這些知識可以作為論據，證明神話存在，並為進一步的智慧探索提供必不可少的素材。倘若割斷與神話想像世界的連結，那麼心理將陷入僵化的境地。事物均有其兩面性，如果與神話過多接觸，那麼意識薄弱的人就會陷入危機之中，因為他們會混淆幻境和現實，暗示和知識。

人的來世是由靈魂轉世和形象形成的，這種神話一直廣為流傳。印度，不僅智慧高度複雜，而且歷史遠比我們國家悠久，在這裡，靈魂轉世觀點是司空見慣的，就像是我們對上帝創世和靈魂導師深信不疑一樣。當然了，有教養、見識的印度人知道，我們並不贊成這類觀點，但是他們並不在意。根據東方的靈魂論，輪迴無窮無盡，不為生死所割斷。人活著、學習、死亡、再生，如同一隻滾滾向前但是漫無目的的車輪，只有佛，才知道哪裡是目的。

東方神話不為西方所接受的一點在於，東方對神話的需求僅停留在目標清晰的宇宙創造論上，這是西方人所不能容忍的。他們無法接受一種靜逸的、孤立的、生生不息的觀念，但是東方人卻很容易接受這種觀念。看來東西方的主要分歧在於對自然的性質這一感覺上，其實現代天文學家對這個問題也是各抒己見，並無定論。西方人認為，靜態宇宙毫無意義的觀念不能接受，他們必須賦予宇宙以意義；但是東方人則認為，無需加諸「意義」給宇宙，宇宙就是意義本身。西方人需要完善世界的意義，東方人則需要完美人類的意義，並在人身上消除世界和存在的痕跡。

於我，兩者皆正確。西方人外露，東方人內斂；西方人認為意義蘊於客體，東方人認為意義在乎本身，但是意義不僅在內在，也在本身。

來生和劫難的關聯緊密，而問題的關鍵在於，人的劫難是不是個人性的，倘若是的話，那麼人的來生命運便是前幾世成績的再現，因此，人格得以延續。但是，如果事實並非如此，那麼來生所獲得的劫難便是客觀的，那麼這種劫難便是加諸給新的人生的，這並非人格的延續。

釋迦牟尼的弟子曾經就一個問題問詢過他兩次：人的劫難是否是個人的？釋迦牟尼顧左右而言他，對這個問題置若罔聞。他說：「存在的虛無，絕非明瞭此理可以勘破。」他認為，對於弟子而言，思考人生才更為有益——思考人之初生、死亡、苦難等產生的原因和意義。

我的劫難是果，我的前生是因？亦或是我祖先們的成就是因，我的苦難是果？對於這些疑問，我沒有答案。我是否是祖先精神的集合體？我是否將祖先們的精神一一展現？前世的我用何種人格存活？我的前生何如，可否遭遇過我所遭遇的問題，今天的我是否能找到問題的答案？這些，都是未解之謎。佛對這個問題置之不理，是因為我覺得他也無法回答。

在我的想像中，我的「生命」可能延續了幾個世紀，我遇到了很多棘手的問題，我必須再次轉世，才能完成我前世未能完成的問題。待我死去之時，我的一切都隨我而去，我帶走了我的一切，並非赤裸裸地離開，這是我的想法。看來佛也意識到了這一點，否則不會告誡自己的信徒不要在這種無謂的思辨上浪費時間。

生活向我提出問題，問題便是我人生的意義；我是世界提出的問題，如果我不想依賴別人的答案，就必須自己作答。這個問題的解答，是一生中超脫於人生命的任務，我只有盡力嘗試作答。我揣度，我的祖先也曾為這個問題感到困惑。而尼采同樣沒有解決這個問題：基督教徒不知該對生活中的酒神精神方面如何作答？亦或是我的祖先們——日爾曼人和法蘭克人見到瓦坦—赫爾墨斯精神時，所提出的難題？

讓記憶在靈魂面前展現

我能感受到我祖先生活的後果，也可以這樣表述：我感受到了過往的人的劫難。這種劫難也可以看成是一種客觀原型。這種原型依然附庸在每個人的身上，尤其對我死纏爛打。比如神的三位一體在中世紀得到了怎樣發展？神的三位一體和女性原理是如何接觸的？諾斯替教派如何界定惡的起源？

是否存在這樣的狀況呢？一個人的成就給世界帶來了新問題，而這個問題只能他提出答案。打個比方：我提出問題而後解決問題，但不如人意。那麼我就要渡劫，必須再生，而後找到自己滿意的答案。也可能是這樣：世界不需要這樣的答案，我就沒有轉世的必要，那麼我就會享受近百年的安寧，直到百年之後，定然會出現這樣的人，不僅重複了我的困擾，還將行之有效地完成這一任務。如果是這樣，那麼我想，我可以休息了，因為我知道我這一生的工作已經順利完成。

劫難，對我而言是懵懂的。同樣讓我懵懂的還有人的再生以及靈魂轉世。我開放了我的胸懷，接納了印度教有關再生的理論，並結合我自己的生存環境，找尋指引我再生的啟示。當然，我也將找尋信仰再生的見證。信仰，只是昭示了我信仰的現象，卻沒有告訴我信仰的內容，我必須找到經驗和信仰的重疊點，才能接受它。可是，儘管我努力搜尋有關這方面的蛛絲馬跡，但是我始終沒有找到這方面有讓人信服的證據。但是近來這種情況發生了改觀，我的夢給予我新的啟示。這些夢，似乎向我剖析了一位故去老友轉世的過程。可是我並未在其他人身上做過類似的夢，這就註定了我的觀察是單一的、主觀的，缺乏比較的參照物。我只能提及它的存在，卻無法進行深入的研究。可是就是這樣的經歷帶給我全新的變化，雖然我還不能做出一種確切的解釋，但是我看待問題的視角卻發生了變化。

我們做一個假設，假定生命在「那邊」得以延續，那麼存在的形式只能是精神而非其他。之所以是精神，是因為精神生命對空間與時間的要求並不高。精神存世，尤其是我們密切關注內在的形象，是我們思辨神話的主要元素。我們將生活想像成為一種形象世界的延續，同理，精神很有可能是死亡之地的沃土。

從心理學的角度上看，探索來世似乎是老人精神生活的主要內容。人的年齡越大，越喜歡觀察、思考，這時內在形象便在人的生活中發揮越來越大的作用。這也從側面證實，老人的精神並非枯木般僵硬死板。步入人生的冬天後，記憶開始出現在靈魂之眼面前。在對過去的反思和思考中，人們開始結合內在的形象和外在的形象給自己以客觀的評斷，這似乎是為轉世做準備，就像是柏拉圖認為：哲學是死亡的先行者一樣。

內在形象防止我墜入自我反思的深淵之中，很多老人會因過度重現往事，而被這些記憶牢牢地束縛住。這種反思若是人精神的投射，而且這種投射還能具體化，那麼反思就像是借助後退所產生的推動力，讓人跳得更遠。我想找到貫穿我人生的那條主線。

按常理說，來世的概念大多是人先入為主，自以為是的想像。所以，在很多關於來世的描述中，來世宛如天堂。可是我卻不這麼看，死後被引導到鮮花怒放，草木葳蕤的聖地，在我看來，幾乎是不可能的事情。如果來世的一切都盡善盡美，那麼我們和我們祝福的靈魂之間，應該存在某種善意的、友好的、長期的交流，甚至我們在轉世之前，那個世界會傳達一點善意。可是，生與死不可逾越。另外，但凡講述和死者不期而遇的故事大多是恐怖故事。而且現實亦如是，不管我們在棺槨面前如何痛不欲生，它回應我們的只是沉寂和冰冷。

我控制不住我的想法：世界的本相是一元的，對立物蕩然無存的來世無法存在。那裡亦有自然，而那裡的自然也是上帝的自然。我們死後將進入一個可怕而又恢弘的世界，這個世界如同上帝亦或是我們所探索到有限的自然界一樣。在這裡，痛苦如影隨形，並未消失。我的這種思想得源於一九四四年的幻境經歷，放棄肉身束縛，方能窺見本源。不管是黑暗，亦或是人情冷暖，全部消失不見。讓我們重回幻境，想一想那塊黑色的花崗岩石頭，代表著什麼？創世的土地上如果十全十美，無懈可擊，那麼創造還有什麼必要，我們還剩什麼渴望呢？為什麼佛神不關心人與創世呢？為什麼他們不關心無休止的輪迴呢？追本溯源，是因為佛將「空」和已存的痛苦對立起來，基督徒呢，則希望今世事今事畢。

在我看來，來世還是有某些局限存在的，而死者的靈魂只能慢慢摸索解脫的界限何在。在「外部形象」中，必定蘊含了某種決定性的因素，而這種因素和整個世界制衡，對什麼樣的靈魂要去轉世有決定作用。我覺得，相較於永恆，部分靈魂應該更喜歡以三位一體的形式存在，可是這可能要取決於靈魂從人世中獲得多少完滿性。

當靈魂到達某種階段時，三度生活對於它們而言，便沒有意義了。已經達到某種高度的理解，將他們重現的欲望扼殺，那麼靈魂便也沒有回歸的意義了。這個時候，靈魂便從三度世界中煙消雲散，達到佛教所說的「涅槃」的境界。但是如果還有一次劫難未度的話，或者靈魂的理解還需要完成，那麼靈魂會再度和欲望糾纏，再次轉生。

就我而言，我之所以轉世肯定是與追求理解的欲望糾纏不清。因為，追求理解是我人格中最為強烈的因素。永不止步的探索欲望，已經催生出一種意識：世間存在什麼？什麼事情會發生？不可知物給我們以什麼啟示？這種啟示和神話之間有無關聯？

我們尚無證據證明任何事物都能得到永恆，我們之多可以說，我們的某部分精神在肉體死亡後，還會以某種形式繼續存在。但是我們並不知道，那些繼續存在的事物和其本身之間有無關係。如果我們覺得必須就這個問題達成某種共識，那麼我們或許可以以精神解體現象中所知道的情況作為研究對象。大多數的情況下，分裂的人格都以人格的形式出現。似乎情結本身便是有意識的，精神病患者所聽到的聲音也是人格化的，這方面的問題，早在我的博士論文中便已提及。如果我們願意的話，我們可以將這些情結歸類成為意識得以延續的見證。同樣，不管是因腦部重創，還是精神崩潰導致的假死，得到的觀察結果，都可以作為這種假設。因為在這兩種情況下，意識已經喪失對外界的感知能力，這個時候大腦皮層即意識中樞已經停止工作。這個時候，人明顯處於潛意識的控制之下，而這種現象只是意識能力的一種頑強存在。

人的自性是永恆的，它與時間、空間乃至塵世中人的錯綜複雜的關係，倒是可以用我的兩個夢來表示。

既是有限也是永恆

一九五八年時候，我夢見在家中的我忽然看見兩個「不速之客」——兩個鏡片狀閃耀金屬光澤的圓盤，那是飛碟。飛碟在屋頂上劃了一條銳角弧線後，沉入湖中。而後，另外的不明物體向我飛來，在距離我將近五百碼的地方盤旋片刻，而後飛走。俄而，又有一個物體從空中急速飛來：這是透鏡，金屬鑄造，可以延伸。當它延伸到一個箱子狀的幻燈處，也就是距離我將近六十碼的地方時，它不再動彈，將光投向我。而此時的我也變成了一個圓形透鏡，如同望遠鏡的鏡片一般。我從夢中醒來後，夢中的意境依然歷歷在目。我不禁想到：「一直以來，我們都認為飛碟是我們的投射物，但是我們卻從來沒有想到過，我們是飛碟的投射物。我，卡爾•榮格，便是被這個幻燈映射而成。但是是誰操縱這種映射呢？

在此之前，我曾經做了一個有關自我和自性之間問題的夢。在這個夢中，我正悠然自得地行走在鄉間的小路上。豔陽高照，視野開闊，我行至一個小教堂，發現大門輕掩，我便走了進去。裡面的情況讓我很詫異：既沒有供奉聖母，也沒有標誌性的十字架，祭壇之上竟然是奇花異草。這時一個盤腿而坐的信徒映入我的眼簾，他在沉思。我定睛一看，這個信徒竟然有一張和我一模一樣的臉。我大驚失色，旋即驚醒。醒來的我想到：「他不就是設計我的那個人嗎？他定然在入睡，而我便是他的夢。」我知道，當他夢醒，我便消失了。

這個夢是在一九四四年我痊癒後作的，這是一個暗喻：我的自性正在思索將我的塵世設計什麼樣子。換句話說，自我以「人」的形象出現，以便適應這三度的存在，宛如一個陸地上的旱鴨子換上潛水服便能在大海中行走一樣。當確定不再轉世的時候，自我的存在便有一種宗教色彩，這和夢境之中的教堂吻合。在塵世的形體中，它經受三度世界的種種體驗，經過更大程度的意識，向體現靠攏。

夢中的信徒代表的是我生前的完整意識，夢中還表示，遠東，是一種和我們並不親近，而且與我們截然相反的精神狀態。和幻燈大同小異的是，信徒的沉思代表的是我的經驗現實。通常我們會反向看待這個因果關係：曼陀羅是潛意識的「兒子」，它以完整的原型或者完整的正方形來表現自己。不管我們什麼時候想要表現出一種完整，都不得不選用這種形體。我們是一座摩天大樓，而根基便紮駐在自我意識之上。自我，如同太陽，我們的世界籠罩在它的光芒之下。我們便是用這樣的視角看待這個紛擾的世界，我們都無法知道我們所看到的陰影形體有多少產自我們的意識。膚淺的觀察者在做完第一種假設後便淺嘗輒止，倘若他們更加仔細的研究，就會發現，潛意識所產生的形象並非以意識為母體，而是有自己的自發性和現實性。遺憾的是，我們卻認為這點可以忽略不計。

這兩個夢意欲何為？無非是想混淆自我意識和潛意識之間的關係，並將潛意識打造成經驗人格的製造機。在「另一方」的見解中，我們的潛意識是千真萬確的存在的，而我們的意識則是鏡花水月的幻覺，甚至是為專門目的而專門設計的現實，如同夢境一樣。不過，只要我們尚在其中，那麼這種「幻覺」便是現實。這種情況，極類東方的「虛幻」。

由此，我明白了潛意識完整性的意義：它是全部生物事件和精神事件的導師。它竭力爭取實現獲得全部意識的目的，這是不能改變的任務。獲取意識，從廣義上說，屬於文化範疇，自我，則是達到這個目的的途徑。東方人賦予自性以神性意義，根據古代基督教的觀點，有關自我的知識，便是通往認識上帝的途徑。

對人而言，人是否和無限掛鉤，才是決定性的問題。當我們確定哪些無與倫比的事物是無限的，才能避免將我們的精力浪費在無所謂的活動上，才能將我們的經歷凝聚到那些真正有意義的目標上。我們要求世界承認，不管是我們的才能還是我們的美，都是不折不扣的財富。人越是炫耀那些虛假的財富，便距離本質的事物越遠，他的生活便充滿了各種不足。因為他的目的極為有限，他覺得自己受到了束縛，如是羨慕、妒恨便應運而生了。倘若我們能看到，我們的生活將永遠延續，那麼欲望和野心將會大大削弱。歸根結底，我們重視什麼在乎它的本質，倘若我們不知道珍惜這種本質，那麼生命就會出現浪費。而處理人際關係的重中之重，就在乎這種無限關係是否會表現在這種人際關係之中。

被自性牢牢束縛的人，只有接觸極限，才能瞭解極限。自性往往表現成為「經驗」：我僅此而已。我們和潛意識之間的無限聯結，建立在認知到自己受限於自性的前提下。在這種認知中，我們會發現，我們既是無限的也是有限的，這個便是那個。如果能認知我們自己在我們個人的組合體中是獨特的，我們就有能力認知到無限。

這個時代側重擴大生存空間和理性知識，因此，要求人們意識到自己的的獨特性以及局限性就變成了最高的挑戰。獨特性和局限性這兩個詞可以互換，如果沒有達到這兩點的話，就不可能領會無限，更不會上升到意識的高度。而表面認知充其量，就像那些深揣政治野心的人，只會因自己是多數派裡而沉醉不已。

我們時代的特性是人與世界都變成了惡魔，因為我們將注意力全部放在了當下。不管是獨裁者的出現還是他們所帶來接近毀滅的災難，都是因高級知識份子目光短淺，並剝奪了人們的超越感而造成的。在獨裁者的帶動下，越來越多的人成為潛意識的奴隸，這和人類的任務南轅北轍——人類的任務是透過意識，辨別潛意識。人，不能在潛意識上堅持己見，更不能借用同一的潛意識元素，來逃避命運加諸給他創造出更多意識的任務。從我們的認知角度出發，人類存在的目的，是在黑暗之中，用意識點燃火光。甚至可以這樣臆斷意識和潛意識之間的關係：正如潛意識可以作用於人類思想一樣，意識也可以作用於潛意識。

第十二章

後期思想

有關我的任何傳記，都必須將我下述思想囊括其中。沒錯，這些思想都是一些讓人覺得艱澀的理論，但是這些「理論」如同人類本能，不僅是我自身的一部分，還是我的基本功能。

基督教教條中，最讓人瞠目結舌的教義在於：眾神中存在一種變形物。這種變形物，即一種從此到彼的歷史變化。這種新神話的表現形式在於與諸神發生矛盾衝突，其實在早期的創世神話中便已經顯現出了這一點，比如造物主便有敵人——蛇，它透過有意識、有選擇的增進人類的某些知識，從而讓人類開始不再盲從於諸神。第二個暗示便是天使來到人間，這是潛意識內容早期作祟於人類世界的結果。這些天使僅僅代表他們的主的思想，除此之外，再無其他。

墮落的天使也就是「黑天使」，他們往往狂妄自大，不可一世。其形其行，類似於今天某些獨裁者：這些「黑天使」與人類交媾，生出巨人。而巨人竟然宣稱：要吃掉人類。《以諾書》便是這樣記載的。

《舊約全書》中曾經詳細描述了神話發展的第三個階段——上帝和人神聖的結合，也就是上帝用人的形態發揮自身最大的力量。在基督教還沒有發展完善的時候，這種神話的雛形——基督在我們之中的觀念便已經被提純。此時的潛意識已經登堂入室，大搖大擺地進入內心體驗的王國，並傳遞給人他在那真實形體中所看到的一切。這是至關重要的一步，對人如是，對造物主亦然。在那些已經走出黑暗的人的眼中，上帝已無惡質，且盡善盡美。

這個神話持續了千年，在這段時間內不僅無懈可擊而且意義重大。可是這一切，都在十一世紀時發生了變化，此時意識已經開始顯露跡象。從十一世紀開始，焦躁和疑慮開始日漸增多，這種情況一直持續到二十世紀末還沒有消滅。這個時候，世界上開始頻頻爆發大災難，而災難最開始都是以意識產生威脅開始的。這種威脅的根源叫「自大症」，換句話說便是意識的狂妄自大，它斷言說：「人才是最偉大的，人類的行為才是最偉大的。」基督教神話的超然被粉碎成齏粉，隨風四散，「來世得完美」的觀點也不能例外。

光明和陰影，是造物主的兩面。陰影和光明如影隨形，這種情況在十二世紀開始出現高峰值。邪惡在基督教中發揮了越來越大的功效，光明正大的不公正、獨裁政治、說謊成風、欺凌眾人、良心泯滅等問題，都開始出現。最為直觀的邪惡就像是俄羅斯民族，邪惡簡直成為一種永恆，但是這種邪惡大規模的爆發卻是在德國！邪惡肆無忌憚，基督教在二十世紀已經被糟蹋得千瘡百孔。面對這樣的情況，即使我們的潔身自好也依然於事無補，邪惡依然存活於世，我們必須學會駕馭它，才能與它共處，卻又不至於爆發可怕的後果。除此之外，別無他法。

不管怎樣，我們都要調轉我們的航向，轉變我們的思想。接觸邪惡有可能讓我們屈從邪惡，危險巨大，所以我們不能再屈從任何事物，包括所謂的「善」。倘若我們奉「善」為至尊的話，那麼善會為我們招來麻煩。並不是說善不好，而是執著於某物的「癮」都不好。不管這種「癮」是來源於煙酒、咖啡還是善惡。我們必須警惕一點，善惡之間的區別並非如我們想像般涇渭分明。以前的倫理標準十分簡單——但凡善的便不遺餘力地執行，但凡惡的要深惡痛絕地避免。而現在，想要認知到惡，就必須以善作為參照物。善惡，儼然變成了像是一個矛盾中的兩個方面。

換言之，善惡的分界線變得模糊了。我們必須認知一點，無論善惡，都是一種判斷，而人的判斷難免有謬誤，所以不存在永遠正確的判斷。倘若我們迷信我們的判斷，那麼我們很有可能成為判斷的犧牲品。倫理問題受到這個原則的影響，導致我們看待道德問題有些拿捏不準，即便如此，我們還是可以判斷一些倫理問題，進而做出決定，只是判斷的內容要受制於時空瞬息萬變的條件，並根據此條件作出不同形式的回應。換言之，善惡界限不分明，並不意味「善」「惡」分類，而作出道德判斷的情形總會伴隨著帶有特徵性的心理後果。正如我反覆強調的那樣，一切皆在重演，倘若我們在未來隨心所欲的做錯事，那麼我們的靈魂必會遭受報復。因為道德評價以道德信條中巍然不動的信條為準繩，而這種準繩能精準區分何為善何為惡。我們須知這種基礎並不確定，所以人對於倫理問題的處理可以被看成一種創造性的行為，含有主觀色彩太過濃重。在上帝的首肯下，我們方能相信其確實性。換言之，潛意識方面必須具有一種自發的和決定性的衝動，而倫理本身，卻不會被這種衝動左右。我們面對倫理的時候心情更為矛盾，因為誰都躲不開在倫理上做決定的處境。若需要我們在倫理上做這個或那個的決定，這實在是很苛刻的一件事，甚至在某種情況下，自由的我們不得不去從事一些別人以為是惡的善事。這句話也可以理解為：印度哲學為我們提供了可以援引的格局：無論是善，還是惡，我們都不能屈從其中之一。對於那些已知事物，道德信條的存在沒有意義，因為既有的觀念中沒有任何新鮮之處，但是面對未知情況，我們只好自行作出倫理的選擇。在心理學出現前的時代中，這樣的選擇被認為是「職責衝突」。

整體說來，看不出自己有做決定的潛力的人們，其實是沒有辦法有這種意識的。相反地，他們焦躁不安，左顧右盼，希望有智者或者其他別的什麼人，將他引導出這種無可適從的環境中。之所以會出現這種情況，除了人固有的弱點之外，教育也難辭其咎。傳統的教育不過是那些老一套，卻對私人性的體驗的神祕閉口不談，所以，教育所傳授的往往是那些理想性的行為或者信條。而人們往往對此心知肚明，但是卻無法做到。正如那些政客，每天都將理想掛在嘴邊，但是他們卻清楚連自己也無法做到，也根本不打算這樣做。更可惡的是，對於這種教育的價值取向，始終無一人敢於質疑。

這個問題在今天已經被提及，只有這樣才能探索有關惡的問題的答案。想要知道問題的答案，首先便要求人們有自知之明，並且最大限度地懂得自己的完整性。如是，人才能知道自己為善怎樣，作惡如何。還要小心謹慎，以免混淆彼此。二者皆是天性，在人身上共存，無法逃避，亦不能自欺。

遺憾的是，儘管今天很多人對於自己有了一定的認知，但是絕大部分的人卻沒有具備在這種水準上生活的能力。這樣的自知之明之所以重要，是因為它更接近我們本能的核心，而這個核心恰恰是制約我們意識做出倫理決定的先天動因。這個核心包含著潛意識，以及潛意識內容，對此我們無法做出終極性的判斷。但可以肯定的一點是，我們的判斷是完整的，因為我們從來沒內在有認知方面為其加以限制。透過科學，我們瞭解了自然，科學擴大了我們的知識，而我們的知識拓展了我們的意識。所以說，真正的自知之明和科學，尤其是心理學息息相關。畢竟沒有人能不懂而僅憑善意就製造出望遠鏡和顯微鏡。

我們的時代需要心理學，因為心理學和我們的生存息息相關。當納粹肆虐的時候，人們常常感到迷茫，根本原因在於我們要嘛對人一無所知，要嘛只有一些片面的、歪曲的瞭解。

倘若我們有自知之明，這種情況便不會發生。我們面對的是惡，然而惡是什麼？我們卻一無所知，遑論與其作抗爭了。即使我們知道這個惡，惡為何在此發生？我們卻依然無法理解。曾經有政客天真驕傲的自稱自己缺乏「作惡的想像力」，這種說法很是中肯，我們缺乏「作惡」的想像力，但是並不影響惡將我們玩弄於鼓掌之中。面對惡，要嘛一無所知，要嘛同流合污。

世人心理無外乎這麼兩種：一些人自認得基督庇祐，可將惡踩入塵埃；一些人則屈從於惡，眼中再也無善。惡的勢力，在今日空前巨大，已經成為一個不容忽視的「大國」了。一部分人依靠人類集體的推理制定教義，強大了自己；另一部分人，則因為缺乏和這種情形旗鼓相當的神話而變得孱弱。這種兩極分化的情況，正在基督教的王國中上演。基督徒們正在沉睡，並試圖將千百年一直沉寂的神話再度喚醒。可是對於那些發表了神話性的觀念，並對黑暗衝動有一定看法的人，世人卻無法容忍他們的存在。就像是芙羅拉的喬奇姆、梅斯特・埃克哈特、雅各・波伊姆，他們被世人認為是不開化的蠢蛋，似乎只有教皇保佑的烏斯十二世，才是讓時間變得美好的唯一光明。可能很多人並不能理解我現在這樣說指的是什麼，他們並沒有意識到，宗教就像是一株植物，當它不再生長的時候，意味著它已經完蛋了。

我們的神話已經噤聲，不會做出任何的回應。過錯不在於它，而在於我們。是我們，不僅沒有培植它，並且壓制發展它的發展。

基督曾說：「你如蛇般聰明，卻如鴿子般無害。」可是人為什麼要跟蛇一樣狡黠呢？而狡猾的蛇和和平的鴿子之間又有什麼關聯呢？基督還說：「返璞歸真，變成兒童」，可是誰有耐心去想小孩究竟是什麼樣子的呢？基督大搖大擺地進入耶路撒冷，並順手牽走了一頭驢，怎樣用道德原則證明他的做法是合理的呢？隨即，他還莫名其妙地詛咒了無花果，這到底是怎麼一回事呢？那不仁的管家預示著什麼？被收入《耶穌語錄》中的話，「信徒們啊，倘若你對你的所作所為洞若觀火，那麼你便可以承受福祉；倘若你對你的所作所為一無所知，那麼你便要承受詛咒。」這句話對於認識我們的困境有著怎樣的啟示呢？甚至聖保羅的懺悔詞也不知所謂，他說：「非我本意，而我作惡。」我不想再繼續討論《啟示錄》中沒有任何深度的啟示了，因為那些就像是平坦的地面那樣一目了然。沒有人會相信這樣的預言，而他所有的論題都讓人覺得為難。

被遺忘的人的靈魂

「邪惡何處來」的問題一直困擾著諾斯替教派，而基督教並沒有為這個問題找到答案，倒是奧利金曾經提過一種新銳的觀點，但是這種聲音淹沒在反對和抨擊他的觀點中了。今天，我們必須面對這個問題了，但是我們卻茫然無措，不知道該何去何從。似乎這樣的觀點從來都沒出現在我們的腦海之中。我們需要神話對我們進行救贖，可是到底是什麼神話能讓我們免於淪入苦難的輪迴呢？政治局勢動盪難安，科學上取得了讓人觸目驚心的成果，我們被恐怖事件以及那些灰暗前途所困擾，但是我們卻只能聽天由命。只有極少數的人，把已經遺忘在角落裡的靈魂問題取了出來，並拂去灰塵。

「聖靈」顯聖開始頻繁出現在信徒身上，似乎他們就是「上帝之子」，這昭示神話得到了進一步的發展。透過這些「上帝之子」，很多人都分享了這樣的確定性：他們和地球上的生物有所不同，他們可獲得兩次新生。他們可見的、客觀的物質生命在這個世界上，但他們的根緊繫神性。就像是基督教有關救贖的神話說的那樣，不可見的、內在的人，將返歸最初意向的完整性中，最終歸於永恆的聖父。

如果說造物主是完整的，那麼他的子民們自然也是完整的了，完整的觀念自然固若金湯，可是不知道從何時起，這種完整的觀念產生了裂痕。光明和黑暗，乘虛而入。而在基督出現之前，便已經預見了這種後果，不管是約伯的體驗還是《以諾書》中都有相關的記載。在基督教中，這種形而上學的分裂保持了很長時間。比如說，撒旦在《舊約全書》中還被看成是上帝最親密的夥伴和最虔誠的僕從，然而今天，撒旦是邪惡的代表，是上帝的對立物。其實早在十一世紀初，便出現了一種說法：創造的世界是撒旦而不是上帝，因此，撒旦是無法根除的。「黑天使的神話」已經清楚無誤的告訴我們：「黑天使」教會了人們危險知識——科學和藝術。在基督教教史的下半部中，這種論點始終揮散不去。如果講述這些古老知識的人出現在此時，那麼他們將會對廣島說些什麼呢？

雅各・博伊姆是最早意識到上帝是自相矛盾的，他為神話的發展做出了貢獻。而分裂的上帝體現在博伊姆的畫下，便是曼陀羅。因為在內圈中，還有兩個背靠背的半圓。

教義認為，不管三位一體的哪個部分，上帝出現時都是完整的形象。自然了，這種完成會滲透到聖靈之中，換而言之，每一位上帝的子民擁有這種完整。其實上帝所蘊含的對立性也進入到了人的身上，不是完整性而是作為矛盾對立的形式進入的。上帝不僅是光明的化身，還是黑暗的代表，兩者相互對立抗爭的過程，正發生在我們的時代裡。遺憾的是，那些人文學科的教師們，卻沒有意識到這個問題，而明瞭這個問題，本應是他們的職責所在。我承認，我們面臨一個時代的轉捩點，可是我們時代的人卻認為，只有核裂變、核聚變、宇宙火箭，才能稱得上是偉大，而對心靈中所發生的一切，大家視若無睹。

從心理學的角度看，上帝的形象是精神產生的根源，如果上帝的形象一分為二，且對人類產生顯著影響的話，那麼上帝的這種分裂就會深入世界政治中去，進而產生補償現象。這種補償採取了統一性的表現形式，類似於一個圓圈。這個圓圈意味包含於精神中兩個對立面的綜合。在此，我想提一下世界上盛行的有關幽浮的流言。這種流言早在一九四五年便甚囂塵上，大多是人們看見了來自第四度的太空飛船，這些流言要嘛是人的幻覺，要嘛是實際現象。

一九一八年的時候，我曾經對潛意識展開過調查。在調查過程中我發現，曼陀羅符號是一種具有普遍性的符號。為了證實我的發現，我花費了近十年的時間去搜求材料，之後，我公佈了我的發現——曼陀羅的確是一種已經被時代證實了的原型意象。曼陀羅的原型意象代表精神基礎的完整性，意味我性具備完整性。也可以這樣說：神性加諸人身。現代曼陀羅和博伊姆的觀點大相徑庭，前者強調的是一種統一性。這種統一性是對心靈破裂的一種補償，或是對即將出現的心靈破裂提出預警。這種補償發生在潛意識中，所以它便讓自己表現出來，並用廣為流傳的幽浮事件來證明，它們作為一種精神徵兆，無處不在。

分析療法會賦予「陰影」以意識，如是便造成了分裂雙方的衝突不可調和。這種尖銳的對立讓它們不得不在統一中謀求補償，而完成這種轉變的的工具便是符號。當衝突不可調和的時候，我們必須認真對待。倘若我們不這樣做的話，我們的精神承受能力就將達到上限。

邏輯，似乎沒有被證明是有價值的：焦頭爛額，無計可施。倘若一切順利發展的話，那麼解決辦法就會瓜熟蒂落，似乎只有這個時候，它才是有說服力的。人們會認為這種辦法是一種「天恩浩蕩」的表現。不可調和的衝突之中蘊含了解決辦法，我們也可以認為它是潛意識和意識各種因素混合而成的，宛如一張紙幣，雖然被撕成了兩半，但仍然可以拼湊成完整的紙幣。它，是潛意識和意識相互妥協的結果，並以和上帝形似的曼陀羅形式表現而出。曼陀羅發乎內心，是兩方互相妥協的產物，它以一種質樸的樣式來表現這種完整觀念。

最初的時候，對立產生於自我之中。但是這種衝突很快讓人頓悟到：主觀衝突不過是一個獨特的例證，其本質依然是雙方的矛盾。我們的精神結構與宇宙的結構並無二致，在宏觀世界中發生的一切，都要在微小的主觀世界中重演。由於這種原因，我們可以斷言，上帝的形象是一種事物在內心的投射。

這種形象透過一種具體事物來表現，而這種具體事物便是內心體驗的原動力。從誕生伊始，這種具體事物便神祕莫測，這種神祕，也成為這種具體事物的主色調。我不禁想到了曼陀羅的初始表現方式：將圓二等分或者四等分。借助這種方式，想像力讓自己從從具體中解放而出，並試圖將那些不可見的用現象後的某些事物表現出來。

這樣的體驗具有雙面性：可能會對人類有所增益，也可能給人們帶來滅頂之災。因為如果人們不能把握、理解、駕馭這種體驗，那麼就對這種體驗無能為力，而只能將其歸類為不能逆轉的。人們開始意識到，它們並非是從自己意識上分裂出的事物，便認為其是超能力，甚至是撒旦或者基督。人們對精神實質一無所知，而對於潛意識的認知手段又只能是精神，而科學之所以為它冠名為潛意識，實際上已經將對它一無所知的情況和盤托出了。對於超能力、撒旦、基督等等形象，我們無從肯定卻也無法否定，但是我們卻可以確認一點真實：潛意識的確和某種客觀但是不在精神範疇內的事物有關聯。

我們所經歷過的事情，未必是我們知道的事情。打個比方說，我們並不會去主動製造靈感和幻覺以及夢境，但是這些東西卻自然地出現了。以這種方式發生在我們身上的事情，可以說是一種超能力。這種超能力可能來自魔鬼，也可能來自一位天使，也可能來自超能力或者我們的潛意識。魔鬼也好，天使也罷，甚至是超能力，都可以喚起神祕的情感，但是潛意識，因為太接近現實的緣故卻顯得平淡無奇的。潛意識衍生出了經驗的王國——我們目所見、耳所聞的平凡現實。潛意識這個詞，不僅平淡而且被合理化，因此它對想像力的驅動十分有限。歸根結底，潛意識此詞是為了科學而創造的。它適合純粹的客觀——沒有形而上學，沒有感情色彩，但是不大適用於那些超越了的經驗的觀念，因為這些經驗屬於一種狂熱的論戰性的並因。

我對於「潛意識」這個名詞十分喜歡，原因呢，自然只有我知道。如果我想用神話的語言來表述，上帝和撒旦就是無法不提到的字眼。但當我的確使用了神話語言時，我知道，撒旦、上帝對應的不過是潛意識而已。換言之，上帝、撒旦、超能力和潛意識不過是半斤八兩。但人們總是對前三者知道得更多，因為人們總是覺得信仰遠比科學概念能為自己帶來實質的好處。「魔鬼」、「上帝」的概念好處多多，最大的好處在於能讓水火不容的東西變得客觀，並賦予它們人格。而正是因為它們有了生命和情緒，所以愛恨交加，恐懼、敬畏，開始粉墨登場，並演出一場扣人心弦的大戲。本來只是「展示」，但是這「展示」卻變成了「行動」——人和現實的博弈。只有到了這個時候，人才會變得完整；只有這個時候，「上帝才會出現」。換言之，上帝出現在人的世界中，和人自然而然的產生關係。上帝透過「化身」，取「自我」而代之。這與耶穌的說話完全一致：看見我即看見天父。

當然，我們由此也能看出神話術語上的缺點。基督教渲染上帝是創世主，無所不能，無處不在。當上帝想變成人的時候，上帝便隱匿於相對於原型而言過小的人體之內。很難理解，人的皮囊為什麼沒有被上帝撐破呢？神學家賦予了耶穌以超人的性質，所以耶穌本人沒有原罪。而之所以耶穌沒有「污點」，是因為耶穌是神人，或者人神。基督教中上帝的形象和這個形象無法化身成經驗性的人是不矛盾的——只有很少的人被神「欽點」，成為神的代表。

神話親一元論，遠二元論。可是官方的態度和它截然相反，二元論被奉上上帝獨居的神殿，被冠以永遠的黑暗敵對者的名號。在這種體系內，不管是庫薩的尼古拉斯哲學的敵對性和複雜性也好，還是雅各·博伊姆的道德矛盾性也好，都能獲取一席之地。只有這樣，上帝才能成為唯一，將矛盾雙方整合成為一個綜合的整體。

這樣的情形並不罕見，由於其性質特殊，象徵物完全可以變成一條紐帶，將對立的雙方維繫在一起，並讓兩者永不分離，互相補償增益，並讓生命更加有意義。這種情況一旦發生，那麼自然之神的矛盾便很容易理解了。反過來說，上帝必須化成「凡夫俗子」——基督教義的本真——的神話，可以被理解成為人創造性的正視雙方的對立。這種正視，可以認為是雙方在我性這座大工廠中被熔煉在了一起。創世神的形象中所蘊含的激烈對立矛盾，落在鍊金術上的表現便是對立物的相合，鐘擺在在神祕的統一和我性的統一之間搖擺不停，終於找到了一個共同點。

在我性的認知中，此次妥協的雙方非是「上帝」和「個人」，這種妥協發生在上帝內部對立的雙方。這可以看成是人奉獻給上帝的功德。就像是光明孕自黑暗，造物主意識到了自己要創造，人意識到了到了自己本身。

在十數年的探索中，我的神話理論逐漸完善。我認為一定存在某個目標，讓人們一邊適應預定的規劃，一邊讓這種適應的過程有意義。這樣的目標是我所認可和崇高的，這樣的目標讓我滿意。

人類的思考，讓他從自然界脫穎而出，讓他證明大自然對意識的重視，讓他見識了世界的存在。於是，人類便擁有了自然，證明了創世神。倘若沒有意識，那麼這個世界便不會充滿了各色紛呈的現象；倘若沒有意識，造物主便永遠無法意識到自己，而如果造物主沒有意識到自己，那麼就不會發生這樣的情況——人類歷史延續千百萬年，各色物種和生物陸續出現。

透過自然史我們得知，經過數百萬年的物競天擇，物種們經歷了各色挑戰和機遇。人類的生物學史和政治史，從本質上講，幾乎沒有什麼分別。但是思想史卻一枝獨秀，因為在這個方面，意識介入了宇宙起源學說。意識是可怕的，導致人們開始懷疑，世界的真諦其實藏在那些混亂卻沒有意識的某處。通往意識的道路，最終被智力發展參差不齊的熱血脊椎動物鋪平。從表面上看，意識似乎是「偶得之」，但尋找意識的過程，卻似乎一直被一隻看不見的手推動向前。

「上帝的話」這麼說

我並不敢說，我勘破了人類和神話意義的真諦。但是我認為，這是雙魚座在遙遙無期的時間終於過去之前所說的話。而且要將水瓶座考慮在內，因為雙魚座離開，意味著水瓶座正在到來。水瓶座座落在雙魚座旁邊，雙魚座的形狀如同兩條頭尾倒置的魚組成，而水瓶座似乎代表著我性。水瓶座之水流入雙魚座的嘴裡，而雙魚座象徵的則是一個沒有意識的兒子。有關於此的潛意識內容，過了兩千年才真相大白，由摩羯座的怪異性顯現出來：它是一個怪物。它代表的是高山和深海，所以它體現的是兩種截然不同的動物構成。這種奇異的生物，可以很容易的變成最初造物神的形象。在這個問題上，我只能保持緘默。就如同若非是經驗性資料——即和我相熟的人的潛意識的產物或者歷史文獻，我將無法使用一樣。頓悟若非是自然之果，那麼苦思冥想並不能嗅見其芳香。只有當我們擁有有關水瓶座漫長發展的第一手材料時，苦思冥想才不是無用功。

意識的長河蜿蜒幾何？它將流向何處？我們皆一無所知。「我」，是創世故事中的新元素，找不到「我」的對應物，就不知道「我」的潛力到底怎樣，前景如何。他的命運會不會和曾經在地球上雄霸天下，但是現在已經滅絕物種的命運相若？即便是生物學家，也無法提出有關這方面絕對不會出現的足夠論據。

當我們想要表達人對於宇宙的世界觀時，神話是一個不錯的解釋工具。因為神話中的內容，包含很多元素。這些元素是精神的花朵，是意識和潛意識交媾產下的孩子。無意義論意味著人類並不完美，等同於人類已經得病了。有意義則不然，它能讓很多事物青春永駐——甚至是一切事物。神話的地位科學無法撼動，而神話絕對不會移植到科學的沃土之上。

上帝並非是神話，而是解釋了人身上具有的神聖性——生命。我們並非是創造神話的主體，恰恰相反，神話是以「上帝的口吻」講述給我們聽的。當上帝的聲音在我們耳邊迴蕩的時候，我們無法區分那是上帝的聲音還是上帝本身。上帝的聲音，讓我們不自覺地承擔了起自己的義務，並開始正視它。這種聲音所說的「話」我們可能都很熟悉，甚至可能還有點人情味，不過上帝之聲，似乎不受我們獨斷專行的主觀意識所影響。靈感是什麼？我們無法給出一個精準的解釋。但是靈感絕非是我們推理的結果，而是不知道何時不期而至的。而假如說我們偶爾做了一個有預見性的夢，我們又怎能把它等同於我們自己的能力呢？歸根結底，我們往往一無所知。直到很久之後，才驚覺這個夢是一種啟示。自然，這種啟示可以是近處的，也可以是遠處的。

我們之所以任由上帝之聲選擇我們做載體，是因為我們是獻祭品，隨時可能犧牲。因為上帝體內擁有矛盾，這充分說明，在上帝身上一切都能成為可能。真假、善惡、美醜，都有可能發生。就像是德爾菲神諭說的那樣，神話是可以矛盾的。我們似乎不應該抨擊理性，但是我們也要相信，當我們遇見問題的時候，本能會出現並幫助我們。對於這個道理，最早的領悟者可能就是。上帝想讓我們反對上帝，「另外一種意志」透過上帝之聲傳遞給人，並在思想、談話、意向等等有限的事物內出現，正因如此，當人們用某些心理學上尚不成熟的術語進行思考時，便很容易將自己看作是萬物之源，並認為，世間萬物，皆出自他的自身。他如同一個小孩般天真，他知道他能力的範疇，也知道他身上具體有什麼，但是他不知道的是，軟弱的意識，搞破壞的潛意識，都是他前行的絆腳石。他甚至無法區分哪些東西湧自他的腦海，哪些東西是他經過嚴密推理而成的。這時候的他便無法再成為一種客觀的度量，卻又不能輕易地將自己等同於一種現象——這種現象是他在不斷發展自身的時候發現的。初始的時候，一切都加諸在他的身上，他費了九牛二虎之力，才成功地為自己打拚出一個小小的自由的天地。當他站在自由道路的起點時，他發現自己面對的是本能性的根基。這種根基與生俱來，且揮之不去。他的開始並非是他過去的延續，而是作為和他一樣的永恆存在下去。他意識受到影響的程度，也和周圍的物質世界並無二致。這些事實，變成了勇猛的拳頭，從內外兩個方位對他發起進攻。他只好將這些觀念認定為是神的聲音、神的啟示。這些事實的作用，被他描述成上帝之音，或者是來自心靈的神祕靈感和啟示。

想要增強個性化的感覺，沒有比發誓和保守祕密更好的方式了。社會結構一穩固，人們對祕密結社的渴望便增強了。倘若沒有實實在在的祕密出現，那麼就要砲製出具有「特殊性」的首批信徒才能參與的祕密宗教儀式。玫瑰十字會便是典型的代表，在這些「人為」的祕密中，的確存在很多新入會者不知道的祕密，就像是很多會社偷偷地從鍊金術的傳統中截取教義那樣。

追溯到原始時代，那些故弄玄虛的祕密，有著事關存活的重要意義。這些祕密，很好地補償了個人化所匱乏的黏合力，讓個性不斷回歸到群體成員的初始潛意識中，進而將部落變成一個整體。意識到人本身的特點後樹立的目標，會讓人們裹足不前，連教育也形同虛設。就像是因為參與某種組織，並獲悉不為多數人所知祕聞的人，從根本上也需要「從眾」一樣，不同的是，他們認為，他們從的「眾」是和社會性團體所不同的「眾」罷了。

在通往個性化道路中，有無數的駐腳點，祕密結社便是其中之一。依靠集體組織，進而實現個人的與眾不同，到今仍在沿用。換言之，即便今日人類也根本沒有認知到，與眾不同本來是個人的任務。集體的同一性，不管你加入各種面目的組織，支持什麼樣的主義，都會大大影響個人任務的完成。這種集體同一性，只不過是護佑和避難所，跛腳人，在這裡找尋拐杖；膽小鬼，在這裡找尋庇佑；懶蛋，在這裡找到安逸；不負責任的人，在這裡得到了庇護。但與此同時，它還庇佑了窮困和弱小，為遇難的人提供希望；給孤苦伶仃的人送去溫暖；給理想破滅萬念俱灰的人點亮了未來；

為迷途的羔羊提供了一個安全的羊圈，它簡直就是一位哺育萬民的偉大母親。因此，若是認為這個駐腳點不過是一個溫情的陷阱，便大錯特錯了。恰恰相反，作為表示個人生存的方式，它將在將來很長的一段時間裡得以延續。所以時至今日，集體組織依然是社會根本，而個性卻受到了前所未有的威脅。倘若有人在個性的道路上邁出步伐，就會遭受非議。人們會認為他狂妄自大、愚蠢透頂。

即便如此，人類中總不乏冒險者。出於某種充分的原因，這些人果敢地邁開步伐，向著更廣闊的天地進發。他翻檢了擺在他面前的服裝，生活中各式各樣的形式以及風俗習慣，卻發現沒有東西是為他的前進所準備的，結果他只能隻身前往，和自己為伴。他要像一個群體那樣發揮作用，會有各種各樣的觀點和傾向，當然，這些觀點和傾向不一定是沿著同一個方向前進的。實際上，他甚至會和自己本身產生衝突，因為想要前進就必須將他身上的所有團結起來而後共同前進。他會遭遇很多的麻煩，表面上，他能在中間的駐腳點得到休養生息，但內心的多樣性依然讓他防不勝防。倘若他體內團結分裂，那麼他便要放棄希望而後泯然眾人。

祕密結社的新人們，已經獲悉了原本不允許他們知道的祕密，單獨前行的人卻依然需要一個祕密。這個祕密，出於各種原因只能長埋心中。這個祕密，可以變成力量，激勵他向著自己的目標不懈努力；這個祕密，可以變成孤獨，讓他成為精神病患者。如果是後者的話，那麼他對他人甚至是對自己，都要躲躲閃閃，永遠不能直面人生。

一般來說，這類人最後的結局是放棄自己的個人目標轉而去追求集體一致性。而他之所以這樣做，和他所處的環境、集體觀點，信仰乃至理想，息息相關。環境很難被戰勝，除非擁有一種祕密——害怕放棄、不能洩露的、無法用語言表述的，甚至像是胡思亂想的祕密，才能防止這種倒退。

很多情況下，他迫不及待地需要一個祕密。只有祕密，才能讓他從無法負責、無法面對的觀念和行動中脫身。他如是做，和狂妄任性無關，只是出於一種迫切的需要。至於為什麼有這樣的需要，他亦無法解釋。這種需要如同命中註定一樣，或許是他生命中第一次和異己事物的親密接觸。在他的「領地」中，他以為自己是主人，而這種事物，展現出的力量卻往往遠超過他人性中最精要的部分。雅各的故事便是很鮮活的事例：雅各和天使摔跤，結果以臀部髖骨錯位而告終，可是這次比賽畢竟防止了一次謀殺。在過去的歲月中，對於雅各的故事人們深信不疑。可是如果現在還有人講述類似的故事，那麼只會收穫別人不懷好意的笑聲。他自然是不願意講述這樣的故事的，因為他要保守一個祕密——即他是耶和華的私人信使。不管他願意還是不願意，他都擁有了不能和別人討論的祕密。祕密讓他和主流社會格格不入，只能離群索居。除非他能將「偽君子」的面具牢牢戴在臉上，否則的話，他的祕密最終將大白天下。若是企圖兩者兼顧，既要適應所在群體，又要追求個人目的，人的精神就會被撕成兩半，變成精神病患者。現代的雅各，可能會永遠保守祕密——他知道這場比賽並不公平，天使是兩者中的強者。事實好像也證明了這一點，因為幾乎沒有人說過那位天使最終離場的時候是瘸著腿的。

精神的內在對立性

人們費勁千辛萬苦，終於越過中間階段，並到達了這段「從未有人涉足，也無法前行」的區域。在這裡，沒有路標為你指明方向；在這裡，沒有「房屋」為你遮風避雨；在這裡，當你遇到聞所未聞、見所未見的情形或者衝突時，沒有先賢為你指路。大多數情況下，人們剛剛涉足到這裡，便被這些還未爆發的衝突嚇倒了，於是匆忙退卻。我不想苛責那些立刻拔腳就走的人，但是我也不贊同這種軟弱和膽怯的行為，畢竟我的輕蔑不會傷他分毫。我只是想說：這樣不戰自屈，實在找不到可讚揚的地方。

一個人面對衝突的時候如果親力親為地處置它們，還要當著一位整日坐在一旁判斷他對錯的法官的面，那麼，他就會發現是孤立的。不過，現在情況不同往昔了，因為他的生活中出現了不能言說的祕密——這是一場曠日持久的內心審判。他不僅是當事人，還是辯護律師以及陪審團。不管是世俗上還是精神上的法官都不值得信任，他對這樣的法官的判決充滿了厭煩，倘若不是這樣的話，他才不會捲入到這場衝突來呢。這種衝突，以更高意義——超脫於凡俗的責任感作為前提，也正是因為此次衝突擁有這樣的特性，才致使他罔顧集體判決。在這樣的情況下，內心世界就變成了祕密宣判的法院。

這種情況的發生賦予了個人精神更多的意義。這種意義不僅僅是為集體和社會所明文規定的自我中心，而是根據個人價值量身定做的。內心衝突所造成的意識的成長，幾乎沒有什麼能超越。原告再度提出了事實確鑿而又出乎意料的佐證，那麼被告也要找到暫時沒有發現的相應理由才行。行進過程中，外部世界得以進入到內部世界。藉此，外部世界或者被無罪釋放，或者傾家蕩產。另外呢，內心世界已經高居法庭之上，身價倍增。可是明確的自我，已經不是原告了，角色對調，它成了被告。自我進退維谷，充滿了衝突和不確定性，它開始意識到，還有一種高於它，且反向的存在。

可以這樣說，沒有一種責任衝突，會的的確確地被「解決」，這種情況也許會持續到世界末日。但是這種責任衝突卻可以被討論、被制衡、被抵消。其實決定就在那裡，不管是早還是晚，總會以一種意外事故造成的結果顯現。一種衝突，不可能永遠左右實際生活，可是對立雙方、對立狀況並不會發生改變，甚至即便一方開始軟化了也不會發生變化。它們會成為妨礙人格一致的罪魁禍首，並用二重化將生活變得複雜。

人的本能會意識到這種狀態帶來的痛苦和危險。人們會眷戀家中的美好，這裡不僅溫暖而且安全。只有這些，才能為人們劍拔弩張的精神提供一個庇護的港灣。父母遮蔽的天空自然是安全的，但是還有為數不少的人卻發現自己不得不走上個性化的道路。他們無需太多時間，便能從自己的天性中嗅到正與反在對立。

正如一切能量孕自對立，精神也有其內在的向性，否則活力就將喪失。這一點，赫拉克利特很早便認知到了。不管是實踐還是理論，都已經證實了向性是萬事萬物的本能。而這種向性和自我的統合性是截然對立的，不同於向性這種本能，自我的統合是經歷了千年積澱並借助無數外力保護才得以形成的。自我的誕生，極有可能催生這樣的情況：不管是高與低，冷與熱，還是大與小，所有的矛盾雙方在其能量在進行碰撞、交換的時候，都竭力謀求一種平衡。隱匿於意識的精神生命所蘊含的能量，先於生命而存在。這種能量最早屬於潛意識的範疇，它慢慢靠近潛意識，並投射成超能力、神蹟、撒旦等形象，而這些形象倘若為人所接受，便能反哺這種能量。當這種形象消失的時候，它便失去了這種控制。這個時候，經驗上的人，也就是自我，就會將這種能量源泉據為己有。於是一種矛盾的現象出現了：一方面自我苦苦謀求佔有這種能量；另一方面，它卻被這種能量所佔有。

但是有一點是我們始終堅信不疑的，那就是這種詭譎的情況只有在意識被看成精神的唯一存在形式的時才會發生。如果這種情況在哪裡再現，那麼投射的內容便可以被先於意識存在的向性納入其中，正因如此，這種投射的客觀性和自主性才能被完完整整地保持下來，讓自滿無處容身。原型的年紀比意識大，這樣方便它調適自己的角色和現時代相適應，即以意識物先驅的結構形式而出現。不管從哪個角度說，它都絕非我們自身之內的事物，相反地，它所代表的事物可以在現實中有跡可循。它們只是具體觀念中部分集體成分的闡述者，所以我們能斷定，它們絕沒有制約觀念特殊性的能力。自然，作為一種本能的屬性，它們具有主觀能動色彩，所以能引起或者促進固定形式的各種行為或者動機，進而產生各種能量。在某種特定的情況下，它們擁有強制色彩，從本性的角度說，它們的確是被魔鬼操縱的。

自我的誕生

倘若有人認為的，透過這樣的方式可以改變事實的話，只能說明他太過天真。不管我們為事物賦予什麼名稱，事物本身的性質不會發生任何的改變。即便我們用「虛無」來代替「上帝」的名聲，也不會改變事實分毫，亦對我們的生活無甚影響。假如新名稱有否定的含義，那麼說明我們對待現實的態度尚有待商榷；假如新名稱有肯定的含義，那麼說明我們會從對待生活正確的態度中獲得好處。如果我們將「上帝」替換成為「原型」的話，就等同於我們對於「上帝」的實質性隻字未提。「原型」只不過傳遞了這樣的一個資訊：「上帝」在我們的精神中只占了一席之地。但上帝先於我們意識的存在而存在，因此我們無法說上帝是我們意識臆造的。我們沒有讓上帝高不可攀或者消弭無形，而是讓上帝更接近我們觸手可及的範圍。後一種情況絕非無關緊要，事實上，倘若我們無法體會這項事物，我們會乾脆否認它的存在。這種懷疑是一種常態，在我有關原始人的潛意識的試驗中，我沒有看到上帝的信仰者，卻看到了無神論。即便不是無神論，也是諾斯替教派，我衷心希望不是諾斯替教派，最好是類似潛意識的精神現實。要是潛意識能和具體事物相聯結的話，那麼潛意識就包含早期意識的各個進化階段。人和人的全部榮光皆是在「創世」第六天創造而成，沒有任何的過渡和銜接，這種說法在今天看來太過不合時宜，簡單得讓我們無法滿意；很多人在這一點上達成了共識。對於精神的觀點同樣不合時宜：精神誕生之初，宛如白紙，它在紙上揮灑的樣子便是自己的樣子。

時光荏苒，人們最終掌握了真相——意識是種系統發生性和個性發生性的附屬現象。精神系統和解剖系統殊途同歸，兩者皆有千百年的歷史。人體的每一個部分都能看到進化的痕跡，同時還殘留了較早時代的跡象，精神也是如此。最早的時候，意識也是從動物狀態開始進化的歷程的。這種「進化」被我們看成是潛意識的，而且生生不息，幾乎在每個孩子的身上都要重演一次。在意識沒有攫取頭腦的最終控制權之前，小孩的精神可以是一張白紙，當然也可以是別的：以讓人認出的個人的方式在發揮作用，此外還具有人所特有的所有本能及高級功能的各種先驗的基礎。

這種基礎，便是自我誕生的沃土，是自我的培養皿，它貫穿人的一生。當這種基礎不再工作的時候，那麼自我便停滯不前了，而後死亡接踵而來。精神的生命對於現實的生命意義重大，在它面前，外部世界的影響相形見絀。倘若操縱它和駕馭它的內部本源衝動原地踏步的話，那麼瞬息萬變的世界就變得意義全無。沒有一種意識能夠取代生命本能，因為這種本能由內而外激發，並體現在我們的身上。即使我們用「撒旦」的名字來為它命名，也不是什麼新鮮事——早在遠古時代，我們的祖先便這樣做了。「撒旦」和這種心理狀況相得益彰。但是即便我們用接近原型的概念來命名魔鬼的時候，我們也並沒有增加什麼、減少什麼，不過是稍微接近了生活的本源而已。

做為一個精神病學專家，我對此感興趣無可厚非。因為我致力於找尋恢復病人健康的基礎，想要達到目的，就不得不擴充自己的知識。從整體而言，醫學也以相仿的姿態前進著。醫學上所謂的「成就」，絕非偶爾得到了什麼竅門進而簡化了治療方法，恰恰相反，醫學是循序漸進逐漸發展成為一門學科的，而非從其他學科中借鑑知識完成自己。因此，我不想證實什麼東西和什麼原理匹配，我更關心怎樣將知識應用到我的治療過程中去。我的責任在於：對我所掌握的知識應用到治療過程中的結果，進行報告和闡述。當人們將一種學科的知識應用到另外一種學科上時，那麼新的問題便產生了。X光射線，倘若只能是物理知識的話，那麼我們的醫學知識將不會被豐富了。再比如放射療法在某些情況下會對患者產生危險，對此醫學家很苦惱，但是物理學家不屑一顧。這不過是因為兩者對於放射性的應用、方式的目的不同而已。倘若醫生指出，某些光線對人的健康有害無益的時候，物理學家絕對不會認為醫學家侵犯了自己的領地。

而我將歷史知識應用到心理學的範疇內，得到的結論必然和原本的歷史知識有所出入。因為這些知識來到別的領域，就要為別的領域服務，得出的結論自然也是迴異的。因此，我們便能理解了，精神動力學中的向性，從廣義上說，隨著哲學、宗教融入其中，對立雙方的整個問題便成為心理學問題。當它被納入到心理學範疇的時候，便按照心理學的問題加以討論——不再從宗教和真理的角度出發，而是檢驗它們在心理學上的可信性，那麼它便不可避免地喪失了原本自己領域的自主性。倘若我們罔顧它們自我標榜的「獨立真理」，那麼結果便成了：從事實的角度來看，它們主要是精神現象。這種事實於我而言不可撼動！

它們自我標榜與心理學的某些方法不謀而合，這種方法絕非匪夷所思，而要小心謹慎對待。「只是宗教」或「只是哲學」的論調，都會被心理學拒之千里。同樣，倘若有些論調評論某些事物：「只是哲學上的」，「只是神學上的」，那麼也會受到抨擊。

並非只有精神是存在的

凡是與想像相關的表述都源自精神。不管是對立雙方構成的基礎，還是對立兩極之間的能量交流，都是促進精神活躍的能量來源。「原則不需多，超出範圍則矯枉過正」，這是邏輯上的金科玉律。用能量的方式來闡述自然科學，是各個學科證明後所採取的常規方式，我們的心理學也不能例外。既能提出些觀念還有事實佐證的事物並不存在，另外，精神內容的對立性也已經被心理實驗證實。如果精神動力學是正確的，那麼超越精神向性界限的表述便是自相矛盾的。

倘若精神宣佈了什麼真理，打個比方說：「上帝是運動的」或者「上帝的地位不可撼動」，可是精神的向性卻決定這種表述具有相對性，那麼「上帝是靜止的」或者「上帝沒有地位」的表述也是正確的。精神永遠無法超越本身，這決定了精神無法樹立任何的真理。

精神永遠無法超越本身，因為精神的向性決定了精神無法樹立真理。因為精神的片面性，精神會解體並喪失了其認知能力。因為沒有反映能力，精神便衍生成沒有反映的一系列精神狀態。在這種精神狀態中的每一種狀態都認為自己是合理的，而這些狀態之所以「夜郎自大」是因為它們看不到有別的什麼其他狀態。

我們所說的並非是價值判斷，而是想告訴大家，越界之事司空見慣，並不鮮見，就像是赫拉克利特所說的那樣：「萬事萬物皆在運動。」緊隨觀點其後的就是它的對立面，在兩股對立的激流衝撞間會產生一個迂迴的緩坡——第三因素。而在此之前，第三因素從不為人所知。在這種情況裡，精神的對立性在此得到體現，精神永遠無法超過自身也再度得到證實。

當我描述精神的局限性時，並不是要表達「只有精神是存在」這種觀點。我的意思是，不管是我的認識還是我的感知，都是在精神範疇內完成的。非精神的、超體驗的事物是存在的，這個論點已為科學實驗所證明，但是科學同樣表示了，想要認知這種物質十分的困難——感知的器官罷工，恰當的思維在當時還沒有出現，故而不管是我們的感覺器官甚至是人造的器官，都無法證實這種物體是實實在在地存在著的。因此，想要證明這點，更加的困難。這樣就給人一種假象，讓人們認為這種事物壓根就是子虛烏有。這種判斷難免過於草率，我從來不敢苟同，因為我從來不認為我們感官感受到的所有事物都是實實在在的。甚至，我還大膽地設想，源於精神事件的原型的客觀呈現，可以建立在精神的高地上。換言之，可以建立在一種只是部分是精神的且可能完全不同的存在形式上。但這種想法只是空中樓閣，我缺乏必要的理解和具體的知識，便按照人們通常的叫法稱其為精神形式。但是科學隨即否定了我的想法，它不具備物質性。我的知識如同一桶水，而知識浩渺如海洋。可是只要各種各樣的原型對我發生作用，那麼對於我而言，它們便是確確實實的存在著的。即便我並不知道它們的本性，但是這並不妨礙我如是想。當然了，我的想法並不能和所有的原型相匹配，但是和精神的本性卻有些相合度。不管它講述的內容多麼的天馬行空，但都絕對沒有超過它自身的範疇。我們所理解的和能理解的，從本質上都是精神性的，換而言之，我們如同囚徒，被束縛在精神的牢籠之中。即便是如此，我們依然有理由假定，我們只是舞臺上的演員，而幕後依然存在著我們所不能理解，但是推動著我們的事物——對於那些無法理解的精神現象的情況亦如是。不管是可能的表述還是不可能的表述，將它們放在具體的領域中，都能得到具體的應對。倘若沒有具體的領域，那麼這些表述就只是在誇誇其談而已。

立足客觀來講，某些主觀臆斷缺乏客觀佐證的表述，儘管是不允許的，但是偏偏有些這樣的表述，卻能做得出來。這個原理出自心理動力範疇，通常被稱為是主觀的，並被看成是純粹的個人的事情。可是如果這樣想，便會「誤入歧途」。這個時候，我們便無法區分，這種表述到底只是個人動機驅使下的孤島，還是群體動機驅動下的群島？倘若是後者，它便不屬於主觀範疇，而應歸入心理客觀觀念的隸屬之下——在這種情況下，數量不詳的個人，會發現自己受到了內心的驅動並作出相仿的表述，或者認為，這種觀念是不得不選用的。原型並不活躍只是表象，而能量中充盈著力，這才是它不得不陳述的最大動因。想要理解它，便要圍繞著這種動因開始。換句話來說，並非是個人，而是他講話的原型在做這種表述。而倘若那些表述沒有被注意到，或者乾脆被棄之不顧，那麼由醫學常識便會得知，精神不佳的狀況正在慢慢加劇。這種病患通常會表現出精神病症狀，或是集體性妄想的症狀。

原型性的母體是以本能性為前提的，和理性無關。推理無法推斷出它，也無法用合理的論據加以論斷。在世界景象這幅巨大的圖卷中，它是濃墨重彩的一筆。萊維・卜呂爾曾經用「集體復現表象」稱呼這種現象，非常恰如其分。當然，在現實生活中，自我及其意願在積極發揮著作用，可是原型過程中的自主性和神祕性，會干擾它發揮作用。這種干擾的方式，通常是潛移默化的，我們根本察覺不到。但是我們用心理學觀點討論宗教的話，就會發現那這些干涉的過程與宗教的本質密切相關。

在這一點上，事實本身為我開闢了嶄新的領域。在這個更為廣大的領域中，推理式的理解乃至表象的推理方式，都無跡可尋。在這個領域，厄洛斯是主人。在古代，當類似的事情得到了恰當理解的時候，人們便會稱頌厄洛斯是全知全能的天神：神力廣大，超越了我們的理解範圍，並不以任何我們常見的方式加以表現。我願效仿先賢，冒險對這個魔鬼品頭論足。這傢伙的活動範圍，上窮碧落下黃泉，而當我要去找到「愛」不計其數的自相矛盾的言論時，我卻踟躕不前了。厄洛斯是宇宙進化的象徵，高級意識的創造者。有的時候，我覺得聖保羅那句：「天使之舌，與我交談。窮我之力，愛意枉然」。是認知神進而領略神性精華的先決條件。不管學者對於「上帝即愛」如何理解，但是這句話卻體現了神性本身所含對立性是複雜的。不管是我的醫療實踐活動，還是我自己的生活，我都在不斷領略著「愛」的神祕，我無法解釋，「愛」到底是什麼。我如同約伯，只好：「用手掩口，述之一次，絕不再言」。這句在《約伯書》中的話，包含了矛盾——最大的和最小的，最遠的和最近的，最高的和最低的。倘若我們討論它，就必須同時討論兩方面，而無法只專注其中一方。這種自相矛盾，任何語言無法闡述。人們可以肆意評說，但是什麼話都表述不全其含義。談論部分的內容，若非過大，便是過小，只有討論整體才是有意義的。愛「衍生萬物」並「包容萬物」，這句話便是一切，多一字則有餘，少一字則不足。深邃點說，我們都是宇宙之「愛」衍生物。之所以我為「愛」字添加引號，因為我想表示，「愛」與欲望、喜愛、希望乃至類似的情感無關，「愛」超脫於個人，而且是一種統一不可分割的事物。人本身便是這種事物中的一部分，故而無法理解整體。人們受到它的擺佈，你可以熱愛它或者憎恨它，但是你卻在它布下的範疇內。人們靠「愛」為自己輸送養分，「愛」既是他的光明，也是他的黑暗，但是究竟目的是什麼，他也不知道。「愛無止境」這句話，無論是用「天使之舌」還是科學而言，都昭示生命的起源源自細胞，會無限延展下去。人可以用各式各樣的名稱來為「愛」命名，並將自己掌握的種種賦予「愛」，充當其內涵，但是他隨即他便會發現，這種行為不過是自欺欺人。倘若他的智商夠用，便會停止這種沒有意義的活動——對未知物起各種莫名其妙的名字。你即使將「愛」稱為上帝，也只不過是承認了它的不完美，同時證明了自己對它的依附。但是「愛」還是一種證明，證明他擁有在真理和謬誤面前選擇的自由。

第十三章

回顧

當人們說我是智者或者聖人時，我認為這是謬讚。就像是一個人從涓涓溪流中舀了一帽子水，這水同溪流相比，又有多少呢？我不是溪流，只是站在河岸上的人，更何況我還無所作為。當然，同我一樣徘徊河岸的還有其他一些人，但是他們都認為自己該做些什麼，而我呢，卻什麼也沒做。我從來都不是那種見微知著的人，甚至從沒注意過櫻桃生長自。我只是站在一旁、靜靜地觀察著、讚美著造化的無窮。

有一個故事，常常讓我覺得美妙無比。一位大學生找到拉比，問出自己的疑惑：「古時尚有人看到過上帝的面孔。今人為何看不到了呢？」拉比答道：「因為今人不會垂首如古人那樣低。」

倘若想從清溪汲碧水，人要做的就是將頭垂得低一點，再低一點。

而我之所以跟別人不同，在於那面「隔斷之牆」對於我而言是透明的。但是這面牆落在別人眼中，卻是厚實且無法穿越的。因為看不到牆後的東西，他們便主觀臆斷後面一無所有。從某種角度而言，我能覺察不遠處正在發生的事物，這讓我的內心安寧無比。對於那些什麼也看不到的人而言，他們沒有辦法獲取這種安心，更無法推斷出個結論——即便是做出了結論，他們也不敢輕信。我不知道我是在何時感受到了生活的洪流，可能是潛意識本身為我引路，也可能是我早年的夢境為我指點。總而言之，我這艘船的航向，早已確定。

因為我能看到那些被隱蔽的過程，我與世界的關係便不可避免地受到了影響。這種關係，從我的童年開始延續到了現在。孩提時代的我被孤獨所籠罩，今日依然如此。因為我知道一些事情，而這些事情是別人不願意去體會，或者體會到了也不願意去交流的。我之所以感到孤獨並非因為我周圍無人，而是因為我無法找到與我交流的人：他們要嘛不願意跟我交流，要嘛對我的觀點嗤之以鼻。從我早期開始做夢的時候，這種孤獨便如影隨形，等到我開始對潛意識進行研究的時候，這種孤獨達到了高潮。倘若一個人知道的比常人多一點，那麼這個人肯定是孤獨的，但是這種孤獨並不妨礙友誼，因為孤獨的人對於友誼的渴望是最強烈的。而友誼，隨著個人確定了自己有哪些與眾不同的個性，只會變得更加濃厚。

能夠對一些未知事物抱有預知性——擁有這個祕密是很重要的，它讓生活充滿了非人格化的神祕色彩。倘若一個人沒有這種體驗，那麼便是一種錯過。他應該覺得，自己生活在一個與眾不同的神祕世界裡。這種感覺已經出現而且他已經感受到，但是卻不能付諸言表。那些神祕的、令人難以置信的事物是的的確確存在著的，也是可以預知的，只有這樣的體驗，才能讓生活變得完整。對於我而言，人生的伊始，便昭示了這個世界無法把握且無窮無盡。

我與我的觀念共存，這也帶來了麻煩——到了最後，有決定性作用的是隱藏在我身上的那個「魔鬼」。當它在我的意識中佔據上風時，我就會變得看上去冷血無情。不論是什麼，倘若我一得到，便會馬上對它喪失興趣，然後急急忙忙地踏上再度追求幻覺得旅途，而我的同儕們對我的幻境不明就裡，在他們眼中，我只不過是一個匆匆忙忙一直不斷行進的蠢蛋。這點，我能理解。

當我遇到並不懂我的人的時候，我便知道我們之間的關係完了。我還要繼續向前，勢必不能在這些人身上浪費過多的時間，這讓我開罪了不少人。我對人明顯缺乏耐心，但對我的病人是例外。我要遵循我內心的教條，它並沒有留下過多的選擇空間給我。當然了，我並不是一定要服從它，可是我覺得，人行為做事要前後一致，若是朝秦暮楚，那麼他何以自處？

如果有人與我的內心世界有聯繫的話，我便會欣喜若狂，不斷出現在他們身邊，並同他們建立並保持友好的關係。可是一旦維繫我們之間友誼的紐帶斷裂，我們便還是會分道揚鑣。我痛苦地意識到，人們的意識是一直不斷向前的，可能與我說時產生了一個交叉點，隨後這個交叉點便不在了。許多人激發了我活動著的人格，但是只有他們出現在心理學的曼荼羅之內時才這樣，等到焦點凝聚到別處時，一切就會變為烏有。我經常對人產生興趣，當我瞭解了他們，這種興趣便煙消雲散了，正因如此，我才不斷與人結怨。可是，一個具有創造性的人，是無力控制自己的生活的，他不過是一個傀儡，任由身後的魔鬼肆意擺佈。

強大的力量
撕扯了我們的心
這是天神的祭品

若是你敢反對
必然不能善終。

這是荷爾德林（Holderlin）發出的哀鳴。

我此生最大的遺憾，便是沒有這種自由。在我身上經常會發生這樣的情況：我恍惚置身戰場，口中訥訥：「我的戰友，你已經流血倒下，而我的步伐依然前行。」因為「強大的力量，撕扯了我的心」。所以，我愛你若生命，但是我卻要依然前行。我就像是「天神的祭品」，我無法裹足不前。魔鬼掌控萬物萬事，人必須一一經歷，並受到其庇祐。不過，和我的「不忠誠」形成鮮明對比的是，我可以保持我的信仰，這點讓人毫不懷疑。

或者換一種表述方式：在某個高度上，相較於別人，我可能更需要人，也可能也並不需要人。當魔鬼成為我們內心的主宰時，不要做，一做便是錯。要嘛行之不足，要嘛過猶不及。只有魔鬼不再發揮作用的時候，我們才能達到平衡的狀態。

我如魚肉，魔鬼若刀俎。常常是：我精心策劃安排周密的事情卻事與願違。萬幸的是，並非萬事皆如此。為了彌補，我變成了徹底的保守派。我用祖父的菸葉壺中的菸葉裝滿我的菸斗，還將他的登山手杖保留至今。這柄手杖頂端裝飾著羚羊角，那是他去奉特雷西一個首次開放的療養勝地，作為第一批客人拿回的紀念品。

對於我走過的一生，我還是比較滿意的，生活給予了我許多我本不指望能有的收穫。然而，讓我出乎意料的事情還在不斷發生。倘若我不是我，那麼很多問題可能有所不同，但是我就是我，所以該發生的事情都在按部就班的發生。很多事情如我們預料那樣產生了結果，儘管這種結果對我而言並不總是有所裨益，但是所有的事情都是如我預想的那樣有條不紊地發展。有的時候，我也會為自己的固執感到懊惱，但是如果我想實現自己的目的，那這種氣質就是必須擁有的。失望和希望，兩種情緒反覆糾纏著我。我對自己失望透頂，但是對別人卻懷有莫大的希望。人們，常常能讓我領略很多匪夷所思的事情，我也藉此取得了超乎我預料的成就。然而，生命現象以及人的現象龐雜廣大，我也難以做出最終的判斷。尤其是進入耄耋之年後，我所懂得的事情越來越少，對自己本身的洞察也越來越少了。

在如何看待自己這件事上，我的感覺很複雜：既對自己失望透頂，同時又感到欣喜快慰；因此沮喪消沉，同時又志得意滿。我的一生到底是有價值的還是沒有價值的，我無法做出終極的評斷。似乎沒有什麼是我深信不疑的，也沒有什麼事情是明顯不變的——事實上也的確沒有。我只知道，我生於斯、長於斯、死於斯，另外，我覺得自己是被迫前行的。不過，儘管這所有的一切我都無法確定的，但是我卻能隱隱感覺到，所有存在都潛藏在一種穩固的狀態中，而且我的存在方式也有其延續性。

我們生於斯、長於斯的這個世界既野蠻殘忍，又聖潔而且美麗。我們如何看待這個世界——是有意義的還是沒意義的，認為它是由哪一種成分構成的，這是一個內心氣質問題。倘若我們認為世界根本沒有意義，那麼生活的意義也會隨著我們的發展，而消失殆盡。但是問題絕非這麼簡單，就像是所有形而上學的問題那樣，這兩者應該是共存的。換而言之，生活應該是既有意義又沒意義的。當然，我內心更傾向於這個世界是有意義的，沒意義終將被其消滅殆盡。

老子說：「眾人皆明，唯吾獨懵」時，恰恰是他已步入人生暮年時的所想所感。老子有一種驚人的洞察力，他看到了有價值與無價值這對矛盾的共存。並希望能在人生最後的階段復歸到本源——永恆且不可知的意義中去。這位老者的原型永恆且正確，與此相同的類型會出現理智的每一個層次中，他們可能是老農夫，也可能是老子那樣的智者，然而，不管其表象如何，都有一個共同的限制元素，那就是，他們都是行至暮年的老者。我的腦海中依然充斥著各種形象：花草樹木、飛禽走獸、天空雲彩、黑夜白晝……越是對自己的認知模糊不清，我與萬物之間的聯結便越緊密。事實上，我認為，那種長期的疏離感，不僅讓我「與世隔絕」，甚至也在我的內心發揮了作用——它讓我覺得對自己都感到陌生。

海鴿文化出版圖書有限公司
Seadove Publishing Company Ltd.

青春講義 132

榮格自傳
Memories, Dreams, Reflections
回憶、夢境與思考

作者 卡爾・古斯塔夫・榮格
譯者 周陽
美術構成 騾賴耙工作室
封面設計 南洋呆有限公司
發行人 羅清維
企畫執行 林義傑、張緯倫
責任行政 陳淑貞

出版 海鴿文化出版圖書有限公司
出版登記 行政院新聞局局版北市業字第780號
發行部 台北市信義區林口街54-4號1樓
電話 02-27273008
傳真 02-27270603
e - mail seadove.book@msa.hinet.net

總經銷 創智文化有限公司
住址 新北市土城區忠承路89號6樓
電話 02-22683489
傳真 02-22696560
網址 www.booknews.com.tw

香港總經銷 和平圖書有限公司
住址 香港柴灣嘉業街12號百樂門大廈17樓
電話 （852）2804-6687
傳真 （852）2804-6409

CVS總代理 美璟文化有限公司
電話 02-27239968 e - mail：net@uth.com.tw

出版日期 2024年01月01日 一版一刷

定價 520元
郵政劃撥 18989626戶名：海鴿文化出版圖書有限公司

國家圖書館出版品預行編目資料

榮格自傳／卡爾・古斯塔夫・榮格作；
周陽譯--一版，--臺北市 ： 海鴿文化，2024.01
面； 公分. －－（青春講義；132）
ISBN 978-986-392-510-1（平裝）

1. 榮格（Jung, C. G.(Carl Gustav), 1875-1961）
2. 精神分析學 3. 傳記 4. 瑞士
149.64 112020310